云南省社会科学院"云南少数民族传统伦理与当代道德建设"创新团队建设阶段性成果

云南省道德研究院学术文丛

中国传统道家经典的现代阐释

谢青松 主编
马 超 副主编

中国社会科学出版社

图书在版编目(CIP)数据

中国传统道家经典的现代阐释／谢青松主编．—北京：中国社会科学出版社，2018.12
ISBN 978-7-5203-3845-5

Ⅰ.①中⋯　Ⅱ.①谢⋯　Ⅲ.①道家思想—研究　Ⅳ.①B223.05

中国版本图书馆 CIP 数据核字（2018）第 292208 号

出 版 人	赵剑英
责任编辑	韩国茹
责任校对	张爱华
责任印制	张雪娇

出　　版		中国社会科学出版社
社　　址		北京鼓楼西大街甲 158 号
邮　　编		100720
网　　址		http://www.csspw.cn
发 行 部		010-84083685
门 市 部		010-84029450
经　　销		新华书店及其他书店
印　　刷		北京君升印刷有限公司
装　　订		廊坊市广阳区广增装订厂
版　　次		2018 年 12 月第 1 版
印　　次		2018 年 12 月第 1 次印刷
开　　本		710×1000　1/16
印　　张		28.25
插　　页		2
字　　数		392 千字
定　　价		118.00 元

凡购买中国社会科学出版社图书，如有质量问题请与本社营销中心联系调换
电话：010-84083683
版权所有　侵权必究

云南省道德研究院学术文丛编委会

总 顾 问：赵 金　方克立
主 　 任：宣宇才　何祖坤
副 主 任：李联斌　杨正权
委 　 员：宣宇才　何祖坤　李联斌　杨正权　何 飞
　　　　　江云华　高 力　谢青松　杨 晶　杨绍军
丛 书 主 编：杨正权　李联斌
丛书副主编：谢青松　江云华

目　录

老庄经典文本阐释

道如何生一
　　——《道德经·道生一章》诠释 / 谢增虎 ………………（ 3 ）
《老子》"道法自然"之真义 / 高秀昌 ……………………（ 13 ）
《老子》三十八章论礼疏解 / 梅珍生 ……………………（ 25 ）
老子《道德经》"有""无"解 / 马　超 …………………（ 39 ）
"吾丧我"与"庄周梦蝶"
　　——从《齐物论》看庄子对"我是谁"的终极
　　　追问 / 谢青松　赵　娟 ……………………………（ 52 ）

老庄思想文化

老子智慧三论 / 谢青松 ……………………………………（ 67 ）
《道德经》养生思想述要 / 王　颢 ………………………（ 83 ）
道家人生哲学之要义 / 赵　娟　谢青松 …………………（ 97 ）
老子政治哲学思想解析 / 张兆民 …………………………（108）
试论老子"道恒无欲"的财富道德 / 胡发贵 ……………（122）
庄子自由观研究综述 / 李广良 ……………………………（129）
即"逍遥"而"坐忘"
　　——论庄子《逍遥游》的自我觉证之道 / 马　超 ……（142）

斋心、中道与幸福：论庄子的人生哲学
　　——比较哲学视域下的《人间世》篇诠释 / 王海东 …（157）
人生的圆融与和谐
　　——论《庄子·应帝王》的生命
　　　　实践 / 邵　然　孟亚凡 ……………………（172）
论《庄子·应帝王》的道家入世思想 / 王　颢 …………（184）
论庄子美学体系 / 张国庆 ……………………………………（205）

道教经典思想阐释

《黄帝四经》之"称经"析论 / 王伟凯 …………………（237）
论《太平经合校》乙部中人的养成与价值 / 龚千容 ………（250）
试析《太上感应篇》中的慈善观念 / 陈碧芬 ……………（264）
道教科仪在云南的传承与演变 / 萧霁虹　吕　师 ………（280）

道家思想与其他

"尊道贵德"之学和一种新解读
　　——《老子〈道德经〉新编》序 / 方克立 ……………（305）
元代净明道与朱、陆之学关系略论 / 郭　武 ……………（311）
《庄子》寓言与现代思想 / 韩　敬 …………………………（326）
读《庄子》悟庄子之道 / 唐嘉荣 …………………………（334）
"不与物迁"与"物不迁"
　　——庄子与僧肇的物论浅析 / 熊馥译 ……………（351）
儒道互补的心理结构和实践路径 / 刘　林 ………………（364）

其他

王阳明良知之学大意 / 王　颢 ………………………………（379）

《文心雕龙》"神思"义发覆 / 杨　园 ……………………（391）
在帝王家训中追寻治理之道
　　——《帝范》及其现代价值 / 张　升 …………（409）
张英家训思想渊源探析 / 李　雪 ………………………（421）
"天人合一"中探寻生态与生存智慧 / 姚天祥 …………（431）
后　记 ……………………………………………………（443）

老庄经典文本阐释

道如何生一

——《道德经·道生一章》诠释

谢增虎

《道德经》，作为中华民族的一部核心经典，是中华文明的活水源头之一，几千年来，各种诠释、讲解，数不胜数，上到王侯将相，下到凡夫俗子，各有各的"老子"，千奇百怪，连"求同存异"这样的词汇都很难描述了。

虽然如此，我还是要讲我的"老子"。

道，究竟是什么？如何生一？一指什么？本文以《道德经·道生一章》第四十二为例，通过与唐代道教内丹派祖师、俗称八仙之一的吕洞宾和清代龙门派代表人物黄元吉的讲解作比较，试着探讨中国文化的最根本范畴"道"的体、用问题。

道，本义是"道路"，所谓车有车道、马有马道，当然人有人道，引申为人生及其社会的各种道理、规律；在中国传统文化中，道，更是宇宙本体的表述，"道生万物"成为中国文化的"根"，是公理，不用证明而被接受。

几千年来，在中国文化中，本体论自有其完整的体系，基本的表述非常清晰；只是近代以来，西学的进入，才使得中、西本体论相互交杂，生成了各式各样的骡子，既不像马，也不像驴，面目逐渐模糊。现在要弘扬优秀传统文化，厘清传统文化的根本范畴，是当务之急。

《道德经·道生一章》第四十二原文如下："道生一，一生二，二生三，三生万物。万物负阴而抱阳，冲气以为和。人之所恶，惟孤寡不谷，而王公以为称。故物或损之而益，或益之而损。人之所教，我亦教之。强梁者不得其死，吾将以为教父。"

吕祖注本中的解释是："何为道？静极乃道也。静虚极，乃玄也。道入于玄，谓之道。何为一？虚静里有动机，在无心处见。真心与真水，一降一升，聚合于虚中谓之一生二。何为二生三？天之秀气，地之生气，感和风之清气，此三也。外言之，气之清，神之灵，精之洁。静里分阴阳，而精气神同化于虚无，此三者内言也。"①

道，是静极，静虚极。为什么静极、静虚极就是道呢？动，不管是身体的动、运动，还是心理、思想的动、运动，都会消耗生命能量，生命能量消耗完了，就是死；只有与动相反的静，才能避免生命能量的消耗。普通大众只知道睡觉可以避免能量的消耗，并补充能量，而静极、静虚极的修持，不仅可以避免生命能量的消耗，而且可以补充生命能量，为生命充电，提升生命的数量与质量。这是古代东方先哲所发现的一个生命的秘密，为东方无数的追随者发扬光大，最具有代表性的就是印度教的瑜伽、释迦牟尼开创的佛教和中国黄、老开辟的"道"。西方许多先贤都跟着苏格拉底的脚步走理性思考的路子，没有发现这一条生命之路，也许个别有识之士发现了这条黄金大道，但被主流所淹没，没有成为西方本体论的主流。

"一"，指虚静里的"动机"，在无心处见。人在生活中，处于恒"动"的状态，包括身体的运动、思想的运动。西方人认为"生命在于运动"，不明白静的原理与功用，在近代东、西学争辩之时，也发生了西方体育运动方式与东方养生方式孰优孰劣的大辩论，通过100多年的实践，两类锻炼方式各有长短，东方的瑜伽、太极拳等风靡西方，西方的竞技体育同样风靡东方。老子的

---

① （春秋）老子著，唐吕岩释义，韩起编校：《吕祖秘注道德经心传》广西师范大学出版社2014年版，第87页。

《道德经》是东方养生、修道的代表性作品，自然是以养生为基础，强调"静"，虚静中一阳复生，是补充生命能量的根本所在，西方人基本不知。一阳复生，指人入静后，气海之间真气发动。这时，炼者须下手进火，极为关键。其原理即中国古代天文学和易学，认为天地之间有阴阳二气，每年到了冬至日，阴气尽，阳气开始复生，叫一阳来复，为阴极阳生之意，代表阳气开始恢复了，春天要来了。"动机"，正是一阳复生的表述，不是现代汉语中"动机"的意思。现代汉语中，"动机"是促使人从事某种活动的念头，在心理学上一般被认为涉及行为的发端、方向、强度和持续性，是指一种意识的启动、起点。而老子讲的"动机"是生命现象，不是意识现象。有动机，才有后面的真心、真水，和意识现象没有直接的关系。

"二"，真心与真水，一降一升，聚合于虚中谓之一生二。真心，就是"火"，身体内的"热"，普通人，特别是身体不健康的人或接近死亡的人，是火在上、水在下，火、水交融的程度差（不交融就走向死亡），成未济卦，处于亚健康状态，或者病态，原因是生理、心理都处于实有的状态；只有修道有成的人，才是健康状态、超健康状态，火、水交融的程度良好，成既济卦，①生理、心理都处于虚中的状态，越虚越中，火、水交融的程度越好。

"三"，天之秀气、地之生气、感和风之清气，此三者是天地之间的事；在人体内，有气之清、神之灵、精之洁三者。吕洞宾用外三、内三解释老子这里的"三"。同时指出修持的方法，在静里，气、神、精各分阴阳，浊的下降，清的上升，这是养生之事。气之清、神之灵、精之洁三者同化于虚无，这是修道之事。成道的人，如吕祖，只言片语，就将修道的秘诀讲得一清二楚；普通人，搞了许多的虚假分析，道家、道教、神仙术等，越分析

---

① 未济卦、既济卦是《周易》中的两卦，如果想详细了解，可读原文。

越糊涂。

静的标准是什么？可以参考佛教的现量范畴：前五识缘境，没有第六意识的参与，由此现观无法苦集灭道四谛。[①]

道家虽然不修四谛，但修静的技术"前五识缘境，没有第六意识的参与"没有两样，修到成就，佛教称人、法二无我，道家称"至人无己，神人无功，圣人无名"（《庄子·逍遥游》语），有异曲同工之妙。

在东方文化中，比量（理性思考）不能入道，只能作为学道的助道品，修道是核心。

修道的原理："神也，气也，精也，秉静而先天生。此三者，皆先天中之物也。会合于虚无，运用于阴阳，合抱于神空。此三者，凝而为丹。丹成，八万四千毛窍、三百六十骨节、五脏化尽，血白、脉绝、四大皆空，都成一个虚无关头。诸气朝元，而生万物，谓之三生万物。"在静中，心不生妄念，神入于虚无，精、气、神三者自然凝聚以结为内丹。结丹之后，修静，只是养丹，丹从出生到长熟，古人比喻如一个准妈妈九月怀胎。养丹过程中，身体的变化是必然的，"八万四千毛窍、三百六十骨节、五脏化尽，血白、脉绝、四大皆空"，进入无穷无尽的虚无之中，才能真正见到"虚无一气"，即先天之气充满宇宙，这先天之气是宇宙的本源，是它化生万物。不修道，根本无法清楚认识这一切，当然理性思考更不能认识，西方只好归于宗教，让位于"上帝"。"道自虚无生，一炁又从一炁产。"

为什么人通过修道，可以认识宇宙的本体呢？因为东方文化通过几千年、上万年的努力，认识了宇宙中万物的同构性："万物负阴而抱阳，冲气以为和。"这一原理是中国文化的核心之一，以《周易》为代表的易学系统全面、完整、系统地论述了这一原理，道家、道教也都是用这一原理指导修道的实践。

---

① 可以参看《瑜伽师地论》《现观庄严论》。

"万物负阴而抱阳，冲气以为和。"万物的这一同构性原理，包含以下几个基本意义：①阴阳是统一于事物内的两个方面；②事物的存在，是阴、阳存在的极限，超过"事物存在"的这个极限，事物就没有了；事物里面的阴阳两方面也就没有了；③阴阳的运动、变化是绝对的，它们在"事物"存在的前提下对立、不和谐、和谐地存在着；④"和"，是阴阳消长中动态的平衡，如一段磁铁，一极是 s，一极是 n，而中间是非 s 非 n 的状态，道家称为"和"，儒家称为"中庸"，中和状态的追求是中国传统文化的根本特质；⑤"负阴而抱阳"，是道家、道教对万物本质的表述，每一"物"之形体都包含能量，阴指形体，具有向内的约束力，阳指能量，具有向外的扩散力。在人而言，阴指精，阳指气，阴阳二气交媾中的这个"和"气，是生命生生不息的根本，因此又称为生气。生气与"神"相依，是生；不相依，是死。这个生气在人体中包括三个层面：以脑为主体的思，以肺为主体的口鼻呼吸，以丹田、气海为主体的息，古人称为上、中、下三丹田，贯通三丹田的气为"冲气"，这在印度文化、藏传佛教中被称为"中脉"，中医中则强调中、下丹田交流的水、火既济。

在这个原理的基础上，吕祖将修道的秘密全部公开："何为万物负阴而抱阳？大凡有形之物，皆阴也。有形者，皆有性。性乃阴也。性中得命，阳也。阳生于阴，洁白而生光，与月同也。人之修道，无里取金，一静，而水中之金自然跃出。……万物乃诸气之灵虚无中，先天凝结。四大皆空，而万物方秉先天中底一点阴中之阳，去阴而合抱于阳。……假后天之宝，养我皮袋，住居不损，主人公才能安身，此外丹者也。外丹固而内丹方成，此谓之负阴抱阳。负阴之体而合抱真阳，万物来归。形化气，骨化虚，形骨化为虚气，似天之有象无形。负阴之上而抱真阳，一气而已。"这，才是道家、道教一脉相承的丹道之学，凡夫俗子、普罗大众根本无法知道其中的奥妙，往往用生活经验、胡思乱想去讲解，只能说是盲人摸象。每一种有形的物，不管是日月星辰，还是花草树木、人物动物，形是能量的表现方式，物之所以存在，就是能量以这一种方式存在，如果能量的存在方式改变了，物的原有形体就必然会改变。能量与物可以互相转换，现代量子力学中的波粒二相性原理才能将道家、道教的这一原理准确地表达出来。道家、道教是用这一原理来探究生命的奥妙，而物理学则用这一原理探究物质的奥妙，异曲同工。"性乃阴也。性中得命，阳也。"人之生命现象由"性（能量）"而存在，生命现象为阳，可以看见，可以考察；"性"难以认识。万物负阴而抱阳，每一种物都被"阴"抱在怀中，如母亲抱着婴儿。修道就是无为，不要胡思乱想，也不要乱动胡作，老子告诫我们"妄作，凶"；《周易》明确地讲"无思也，无为也"是修道的状态，老子正是对这一文化的实践与总结："负阴之体而合抱真阳，万物来归。形化气，骨化虚，形骨化为虚气。"内丹中，生气的"紫气"才能够从东方生起，这一阳气才是先天真气，才是"炁"。西方文化中没有这些内容，那些大脑里只有些西方思想的人根本不能认知这些文化，这一文化近百年来饱受诟责，成为文化史上的一大笑话。善用这一生机，生命才能大放异彩。

吕祖解释"何为冲气以为和，冲者上也，清气上浮而和合太虚。修真者，惟孤寡不谷，言其清静于己"。人，只有在静心中，才能"清气上浮而和合太虚"，如果每一刻都昏昏扰扰，就不可能让身体中的清气上升、浊气下降，自然就不能合抱上浮的"清气"之阳而"和合太虚"，生命不能提升。只有正真的抱道之士，才能"随气之冲和，合无极之至道"。在道家、道教，"性命返虚而合道"，才是生命的最高存在形式。理性是形而下的，上帝是虚构的，西方文化的标准不适合于道文化。

中国博大精深的道文化，成千上万年来，传承的核心正是这样，如吕祖所说："冲气为和，负阴抱阳而教之，如此方谓之道。"冲气为和、负阴抱阳，是修道的根本原理，也是文化传承的根本。

清代高道黄元吉在《道德经注释》这一章中，直接总结为："总之，虚无者道之体，冲和者道之用，人能如是，道庶几矣。"[①] 虚无，是不起各种各样的念头，安然而住；冲和，在中医上，是心肾之气交融，一般来讲，健康的小孩心肾之气交融的状态最好，随着年龄的增长、变老，心肾之气交融的状态越来越不好；当心肾之气不交融的状态出现，人就进入死亡的状态。因此，养生以促进心肾之气交融的质量为根本，不管是中国的各种武术，还是五禽戏、八段锦、易筋经等，都以此为核心。吕祖的"精于一，合于虚，方能玄妙之妙"，表达了同样的意思，"精于一"，即专心致志修道。修道的过程中境界无穷无尽，变幻莫测，最后归于虚无之境，吕祖表述得非常准确，"或前或后，冲万窍之开通，诸络之一贯，会众气于神室之中，含养于虚无之境"。在虚无中修道，性命归一，入于太极境界为成道的标准："从无而合道，此时身心同于虚空，性命归于湛寂，无极而化太极之时也。"

黄元吉在修道的实践中证明：没有冲气，则身心不和，为病态；精气神三者俱足，才能进入生命的正真健康状态，不同于西医的没有病就是健康的标准。"冲者中也，阴阳若无冲气，则中无主而神不宁。物之生也犹且不能，况修道乎？《易》曰：'天地絪缊，万物化醇。'可见精气神三者俱足，斯阴阳合太极而不分。"

关于冲气为和的具体方法，黄元吉讲得非常明白："修士欲得一阳来复，必先万缘俱寂，纯是和平之气，绝无躁切之心。"一阳来复，是易学的根本之一，《周易》的复卦，完整地讲解了复的道理，"复，其见天地之心乎？！"一阳来复，是太阳与地球构成的物理、自然现象，也是生命现象，充分利用自然现象中阳气出生、升起的强大力量，补充、帮助生命中一阳复生乃至心肾二气的充分交融，是道文化的核心，这才有"天人合一"的根本

---

① （清）黄元吉撰，蒋门马校注：《道德经注释》，中华书局2012年版，第177页。

命题。宋代高道张伯端《悟真》中的名句"道自虚无生一气，便从一气产阴阳。阴阳自是成三体，三体重生万物昌"，使这一观念非常流行，如今已经传遍全世界。在上古的人类文明中，不只中国文化如此，印度文化中"梵我合一"也表达了这一根本原理。

不止道家、道教如此，儒家也是如此，黄元吉写道："孔子系《易》，尝于谦卦三致意，而金人、欹器之类，示训谆谆，其即此意也欤？"《周易》的六十四卦讲解中，只有谦卦的六爻都是吉的，其他六十三卦都吉凶参半。

金人，指《金文铭》，据王应鳞《〈汉书·艺文志〉考》，即为《黄帝铭》六篇之一。刘向《说苑·敬慎篇》记载"孔子之周，观于太庙。左陛之前，有金人焉。三缄其口，而名其背曰"等语。《金人铭》："我古之慎言人也。戒之哉！戒之哉！无多言，多言多败。无多事，多事多患。……强梁者不得其死，好胜者必遇其敌。……天道无亲，常与善人。戒之哉！戒之哉！"① 慎言，多说话，必然有失误的时候，会招无妄之灾，甚至杀身之祸，在专制体制下，是人们很重要的生存法则，如清代的文字狱，满门抄斩者比比皆是。但在中国文化中，慎言有特殊的含义，多言精气散，精气神一伤，则全身衰败。所以在打坐静心的时候，关闭六根是基本的方法，老子在《道德经》第五章中也提到"多言数穷，不如守中"，这更侧重于养生、修道。

欹器，出处在《荀子·宥坐》："孔子观于鲁桓公之庙，有欹

---

① 《全上古三代秦汉三国六朝文·全上古三代文》卷一有《金人铭》原文："我古之慎言人也。戒之哉！戒之哉！无多言，多言多败。无多事，多事多患。安乐必戒，无行所悔。勿谓何伤，其祸将长。勿谓何害，其祸将大。勿谓无残，其祸将然。勿谓莫闻，天妖伺人。荧荧不灭，炎炎奈何？涓涓不壅，将成江河。绵绵不绝，将成网罗。青青不伐？将寻斧柯。诚不能慎之，祸之根也。曰是何伤，祸之门也。强梁者不得其死，好胜者必遇其敌。盗怨主人，民害其贵。君子知天下之不可盖也，故后之下之，使人慕之。执雌持下，莫能与之争者。人皆趋彼，我独守此。众人惑惑，我独不从。内藏我知，不与人论技。我虽尊贵，人莫害我。夫江河长百谷者，以其卑下也。天道无亲，常与善人。戒之哉！戒之哉！"

器焉。孔子问于守庙者曰：此为何器？守庙者曰：此盖为宥坐之器。孔子曰：吾闻宥坐之器，虚则欹，中则正，满则覆。孔子顾弟子曰：注水焉。弟子挹水而注之，果中而正，满而覆，虚而欹。孔子喟然而叹曰：吁！恶有满而不覆者哉！"汉韩婴《韩诗外传》有相似的记载，接着上面的论述，又有："孔子曰：持满之道，抑而损之。子路曰：损之有道乎？孔子曰：德行宽裕者，守之以恭；土地广大者，守之以俭；禄位尊盛者，守之以卑；人众兵强者，守之以畏；聪明睿智者，守之以愚；博闻强记者，守之以浅。夫是之谓抑而损之，《诗》曰：汤降不迟，圣敬日跻。"

在中央集权的专制时代，王公贵人被认为是人类中最尊贵的，但是王公贵人自称为孤、寡、不谷等最贱的名字，表达了物极必反的易学思想即道文化的理念。贵与贱交融，如心肾交融一样，才能长保富贵，《周易》中既济、未济两卦对这一原理做了深刻、全面的讲解，由此王公贵人时时刻刻提醒自己："试观王公大人，位至高也，分至贵也，而自称曰孤曰寡曰不谷，其意何居？盖高者易危，满者易倾，电光之下，迅雷乘之。惟高不恃其高，贵不矜其贵，而以谦下柔和之心处之，斯可长保其富贵而身家不至危殆焉，所以孤、寡、不谷，凡人所恶，王公反以之自称也。"

在日常生活中，每个个体本身，有阴有阳。人为万物之灵，自然可以主动地去达成自身的阴阳相对平衡的状态——那也就是"和"了，"和"的层次无穷无尽，那么一切的人生修养、身体的锻炼都以"和"为中心，不断上升。和的修为，是自己的事，又非常有利于社会、国家、人类乃至整个自然界的和谐，因此"和"，是中国人几千年来的生活境界，"家和万事兴"，正是中国人对日常生活的表述。

由此可知，道，是宇宙的本质，是宇宙的能量形态；一，是宇宙能量向万物生存转换的"生机"，是"炁"。宇宙间万事万物当然包括生命，都以得气为生，失气为死。以此，我们的祖先，在个人层面，以养生、修道为人生的根本；在社会、国家、天下层面，也以培养元气为教化、治理的根本。

今天，养生依然是人们日常生活中不可缺少的知识，需要对优秀传统文化的传承，更需要深入研究、整理，加以创新，以适应现代人的生活方式；修道的许多内容，是我国古代无数仁人志士关于宇宙真相、生命真相探讨的成果，更是生命科学的宝贵实践成果，需要进一步认真研究。

（作者系西北师范大学马克思主义学院教授）

《老子》"道法自然"之真义

高秀昌

"道法自然"是老子提出的一个重要命题。关于这一命题，自古及今，存在着诸多不同的注解和诠释，从河上公的"道性自然"到王弼的"道不违自然"，再到现当代诸多学者不同的解释，可以说"仁者见仁，智者见智"，至今仍没有达成一致的意见。那么，"道法自然"这一命题的真实意思到底是什么？

本文拟对王蒙先生的《老子的帮助》和《老子十八讲》两本书中对"道法自然"这一命题所做的解释进行详细的辨析和评论。我不同意王蒙先生对老子"道法自然"的解读，特别是反对他把老子之"自然"看成是在"道"之上、高于"道"的存在。下面就具体分析一下王蒙先生两本书中的主要观点及理据，看看他的理解为什么是错误的。

王蒙先生在《老子十八讲》中说，他解读《老子》是依据自己或今人（确切地说是他自己）的经历、经验、思想、知识、观念而进行的。[①] 在《老子的帮助》中又说："我能做的是用自己的人生，用我的历史体验、政治经验、文学经验、思考历程去为老子的学说'出庭作证'。"[②]

如果按照王蒙先生的逻辑，我本不该写此文。因为王先生说他是依据自己的经验、体验来解读《老子》的，其他人的体验和

---

① 王蒙：《老子十八讲》，生活·读书·新知三联书店2009年版，第7页。
② 王蒙：《老子的帮助》，华夏出版社2009年版，第4—5页。

经验不会跟王先生的相同，所以对于《老子》的理解自然不会跟他相同。另外，从他解读《老子》的"自然"这一概念来看，他的解读是合乎他自己的"自然"的，所以也不需要别人来指责，否则，就不合乎他的"自然"了。但是，既然王先生是在讲老学，是在探求真理，所以对于《老子》的不同理解还是可以争论的（尽管王先生信奉老子的"不争"说，但是，他自己其实也是在自觉不自觉地争辩说自己的解说是正确的），而且是必须争论的，因为真理是越辩越明的。这正是学术的本质。否则，人人自是其是，是会偏离真理大道的。好在王先生也把读者看作"法官"，有权判定他作为"证人"所提供"证词"的价值。所以，我就冒昧地指出王先生对《老子》"道法自然"理解上的错误，以向王先生及方家求教。

王先生的这两部书，我都认真拜读了，而且经过细心研读，对照比较，发现王先生在对老子的重要论题"道法自然"的解释上存在着前后抵牾、自相矛盾的情况。鉴于王先生是大家，而且经过他的著书立说（两部书）以及讲堂演讲，可能会使他对"道法自然"的错误理解对更多的人产生负面影响，所以非常有必要加以辨析，以正视听。

为了行文的方便，先引《老子》第25章原文如下：

> 有物混成，先天地生。寂兮寥兮，独立而不改，周行而不殆，可以为天地母。吾不知其名，字之曰道，强为之名曰大。大曰逝，逝曰远，远曰反。故道大，天大，地大，人亦大。域中有四大，而人居其一焉。人法地，地法天，天法道，道法自然。

这一章是《老子》的重要篇章之一，也是自古及今理解歧义较多的篇章之一。王先生在《老子十八讲》第二讲"道法自然"第四节"自然就是自然而然"中，感觉解释"道法自然"有些费劲。这种感觉不仅王先生有，即使研究老子的专家也感觉到难解。因为，该章最后一句话，不仅断句不同会导致不同的解释（例如，有人读为："人法地，地法天，天法道，道法自然。"有人就读为："人法地地，法天天，法道道，法自然。"），而且，对于"法"和"自然"的不同理解也会导致不同的解释。而到底哪一种解释更胜一筹，往往就存在着很大的争议，所以王先生感觉"费劲"是在情理之中的。虽然如此，但对于《老子》已经有些研究的王先生，在对老子"道法自然"的解读中存在的混乱甚至矛盾的地方，却是必须要明确指出的。

我发现王先生在这两部书中，对于《老子》第25章的"道法自然"作了不同的解读。在《老子的帮助》中说："道法自然的最好解释是：道的法则乃是自然而然的运动。道的法则是自己运动。""……人→地→天→道＝自然。道对自然的'法'，与人→地→天→道的师法，不是相同的概念。"① 而在《老子十八讲》中则说："……老子很惊人地提出了一个'自然'比'道'更高的观念……""自然"是"道的精髓、是道的核心、是道的根本……""'道'已经是根本了，没法再根本了，但是从根本当中还能再找出一个根本来，就是'自然'。"② 王先生前后不同的论断所存在的问题主要有两个：一是对于"自然"以及"自然"与"道"关系的理解上的混乱与矛盾；二是对于"法"作为"师法"及"法则"的理解上的不一致。

首先看王先生对于"自然"以及"自然"与"道"的关系的理解。在两书中，王先生一方面说，"自然"就是"自然而然"；另一方面又说，"自然"就是"大自然"。这是两书基本一致的观点。不过也有不同：具体说，在《老子的帮助》里，"自然"只是表征"道"的一个概念，虽然他还有疑问（即"'自然'比道还'高'还伟大还厉害呢"？详后）；而到了《老子十

---

① 王蒙：《老子的帮助》，华夏出版社2009年版，第104页。
② 王蒙：《老子十八讲》，生活·读书·新知三联书店2009年版，第29页。

八讲》,他把"自然"看成是和"人""地""天""道"并列的东西,甚至把"自然"看作高于"道"的"最最"根本的东西。若用式子表示,前者为"人→地→天→道＝自然",而后者为"人→地→天→道→自然"。

因为《老子的帮助》是王先生对《老子》逐章进行解说的,尽管他提供的只是"意译和证词",但还是能够依据或者紧扣《老子》的文本进行解读。王先生指出:"这里的自然与今天通用的名词——主要是为了与人文创造的一切区别开来的'大自然'的含义不完全相同。""老子的'自然'主要是指一种状态即自己的自然而然的运动。"① 这里区分了"自然"的两种含义:主要的是指"自然而然的运动状态",次要的是指"大自然"。

就第一种意义看,王先生是肯定老子"四大"的概括的。如在对第25章的意译中,他明确地说:"所以说道是伟大的,天是伟大的,地是伟大的,人也是伟大的。世界上有四种大,道、天、地、人,人是四大之一。"② "列出式子来,则是人→地→天→道＝自然。"③ 这里,他特别地用一个"＝"号,排除了把"自然"作为一"大"的理解。显然,王先生的这一理解"基本上"是合乎老子的本意的。所以,即使在《老子十八讲》中,王先生还能够用"自然就是自然而然"的标题突出老子"自然"的这一主要的也是根本的含义(不过王先生没有自始至终地一贯地坚持,详后)。

之所以说王先生的这一解释是基本正确的,是因为,在《老子》中"道"就是"道",它不是"自然",也不等于"自然";"自然"只是"道"的一种性质或状态。这种理解是多数学者所具有的共识。早在汉代注释家河上公就将"道法自然"解释为"道性自然,无所法也"(《老子道德经河上公章句》卷二《象

---

① 王蒙:《老子的帮助》,华夏出版社2009年版,第103页。
② 同上书,第99页。
③ 同上书,第104页。

元》第二十五)。后来的许多《老子》注释家都在这一意义上来解释老子这一句话。当今的一些《老子》注释者和解释者大都一脉相承地认为老子的"道法自然"是说"道自己如此","道"无所效法。张岱年先生早年的《中国哲学大纲》把"人法地,地法天,天法道,道法自然"解释为:"人以地为法,地以天为法,天以道为法,道则唯以自己为法,更别无所法。"① 张先生还说:"'自然'即自己如此之意。"② 任继愈先生把"道法自然"意译为"道效法它自己"③。李零先生也说:"自然是道的本来面目,并不是另一个东西。"④ 如果停留于此,那么王先生的理解可谓基本正确,然而他又前进了一小步。之所以要往前走,那是因为他有疑问:"这里有一个问题,按老子的学说,道是至高无上的,是至大无边的,是至远无边的,是循环往复的,是无限大,是最最本初的。天地有无,都是产生于道的。为什么这里突然出现了一个'自然'比道还'高'还伟大还厉害呢!而且只此一处,讲的内容似乎是说自然是道师法的对象,何也?"⑤

显然,王先生在这里的疑问,是他将"自然"理解为"大自然"的一种逻辑延伸。因为,作为"自如""自尔"的"自然而然"是一种状态,不是一种独立的像"人""地""天""道"一样的对象(或"东西");而只有作为"大自然"的"自然"才有可能上升为"实体",好像"人""地""天""道"都产生于"大自然"一样。郭沫若先生也曾作这样的理解,如他在《先秦天道观之进展》一文中指出:老子"于'道'之上又列出'自然'来,所谓'自然'当然是指天地中一切云行雨施的变化,让'道'来取法乎它是连'道'也失掉了它的至上性了。这些地方正表现着老子思想的未圆熟,也表现着他的苦心处,他对于他自

---

① 张岱年:《中国哲学大纲》,中国社会科学出版社1982年版,第18页。
② 同上书,第79页。
③ 任继愈:《老子绎读》,北京图书馆出版社2006年版,第56页。
④ 李零:《人往低处走》,生活·读书·新知三联书店2008年版,第92页。
⑤ 王蒙:《老子的帮助》,华夏出版社2009年版,第104页。

己所产生出的'道'的来历确实是还在苦心探索着的"①。老子苦苦地探索"道",这是事实;但是老子并没有把"自然"看成是"高于""道"的"东西"。所以,郭沫若先生把老子"道法自然"的观点误认为老子"道"论的不成熟性和不彻底性,这并不合乎老子的本意;而且郭先生也没有准确地理解老子的"自然"之义,所以他把"自然"误认为高于"道"(其实,老子始终是以"道"为根本的,"自然"只是"道"之"性")。可以看出,王先生也像郭先生一样"拿不准",如他用"似乎是"一词表示不敢断定;但是正是这一疑问,埋下了他在《老子十八讲》中把"自然"提升为"一大""师法""对象"的伏笔,大有郭沫若先生误认为老子在"道"之上又列出"自然"的说法。

《老子十八讲》是演讲词,是"口述体",而不是"书写体",所以形式就比较"自由"而"散漫"。在《老子的帮助》中还不甚确定的"似乎是",到了《老子十八讲》中就变成了十分肯定的语气。他说,老子"提出了世界的五个最大的方面,可以称为五个维度:人、地、天、道、自然,五个方面并不是各行其是的,他提出了五个方面的师法与一致的关系,总结了五个方面的基本规律"②。在这里,王先生明确地把"人""地""天""道""自然"看成是"五个维度""五个最大的方面"。因此他说:"……老子很惊人地提出了一个'自然'比'道'更高的观念……""自然"是"道的精髓、是道的核心、是道的根本……""'道'已经是根本了,没法再根本了,但是从根本当中还能再找出一个根本来,就是'自然'。"③ 显然,王先生是用"人→地→天→道→自然"替代了"人→地→天→道=自然"。如果说《老子的帮助》中"人→地→天→道=自然"的理解还较为合乎老子的本意,部分地具有一定的合理性的话,那么《老子十八讲》中

---

① 郭沫若:《青铜时代》,科学出版社1957年版,第40页。
② 王蒙:《老子十八讲》,生活·读书·新知三联书店2009年版,第25页。
③ 同上书,第29页。

"人→地→天→道→自然"的理解则根本背离了老子的本意,而且完全是"六经注我"式的妄说。因为,这里用"五大"替代老子的"四大"说,必定会引起歧义和混乱。老子曾明白地说"人""地""天""道"是"四大","自然"不在其列;而"自然"只是"道"的根本特性而已,这是王先生也承认的,如他说:"道是世界的本质,自然是道的本性,比大、逝、远、反更根本的本性。"① 正如前文所言,王先生的这句话可是说到了点子上:"道"是根本、本质,而"自然"只是"道"的本性。但是,如果把"自然"看成是与"人""地""天""道"并列的"一大",而且把"自然"抬高到"根本的根本""本质之本质"的地位,正如他自己所说的,"把'自然'抬得这么高,那'自然'就是最好最最亲爱的了"②,那么把"道"放在什么地位呢?显然,这不仅违背老子的本意,而且会导致把"自然"作为"道"的"根本",从而否定了"道"的本源与本质的地位。我相信,这也可能不是王先生的本意,不然他为什么要说"自然就是自然而然"呢?这只能说明王先生对于"道法自然"解释得混乱和矛盾。

在此需要特别强调的是,"自然"在《老子》一书中,最主要的含义就是"自然而然""自己如此",而不是指"大自然"。因为根据张岱年先生的考证,"包含天地万物的总体"的"自然",到魏晋时期才被玄学家阮籍提出来:"天地生于自然,万物生于天地。"(《达庄论》) 所以张先生说:"阮籍以'自然'表示天地万物的总体,可以说是赋予'自然'以新的含义。近代汉语中所谓'自然'表示广大的客观世界,'自然'的此一意义可谓开始于阮籍。"③ 另外老庄研究专家刘笑敢先生也明确地说:"有人把'自然'解释或翻译成自然界,这是不符合'自然'一词的

---

① 王蒙:《老子的帮助》,华夏出版社2009年版,第104页。
② 张岱年:《中国哲学大纲》,中国社会科学出版社1982年版,第35页。
③ 张岱年:《中国古典哲学概念范畴要论》,中国社会科学出版社1989年版,第81页。

古义的。如果'自然'是自然界,那么'自然'就是包括前面'天'和'地'的最高实体,这样,重复而不合逻辑。同时,在人—地—天—道—自然的系列中,就不仅是四大,而应该是五大,这也不合《老子》原文。"①

我认为,"自然"一词是偏正结构,即"自"为主词,而"然"之"如此"是修饰"自"的。所以"自然"一词主要是讲"自"然的,而不是讲自"然"或者"自然"的。把重心落在"自"上,而不是"自然"上,那么对于"道法自然"的解释就可以清楚明白了。因此,老子所说的"自然",不是指称一种"客体"或者某种"东西"(如自然界),而是指称"道"以及由"道"所产生的天地万物的"存在方式"和"状态",即一般所说的"自己如此"。虽然也有学者将老子的"道法自然"解释为"道效法或遵循万物的自然",而不是"道性自然"②;但是按照老子的思想逻辑,只有作为天地万物根本的"道"是"自然"的,那么才会有来源于"道"的天地万物所秉有的"自然"之"性",而不是相反。既然道是以"自己"("自然")为法则的,天法道,地法天,人法地,所以贯穿于"道"和天地万物中间的根本法则就都是"自然"。

我们再来看看王先生对《老子》第二十五章四个"法"的理解。他在《老子的帮助》中对"法"作了两种并存的、不一致的解释:他把前三个"法"解释为"师法"(及物动词),而将最后一个"法"解释为"法则"(抽象名词)。因此,"人""地""天"都有"师法"的对象,而"道"则没有师法的对象,所以"道""法"就解释为"道的法则"。③ 王先生这种解释,在学界也出现过,但已有学者指出是不恰当的:"将'道法自然'解释

---

① 刘笑敢:《老子古今:五种对勘与析评引论》,中国社会科学出版社 2006 年版,第 289 页。
② 王中江:《老子的"道法自然"》,《光明日报》2008 年 10 月 6 日。
③ 王蒙:《老子的帮助》,华夏出版社 2009 年版,第 104 页。

成'道自然如此',既略去了相同用例的'法'字,也改变了与前句相同的动宾句式。一些注释家将前面的'法'字解释为效法并保持了它们的动宾结构,但偏偏将'道法自然'单独处理,这是非常不恰当的。"①

既然"道法"不同于"人法""地法""天法",那么为什么还要将"道法"之"法"解释为"师法",而为"道"找出"师法"的对象即"自然而然的运动法则"或者"自然而然的运动"呢?问题就出在王先生对于"法"特别是"自然"的混乱的理解上。

其实早在魏晋时期,王弼就对"人法地,地法天,天法道,道法自然"这句话及"法"字作了类似的注解:"法,谓法则也。人不违地,乃得全安,法地也。地不违天,乃得全载,法天也。天不违道,乃得全覆,法道也。道不违自然,乃得其性(法自然也)。法自然者,在方而法方,在圆而法圆,于自然无所违也。自然者,无称之言,穷极之辞也。"② 王弼对于"法"所作的是贯通的理解,而且"道""法""自然"是"在方而法方,在圆而法圆",不违"道"之"自性"。

依此看来,显然王先生这里的解释就存在着四个"法"不一致的情况,不过这不是问题之所在,其关键是在对于"自然"的理解上。前文已经把"自然"解为"'自'然",所以四个"法"字是可以作一贯的理解即"师法"的;也就是说"道"无所"法",只"师法"它"自己",或者说,它只以自己为"法"。这是可以解释得通的。

然而,在《老子十八讲》中,尽管王先生也把四个"法"字都解释为"师法",但是,由于他还要再追逐自本自根的"道"的根源,使得他的"师法"的解释陷入了悖论。他说:"老子

---

① 王中江:《老子的"道法自然"》,《光明日报》2008年10月6日。
② 楼宇烈:《王弼集校释》,中华书局2008年版,第64页。

《道德经》里边有一段特别重要的话，有人把它当作核心的话来理解的，就是'人法地，地法天，天法道，道法自然'。这个'法'的意思，我觉得一是说树立了师法的榜样：地给人树立了榜样，天给地树立了榜样，道给天树立了榜样。还有一个意思就是要遵从它的规律：地要遵从天的规律，天要遵从道的规律。"①尽管这里王先生没有说"'自然'给道树立了榜样"，"道要遵从'自然'的规律"，但是他紧接着说："它提出了世界的五个最大的方面，可以称为五个维度：人、地、天、道、自然，五个方面并不是各行其是的，他（它）提出了五个方面的师法与一致的关系，总结了五个方面的基本规律。"②他还指出，老子把这个"自然""强调到一个无以复加的程度，甚至都超过道了"③。既然"自然"是比"道"还"高"的"一大"，而且是"道"所"师法"的对象，那么依照王先生的逻辑，"'自然'给道树立了榜样"，"道要遵从'自然'的规律"，就是必然的了。所以王先生说："自然"是"道的精髓、是道的核心、是道的根本……""'道'已经是根本了，没法再根本了，但是从根本当中还能再找出一个根本来，就是'自然'。"④

我们再来对比一下王先生在《老子的帮助》中说的："道法自然最好的解释是：道的法则乃是自然而然的运动。道的法则是自己运动。"⑤因此，"道对自然的'法'，与人→地→天→道的师法，不是相同的概念"⑥。他还进一步说："当然也可以说道师法的就是这种自然而然的运动法则，或者说道的师法对象是自然

---

① 王蒙：《老子十八讲》，生活·读书·新知三联书店2009年版，第25页。
② 同上。
③ 同上书，第41页。
④ 同上书，第29页。
⑤ 王蒙：《老子的帮助》，华夏出版社2009年版，第104页。
⑥ 同上。

而然的运动,或者说道取法于自然而然的运动。"① 王先生还讲"道"是万物的"共同性",是世界的终极本原、本质、本体、规律,而"自然""变易""辩证""阴柔""趋下""无私""恍惚""玄妙""宝贵"九点就是"道"的特质。② 也就说,"自然"不是"道",它不是高于"道"有待于来"师法"的更为根本的根本。所以,王先生才说,"道"是"最高最远最最的根本"③;它是"最高最大的概念";它是"概念之尊、之极、之巅、之神"④。既然"道"是一个至高无上的概念,那么它就是无所"师法",所以,"道法"之"法"作为"师法","道法自然"就必定是"道""师法"自己,必然不会再有一个高于"道"的师法对象"自然"。如此看来,这前后的混乱和矛盾可以说是再清楚不过了。

最后需要指出的是,王先生解老是以文学家的方式来谈自己的心得的。王先生说:老子的"道"就是悟,就是心,就是存在,就是本质。"所以你说它是哲学,它有的地方又超过了哲学,有的地方甚至是文学。"⑤ "文学超过哲学",这是王先生的预设,也是理解王先生解老的前提。所以你在王先生的这两部书中,通过王先生是不能从哲学层面上把握老子"道法自然"的确切含义的,甚至你还会读到如"道是概念之王、概念之神、概念之巅峰"⑥,"道的概念高于一切"⑦,"道是最高最远最最的根本"⑧,"道与一就是中国老子神学中的上帝"⑨ 等很富有文学色彩的话

---

① 王蒙:《老子的帮助》,华夏出版社 2009 年版,第 104 页。
② 同上书,第 334—335 页。
③ 同上书,第 337 页。
④ 同上书,第 338 页。
⑤ 王蒙:《老子十八讲》,生活·读书·新知三联书店 2009 年版,第 227 页。
⑥ 同上书,第 29 页。
⑦ 同上书,第 7 页。
⑧ 王蒙:《老子的帮助》,华夏出版社 2009 年版,第 337 页。
⑨ 同上书,第 375 页。

(尽管王先生也有自己的解释)。这些论断虽不可理解,但是却合乎王先生的解读逻辑:"机变"。所谓"机变",就是随机应变,随文变化;与时俱化,与文俱化。于是,王先生在解读中就只"追求其大意",而不是像他所说的也"追求前后文句中的内在联系与逻辑关系"[①]。正因此,才既有"郢书燕说之讥",也有"见树忘林之虞"[②],而这本来是王先生所想要避免然而却无法避免的。

(作者系西南大学哲学系教授、博士生导师)

[①] 王蒙:《老子的帮助》,华夏出版社2009年版,第4页。
[②] 同上。

《老子》三十八章论礼疏解

梅珍生

人们通常因《老子》第三十八章的内容,将老子视作反礼的代表而论述。但《礼记·曾子问》中的老聃深于礼数,且言孔子问礼于老聃,由此引发了几种不同的判断。或以为孔子所问礼的老聃,并非《道德经》的老聃,宋代叶适、清人汪中以及20世纪的疑古派学者多持这种观点。或认为孔子所问礼的老聃与著《道德经》者为同一人,"知礼乃其学识,薄礼是其宗旨"[①]。詹剑峰、吕思勉、徐复观等持此观点。将个人的学识与学术主张区分开来,这确实一种洞见,且也是学术史中一种深有影响力的观点。本文在研读《老子》文本的基础上,认为礼有形式与内容(礼之文与礼之质)两个层次,从《老子》文本看,老子所反对的是礼的形式,而不是礼的内容,并试图重新检视老子所论及的礼学内容。

一 "质真若渝,大白若辱"的礼质论

在《老子》八十一章中,直接谈到礼的有两章,即通行本第三十一章及第三十八章。在第三十一章中,涉及礼两方面的内容,一是礼中的方位,二是方位的象征意义。"君子居则贵左,

---

① 吕思勉:《先秦学术概论》,中国大百科全书出版社1985年版,第28页。

用兵则贵右。""吉事尚左,凶事尚右。"

　　方位问题在礼学中有着特别重要的意义,孔子称:"不学礼,无以立。"(《论语·季氏》)"不知礼,无以立也。"(《论语·尧曰》)刑昺把礼解释为立身之本,这是说不知礼的人,没有办法立身处世。其实立也是人在日常行事中所能占据的方位问题。《通典·凶礼二》引郑玄语:"礼者在于所处。"所以,现代有学者称,所处,就是指门内门外之治,包括各种关系(人与自然的关系亦在其中),包括各人在社会各种关系、各个场合中的地位,人之所以立,国之所以治,事关重大。①

　　在老子看来,方位除了通常表示处所的意思之外,它还有更深层的象征意义。所谓"偏将军居左,上将军居右,言以丧礼处之。杀人之众,以悲哀莅之,战胜以丧礼处之"(《老子》第三十一章,以下只注章序)。在这里,他主要讲方位的象征意义,虽然讲到了"以丧礼处之",但并不是讲丧礼的仪节,而是借丧礼表达因战争给人类带来惨烈灾难时而流露出的内心戒惧审慎的哀戚心情,这就在一定程度上深入了礼之质的问题,即指出战争方位仪式中的深层含义,而不是叙述战争仪式的具体规定。

　　在第三十八章中,有三句话明确地提到礼,且都是从否定的层面论及的,所谓"上礼为之而莫之应,则攘臂而扔之。故失道而后德,失德而后仁,失仁而后义,失义而后礼。夫礼者,忠信之薄,而乱之首"。正是这种激烈的反礼的态度,使得人们将老子看作一个礼的绝对定否者。但是,任何人都不可能脱离自己的时代,一个被礼——无论是以扭曲的形态还是常态浸润的时代,老子同样摆脱不了礼对他的影响,只是他对礼的思考,已不再为礼之文所局限,而是直指礼之质。因此,今人陈鼓应先生认为,所谓"夫礼者,忠信之薄,而乱之首"并非对礼的否定,而是对那个时代的动乱发出的沉痛呼唤,反映了在周文凋敝的历史背景

---

① 陈戍国:《先秦礼制研究》,湖南教育出版社1991年版,第2—3页。

下，如何重建社会人伦，这是对一个时代的重大课题进行的深刻反省。①

如何重建人伦，以调适礼崩乐坏时代的人际关系，确实是老子要作反省的问题。在《韩非子·解老》中，韩非接受了荀子"称情立文"的礼学理论，称"礼薄"是指"父子之间，其礼朴而不明"，而认为礼乃致乱之由，则与荀子的制礼理论恰为相反：荀子以为圣人制礼是为了"定分"而使人们各守其分，消弭争端；韩非则以为为礼是为了人心的安顿，但现实中礼却依靠名分来确定人们应该承担的责任，所以礼是致争乱的根源。所谓"今为礼者事通人之朴心，而资之以相责之分，能毋争乎？有争则乱，故曰：'夫礼者，忠信之薄也，而乱之首乎。'"（《韩非子·解老》）在这里，韩非子实际上是用荀子的理论来解释老子，与老子本身是有差异的，因为《老子》书中，谈到"情"的地方几乎没有，韩非子却提出："礼为情貌者也，文为质饰者也。夫君子取情而去貌，好质而恶饰。"（《韩非子·解老》）不过，韩非子提出老子对于礼是"好质而恶饰"，则适足以引人深思。

在《老子》第八十一章中，老子标举"信言不美，美言不信"。其语言观是明显地倾向于重质而恶饰的。言语是礼的有机组成部分之一，这是礼学的一个常识。比如在《冠礼》中，对即将成年者加冠时的祝词一次比一次动听，所谓"寿考惟祺，介尔景福"，所谓"敬尔威仪，淑慎尔德。眉寿万年，永受胡福"，②这些美好的祝愿确实都是美言，但它们多数并不可信。而祭侯之礼中的种种信言，却又都是一种赤裸裸的威吓之词。高亨在释《周易·比卦》的"不宁方来，后夫凶"时指出，《周礼·考工记·梓人》有："祭侯之礼，以酒脯醢，其辞曰：'惟若宁侯，毋或若女不宁侯，不属于王所，故亢而射女。'"《大戴礼·投壶篇》："鲁命弟子辞曰：'嗟尔不宁侯，为尔不朝于王所，故亢而

---

① 陈鼓应：《先秦道家之礼观》，《中国文化研究》2000年夏之卷。
② （唐）贾公彦：《十三经注疏·仪礼上》，北京大学出版社1999年版，第49页。

射女.'"《白虎通·乡射篇》:"射礼祝曰:'嗟尔不宁侯,尔不朝于王所,以故天下失业,亢而射尔.'"《说文》:"侯,春飨所射侯也。其祝曰:'毋若不宁侯,不朝于王所,故亢而射汝也.'"① 只要敢做不宁侯,且敢不朝于王所,不宁侯就要遭遇"亢而射汝"的命运。所以在礼辞中,既有"以成厥德"式的美言,但它们在当下并不可征验;也有"亢而射汝"式的信言,但它们露出的确是狰狞的面孔。

"信言不美,美言不信"是老子对春秋时代礼仪中以言辞交接所传达的形式与内容之间背离现象的概括。《左传》《国语》等春秋文献中,"信"字俯拾即是,这表明基于"心口一致""言行一致"等道德事实为根据的"信"已作为一种新的伦理观念出现。所以,在《左传》中,人们对信的内涵作了各式各样的界定,其中,"守命共时之谓信"(《左传》僖公七年),杜预注为:"守命共时:守君命,共时事。"即遵从时事,不违君命就叫作"信"。这就要求在处理人际关系上要心口、言行一致,同时以审时度势为承诺或实践承诺的前提。孔子以为:"言必行,行必果,硁硁然小人哉。"(《论语·子路》)延续到孟子的战国时代,孟子则标举:"大人者,言不必信,行不必果,唯义所在。"(《孟子·离娄下》)这样,从礼中萌发的信原则在现实中又很快被打得粉碎。《春秋》所叙 242 年中,列国军事行动凡 483 次,朝觐盟会凡 450 次。② 春秋以前的"明王之制","使诸侯岁聘以志业,间朝以讲礼,再朝会以示威,再盟会以显昭明"(《左传》昭公十三年)。春秋时期的盟会却一反过去"示威于众""昭明于神"的性质,而是"盟以底信"(《左传》昭公十三年),"盟所以周信也"(《左传》襄公十二年),即以盟会致信和巩固信。这种盟会以致信的盛行,正表明了社会生活中,尤其是诸侯国之间"信"的缺乏,在"春秋无义战"(《孟子·尽心下》)的总体格局下,

---

① 高亨:《周易古经今注》(重订本),中华书局 1984 年版,第 183 页。
② 范文澜:《中国通史简编》第一册,人民出版社 1965 年版,第 179 页。

忠信之薄可想而知。

在老子的礼学思想中，信是一个重要范畴，他把"信"作为人际关系的一个基本准则，是双方应共同遵守的。"信不足焉，有不信焉"，这是他在第十七章和第二十三章两次提到的话，在其他章节中，也多次提到信，信甚至是老子所谓"道"的内在构成要素。"道之为物，惟恍惟惚。惚兮恍兮，其中有象；恍兮惚兮，其中有物。窈兮冥兮，其中有精；其精甚真，其中有信。"（第二十一章）像韩非子所理解的那样，德、仁、义、礼是内在于道的，信也是内在于道的，对信的遵从，也即在一定程度上对道的遵从。另外，老子对于信，取一种大信的态度，"信者，吾信之；不信者，吾亦信之；德信"（第四十九章）。作为一种政治哲学，对于圣人来说，要在全社会构建诚实的道德，只有做到对于诚实的人我信任他，对于不诚实的人我也信任他，这样社会才能达到真正的诚实了。

正如前面所提到的，信是与言联系在一起的。一方面，它表现为言必由衷，言合于意，即心口一致；另一方面表现为"口以庇信"（《国语·周语》），孔子要求人们"非礼勿言"（《论语·颜渊》），老子要求"言善信"（第八章），这种寡言的要求，是礼的内在要求，它直接影响到人际关系的调适。"夫轻诺必寡信，多易必多难"（第六十三章），正道出了日常生活中最朴素的真理。春秋近三百年间，为了权力之争，子杀父、臣弑君者屡见不鲜。信作为一种伦理观念，它寓于礼之中，又因礼的仪式化丧失殆尽，正是在这个意义上，老子称："夫礼者，忠信之薄，而乱之首。"（第三十八章）这是强调忠信之于礼的实质性意义。这样，老子的礼学观明显地有着突现"忠信"德性为礼的重要内涵的特征。

老子对礼之质的重视，我们还可以从他对生活中种种装饰、种种疯狂的拒斥中得到印证。他说："故至誉无誉。是故不欲碌碌如玉，珞珞如石。"（第三十九章）对喋喋不休的美誉老子是打心眼里看不起的，因为美誉是无须夸耀的，不夸耀它乃是美誉；同样，本身若没有美誉，夸耀也只能夸出泡沫式的美誉。人生所具有的种种德性是无须华光如玉的，还是珞珞如石那样质朴的为好。老子对于声色口味的抑制，也是针对礼的外在形式的种种过分表现而发的。

五色令人目盲，五音令人耳聋，五味令人口爽，驰骋畋猎，令人心发狂；难得之货，令人行妨。（第十二章）

天下皆知美之为美，斯恶已；皆知善之为善，斯不善已。（第二章）

不贵难得之货，使民不为盗；不见可欲，使民心不乱。（第三章）

占统治地位的阶级对礼文的过分追求，使得钟鼓之乐、缤纷艳丽的色彩、浓浓的五味、驰骋畋猎等源于礼的生活式样都成了统治者纵情声色犬马的工具，这也就是老子所以憎恶礼的缘由。但老子所憎恶的是礼的过分形式，而不是憎恶礼的本质，他认为："圣人去甚、去奢、去泰。"（第二十九章）就是在饮食、男女以及日常享受方面要符合礼的中道原则，而不是寻求过分刺激。钱锺书引河上公注"甚"字为"贪淫声色"，又据《说文》"甚，尤安乐也，从甘、匹"，引朱骏声《说文通训定声》说"'甘'者饮食，'匹'者男女，人之大欲存焉，故训安乐之尤"，指出古文字"甚"，兼"甘"与"匹"两义①，尤为精当。奢、泰同样指过分的贪求以及过分的举止。

在这里，我们可以看到荀子与老子论证礼之存在方式的差异。荀子从礼之存在是为了满足人们的欲望出发，认为："重色而衣之，重味而食之，重财物而制之，合天下而君之；饮食甚厚，声

---

① 钱锺书：《管锥编》第一册，中华书局1986年版，第28页。

乐甚大，台榭甚高，园囿甚广，臣使诸侯，一天下，是又人情之所同欲也，而天子之礼制如是者也。"（《荀子·王霸》）老子则认为礼中所表现的甚、奢、泰与礼的精神是相违背的，所以，他极力反对它们。

二 "慈、俭、不敢为天下先"的礼意论

徐复观依据《吕氏春秋·不二》篇的"老聃贵柔"说，认为礼以敬让为主；敬主于自己的敛抑，让主于对人的谦退；则所谓"柔"者，安知不是出自敬与让的精神，进一层的演进？① 这种推测是合乎老子思想渊源实际的。在此，我以为三宝说正老子思想中富于礼学精神而未以礼的面目出现的内容。

"我有三宝，持而保之。一曰慈，二曰俭，三曰不敢为天下先。慈故能勇，俭故能广，不敢为天下先，故能成器长。"（第六十七章）这三宝说正体现了礼学精神的处世态度。首先看慈，古今学者对之有多种解释，但较普遍的是作柔慈、慈忍、仁慈，核心是一个爱字。对同类之爱，对弱者之爱，无疑能激发护卫同类或弱小的勇气。在母爱方面，人们对"慈故能勇"的体会，可能最为真切，它表现为因爱而勇敢。这种说法与孔子的"仁者必有勇"（《论语·宪问》）是极其相似的。但慈同样也表达了一种对人类的悲悯，揭示了自我与他者之间的关系，而表现为一种普世之爱。除此之外，在老子的观念中，慈还表现了仁自亲始的"孝慈"关系，它属于礼中"门内之治"的范围。老子称："六亲不和，有孝慈；国家昏乱，有忠臣。"（第十八章）孝慈并不是六亲和睦关系被破坏后不得已的家庭维系手段，相反，它的价值在"六亲不和"的现状反衬下，显得弥足珍贵，同时它也是六亲和睦的前提条件。正是在这个意义上，我们才有可能理解郭店《老

---

① 徐复观：《中国人性论史·先秦篇》，上海三联书店2001年版，第429页。

子》中的"绝伪弃虑,民复孝慈"。由此,裘锡圭先生认为,老子对"慈"是肯定的,孝慈无疑跟仁义一样,并不是老子要绝弃的东西。①

老子持而保之的第二宝是俭。"俭"有论者称主要是节约和收敛克制。但是,俭同样作为礼的一种内在要求,也是礼之质的一个方面。孔子讲"礼,与其奢也,宁俭"(《论语·八佾》),礼中这种宁可朴素俭约的主张在于它更接近礼的本质。俭的另一说法是啬,所以,老子认为:"治人事天,莫若啬。夫唯啬,是谓早服;早服谓之重积德。"(第五十九章)在这里,老子的"治人事天"是为了"可以有国"这一目的,若没有国则身无所托,何长生久视之有?因而"治人事天"基本上还是指调适天人关系以及社会中人与人之间的关系,以"啬"的方式来处理天人以及人与人之间的关系,正体现了礼的节俭原则,与俭是相通的。

事天方面的"啬"具有神圣性,它体现了"礼,不忘其本"的精神。② 在荀子那里,这种"啬",则体现了礼"贵本而亲用","以归大一,夫是之谓大隆"(《荀子·礼论》)的礼学原则。因为越是隆重的礼,越是简朴无文。同样,从质的方面讲,韩非的另一段议论,颇适于"治人事天,莫若啬"的精神:"须饰而论质者,其质衰也。何以论之?和氏之璧,不饰以五采;隋侯之珠,不饰以银黄。其质至美,物不足以饰之。夫物之待饰而后行者,其质不美也。"(《韩非子·解老》)所以,我们说这种重俭、重啬的倾向,就是老子思想中重视礼意,或礼的精神的内容之一。

在"治人"方面,老子强调"夫唯啬,是谓早服;早服谓之重积德",这里早服就是重积德,它的人际调适功能是以自我的积德为起点,而积德的活动又寓于人的"多言数穷,不如守中"

---

① 裘锡圭:《纠正我在郭店〈老子〉简释读中的一个错误》,《郭店楚简国际学术研讨会论文集》,湖北人民出版社 2000 年版,第 29 页。

② (元)陈澔:《礼记集说》,中国书店 1994 年版,第 50 页。

（第五章）的践礼活动中。老子强调积德的功效表现为："修之于身，其德乃真；修之于家，其德乃余；修之于乡，其德乃长；修之于邦，其德乃丰；修之于天下，其德乃普。故以身观身，以家观家，以乡观乡，以邦观邦，以天下观天下。"（第五十四章）正是在这个意义上，《礼记》也称："凡治人之道，莫急于礼。"总之，无论是治人，还是事天，依"嗇"的原则而行，就是符合礼的内在精神的；相反，不依"嗇"的礼学原则而行，一味地讲求礼的外在形式，结果是"朝甚除，田甚芜，仓甚虚；服文采，带利剑，厌饮食，财货有余"（第五十三章），这就是违背礼的精神的强盗行径。

在老子的"三宝"中，不敢为天下先符合礼的精神是最为明显的。一般人都可以从"不敢为天下先"中读出"谦退"的含义。韩非没有直接从谦退的角度作出阐释，而从顺从事物的规矩的角度指出："欲成方圆，而随其规矩，则万事之功形矣。而万物莫不有规矩，圣人尽随于万物之规矩，故曰，'不敢为天下先。'"（《韩非子·解老》）这种解释与老子的"守常"之旨相合，盖万物有常理或规矩，人生在世，举止动静同样都有礼的规矩，对这种规矩的遵而守之，在矩规下行事，谁又敢为天下先呢？老子的不敢为天下先之教，有丰富的社会经验作证，"用兵有言：'吾不敢为主而为客；不敢进寸而退尺。'"（第六十九章）在自然界中，"江海之所以能为百谷王者，以其善下之，故能为百谷王。是以圣人欲上民，必以言下之；欲先民，必以身后之。是以圣人处上而民不重，处前而民不害。是以天下乐推而不厌。以其不争，故天下莫能与之争"（第六十六章）。不敢为天下先作为谦德的另一种说法，确是老子以之为宝的道德准则。后汉班固评论道家时说它"合于尧之克攘（让），易之嗛嗛，一谦而四益"（《汉书·艺文志》）。这是合乎道家实际的。在老子那里，"圣人处无为之事，行不言之教；万物作而不始，生而不有，为而不恃，功成而不居"（第二章）。"是以圣人后其身而身先，外其身而身存。"（第七章）"不自见故明，不自是故彰，不自伐故有功，不自矜故长。夫唯不争，故天下莫能与之争。"（第二十二章）"以其终不自为大，故能成其大。"（第三十四章）这些不自大、不自见、不自足、不自伐、不自矜，都是礼"自卑而尊人"原则的体现。①

老子推崇自卑而尊人的礼学原则，作为谦的反面，骄的张扬，自然为老子所深戒。他说："果而勿矜，果而勿伐，果而勿骄。"（第三十章）"富贵而骄，自遗其咎。"（第九章）"自见者不明，自是者不彰，自伐者无功，自矜者不长。故有道者不处。"（第二十四章）由此，自见、自伐、自是、自矜皆为"骄"，均为谦卑的对立面。骄横跋扈，致使自见反而不明，自是反而不彰，自矜反而不长，它只可能"自遗其咎"。所以，当孔子向老子请教时，他径直告诉孔子说："良贾深藏若虚，君子盛德，容貌若愚。去子之骄气、态色与淫志，是无益于子之身。吾以告子，若是而已。"（《史记·老子列传》）去骄气，不正是守礼的前提吗？

三 "制始有名，夫亦将知止"的功能论

在老子的文本中，开篇即提出"名"的问题，"名可名，非常名"（第一章）。这里名、常名以及道、常道联系在一起，它们的真实意谓为何，历来注读多有分歧。

詹剑峰先生在总结各种诠释得失的基础上，依据河上公注常道是自然长生之道，常名是自然常在之名，指出常道乃自然之道，常名乃自然之名。并指出，春秋末期，名的斗争已经存在三种形式：一是孔子的"正名论"；二是邓析的"刑名论"；三是老子的"常名论"。他认为"正名论"可以叫作"伦理的逻辑"，"刑名论"可以叫作"法理的逻辑"，"常名论"可以叫作"自然

---

① （元）陈澔：《礼记集说》，中国书店1994年版，第4页。

的逻辑"。而自然的逻辑认为道（即客观现实）与名（主观认识）是统一的，他把道名并举，认为老子道名关系中，是以道为体，以名为用的。① 这里，詹剑峰先生径直将孔子的正名论与老子所谓的"常名论"对立了起来。

但是，老子的"名"果真是自然之名而无社会性的意味吗？其实不然。老子认为："始制有名，名亦既有，夫亦将知止，知止可以不殆。"（第三十二章）这种认为制名的目的是让人知道各自的职分（"知止"），很难说与礼的制名没有联系，应该说这种观念与西周以来正名定分是一脉相承的，只不过老子讲到礼名时，有意隐去礼的内容，恰如"道隐无名"（第四十一章），从而使得"名""位""礼"的联系湮没不彰。但是他的思想中，这种"始制有名"的目的是"知止可以不殆"，与《左传》中的礼名观是相同的。

  师服曰："夫名以制义，义以出礼，礼以体政，政以正民，是以政成而民听；易则生乱。"（《左传》桓公二年）
  王命诸侯，名位不同，礼亦异数，不以礼假人。（《左传》庄公十八年）
  是以为君，慎器与名，不可以假人。（《左传》昭公三十二年）

这样，有什么名，就有什么位，有什么位，就行什么礼，等级森严，不可逾越，于是真正可以做到"知止可以不殆"。否则，即使是自己的称谓偶有失误，也会引起人们的非议。所谓"礼失则昏，名失则愆"（《左传》哀公十六年）。名与位相联，名失则愆，名的作用还没有从蒙昧时代的灵魂崇拜观念中脱离出来。相反，老子作为一个自然主义者，看到的是名的限定性意义，也即

---

① 詹剑峰：《老子其人其书及其道论》，湖北人民出版社1982年版，第177页。

后来荀子所称的"度量分界"的作用。所以，我们可以看到紧接三十二章的"知止可以不殆"之后的是"譬道之在天下，犹川谷之于江海"。道的界限在于天下，天下是道得以"知止"的边界，超越了天下之外的道是无意义的，至少是只有宇宙论的意义，而没有人生的意义。同样，川谷恰如江海的名分，没有川谷的限制，江海就会像道那样"大道泛兮，其可左右"（第三十四章）。

老子深知名的功用，他指出："道之为物，惟恍惟惚。惚兮恍兮，其有中象；恍兮惚兮，其中有物。窈兮冥兮，其中有精；其精甚真，其中有信。自今及古，其名不去，以阅众甫。吾何以知众甫之状哉！以此。"（第二十一章）既有了法象，然后有物。有了物之后，便发生知识的问题，"名"在认识中起着关键使用。名既然是认识众甫的工具，那么，礼名又何尝不是认识人生的工具呢？所以，老子提出"名与身孰亲？身与货孰多？得与亡孰病"的问题，将身、名、货以及得失的关系两两相较，得出的依然是"知足不辱，知止不殆，可以长久"（第四十四章）的结论，名的存在，是人们"知止"的前提，这种因名而知止的交往理性，正是礼最为突出的功能。

当然，老子形而上的"无名"主张，常常被人们用来说明老子绝圣弃智、主张废名的证据。但是，"绳绳兮不可名"（第十四章）毕竟是指"无名，天地之始"（第一章）的状态，而在社会生活中，无论人们的希冀怎样，"有名，万物之母"（第一章）的现实却无法改变。固然，老子是希望人法自然的，这种希望也不是完全不要名，废除名，而仅是反对礼的繁名，主张"朴"而已："道常无名，朴。虽小，天下莫能臣，侯王若能守之，万物将自宾。"（第三十二章）"道常无为而无不为，侯王若能守之，万物将自化，化而欲作，吾将镇之以无名之朴。镇之以无名之朴，夫将不欲。不欲以静，天下将自正。"（第三十七章）

对于"朴"之义，韩非虽是将老子的形上层次降低到经验的层次，但与老子欲"天下将自正""万物将自宾"的期待是一致的，可以说是深得老子之意的确解。韩非认为："礼繁者，实心衰也。然则为礼者，事通人之朴心者也。众人之为礼也，人应则轻欢，不应则责怨。今礼者事通人之朴心，而资之以相责之分，能毋争乎？争则有乱。"（《韩非子·解老》）这里韩非揭示了礼的目的与其手段的不一致性，认为相责以分，只可能是社会争乱的根源，与"事通人之朴心"适为背道而驰。这样，"事通人之朴心"最恰当的手段，只能是"镇之以无名之朴"，而不是众人的那种因相责以分而变得"昭昭""察察"（第二十章）的礼之繁名。

由上可知，老子对礼的指斥是在礼之文的意义上，而不是针对礼的精神。事实上，老子称礼为忠信之薄而乱之首，恰恰表明了老子对忠信这种礼的精神的珍视，它与儒家只有忠信之人才具备学礼的资格论，以及与孔子的"主忠信"（《论语·学而》）说是相吻合的。这都说明老子反礼只是反对礼中过分的形式，要求除去礼中的甚、奢、泰，强调慈、俭、不为天下先。他承认礼名在社会生活中的作用，也用亲疏贵贱的标准来衡量得道者的成功与否，"故不可得而亲，不可得而疏；不可得而利，不可得而害；不可得而贵，不可得而贱。故为天下贵"（第五十六章），就是运用这种礼学标准的体现。他还以为："善建者不拔，善抱者不脱，子孙以祭祀不辍。"（第五十四章）也明确地赞同世俗的祭祀之礼。事实上，老子的"常道"除了作为宇宙本体论的意义之外，又何尝没有"善行无辙迹"（第二十七章）的日常人们践履之道的含义在内呢？老子讲"复命曰常"，"知常曰明"（第十六章），"是为习常"（第五十二章），这种知常、习常，正体现出一种对既定价值的肯定态度。这种肯定表现在社会、政治生活层面，则必然要表现出对既定秩序和规范的认同，因而传统的礼，而不是老子时代当下的被糟蹋得不成样子的礼，正是圣人赖以"行不言之教"（第二章）的制度基础。清儒皮锡瑞曾把礼的目标概括为

"使人循循于规矩，习惯而成自然，嚣陵放肆之气、潜消于不觉"①。这对我们理解老子思想与礼学精神的内在一致性，确可以起到发人深思的提示作用。

当然，我们不能否认老子的"小国寡民，使有什伯之器而不用，使民重死而不远徙。虽有舟舆，无所乘之；虽有甲兵，无所陈之。使民复结绳而用之。甘其食，美其服，安其居，乐其俗。邻国相望，鸡犬之声相闻，民至老死不相往来。"（第八十章）这里确乎有反对一切文明的因素，但孟子的井田制理想又与它何其相似乃尔。"死徙无出乡，乡里同井，出入相友，守望相助，疾病相扶持，则百姓亲睦。"（《孟子·滕文公上》）唯一的差别是孟子还要"设为庠序之教，申之以孝悌之义"（《孟子·梁惠王上》），而老子则主张"复结绳而用之"。这也是人们将老子看作反礼论者的主要证据之一。

总之，在老子那里，从表层意义上看，老子是激烈地反对礼的，他对世俗繁文缛节的礼，要求攘臂而扔之，但他的无为、习常以及对道的因顺等根本主张，则透露了他对"黄帝、尧、舜垂衣裳而天下治"（《周易·系辞下》）的久远传统的眷恋。这样，将老子富于思辨的哲学还原到人间政治中，则表现为以道为基础的"治大国，若烹小鲜"（第六十章）的现实打算。

（作者系湖北省社会科学院哲学所所长、研究员）

---

① 皮锡瑞：《经学通论·三礼》，中华书局1954年版，第13页。

老子《道德经》"有""无"解

马 超

对老子《道德经》中"有""无"两个概念的辨析与诠释，始终是中国哲学史上的一件重要工作。围绕这一论题，古圣先贤们由这两个概念出发，展开了一系列关于"形而上"与"形而下"、"道"与"器"、"有名"与"无名"、"有为"与"无为"等问题的研究与讨论。自《道德经》成书之日起，关于"有""无"的探讨从未停止，从河上公、王弼、严遵、王安石直至今日，依然经久不息。总体而言，古今学者对老子"有""无"论题的理解和阐释，大致分为两大理路：一为主张"有生于无"，即"无"在逻辑上先于"有"，从而"无"更近于道，"无"与"有"乃垂直关系；二为主张"有无相生"，即"有"和"无"在逻辑上并无先后，二者共同从属于道，乃平行关系。此二说皆言之成理，此处不做评判。本文将从《道德经》文本出发，力图说明"有""无"之别在老子那里并非目的，老子的本意在于超越"有""无"而最终回归于"道"之境地。

一

《周易系辞》有云："形而上者谓之道，形而下者谓之器。"①

---

① 陈鼓应：《周易今译今注》，商务印书馆2015年版，第639页。

何为"道",何为"器","道""器"之别在哪里,这是中国古代哲学中的一个重要问题。在古圣先贤那里,"道"和"器"是作为一对相反相成的概念而出现的。"道"和"器"的分野,便是哲学与世俗的分野,自"道"和"器"的分野开始,文明便进入了哲学的时代。冯友兰在《中国哲学简史》中曾经提出:哲学是人们对于世界的系统反思。人世间并非所有的思想都是哲学,哲学必须具备两个条件:一是反思,即对思想的思想;二是系统,即具有理性思考之秩序。①"道""器"问题中的"道",如果我们将其视为一门学问的话,那么毫无疑问,"道学"即哲学。在"道"与"器"的分别中,简单来说,"道",即终极与根本,属于超然与必然的世界;"器"即当下与现实,属于世俗与偶然的世界。"器"为其然,"道"为其所以然,"道"因为"器"而呈现,"器"因为"道"而成立。一种思想,一种观念,只有超越偶然达及必然,超越世俗达及超然,超越其然达及所以然,方才具有恒久的意义。孔子也曾教导弟子"君子不器",也就是说,人之为君子,应当心怀天下,追求关乎大道的学问。

老子《道德经》中的"有""无"问题,正属于关乎"道"的大学问。《道德经》八十一章五千言文本中,"有""无"二字,共出现一百四十余次,其在老子思想体系中的重要意义不言而喻。而统摄"有"和"无"两个概念的"道",则更是贯穿于整部《道德经》之中。牟宗三在《中国哲学十九讲》中曾经指出:先秦诸家的学问,只有到了道家这里,方才算是有了"哲学"的意义,用今天的话说,才开始步入理论上的自觉。因为道家,尤其是老庄,第一次提出并深入探讨了三个"形而上"的问题:一是"道"的问题;二是"无"和"有"的意义的问题;三是"无"和"有"的关系的问题。② 这三个问题,可谓先秦诸子对于形而上之世界的终极反思,其对后世中国哲学的影响,可

---

① 冯友兰:《中国哲学简史》,北京大学出版社1997年版,序言。
② 牟宗三:《中国哲学十九讲》,上海古籍出版社2005年版,第69页。

与儒家思想等量齐观。

在中国哲学语境中，何谓"有"，何谓"无"呢？先从文字本身说起。"有"字最早出现于金文之中，是一个会意字，从手从肉，意为"以手执肉"，表示据有、占有的意思。到了《说文解字》，许慎则引《春秋》之说，将"有"字解释为"不宜有也"①，即本不当有而有之。"春秋传曰，日月有食之，从月。"②月本不应该有食，而日食之，日本不应该有食，而月食之。显然，《说文》中的"有"，相较金文的据有、占有之意，又多出了发生、出现、显现的意思。自《说文》以后，"有"的上述意义便在汉语中固定了下来。"无"字相对比较简单，《说文》解释"无，亡也，从亡。"③简单说，无就是什么都没有的意思。可见，"有"和"无"作为汉字中两个极为常用的文字，其意义是清楚明白的。而在《道德经》文本中，老子对"有""无"二字形而上学的意义进行了阐释和发挥，具有了某种神秘色彩，但万变不离其宗，我们认为依然可以从文字的本义中去探究哲学概念的玄理。

二

《道德经》开篇第一章，开宗明义探讨"有""无"问题。

> 道可道非常道。名可名非常名。无名天地之始。有名万物之母。故常无欲以观其妙。常有欲以观其徼。此两者同出而异名，同谓之玄。玄之又玄，众妙之门。（《道德经》第一章）

---

① 许慎：《说文解字》，中国书店1998年版，"有"字词条。
② 同上。
③ 许慎：《说文解字》，中国书店1998年版，"无"字词条。

这段文字,历来被认为是理解老子哲学的一把钥匙,同时也被认为是老子哲学的奥妙所在。关于这段文字的断句解释,自古以来众说纷纭,不同的断句和解释方式,便会产生不同的思想和意义。

第一句"道可道非常道,名可名非常名",自古以来的学者,一般都遵循王弼的主张,断为"道可道,非常道,名可名,非常名"。第一个"道"字,意为一般理解之道,即大道、天道、道理之道,第二个"道"字,则是言说和表达之意。"常道",我们采取陈鼓应的解释,就是恒常永久之道。"名"字同理,具体事物的名称可以言说、可以命名,但它却不是那个恒常永久之道的名。王弼也说:"可道之道,可名之名,指事造形,非其常也,故不可道,不可名也。"① 可以言说可以表达的"道"和"名",都是依托具体事物,从万事万物上人为地"造"出来,它不是那个恒常永久的"道"和"名",真正的"道"和"名"是不可言说的。

第二句"无名天地之始。有名万物之母"直接关乎本文的主题:"有""无"问题。王弼断句为:"无名,天地之始。有名,万物之母。"并进一步解释说:"凡有皆始于无,故未形、无名之时,则为万物之始,及其有形、有名之时,则长之育之,亭之毒之,为其母也。言道以无形无名始成万物,以始以成而不知其所以,玄之又玄也。"② 在王弼看来,"道"之"有"来自"无","道"之"有名""有形"来自"无名""无形",因此,无名无形,乃是天地大道之本然和初始状态,及其有名有形,已经是大道生长养育万物、成全滋养万物之后的呈现了。所以"无名"是天地之始,"有名"是万物之母。当然,自王安石起,也有学者将此句断为:"无,名天地之始,有,名万物之母。"此说得到陈鼓应的认同,具有一定道理。陈鼓应认为:"无"和"有"作为

---

① 《老子》,上海古籍出版社 2013 年版,第 31 页。
② 同上。

中国哲学的重要概念，正是滥觞于老子《道德经》。《道德经》中多处论及"有""无"，最为知名的便是《道德经》第四十章"天下万物生于有，有生于无"。"有""无"既然是《道德经》中开创的两个具有根本意义的概念，那么此处取"有""无"说是合理的。① 按照王安石的断句，此句便可解释为：无，用以表达天地万物的开始；有，用以表达天地万物的根本。在这里，比起"无名"和"有名"，"无"和"有"两个概念用来表达大道的初始状态似乎具有了更为根本更为本真的意义。我们因此倾向于认同陈鼓应的观点。

第三句"故常无欲以观其妙。常有欲以观其徼"，与第二句情况类似，自古以来流行两种断句方式。按照王弼的观点，此句断为："故常无欲，以观其妙。常有欲，以观其徼。"欲者，欲望也。只有做到"无欲空虚"，方可观天地大道之玄妙，而有欲之人，则只能观"世俗之归趣"。按照王安石的观点，此句断为："故常无，欲以观其妙。常有，欲以观其徼。"王安石认为："道之本出于无，故常无，所以自观其妙。道之用常归于有，故常有，得以自观其徼。"② 道的根本在于"无"，通过"无"，可以自观道之奥妙；"道"的功用，在于"有"，通过"有"，可以自观道的归旨。可见，如果从王弼的观点，此句落脚于"有欲""无欲"，它更多地偏向工夫论的维度；如果从王安石的观点，此句落脚于"有""无"，则更多地偏向道之根本的形而上学维度。

第四句："此两者同出而异名，同谓之玄。玄之又玄，众妙之门。"此句自古断句并无分歧，但"此两者"为何物则会因为前文断句和理解的不同而产生根本的差异。它还涉及一个更为重要的问题，即"道""有""无"三者的关系问题。王弼认为："两者，始与母也。同出者，同出于玄也。异名，所施不可也。在首则谓之始，在终则谓之母。玄者，冥也，默然无有也。始母

---

① 陈鼓应：《老子今注今译》，商务印书馆2003年版，第75页。
② 同上书，第76页。

之所出也，不可得而名，故不可言，同名曰玄。而言谓之玄者，取于不可得而谓之然也。谓之然，则不可以定乎一玄而已，则是名则失之远矣，故曰玄之又玄也。众妙皆从同而出，故曰众妙之门也。"①"此两者"即"无名"和"有名"，二者同出于"玄"。一为开端，一为终了，只不过名称不同罢了，"玄"即"无有"，"无有"不可言说不可名状，一旦用"玄"来勉强说它，又落入了命名的桎梏，因此，只能说"玄之又玄"，这是天地间一切奥妙的根本。陈鼓应则按照王安石的思路，将"此两者"直接解释为"有"和"无"。我们认为此说更为合理。"有"和"无"同出于"道"，并无精粗高下之别，只不过"无"为根本，"有"为呈现，"无"为初始，"有"为生发，两者一体一用，却又体用不二。

总之，在《道德经》第一章的文本中，老子开宗明义，解明了"有""无"及其与"道"的关系。就"道"之统一性而言，"有"与"无"从属于道，同出于道，同成于道，道天生包含了"有""无"，"有""无"共同化生世界。在此意义上，"有""无"并无先后、精粗、尊卑、高下之分。就"道"之丰富性而言，"无"与"有"一为初始，一为终了，一为本然，一为呈现，一为本体，一为工夫，两者同出但不可同等，在此意义上，"无"似乎更近于"道"，而"有"似乎更近于"物"。

三

"有""无"两者内在逻辑关系到底如何？自古以来大致有两种解释流传较广。其一认为"有生于无"，"无"近于道，而"有"近于"物"，"无"属于形而上，"有"当"物"讲时属于形而下，当"有"本身讲时属于形而上。其二认为"有生于无"同时"有无相生"，这取决于"有""无"的意义。形而下之

---

① 《老子》，上海古籍出版社2013年版，第2页。

"有""无"则"有无相生",形而上之"有""无"则"有生于无"。"无"不是"道","有"也不是"物",二者在"道生万物"的过程中具有逻辑上的递进关系。

"有生于无",最为直接的论据来自《道德经》第四十章:

  反者道之动。弱者道之用。天下万物生于有,有生于无。(《道德经》第四十章)

此章字面意思比较明确:往复是道的运动,柔弱是道的作用。天地万物产生于"有","有"产生于"无"。显然,此处之"有"是一个介于"无"和"物"之间的概念。世界的生生不息具有从"无"到"有",从"有"到"物"这样一个逻辑顺序。对此,王弼解释说:"天下之物皆以有为生,有之所始,以无为本。将欲全有,必反于无也。"① 天下万物,都因为"有"而得以生发,而"有"的本源,则在于"无"。王弼此说依照老子文本字面意义展开,较为合理。冯友兰解释说:"一物生,是一有;万物生,是万有。万有生,涵蕴着首先是'有'。'首先'二字在这里不是指时间上的'先',而是指逻辑上的'先'。"② 冯友兰的"一物一有,万物万有"论,将"有"理解为近于"物",或抽象的"物","道"在"物"之先,"物"在"道"之后,于是"无"在"有"之先,"有"在"无"之后。天地之间,"道"只有一个,"无"只有一种,"有"则不同,"一物一有,万物万有","有"具有极大的丰富性。冯友兰也注意到:"无"虽在"有"之先,但这个"先"不是时间的先在性,并不是先有个"无"在那里,然后产生出"有",二者是一种逻辑上的"先在性"。当我们看到万物时,会想到"有"必然要以"无"为依据,"无"必然通过"有"而显现。冯友兰此说,多少有些疏漏。他

---

① 《老子》,上海古籍出版社2013年版,第90页。
② 陈鼓应:《老子今注今译》,商务印书馆2003年版,第226页。

显然没有对作为"物"的"有"和作为"物之抽象"的"有"进行区别。所以他虽然指出了"有""无"二者之间的逻辑先后关系,但并未揭示出"道"—"无"—"有"—"物"的内在逻辑顺序。陈鼓应则注意到了"有"的不同含义。按照陈鼓应的观点,此处之"有"与第一章"有,名万物之母"的"有"相同,它与"无"一样,意指形而上之"道"的实存性,"道"通过"无"和"有"而产生世界。这个"有"与第二章"有无相生"和第十一章"有之以为利"不同,这两处"有"指的是现象界的具体存在,或者说,"有"就是可见可闻可感可知的那个世界。"无"对"有"的逻辑先在性,不是对万物而言,而是对万物的抽象而言,这样一来,"天下万物生于有,有生于无"的意思便通畅明白了。

"有生于无"的证据还来自《道德经》第四十二章。

> 道生一。一生二。二生三。三生万物。万物负阴而抱阳,冲气以为和。(《道德经》第四十二章)

此章大意是说:道产生独立无偶、浑然一体的"一","一"产生有分别的"二","二"产生更丰富的"三","三"以后产生天地万物。天地万物背阴而向阳,阴阳互相激荡而成为新的和谐。此处的"一""二""三"分别为何物,老子并未解释,后人只能通过《道德经》文本上下文进行分析。按照陈鼓应的分析,此处"道生万物"的过程,如果和四十章及一章相应的话,那么"道生一"就是以"无"释"道",以"有"释"一"。四十章"天下万物生于有,有生于无"和一章"无,名天地之始;有,名万物之母"中的"有""无",都是指称道。由此看来,本章的"二",当指形而上之"无"和"有"。当形而上之"有""无"向下落实而为形而下之"有""无"时,即为"三"。[1] 事

---

[1] 陈鼓应:《老子今注今译》,商务印书馆2003年版,第234页。

实上，以"无""有"来解释"一""二""三"，在《庄子·齐物论》中已经有所显现："一与言为二，二与一为三，自此以往，巧历不能得……故自无适有，以至于三。"① "一"与对象成为"二"，"二"和"一"成为"三"，如此循环往复，从"无"到"有"直至万物，同样是这样一个"一二三"的过程。当然，学者们对"一二三"的解释不仅限于"有""无"，也有解释为"元气""阴阳""三才"等概念，此处不再赘述。本章可谓老子世界生成论的经典文献，如果将"有""无"与"一二三"联系起来，那么老子的世界生成图示依然秉持着"道"—"无"—"有"—"物"的顺序。

总之，"有生于无"揭示了老子世界生成论的一个逻辑图示。"道""无""有"共同成就了天地万物。它们在逻辑上有次序，在时间上无先后，其初始和归宿，都浑然一体。

四

"有无相生"的文本，按照陈鼓应的观点，应该分为两个层面来看。一是形而下的层面，即可见可闻可感可知和不可见不可闻不可感不可知的"有""无"之分，亦即"物"之"有无"的相生。二是形而上的层面，即大道独一不二、浑然一体之内的"有无"及其"相生"。我们认为，浑然一体的"有无相生"，正是老子"有""无"之道的本意所在。

首先，来看形而下层面的"有无相生"。

> 天下皆知美之为美，斯恶矣；皆知善之为善，斯不善已。故有无相生，难易相成，长短相形，高下相倾，音声相和，前后相随。是以圣人处无为之事，行不言之教。（《道德经》第二章）

---

① 《庄子注疏》，中华书局2011年版，第45页。

此章大意是说：天下都知道美之为美，是因为丑的存在，都知道善之为善，是因为不善的存在。有和无互相生成，难和易互相成就，长和短互为显示，高和下互为呈现，音和声彼此应和，前和后连接相随。所以有道的人以无为的态度来处理世事，实行"不言"的教导。在这里，"有无"和"难易""长短""高下""音声""前后"是同一类的概念。它就是指形色世界的"有无"，可见或不可见，可闻或不可闻，可感或不可感，可知或不可知，形色世界无外这两种情况。两者相互对立、相互矛盾，同时又相互依存、相互成全。对立和矛盾的两个方面，在世界的运动中相互转化。既然对立的事物不断运动甚至相互转化，那么我们固守的观念"有无""美丑""难易"等就成为一种个人主观的"执念"。执着于"有"、执着于"美"、执着于"易"，这种执着看似美好，实则毫无意义。因此，圣人才会"处无为之事，行不言之教"。

《道德经》第十一章讲了同样的道理。

三十辐共一毂，当其无，有车之用。埏埴以为器，当其无，有器之用。凿户牖以为室，当其无，有室之用。故有之以为利，无之以为用。（《道德经》第十一章）

本章大意是说：三十根辐条汇集到一个毂当中，有了中空的地方，才有车的作用。糅合陶土做成器具，有了中空的地方，才有器具的作用。开凿门窗建造房屋，有中空的地方，才有房屋的作用。所以"有"给人便利，"无"发挥了"有"的作用。此处之"无"，指的是"空无"，什么都没有；"有"，指的是万物，填满空间的东西。我们的世界是由万物和空无两部分共同组成的，不可能存在完全填满的世界，也不可能存在完全空无的世界，只有万物和空无相互补充、相互成就，人才能在世界存在下去。所以说"有之以为利，无之以为用"。一般的人，可能只会注意到"有"的存在和意义,而忽视"无"的重要价值,殊不知世界正是由"有""无"二者共同构成。缺了"有",世界固然不存在,但缺了"无",有也是毫无意义的。老子在本章中通过三个例子,生动诠释了形而下之"有""无"的相辅相成关系。"有无相生",道理就在于此。

其次,来看形而上层面的"有无相生"。大道"恍恍惚惚","有""无"浑然一体。我们认为这是老子"有""无"思想的本意所在。

视之不见名曰夷。听之不闻名曰希。抟之不得名曰微。此三者不可致诘,故混而为一。其上不皦其下不昧,绳绳不可名,复归于无物。是谓无状之状,无物之象,是谓惚恍。迎之不见其首,随之不见其后。执古之道以御今之有。能知古始,是谓道纪。(《道德经》第十一章)

此章大意是说:看它不见,叫作"夷";听它不到,叫作"希";摸它不着,叫作"微"。这三者的形象无从考究,它是浑沦一体的。它上面不光亮,它下面也不阴暗,它绵绵不绝而不可名状,一切都会回到"无物"。这是没有形状的形状,不见物体的形象,叫它作"惚恍"。迎着它,看不见它的前头,随着它看不见它的后面。把握着存在的道,来驾驭现在的具体事物。能够了解世界的源头,就叫道的规律。对此王弼解释说:"欲言无邪?而物由以成;欲言有邪?而不见其形,故曰无状之状,无物之象也。无形无名者,万物之宗也。虽今古不同,时移俗易,故莫不由乎此,以成其治者也。故可执古之道,以御今之有,上古虽远,其遭存焉,故虽在今;可以知古始也。"[①] 世界的本原是什么呢?说它是无,但世界实实在在是由它而来的,说它是有,但又

---

① 《老子》,上海古籍出版社2013年版,第31页。

看不到抓不住它的形象。所以只能说它是无形之形，无象之象。我们肯定它实实在在就在那里，但我们也确实无法名状。所以只能称其为"恍惚"，"恍惚"者，若有若无、闪烁不定也。这个"恍惚"，正是老子对于世界本原的精妙表述。

《道德经》第二十一章同样提及"恍惚"。

> 孔德之容惟道是从。道之为物惟恍惟惚。惚兮恍兮其中有象。恍兮惚兮其中有物。窈兮冥兮其中有精。其精甚真。其中有信。自古及今，其名不去以阅众甫。吾何以知众甫之状哉，以此。（《道德经》第二十一章）

大德的样子，随道而变化不定。而道总是恍恍惚惚。虽然恍惚，但道中有形象、有万物、有精髓、有证信。这样看来，我们说道是"有"或者"无"，似乎都不确切，真正的"道"，若隐若现、若有若无，"有"和"无"的分野，在"道"中似乎不那么重要了。

最后，"有""无"浑然一体，不可言表。

> 有物混成先天地生。寂兮寥兮独立不改，周行而不殆，可以为天下母。吾不知其名，强字之曰道。强为之名曰大。（《道德经》第二十五章）

"有物混成"之"物"，显然不是具体之"物"，古今学者一致认为此处之"物"指的就是"道"。有那么一个道，浑然一体，在天地形成以前就存在。听不见它的声音，看不着它的形体，它独立长存而永不改变，往复运行而生生不息，它可以为天地万物的根源。我们不知道它的名字，勉强叫它"道"，再勉强给它起个名字叫"大"。老子理解的道，应该是这么一个样子。它是浑然一体的，并不是由各个不同部分组合而成，它是圆满自足的，它的存在不依于世间众有。它超越对待，现象界的一切事物都相对相成，而道则是独一无二的。它是无形无相无声无息的，于是无法言表无法命名。它先于天下万物而存在，天下万物由道所产生。此处之先，既是时间之先，也是逻辑之先。它永不停息，永恒运行，无始无终。

综上所述，我们认为：为了表达道的生成、变化及其归宿的奥妙，老子对"有""无"做出了明确区分。这种区分，既包括形而下的层面，也包括形而上的层面，"有""无"之别在逻辑上厘清了道与世界的关系图式。但就更为根本的问题来说，大道独一无二、浑然一体、无形无相、无为无名，"有""无"之别仅仅展示了一种逻辑秩序，分别对于道之本然，或许并不重要。在道那里，或许本无"有""无"。

（作者系云南省社会科学院哲学所副研究员）

"吾丧我"与"庄周梦蝶"

——从《齐物论》看庄子对"我是谁"的终极追问

谢青松 赵 娟

一

《齐物论》是《庄子》诸篇中篇幅较长，文意曲折，也是唯一以"论"作为标题的一篇。在《齐物论》当中，庄子宛如一位辩论高手，其辩论主题包括了美与丑、是与非、好与恶等世人所热衷的诸多问题。倘若深入思考，这似乎与道家的风格并不吻合。老子尝言："知者不言，言者不知。"①"天地之间，其犹橐钥乎？虚而不屈，动而愈出；多言数穷，不如守中。"（第五章）作为老子思想的承继者，庄子于此不可能不知。关于辩论，庄子在《齐物论》中指出：

> 即使我与若辩矣，若胜我，我不若胜，若果是也？我果非也邪？我胜若，若不吾胜，我果是也？而果非也邪？其或是也？其或非也邪？其俱是也？其俱非也邪？我与若不能相知也。则人固受其黮暗，吾谁使正之？使同乎若者正之，既与若同矣，恶能正之？使同乎我者正之，既同乎我矣，恶能正之？使异乎我与若者正之，既异乎我与若矣，恶能正之？

---

① 《老子·第五十六章》，上海古籍出版社2013年版，第140页。本文所引《老子》原文皆出自此版本，均随文标出章名。

使同乎我与若者正之,既同乎我与若矣,恶能正之?然则我与若与人俱不能相知也,而待彼也邪?[①]

庄子就辩论本身连续展开追问:假使我与你展开辩论,无论是你胜了我,抑或是我胜了你,都不意味着我或者你是正确的。真实的情况乃是"我与若不能相知也",其实我和你都无从知晓。庄子随即指出,其根本原因在于"人固受其黮暗"。既然世人原本也都处在蒙昧与晦暗之中,我们又能让谁作出正确的裁定呢?由此,庄子得出结论:无论是让观点跟你相同或不同的人,还是观点跟我相同或不同的人,都难以作出真正公正的评判。这就说明了我、你和别人都无法最终判定什么是正确的,那又何必等待其他人来裁决呢?

通过上述分析可知,在庄子看来,大多数的辩论源于自身的蒙昧,故而,执着于辩论并无意义可言。每一位辩论者都坚持认为自己所持的是真理,而实际上,真相(或者说真理)乃是唯一的,众人仅仅根据自己的知识背景和人生境遇做出判断,恰如盲人摸象,各执一端。因此,世人所谓的"知",都只是"我认为我知道",并非真知。既然如此,庄子为何还要写出这篇洋洋洒洒的《齐物论》来辩论世间的这些话题呢?答案很有可能就是:以辩止辩。正如语言的作用,有时候只是为了告诉人们语言并不可靠("道可道,非常道");暴力的作用,有时候只是为了制止暴力的发生(所谓"以战止战");辩论的目的,有时候只是为了告诉人们辩论毫无意义。

在庄子那里,辩论对于认识真理来说并无实质意义,甚至是悖道而行,而唯有"和之以天倪",方合于大道。《庄子·齐物论》中记载:

[①] 郭象注,成玄英疏:《庄子注疏》,中华书局2011年版,第57—58页。本文所引《齐物论》原文皆出自此版本,不再出注。

> 何谓和之以天倪？曰："是不是，然不然。是若果是也，则是之异乎不是也亦无辩；然若果然也，则然之异乎不然也亦无辩。化声之相待，若其不相待。和之以天倪，因之以曼衍，所以穷年也。忘年忘义，振于无竟，故寓诸无竟。"

什么叫作用大道去调和一切是非呢？庄子给出的答案是：把错误看作正确，把否定看作肯定（"是不是，然不然"）。正确即便是真的正确，那么正确与错误之间也没有什么实质性的差别；肯定即便是真的肯定，那么肯定与否定之间也没有什么实质性的差别。辩论时人们变化着不同的内容和声调来相互对抗，其实这与不对抗也是一样的。庄子主张，还不如用大道调和一切是非，顺应着万物而变化，就用这种方式度过一生吧。庄子将此境界描述为："忘年忘义，振于无竟，故寓诸无竟。"忘掉年龄生死，忘掉是非差别，遨游于无穷无尽的精神境界，也就能同这种无穷无尽的境界融为一体了。

在道家哲学中，"道生一"，存在本身（"道"）是一元的，而现象世界表现为二元对立。在"道"的世界中，事物本身并不存在美丑、好坏、是非之分。在"非道"的世界中，才存在美与丑、好与坏、是与非，这实际上来自人们头脑所作出的所谓价值判断。庄子举例说：

> 民湿寝则腰疾偏死，鳅然乎哉？木处则惴慄恂惧，猨猴然乎哉？三者孰知正处？民食刍豢，麋鹿食荐，蝍蛆甘带，鸱鸦耆鼠，四者孰知正味？猨猵狙以为雌，麋与鹿交，鳅与鱼游。毛嫱丽姬，人之所美也，鱼见之深入，鸟见之高飞，麋鹿见之决骤，四者孰知天下之正色哉？自我观之，仁义之端，是非之涂，樊然殽乱，吾恶能知其辩！

庄子以人与其他动物如泥鳅、猿猴、麋鹿、蜈蚣、猫头鹰、乌鸦、鱼、鸟等所追求的处所、味道、美色等不同，进而论证仁义、是非都是没有标准可言的。庄子旨在告诉人们，是非是一种价值判断，爱好是一种审美判断。而这些判断的标准只是相对的。世人热衷于争辩，而争辩的实质是分别和执着，分别带来执着，执着带来痛苦。而分别和执着都来自头脑，心不懂得分别和执着，因此它没有痛苦可言。正因如此，头脑并不能齐物，只有心能够齐物。正如王博指出，庄子"通过一种思辨的方式，经由对物的某种理解，在心和物之间达成某种关系。在这种关系中，物不足以为心累，心不至于为物役"。"以心来齐物，这是庄子的思路。"① 事实上，作为篇名的"齐物论"，单纯从语法上来说，可以理解为"齐物——论"，或者"齐——物论"。而无论是"齐""物"还是"齐""物论"，关键不在"物"或"物论"上，而在"齐"。对此，历代注家都有阐释，本文无意于对此做辨析。笔者赞同学者陈引驰的观点，在两种读法之间不妨也采取"齐"的姿态。② 关于"齐物"的旨趣，王博指出，"齐物"是一种生活态度和生活方式，而不是知识。③ 通过《齐物论》，庄子旨在劝诫世人止息头脑所带来的争辩，提倡用心去观照自身，认识那个本来的自己，进而看到世界的本质，亦即庄子所谓的悟"道"。

二

《齐物论》以"吾丧我"开篇，以"庄周梦蝶"结束，其中大有深意。在笔者看来，这两段恰恰是理解此篇的两把钥匙，表明庄子对"我是谁"的终极追问，即庄子之"道"。下文依次加以分析。

---

① 王博：《庄子哲学》第 2 版，北京大学出版社 2013 年版，第 102 页。
② 陈引驰：《无为与逍遥——庄子六章》，中华书局 2016 年版，第 207 页。
③ 王博：《庄子哲学》第 2 版，北京大学出版社 2013 年版，第 122 页。

《齐物论》开篇便讲道：

> 南郭子綦隐机而坐，仰天而嘘，嗒焉似丧其耦。颜成子游立侍乎前，曰："何居乎？形固可使如槁木，而心固可使如死灰乎？今之隐机者，非昔之隐机者也？"子綦曰："偃，不亦善乎而问之也！今者吾丧我，汝知之乎？汝闻人籁而未闻地籁，汝闻地籁而未闻天籁夫！"

此段记载了南郭子綦与其弟子颜成子游的一段饶有深意的对话。南郭子綦靠着几案而坐，仰起头来朝着天空缓缓地呼了一口气，一副忘掉自我的样子。颜成子游恭敬地站在他的面前，问道："您现在处于一种什么样的状态呀？形体确实可以使它像枯树一样，精神难道也可以使它像死灰一般吗？今天靠着几案的您和往日靠着几案的您大不一样了。"子綦回答说："子游啊，你的问题提得很好。现在我忘掉了我自身，你知道吗？你听说过人籁，但没有听说过地籁；你即使听说过地籁，但没有听说过天籁。"

毫无疑问，"吾丧我"乃是此段的要旨所在。那么，究竟何为"吾丧我"？历代注家多解为"忘我""无我"，以及"形如槁木""心如死灰"等。释德清解释为："吾指真我；丧我，谓丧忘其血肉之躯也。"[①] 笔者以为，此解释最为妥帖。实际上，《论语》中也有"毋我"的表述：子绝四："毋意，毋必，毋固，毋我。"（《论语·子罕》）《齐物论》中"吾丧我"所要"丧"的"我"也类似于佛家的"我执"，更确切地说，包括了"我执"，但不限于此。

在"吾丧我"中，实际上有两个我，"吾"和"我"，二者在现代汉语当中均指称"我"。乍读之下，会觉得庄子是在玩文

---

① 释德清：《庄子内篇解》，华东师范大学出版社2009年版，第5页。

字游戏，那么，这两个我的所指究竟为何？在日常生活当中，人们有时候会感慨"我真受不了我自己"，这里有两个我，一个是受不了的"我"，另一个是被我受不了的那个"我自己"。在此，后面的我是被觉知者，而前一个我则是觉知者，因为觉知了那被觉知者，才有觉知之后的判断，以及判断之后的情绪。既然这些判断和情绪也是能被觉察到的，因此也是被觉知者，那么，前一个"我"便是那个觉知者。后一个"我"指的就是我们会把那些当作真正自己的那些所指，比如我的身体、情绪、思想等。

"丧我"之"丧"当然不能理解成实在的"丧失"，而是"丧忘"之意。类似于《大宗师》中所说的"坐忘"和《逍遥游》中说的"无己"。"坐忘"是"堕肢体，黜聪明，离形去知"①，抛却的是身、心（"聪明"喻"知""智"）两方面；这与"形如槁木""心如死灰"所涉及的"形""心"两方面，正是相应的。"坐忘"忘却了"礼乐""仁义""聪明"，最终回到所谓"物之初"，《田子方》篇于此有说明：

> 孔子见老聃，老聃新沐，方将被发而干，慹然似非人。孔子便而待之。少焉见，曰："丘也眩与，其信然与？向者先生形体掘若槁木，似遗物离人而立于独也。"老聃曰："吾游心于物之初。"②

何谓"游心于物之初"？所谓"物之初"，即"未始有物"的"道"的境界。"丧我"，便可"游心于物之初"，也就是回返到世间诸物之本来状态，回返到生命的原初，也就是与"天"相合了，亦即所谓的与道冥合、去人合天之境界。

那么"丧我"之后是何状态？究竟还有没有喜怒哀乐？事实

---

① 参见王博《庄子哲学》第2版，北京大学出版社2013年版，第103页。
② 《庄子外篇·田子方》，见郭象注，成玄英疏《庄子注疏》，中华书局2011年版，第379页。

上，未丧我之前的"我"会认同于我的身体、情绪、思想等，亦即"终身役役而不见其成功，苶然疲役而不知其所归"。而"丧我"之后的我，虽然也有喜怒哀乐，但能清楚地看到这个喜怒哀乐，知道那个喜怒哀乐是客体而并非主体，喜怒哀乐是喜怒哀乐，而那个本来的自己如如不动。《圆觉经》中说"知幻即离，离幻即觉"，当我们面对外境的时候，情绪生起，情绪生起的当下即刻觉知到它，觉知到它，它便成为被知，即知它不是"吾"（真我），如此则不会跟着情绪跑，而是能够自作主宰，这便是真正精神上的自由、真正精神上的超越。换言之，执着带来痛苦，观照带来超越。就此而言，庄子所言"丧我"并非"忘我"，亦非"去我"，那个"吾"如如不动，不曾离开。就像老子讲的"致虚极，守静笃。万物并作，吾以观复。夫物芸芸，各复归其根。归根曰静，是谓复命。复命曰常，知常曰明"（第十六章）。这也说明，那个本来的自己只有在宁静的状态下方能显现，那个宁静也是本来的自己的状态，由此，亦不难理解儒释道各家皆强调定、静之修养。接下来，庄子继续讲道：

> 大知闲闲，小知间间。大言炎炎，小言詹詹。其寐也魂交，其觉也形开。与接为构，日以心斗。缦者、窖者、密者。小恐惴惴，大恐缦缦。其发若机栝，其司是非之谓也；其留如诅盟，其守胜之谓也；其杀如秋冬，以言其日消也；其溺之所为之，不可使复之也；其厌也如缄，以言老洫也；近死之心，莫使复阳。喜怒哀乐，虑叹变热，姚佚启态——乐出虚，蒸成菌。日夜相代乎前，而莫知其所萌。已乎，已乎！旦暮得此，其所由以生乎！

此段言及"大知闲闲，小知间间。大言炎炎，小言詹詹"，又言"其寐也魂交，其觉也形开。与接为构，日以心斗"。事实上，在纷纷纭纭、莫衷一是的争辩当中，无论是"炎炎"之大言,"詹詹"之小言;无论是"其寐也魂交,其觉也形开。与接为构,日以心斗"的神情;无论是"惴惴"和"缦缦"的恐惧,抑或是"喜怒哀乐,虑叹变悊,姚佚启态"的神态变化,都是分别和执着所造成的,分别带来执着,执着带来痛苦,亦即所谓的"其寐也魂交,其觉也形开"。现实之中的人们就是如此,口中言说不止,内心喋喋不休,心境永无宁日,时时刻刻遭受着各种各样的折磨与痛苦。这些世间言辩者及神态的种种表现,只是表明了他们对于"自我"(亦即"我的")的确认与捍卫,而这恰恰凸显其"真我"("吾")的遮蔽乃至迷失。事实上,由于疲弊精神争言辩之胜,从而导致真性消损,日趋心死。

由此可见,"吾丧我"之所"丧"者,乃是那个"劳神明为一而不知其同"者,那个"终身役役而不见其成功,苶然疲役而不知其所归"者,这个"我"疲惫不堪、焦虑不安,迷而不明。"吾丧我"之后,真"我"将不再执着于是非成败,荣辱得失,心如止水,宠辱不惊,那么此时此刻,"我"就与这个世界浑然一体,也就是物我不分了。在庄子看来,"丧我"之后的状态,方为我之真实状态,亦即道的状态。在那个状态当中,万物齐一,我与物齐,我在道中,与道合一。事物的变化以及大小、好坏、美丑都只是相对的,不管事物的具体情态如何,其本质则是相同的,如庄子所说:

> 可乎可,不可乎不可。道行之而成,物谓之而然。恶乎然?然于然;恶乎不然?不然于不然。物固有所然,物固有所可。无物不然,无物不可。故为是举莛与楹,厉与西施,恢恑憰怪,道通为一。其分也,成也;其成也,毁也。凡物无成与毁,复通为一。唯达者知通为一,为是不用而寓诸庸。庸也者,用也;用也者,通也;通也者,得也。适得而几矣,因是已,已而不知其然谓之道。

庄子以颇为思辨的方式论证说，肯定一个事物是因为它有值得肯定的一面，否定一个事物是因为它有应该否定的一面。道路是因为人们行走才形成道路，事物是因为人们认为它正确才正确。何以认为它正确呢？认为它正确是因为它有正确的一面。为什么认为它不正确呢？认为它不正确是因为它有不正确的一面。任何事物本来都存在正确的一面，都存在值得肯定的一面，因此没有事物不是正确的，没有事物不是可以肯定的。所以说，世间之万事万物，倘若从道的角度来看，皆可通而为一。万事有所分，必有所成；有所成则必有所毁。所以一切事物从通体来看就没有完成和毁坏，都是复归于一个整体。庄子于此强调，"唯达者知通为一"，只有掌握了大道的人才懂得形成与毁灭是一样的，因此他们不去理睬万物的不同，而站在永恒之道的立场上去看待万物。那个永恒不变的道，是非常有用的；获得了这种用处，思想就通达无碍了；做到了思想通达无碍，也就是得道了。达到了得道的境界也就可以了，就能按照齐物的原则办事。事物产生了而不知道其产生的原因，此即道。在《齐物论》中，庄子还举了"朝三暮四""朝四暮三"的例子①，说明痛苦来自恐惧，愚昧来源于分别心。借用佛家的表述，分别心带来执着，执着带来痛苦，去除分别妄想执着，方能接近大道。

三

在《齐物论》最后，庄子讲述了一个美妙的故事：

> 昔者庄周梦为胡蝶，栩栩然胡蝶也，自喻适志与！不知周也。俄然觉，则蘧蘧然周也。不知周之梦为胡蝶与？胡蝶之梦为周与？周与胡蝶则必有分矣。此之谓物化。

---

① 《齐物论》：狙公赋芧，曰："朝三而暮四。"众狙皆怒。曰："然则朝四而暮三。"众狙皆悦。

当庄子梦为蝴蝶之时，翩翩飞舞，快意愉悦，完全忘却了原本庄子的那个自我。但这终究不是此在的现实，所以当他醒来之时，又回复到本来的庄子。此时，一个念头自然升起："周之梦为胡蝶。"然而，若不以现实世界为限，从另一个视野来看，那么此现实世界的庄子乃成为梦中的庄子，而梦中庄子所意识到的彼梦世界中的蝴蝶，倒或者即庄子的本来面貌呢。即所谓："胡蝶之梦为周。"然而，"周之梦为胡蝶"与"胡蝶之梦为周"，究竟有何区分呢？事实上，庄子所说的"周与胡蝶，则必有分矣"，即是此种分别性的意识。郭象《注》云："今之不知胡蝶，无异于梦之不知周也。而各适一时之志，则无以明胡蝶之不梦为周矣。"[1] 肯定了在不同的视野当中，不同的现实与梦之别各有其成立的可能。

关于梦，《齐物论》中还讲道：

> 梦饮酒者，旦而哭泣；梦哭泣者，旦而田猎。方其梦也，不知其梦也，梦之中又占其梦焉，觉而后知其梦也。且有大觉而后知此其大梦也，而愚者自以为觉，窃窃然知之。"君乎！牧乎！"固哉！丘也与汝皆梦也，予谓汝梦亦梦也。

庄子分析道，在梦中饮酒作乐的人，第二天可能会痛哭流涕；梦中痛哭流涕的人，第二天可能会打猎作乐。当他正在做梦的时候，并未意识到自己在做梦。往往是睡梦之中还在卜问另一个梦的吉凶，当醒来之后，方知原来那是一场梦。当一个人领悟大道亦即真正大彻大悟以后，才知道整个人生也不过是南柯一梦而已。而那些愚昧之人自以为活得很清醒，自以为懂得了一切。从高贵的君主到卑贱的奴隶，实际上都浅薄固陋！在庄子看来，孔丘和你都生活在梦中。我说你们在做梦，其实我们现在就处在梦

---

[1] 郭象注，成玄英疏：《庄子注疏》，中华书局2011年版，第61页。

中而不自知罢了。

《庄子》通过"梦中之梦"说明,梦中之梦、梦和觉,其实并不具有价值上的贵贱、高下之别,其本质上也是齐一的。

在《齐物论》中,庄子曾说:

> 物无非彼,物无非是。自彼则不见,自知则知之。故曰:彼出于是,是亦因彼。彼是方生之说也。虽然,方生方死,方死方生;方可方不可,方不可方可;因是因非,因非因是。是以圣人不由而照之于天,亦因是也。是亦彼也,彼亦是也。彼亦一是非,此亦一是非。果且有彼是乎哉?果且无彼是乎哉?彼是莫得其偶,谓之道枢。枢始得其环中,以应无穷。是亦一无穷,非亦一无穷也。故曰:莫若以明。

庄子强调,任何事物都可以作为此方或彼方而存在。从彼方就不能了解此方,从此方观察自己方能有所认识。因此说:彼方产生于此方,此方也依赖于彼方而存在,亦即彼和此是同时相对出现的。虽然如此,产生的同时又正在消亡,消亡的同时又正在产生;肯定的同时又在否定,否定的同时又在肯定;正确因错误而出现,错误因正确而产生。因此圣人不热衷于辩论是非而是去观照事物的本来面貌,这就是因为世上的是非观太混乱之缘故。此就是彼,彼就是非,彼和此的是非是一样的,那么果真有彼此之分呢?还是没有彼此之分呢?取消彼此之间的对立,这才是掌握道的关键所在。掌握了道的关键就好比处于圆环之中,可以应付万物无穷无尽的循环变化。有关何者为对、何者为错的争论是没有穷尽的,因此,要以明净之心去观照万物之实相。总之,在庄子看来,"莫若以明",保持观照、保持觉知,方可接近大道。

在《齐物论》中,庄子强调要以明净之心去观照万物之实相。

"庄周梦蝶"中的"物化"①概念，表明了在"道"的视野中，"物"之间迁流变化的无限可能，这也意味着，当万物处在浑融一体之境界，其间的种种分别自然也就不复成立了。由此，我们不必执着于彼与此、现实与梦境、生与死之类的分别，更不必去争辩美与丑、是与非、好与恶等问题了。综而言之，"物化"之旨，在于消解特定立场的偏执及与天地万物一体，这恰恰与本篇开始"吾丧我"和"天地与我并生，而万物与我为一"之中心观念相互照应，相互契合。

《齐物论》以"吾丧我"开始，而以"庄周梦蝶"为终。始与终不仅首尾照应，而且化蝶正是"吾丧我"的真实写照。在万物与我为一亦即"道"的境界里，并不存在是与非、美与丑、好与恶，甚至连分辨醒梦的标准都不存在了，正因如此，庄子最后说，"不知周之梦为蝴蝶与，蝴蝶之梦为周与"。"吾丧我"并非指我的不存在，而是指抛却假我（小我）之后，真我（大我）与物一体、与物合一之"物化"状态。颜成子游看到南郭子綦形如槁木、心如死灰，其实这只是表面，南郭子綦真正的状态却是"以明""葆光""朝彻""见独"而与物为一。

至此，不难推知，庄子撰写《齐物论》的目的，乃是以辩止辩，转而去认识那个本来的自己（亦即一元之"道"）。在道家哲学中，"道生一"，存在本身（"道"）是一元的，而现象世界则表现为二元对立（包括世人所热衷的争辩和评判）。庄子旨在告诉人们，只是保持那个觉知，不要争辩，不必评判，在那个觉知当中去追寻那个本来的自己。只有保持观照，保持觉知，才能看到，存在（"道"）不垢不净、不美不丑、无是无非、无好无坏，它如其所是，本无分别。唯有如此，那个"真我"才有可能得以显现，而那

---

① 《庄子》中有关"化"的表述还有："若人之形者，万化而未始有极也……又况万物之所系，而一化之所待乎！"（《人间世》）"若化为物，以待其所不知之化已乎！"（《大宗师》）"命物之化而守其宗也。"（《德充符》）据此可见，万物都处在变化之中，宇宙即一变化之流，乃是庄子的重要观念。

个"真我"即是"道"、即是"佛"（亦即真理、真知、存在）。换言之，那个"真我"如如不动，只有抛却"我的"，那个"真我"亦即本来的自己方能显现。在庄子看来，"吾"就是那个不可言说的存在（道），就是那个觉知者。概言之，庄子《齐物论》中的"吾丧我"与"庄周梦蝶"之寓意，实际上乃是对"我是谁"这一问题的终极追问，而认识自己，寻找自己，回到自己，安住于自己，乃是庄子哲学之终极指向。

（谢青松　云南大学艾思奇哲学学院研究员、哲学博士；
赵娟　云南省社会科学院民族文学所副研究员
载《云南社会科学》2018 年第 6 期）

老庄思想文化

老子智慧三论

谢青松

探讨老子的智慧,首先遇到的问题就是"何为智慧?"在老子那里,智慧即"道"。"道"作为老子哲学的核心概念,在汉语中乃道路、路途之义。《说文解字》说"道,所行道也"①,即具有一定方向的路就叫作"道"。从《道德经》来看,老子所说的道具有多重含义,有些地方,"道"是指形而上的实存者;有些地方,"道"是指一种规律;有些地方,"道"是指人生的一种准则、指标或典范。②总体来说,老子"道"之智慧,指的是天、地、人的基本规律,亦即"宇宙之起源,大地之本始,万物之根蒂,造化之枢机"③。可见,道家就是揭示宇宙、社会、人生的客观规律和基本法则的学问,换言之,道家学问即"求道""悟道"之学。④总体来说,老子"道"之智慧就是通过对宇宙万物运行、发展、演进的客观规律的把握,进而认识那个本来的自己。⑤

---

① 许慎:《说文解字》(影印版),中华书局1963年版,第42页。
② 陈鼓应:《老子今注今译》,商务印书馆2003年版,第23页。
③ 任法融:《道德经释义》,东方出版中心2009年版,第23页。
④ 究竟"什么是道?"老子说"道生一,一生二",这就意味着,道即一,一即道,道乃是一元之存在本身,而现象世界体现为二元之阴阳,所谓"一阴一阳之谓道"。阴阳之运行规律,即现象世界之规律。
⑤ 在老子那里,所谓道德,指的是循道而行即为有德;所谓得道之人,就是通晓宇宙、社会、人生的客观规律和基本法则之人。

一 老子的"三无"哲学

在老子哲学中,作为"众妙之门"的"道"空无所傍,玄之又玄,难以把握。"道"是"无"和"有"的统一,它虽然"视之不见""听之不闻""博之不得",是一种"无状之状,无物之象"的惚恍境界;但如果超越日常经验,它又是"有象""有物""有精""有信"的。换言之,"无"显示了道的超越性,"有"显示了道的实在性。老子如此描述道:"有物混成,先天地生,寂兮寥兮,独立而不改,周行而不殆,可以为天下母,吾不知其名,字之曰'道'。"① 正因道具有原始、混沌、质朴、空灵、玄妙之品格,超越了语言的力量,故而无法用规定性的表述来指称它。道虽不可言说,但又不得不说。于是,老子只能通过否定性的表述来摹状那个玄妙精微之道。正如印度圣哲马哈拉吉所言,"求道者就是在找寻他自己","你只能用否定性的词语来描述你自己,你就会越快地来到你追寻的终点,认识到你是无限的存在"②。在此,我们用"三无"哲学来描摹老子之"道"。

其一,无心

《道德经》第四十九章曰:"圣人恒无心,以百姓心为心。善者,吾善之;不善者,吾亦善之;德善。信者,吾信之;不信者,吾亦信之;德信。圣人在天下,歙歙焉,为天下浑其心,百姓皆注其耳目,圣人皆孩之。"在老子看来,圣人,亦即得"道"者,没有自我的心,而是以百姓的心为心。此章中老子所说的"无心"即无"小我"之心,所谓"百姓之心"实为"众人之心"。天地无心

---

① 《道德经·二十五章》,王弼注,楼宇烈校释:《老子道德经注》,中华书局2011年版,第65页。本文所引原文皆出自此版本,以下仅出章名。

② [印]室利·尼萨迦达塔·马哈拉吉:《我就是那》,陶张欢译,中国青年出版社2016年版,第1页。

自然，让万物自生自灭，圣人"虽爱而无心"①，让百姓自在自为。老子曾说："天地不仁，以万物为刍狗"（第五章）。"不仁"即无心之仁，它是顺其自然的。天地间万物就像祭祀中的"刍狗"一样，都是自然的、偶然的、暂时的存在，并非天地有意为之。某物之生并非出于天地之喜爱，某物之亡亦非出于天地之厌恶。春生夏长秋收冬藏、寒来暑往、温凉交替，都是自然而然，天地不以春生为喜，不以秋杀为忧，此即"道法自然"。庄子也强调，"至仁无亲"②，"大仁不仁"③，所谓"不仁""无亲"，即不偏不倚，无有亲疏之别，与人为善，济人所难，不重虚名，不图回报，这是天道的根本法则，也是人的本来状态。在现实世界当中，人类为利欲声色所迷，逐渐迷失了人的固有的本性，"五色令人目盲，五音令人耳聋，五味令人口爽，驰骋畋猎，令人心发狂，难得之货，令人行妨"（第十二章）。物欲窒息了人本真的生命，使人偏离了自然和本然的大"道"，使人类质朴天然的道德本性改变了它的固有形态，并且逐渐被掩盖，这样人类在本性迷失的歧路上越走越远，于是"一生二"，这就意味着，自我心开始产生，分别心开始产生，而"唯达者知通为一"④，只有掌握了大道的人才懂得站在永恒之道的立场上去看待万物，因为，在道的视野中，没有自我之心，没有分别之心。老子认定，唯有去除分别妄想执着，方能保持自然质朴、与道冥合、与道玄同。质言之，"无心"即道，"有心"则离道。

其二，无为

在老子看来，真正通达大道（天、地、人的客观规律和基本法则）者，不会胡作妄为。老子揭示自然界的规律，"故飘风不终朝，骤雨不终日"，狂风不会持续吹一早晨，暴雨不会持续下一整天。

---

① 释德清：《道德经解》，华东师范大学出版社 2009 年版，第 41 页。
② 《天运篇》，见郭象注，成玄英疏《庄子注疏》，中华书局 2011 年版，第 269 页。
③ 同上书，第 47 页。
④ 同上书，第 39 页。

"孰为此者？天地。天地尚不能久，而况于人乎？"（第二十三章）自然界的运动，凡是变化激烈、施为猛烈的现象，都是暂时的，难以持久，比如飘风骤雨，都是一阵而过。人若轻举妄动，超越常规，私欲过甚，悖戾多端，胡作非为，亦如暴风与骤雨而不可长久。老子还指出："跂者不立，跨者不行。"（第二十四章），人站立时脚跟着地，平稳中正，虽久立而不疲，这是站立的自然之道；人行走时步伐适中，自然而然，虽久行而不怠，这是行走的自然之道。"跂者"本来想要站得高、看得远，却反而站不稳；"跨者"本来想要走得快一点、走得远一点，却反而走不远，因为他们违背了自然之道。与之相应，"自见、自伐、自矜"的举动都是违反自然的，故而难以持久。在老子看来，了解道的运行规律，就是知"常"（亦即事物变动的不变之规），就应依循着自然的规律去行事，若不依循着自然的规律而轻举妄动，就容易出乱子（"知常曰明，不知常，妄作凶"）。老子进而指出，"圣人处无为之事"，有道之人做无为之事，亦即只是顺应自然规律而行。"无为"就意味着人生要懂得做减法，亦即老子所说的，"少则得，多则惑"（第二十二章）"损之又损以至于无为，无为而无不为"（第四十八章）。在老子看来，对于道的求取也应采取无为的态度。"不出户，知天下；不窥牖，见天道。其出弥远，其知弥少。是以圣人不行而知，不见而名，不为而成。"（第四十七章）老子甚至否认了知识在悟道过程中的作用，提出要减少知识，抛弃成见，祛除心灵的遮蔽，以达到清静无为的体道之境。老子说："涤除玄览，能无疵乎？"（第十章）所谓玄览，指的是心灵深处，王弼注云："玄，物之极也。言能涤除邪饰，至于极览，能不以物介其明，疵其神乎？则终与玄同也。"① 亦即通过清除内心污垢，使之清澈如镜，做到没有瑕疵。在老子看来，涤除玄览的关键是虚和静，"致虚极，守静笃，万物并作，吾以观复"。亦即是说，只有保持无为，静观玄览，那个道方能得以显现。

---

① 王弼注，楼宇烈校释：《老子道德经注》，中华书局2011年版，第25页。

其三，无用

老子说："三十辐共一毂，当其无，有车之用。埏埴以为器，当其无，有器之用。凿户牖以为室，当其无，有室之用。故有之以为利，无之以为用。"（第十一章）将三十根辐条聚集到一个车毂上，由于轮子的虚处和实处的结合，才起到车轮转动的作用。糅合黏土做成器皿，由于器皿虚处和实处的结合，才起到器皿盛物的作用。开凿门窗造房屋，由于四壁的虚处和实体的结合，才起到房屋住人的作用。正如轮子的空无让轮子得以运行，器皿的空无让器皿得以盛物，房屋的空无让房屋可以居住，"有"使事物提供了实利，"无"让事物发挥了作用。在老子那里，"虚""无"，皆是无用。老子还主张以下为美，以愚为美，以朴实为美，以无知为美，以虚静为美，以不争为美，以守柔为美等，其指向都是"无用"。老子将"有"消解于"无"，返璞归真，达到大圣大愚、大智大拙、大勇大缺、大昌大昧、大明大微，与天地万物合一，此即为最终之"大用"。世间之事物或者人，正因其不囿于某一具体之用，方能显现其大用。[①] 老子的道法自然，就是顺应事物的本性，因循事物的内在法则，让万物各有归属，各得其性。事实上，"道"本身并不体现为"用"，当它作用于"器"，便能体现为"大用"。庄子可谓道家"无用"哲学的集大成者。他在《人间世》中说："山木自寇也，膏火自煎也。桂可食，故伐之；漆可用，故割之。人皆知有用之用，而莫知无用之用也。"[②] 山上的树木皆因其自身的用处而招致砍伐，油脂因其可燃而被烧掉。桂树因其皮可食用，而遭到砍伐；树漆因为可以派上用场，所以遭受刀斧割裂。人们都知道有用的用处，却不懂得无用的更大用处。在庄子看来，无用之用，乃为大用。在《逍遥游》中，庄子还以"狸狌""氂牛"为例，说明不论大小强弱各有所能。庄子外篇《山木》通过不材之木得以盛茂，而

[①] 在这个意义上，有点类似于孔子所说的"君子不器"。
[②] 郭象注，成玄英疏：《庄子注疏》，中华书局 2011 年版，第 101 页。

"不能鸣"之鹅被杀,而提倡"处于材与不材之间"的生存智慧。

二 老子的"三不"主义

在处世之"道"上,老子推崇"三不"主义。《道德经》第二十四章中,老子谈到"四不":"自见者不明,自是者不彰,自伐者无功,自矜者不长。其在道也,曰余食赘行,物或恶之,故有道者不处。"自逞己见的,反而不得自明;自以为是的,反而不得彰显;自我夸耀的,反而不得见功;自我矜持的,反而不能长久。从"道"的角度来看,自见、自是、自伐、自矜的行为都是故意造作,有为之举,旨在凸显自我,皆非自然之道,有如剩食和赘疣,非但无用,而且累赘,令人厌恶,所以,"有道者不处"。在老子看来,求道者唯有破迷除障,虚静无我,顺应本性,行无余赘,做到不争不贪不辨,方能体道悟道,与道合一。

其一,不争

老子主张柔顺、不争、处下、守雌、身退。在老子看来,宇宙能量处在一种动态的平衡状态之中:"天之道其犹张弓与!高者抑之,下者举之。有余者损之,不足者补之。天之道,损有余而补不足。人之道,则不然,损不足以奉有余。孰能有余以奉天下,唯有道者。是以圣人为而不恃,功成而不处。其不欲见贤邪。"(第七十七章)正因如此,"天之道,利而不害;圣人之道,为而不争"(第八十一章),"天之道,不争而善胜"(第七十三章)①。虽然不与他物竞争,却总能稳操胜券。因此,人也应当效法天道,互相利益而不是互相争夺。

老子提倡在处世当中谦让处下,虚怀若谷,与世无争。在

---

① 事实上,儒家也主张"不争"之德。孔子说:"君子无所争。必也,射乎!揖让而升,下而饮,其争也君子。"(《论语·八佾》)认为不争是君子的良好品德之一。孟子也说"仁者无敌",仁者不与天下人为敌,也就无敌于天下。

《道德经》一书中，老子反复强调："后其身而身先"；"夫惟不争，故天下莫能与之争"；"夫唯不争，故无尤"；"不争而善胜"；"柔弱胜刚强"；"不敢为天下先，故能成器长"；"勇于敢则杀，勇于不敢则活"；"强大处下，柔弱处上"；"受国之垢，是谓社稷主；受国不祥，是为天下王"，等等。在现实当中，以不争之心入世，则得失坦然，宠辱不惊，是谓"天下莫能与之争"。就此而言，不争乃是大争，因为它胜过了一切争，无为即是有为，因为它胜过了一切妄为。憨山大师曰："此争非争斗之谓，盖言心不驰竞于物也。"① 世人心驰于外，争纷搅扰，其结果必然是"以其常争，故天下皆能与之争"。反之，如果一个人事事争强好胜，高傲自大，其结果只能事与愿违。落实在治理当中，老子主张依道治国，"不尚贤，使民不争"（第三章），不要把"离道行权，去质为文"的世俗贤人②推到高位上去，避免其带头争名逐位。为政者要向"水"学习，不与人争位、不与民争利。在老子看来，圣人治世之道是"为而不争"，施为大众，造福大众，而不争竞于一己的私利、功名、权位、利禄种种的精神与物质的享受。圣人的不争，是他无私、不自生的体现，"夫唯不争，故无尤"（第八章）。老子说"善为士者，不武善战者，不怒善胜敌者，不与善用人者，为之下。是谓不争之德，是谓用人，是谓配天，古之极也。"（第六十七章）在老子看来，"争"只会导致两败俱伤。真正的智者，比如"士""善战者""善用人者"做到"不争"，这与上天所具有的特征是一致的。

其二，不贪

关于欲望，老子有着透彻的认知。《道德经》第十二章云："五色令人目盲，五音令人耳聋，五味令人口爽，驰骋畋猎，令

---

① 释德清：《道德经解》，华东师范大学出版社2009年版，第129页。
② 指那些只懂世间具体知识，对"道"一窍不通、违"道"而行的人。

人心发狂。"在老子看来，物欲膨胀会导致身心俱疲、人格分裂，以至于遮蔽人的质朴心灵、戕害人的自然本性，使之偏离大"道"。老子尝言："罪莫大于可欲，祸莫大于不知足，咎莫惨于欲得。"（第四十六章）没有任何一种灾祸大于不知满足，没有任何一种过错大于贪欲获得。①老子进而指出："是故甚爱必大费。多藏必厚亡。"沉溺世俗之中，追逐荣华富贵、贪图名利之心愈甚，知进而不知退、善争而不善让，能量（精气神）耗损愈多。不义之财积藏得越多，招祸亡身的危险性越大。历史已反复证明，富贵而骄，往往自取祸患，成为灾难之源。如秦朝宰相李斯，集富贵功名于一身，显赫不可一世，然而最终却沦为阶下囚。在刑场，他与儿子相遇，父子抱头痛哭，李斯对儿子说："吾欲与若复牵黄犬，俱出上蔡东门逐狡兔，岂可得乎？"②世人穷其一生在名利场中争逐，才气挥洒且机关算尽，心神外骛，耗损元气，透支生命，丧失本性，到头来都是一场空。

　　正因如此，老子劝勉世人"知足"。老子提出，"知足者富"，其具体做法是"不见可欲"，"见素抱朴，少私寡欲"，做到清心寡欲，淡泊虚静为上，凡事适可而止，从而保持人性之质朴，返璞归真。老子指出，真正的智者知止知退："知足不辱，知止不殆，可以长久。"只有知道满足，才不会遭受屈辱，只有适可而止，方可免遭祸殃。由此，老子提倡，"为腹不为目"，但求满足腹欲（自然的欲望），而不追求目欲（过度的欲望）。亦即老子所说的"去甚，去奢，去泰"（第二十九章）。落实在治理当中，老子提倡"圣人之治，虚其心，实其腹，弱其志，强其骨"（第三章），主张"不尚贤，使民不争；不贵难得之货，使民不为盗；不见可欲，使民心不乱"（第三章）；甚至"绝圣弃智，民利百倍；绝仁弃义，民复孝慈"（第十九章）。从外界尽量减少对人的刺激，杜绝引发贪欲的诱因，尽量减少对于虚名的标榜，从而熄

---

① 欲望有两大特点，一是永不满足，二是换着马甲出现。
② 《史记·李斯列传第二十七》（新点校本）第八册，中华书局2014年版，第3107页。

灭百姓争名之心，达到无为而治的目的。

其三，不辩

老子主张不言不辩。老子说："道之为物，惟恍惟惚。惚兮恍兮，其中有象；恍兮惚兮，其中有物。窈兮冥兮，其中有精；其精甚真；其中有信。"（第二十一章）在此，"其中有象""其中有物""其中有精""其中有信"，都旨在说明"道"真实存在。道不可言说但真实存在。道只可体悟（用心）而不可言说（用头脑），正如吕祖所说："可道，心可道其妙，而口难道其微，谓之可道。道不可须臾离，而瞻之在前，忽焉在后，这是可道底。仰之弥高，钻之弥坚，如此之玄，非空于玄，而实有玄之之妙。如此光景，岂是口可道？只可心领会而心可道。"① 故而，老子主张少言寡语、精神内守。"知者不言，言者不知。"（第五十六章）"天地之间，其犹橐钥乎？虚而不屈，动而愈出：多言数穷，不如守中。"（第五章）吕祖云："至道少言，至玄寡语，少言寡语，至道立基。""知者聪明过人，博览世事，而不为知道之善者，精神全用于外，不能笃慎固守，与道相离，谓之博者不知。"② 老子还说，"信言不美，美言不信"，真实的言辞不华美，华美的言辞不真实。"善者不辩，辩者不善。"（第五十六章）善良的人不巧辩，巧辩的人不善良。体道之人，德充其内，含光内敛，不哗众取宠；无道的人，自作聪明，口巧舌辩，却未必诚善。真正善于为道的人，不尚辩论，而是"大辩若讷"（第四十五章）。因为"道可道，非常道；名可名，非常名"，可道、可名已有所偏离于恒道、恒名之真了，辩之何益？反之，能言善辩的人，徒逞口舌之能，显示一己的聪明，适足见其不善于为道。

通观《道德经》全书，它往往不是在阐述"道是什么"，而是在告诉人们"道不是什么"。诸如，"其上不皦，其下不昧，绳

---

① 吕岩（吕洞宾）：《吕祖秘注道德经心传》，广西师范大学出版社2014年版，第3页。
② 同上书，第162页。

绳兮不可名，复归于无物。是谓无状之状，无物之象，是谓惚恍。迎之不见其首，随之不见其后"（第十四章）。老子用一系列否定式的判断来说明"道不是什么"。这是因为，肯定性的陈述，无法准确表达出他心中玄妙的"道"。即便《道德经》五千言，也只是"强为之言"。正是基于此，老子提倡："不言之教，无为之益。"（第四十三章）在老子看来，"道"不言而教，不令而从，无为无造，无形无象，然而它的功能却是天下任何事物所不能企及的。关于"不言"，孔子曾说："天何言哉？四时行焉，百物生焉，天何言哉？"① 释迦佛也说："若人言，如来有所说法，即为谤佛，不能解我所说故。"② 真正的佛法，是无法用语言表达的，能表达的都不是真正的佛法，只不过权宜方便之说，指月之指而已。倘若将手指当月亮，那就违背了佛的本意。倘若执着于佛经，则障碍了自性的光明，当然是谤经，倘若说佛无所说法，三藏十二部又从何而来，故而是谤佛。成道之妙，非语言所能表达，唯佛与佛方能究竟，只有悟道者能知道。但如果不用言语文字表达，众生又难以开悟见性，倘若用语言文字表达，众生又执着于语言文字，实为两难。正是在此意义上，老子主张"希言自然"（第二十三章），因为真正的大道是在寂静恬淡之中，"大音希声"（第四十一章），"听之而不闻"（第十四章），"不言而善应，不召而自来，繟然而善谋"（第七十三章），一切自然而然，何必多言，遑论争辩。

三 老子的"三贵"原则

关于那个不可言说的"道"，老子使用了大量的否定性描述（如前文所述之"三无"哲学，"三不"主义），通过阐述它"不是什么"，进而展现其"所是为何"。当然，老子并未排斥肯定性的

---

① 《论语·阳货》，见《十三经古注》（影印本，第九册），中华书局2014年版，第2014页。
② 丁福保注，会闲点校：《金刚经笺注》，华东师范大学出版社2013年版，第132页。

描述,在《道德经》中,诸如"三宝"的论述(慈,俭,不敢为天下先),就是从肯定的角度来阐述"道是什么"。通过文本梳理可知,柔、静、慈,此三者,就是"道"的特征所在,这也是生命本质("复归于婴儿")之体现。老子的柔、静、慈,类似于孟子"我固有之"的"恻隐之心、羞恶之心、恭敬之心、是非之心",佛家的清净无染而无所不能的真如本性(或曰佛性、真心、菩提心)。

其一,贵柔

早在吕不韦主持编写的《吕氏春秋·不二篇》中,就有"老聃贵柔,孔子贵仁"①的论断,认定"柔"是老子思想的核心。有学者指出:"道法自然"的核心是"无为",而"无为"的核心则是"柔"字。离开了"道",就不能真正地把握"柔"的内涵及其意义,即不能揭示"柔"所蕴含的真智慧、大智慧。②老子显然洞察到了生命柔弱的属性,他说:"人之生也柔弱,其死也坚强。"柔弱乃是生命的本质,人活着的时候身体是柔软灵活的,死后就变得僵硬。"草木之生也柔脆,其死也枯槁。"(第七十六章)自然界的草木万物在生长的时候是柔弱的,在死后却是干枯的。在他看来,柔弱的东西可以和生存归为一类,坚固强硬的东西距离死亡就不远了。因为阳极必阴,阴极必阳,当一种事物过于强大坚硬时,必将向死亡的方向发展。在自然界,狂风吹刮,高大的树木往往被摧折,小草由于它的柔软,反而迎风招展。人生亦是如此,个性太强者往往会因锋芒毕露、棱角过明而易遭挫折,恰恰是那些外柔内刚、富有韧性者更具忍耐力,生命更强盛长久。

老子还发现,凡内在强大的事物,其外表都是柔软的。然而,

---

① 《吕氏春秋·审分览第五·不二篇》,见《吕氏春秋》(下册),中华书局出版社2011年版,第617页。

② 臧宏:《说〈老子〉的"柔"》,《安徽师范大学学报》2009年第5期。

"天下之至柔，驰骋天下之至坚"（第四十三章）。天下最柔软的事物，却能驾驭天下最坚硬的事物。诸如，外在世界当中，"水"是最柔弱的，它"善利万物而不争，处众人之所恶，故几于道"，但是，"天下莫柔弱于水，而攻坚强者莫之能胜"（第七十八章），水虽为天下之至柔，却能滴穿坚硬之盘石，故老子得出结论："上善若水。"（第八章）。内在世界当中，爱（即儒家之"仁者爱人"、道家之"慈"、佛家之"慈悲"）是最柔软的，然而，其力量却无坚不摧，正所谓"慈故能勇"（老子）、"仁者无敌"（孟子）。得"道"者"无心"，其心"至柔"，它无形无相，随物而赋形，闪耀着智慧的光芒。正因为天下最柔软的事物从来不去抗争，它只是按照自己的本性流动，这就意味着顺应并流向自己的生命本质，而天下最坚硬的事物始终会去抗拒，那意味着对生命本质的对抗，也是违背本性、趋于死亡的特征。[①] 正是在此意义上，老子认定柔弱胜刚强。他说："坚强者死之徒，柔弱者生之徒。是以兵强则灭，木强则折。强大处下，柔弱处上。"（第七十六章）这就意味着，柔弱是最终的胜利者。

其二，贵静

在中国传统文化当中，"静"可以说是诸家会通之处。老子尤其强调："重为轻根，静为躁君。"厚重是轻率的根本，宁静是躁动的主宰。"躁胜寒，静胜热。清静为天下正。"（第四十五章）在他看来，虚则心无染污，玄鉴清明；静则心无躁动，渊深含蓄。静乃是生命万物之根柢，它是万物的本来状态，也是大道的根本所在。当大道处在"万物之始"之时，是寂静的[②]，故而，老子曰："归根曰静，静曰复命。"（第十六章）事实上，人的心灵之所以渴望宁静，是因为心灵的本性就是宁静。但在现实当中，人的心灵被外物所惑，其本性被遮蔽，杂念纷

---

① 在生活当中，柔顺意味着懂得接受，接受生命当中的喜怒哀乐，悲欢离合，成败得失。
② 儒家孔子也说过类似的话，如"天何言哉？四时行焉，百物生焉，天何言哉？"

飞，于是不再虚静。心灵一旦被遮蔽，既无法看清自身的本性，也无法看清万物的本性。只有让心灵回到自身，回归于那个本来状态，才能够照鉴世间万物。老子所说的致虚守静就是这样一个去蔽存真、归复自性的过程。老子强调："致虚极，守静笃。万物并作，吾以观复。夫物芸芸，各复归其根。归根曰静，是谓复命。复命曰常，知常曰明。"（第十六章）致虚守静必须彻底，方能让心灵达到完全的虚静状态，这就是所谓的"归根曰静，静曰复命"。"致虚极，守静笃"历来被人们称为道家心性修养的六字真言。① 老子认为，世界上的"有"源自"无"，"动"来自"静"，万事万物的源头是"虚静"，通过发生、发展又回归原来的"静"，如此循环往复。因此，"静"是主宰和根本，"动"是现象或表象。

在老子看来，真正的求道者"不出户，知天下。不窥牖，见天道"，通过向内探求，内心澄明，虽不出户，仍可知天下，虽不窥牖，仍可见天道。由此可见，大道无所不在，只要回归自我，保有本然天真（"复归于婴儿"），心虚静明照，即可照现天下，体现天道。老子指出："涤除玄览，能无疵乎？"（第十章）将心灵的镜子，洗涤清除的一点瑕疵也没有，私欲净化，妄念全消，去私除妄，复归本性之纯真。庄子也说："水静犹明，而况精神。圣人之心静乎，天地之鉴也，万物之镜也。"② 水平静下来尚且清澄明澈，又何况是人的精神！圣明的人心境是多么虚空宁静啊！可以作为天地的明镜，可以作为万物的明镜。"是以圣人不行而知，不见而明，不为而成。"圣人不必经历就知晓，不必亲见就明白，不必去做就成功。他不必有所作为，不必盲目向外追逐，通过自省，通过内观，不必远

---

① 这也说明，那个本来的自己（"道"）只有在宁静的状态下方能显现，由此，我们亦不难理解各家皆强调定、静之修养。
② 《庄子·天道篇》，见郭象注，成玄英疏《庄子注疏》，中华书局2011年版，第248页。

行，不必窥牖，就可以让一切自行显现，这是"静"之妙处，也是修道的根本。

其三，贵慈

老子还特别强调"慈"。他说："我有三宝，持而保之。一曰慈，二曰俭，三曰不敢为天下先，慈故能勇，俭故能广，不敢为天下先，故能成器长。今舍慈且勇，舍俭且广，舍后且先，死矣。夫慈，以战则胜，以守则固。天将救之，以慈卫之。"（第六十七章）此章虽然讲了"三宝"，但重点是阐述"慈"。《说文》云："慈，爱也。从心，兹声。"① 在《道德经》第四十九章，老子对其"慈爱"做出更为具体的描述："善者，吾善之；不善者，吾亦善之；德善。信者，吾信之；不信者，吾亦信之；德信。"可见，老子所倡导的"慈爱"乃是自然而然的爱，是一种超越了贤愚、善恶、亲疏、尊卑、人我等一切差别的爱，而非注重外在形式的、狭隘的、有条件的爱。譬如母亲养育子女，即完全出于本性之自然，没有一丝一毫的私心杂念，可谓是"大慈不慈""大仁不仁"。父慈子孝、相亲相爱本来是人的自然天性，如若狭隘地将其理解为必须遵守的道德规范，那无疑就失去了其本义。② 老子希望剔除虚伪的道德说教，强调真正的慈孝之亲情是排除虚夸之后人的本然状态，这才是率真的自然大爱。

在老子思想中，"慈"从"道"而来，是"德"之体现，慈德是无心之德、自然之德、施予之德和不争之德。在老子那里，"慈"意味着全然的爱，爱一切的人，无论好人，抑或坏人，而不含有丝毫的私欲或占有的执着，也没有分别之心。正所谓"上德不德，是以有德"。老子强调，求道者要有一颗悲天悯人之心，与人为善之心，如此才能够获得天道的救护和保卫，在修道的过程中一直勇猛

---

① 许慎：《说文解字》（影印版），中华书局1963年版，第218页。
② 在老子那里，道德是一种应当被尊重并遵循的规律而非规则，这是理解老子思想的一个重要前提。

精进。老子进而揭示："夫慈，以战则胜，以守则固。天将救之，以慈卫之。"得道之人，体恤百姓，慈爱万物，以此行于天下，则战必胜，守必固。上天要救助一个人，就会让他领悟这个"慈"的道理。求道者要培养自己的"慈心"，保持悲天悯人之心，与人为善之心，以博爱的心胸去包容一切、善待他人、善待他物，如此方能与道相应，与真心本性相应。实际上，并没有一个外在的"天"或者"圣人"来拯救他，而是他自性所显现的"慈"心来救他自己，此即"圣人常善救人，故无弃人"（第二十七章）的真正意涵。可见，老子的慈，是从本性当中自然而然流露出来的，是心的宽阔，如儒家所说的"视天下无一物非我"①，"仁者以天地万物为一体"②，这是慈的根本所在。

总之，老子终其一生致力于"道"的探索和体悟，其《道德经》以凝练至简的语言、玄妙空灵的风格、正言若反的表述，揭示了宇宙、社会、人生的客观规律和基本法则，旨在劝诫世人止息向外求取之妄念，转向对内在生命奥秘的探索，以期归复人之淳朴本性（"复归于婴儿"），亦即显现那个本来的自己。在物欲横流、竞争激烈的现代社会，诱惑无处不在，焦虑已成常态，心灵难以安顿。老子的"三无"哲学"三不"主义"三贵"原则无疑为我们缓解焦虑情绪、化解精神危机，应对内心世界的种种冲突和现实生活中的种种困境，进而保持心灵上的平衡、宁静与和谐，提供了丰富而独特的智能。老子立足"三无"哲学，倡导"三不"主义，其目的是让心达致柔、静、慈，它是"心"之本来面貌。当求道者的心变得越来越宁静、越来越宽广、越来越慈悲、越来越喜乐，那么，也就越来越接近那个本来的自己。事实上，老子所说的求道、悟道，就是对那个本来的自己（"道"）的追寻和体悟。就此而言，"道"在表面上指的是宇宙社会人生的规律和法则，在根本意义上，就是那个本来的自己。通过对宇宙万物运行、发展、演进的客观规

---

① 《张子正蒙·大心篇第七》，见《张载集》，中华书局1978年版，第24页。
② 《河南程氏遗书·卷二上》，见《二程集》，中华书局1981年版，第15页。

律的把握（"知常曰明"），进而认识那个本来的自己，是老子"道"之智慧的终极指向，也是老子撰写《道德经》的真正目的。

（作者系云南大学艾思奇哲学学院研究员、哲学博士）

《道德经》养生思想述要

王 颢

《道德经》言简意赅，博大精深，自古以来其养生思想启迪贤者避凶趋吉、祛病延年。生命本源是大道，大道无名无形，亘古长存，所以了悟自心本真，返本还源，与道合一，是养生的最高境界。人与万事万物都来自元气的平衡、运动和变化，所以体悟元气在人身与人心中的作用，顺势而为，是养生的渐修功课。研究《道德经》的关键在于"体道"。什么是道？道不可说，可说的不是道。道这个字也不是道。一切事物都是可以说的。如果某个事物不可以说，那么实际上也就没有这个事物。道不是任何事物，道不是有，而是无，所以万事万物都会变化、毁坏和灭亡，但道长存。道不是作为抽象的、概念的"无"而不存在，道是实实在在的先天气，这个气也是长存不坏的。道和气是一回事，所以道不可说，气也同样不可说。虽然这样，离开道，就没有任何感知。离开气，就没有任何运动，也没有任何形质。人类养生宜效法大道，顺应气化，于流行中和而不流，于寂静中归回本源，与道合真，纯气合一，达到长生久视的境界。

一　柔顺是法宝

能够息事宁人，能忍则忍，不和人结仇斗狠，这样的人往往高寿。所以柔和、顺从是人类的一大美德。通过世间各种磨难，我们可以重新塑造一颗柔软的心。如果吃了很多苦头，却还要抱怨社会不公，或指责别人不对，或顾影自怜、慨叹命运，那么苦就白吃了。学习接受实际状况，人心就会生出智慧，生出喜乐。能接受现实，不需要高智商，只需要客观观察。比如遇到堵车，不生气、不着急、不发火，那么就是有智慧，有智慧就不烦恼。这就是为什么说"柔顺是法宝"，它可以保护人们不被"我执"所伤害。老子说："上善若水。"水有多种品格，柔顺是其一。学习柔顺如水，随方就圆，就能够渐渐合乎大道的养生规律。

（一）敬重执政者

老子指出："域中有四大，而王居其一焉。"① 意味着：住在或者来到一个国家，必须敬重当地执政者。执政者是指导社会健康运转的权威力量，是民意的代表。因此，从执政者发出的号令，是为了社会的健康运转，具有普遍性，而不针对任何人特别制定，所以这叫作"公"。公的意思是大公无私，因此执政者和道、天、地三者并列，合称"四大"。对于这四种伟大的力量，个人必须敬重。在这四者之中，敬重执政者是第一步，也较明显而容易体会，容易做到。敬重地和天，需要更多敏感度，较难做到，可以说是第二步、第三步。至于敬重道，则需要更高的悟性，很难做到，不妨视其为第四步。

（二）不要竞赛

老子提出："不敢为天下先。"② 意思是：不要逞能，不要争强好胜，应该尊重古法，应该跟随能力强的人。真正能力强的人并不觉得自己能力强，所以"后其身而身先"。如果争着到前面去，那

---

① 王卡点校：《老子道德经河上公章句》，中华书局1993年版，第102页。按：关于该句，范应元《老子道德经古本集注》作"人亦大"（傅奕《道德经古本篇》亦同），"而人居其一焉"，其语义较宽。

② 王卡点校：《老子道德经河上公章句》，中华书局1993年版，第263页。

就很危险。一心想出风头的人,虽然可能博得一时荣名、薄利,但往往造成不可逆转的灾难。挑战攀登雪山之巅,或者漂流于凶险野流,这些做法源于西方的某些愚人,后来国内也有人争相效仿,结果往往付出惨痛代价,原因是违背了养生之道。

除此以外,急于争先,胆大妄为,这种心态也会缓慢毒害健康,还出各类豆腐渣工程。放在自然界来看,树梢没有争先的,根深自然叶茂。所务在内,发于外者或短或长,各得其美,才是自然之道。争竞心炽者见花木竞秀、峰峦竞高,实在不能说没有心病。

(三) 避免强盛

老子指出:"物壮则老,是为不道,不道早已。"① 真正的强壮是保守柔弱,如果快速直线到达表面的盛壮,那么盛极必衰。中国古代养生家大都不推荐发达四肢、催大肌肉这类活动,这应当是受了老子哲学的启发。当我们练习太极拳或形意拳,刚开始的时候觉得身体僵硬,不由自主地"拿力",很容易疲劳。渐渐放松下来以后,便能感觉到,虽不主动用力,却源源不断地发出由于身心合一而产生的内力,同时产生出身心莫大的和乐。所以传统拳术的目的是通过适度的锻炼,恢复身心和谐,逐渐消除后天积聚的浊气、拙力,保持婴儿一般的柔和敏感。所以,道家所谓"返老还童",不仅仅是一种可贵的理想,也是一种深刻的隐喻,揭示了"道法自然"的总路线。

二 无欲以合道

不论多少圣贤出世,其教导都不能离开无欲。欲望是头脑的生机,是真心的死机。真心固然不会死,但欲望持续推动无休止的思想活动,把人的生活局限在狭隘的思想领域,使人失去和生命全体

---

① 王卡点校:《老子道德经河上公章句》,中华书局1993年版,第213页。

的直接融合，因而烦恼不断。而越是烦恼，欲望又更多，诚为恶性循环。

同样是教导无欲，不同圣人采用的方式不同。当老子教导无欲时，不规定，不严肃，不努力，纯粹以智慧诱导，令人领悟，又要在生活里实行。

（一）追求无欲

不太解释是老子的一大风格，所以学习老子必须一厢情愿地去吸收。当老子说"欲无欲"，他说的是一种有待学者去实践的精神旅程。也许有人提出："对无欲的欲望，这本身是不是也是欲望呢？是不是存在逻辑矛盾呢？"对于这类头脑制造的问题，老子是不回答的。老子有着浓厚的务实精神，语言可谓极其机智巧妙，但是毫无现代哲学里空洞思辨的毛病。在追求无欲这个方面，老子指出人类的意识上升之路。除了极个别圣人，人类无法摆脱活动，人类现象必定是某种活动的现象。所有人类活动可以分为两种努力的方向。一种是平面活动，也就是追求欲望的活动，即不断实现旧欲望，同时不断产生新欲望的强迫性活动。另一个是上升活动，即追求无欲的活动，它是通过"有为"，最终导致"无为"的努力，也可以说是从"努力行动"到"自动发生"的蜕变。人如果从生到死都没有产生对无欲的欲望，也没有进行上升活动的努力，那么这个人就不可能摆脱欲望的掌控，不可能到达无为的自然状态。所以对无欲的欲望，固然也是一种欲望，但不得不说它是最为可贵的一种欲望。同时，它也是一个人生命通向自由和觉醒的伟大转折点。

（二）俭朴生活

老子反对奢侈，高度推崇俭朴。实际上外在的奢侈足以反映一个人内心的贫乏，不仅如此，奢侈浪费还容易造成身体和心理的疾病，乃至海淫海盗，构成灾难。俭朴的生活也比较安静，和修道的人生相适应。如果处于奢靡的生活条件，不但维护起来非常操心费力，其本身也花样繁多、异常折腾。庸俗之人的想法是，任何人事物都是越多越好。但实际情况是，不论什么样的好东西都应该适可而止，否则过度成灾。如能安于俭朴生活，就能够逐渐体会到平常清闲的乐趣。在饮食方面，膏腴酒肉太多必定造成亚健康，乃至疾病，缩短寿限。而五谷杂粮、白菜萝卜之类寻常食品，能够带来健康和长寿。根据美国康奈尔大学柯林·坎贝尔教授的《中国健康调查报告》显示，过度肉蛋奶的摄入是癌症、心脏病和糖尿病等严重影响人类寿命的重大疾病的主要致病原因。他说"动物性食物摄入最多的人，慢性病最多。即使摄入的动物性蛋白的量相对比较少，也会造成不良的后果，而那些以植物性食物为主的人群身体最健康，容易避免慢性疾病的发生……心脏病、糖尿病、肥胖等慢性疾病可以通过健康的膳食而发生逆转。……已经证明能够逆转或预防这些疾病的膳食是以植物性食物为主的膳食"。[①] 我的祖父母生活在穷乡僻壤，饮食起居皆非常俭朴，于是都得到高寿。在我的记忆里，他们一年里很少吃到肉食，即使吃到肉食的时候，也只不过是烩在菜里面的很少几块。不仅如此，俭朴生活还能塑造人们乐观、知足、和气等心态和品格，而这些精神要素对于长远的健康，对于长寿，都是必不可少的。相反，奢侈的行为必然增强人的贪欲，令人贪得无厌，得陇望蜀，行险侥幸，自取灭亡。

（三）顺其自然

要求、期待、抱怨是俗人的通病。只要这些心病不除，一个人就无法达到顺其自然的境界。反过来，凡事学习顺其自然，不主观强求，那么也可以慢慢消除这些心病、心魔。没有智能的人努力修改别人，有智能的人则随时观察实际情况，是什么就是什么，宽心接受，无不包容。实际上，遵循自然之道和弭除欲望是一件事情。是什么让我们处在持续的不满足之中，并且毫无意义地斗争和受苦？是我们的欲望。但这些欲望是我们生来就有的吗？是自然赋予

[①] ［美］T. 柯林·坎贝尔、托马斯·M. 坎贝尔：《中国健康调查报告》，张宇晖译，吉林文史出版社 2006 年版，第 7 页。

的吗？显然不是。所有的欲望都是后天习得的，都是和人争贪搅扰过程中强化出来的。人出生的时候，处在一种"安在"的状态，在这种状态里，它和万事万物都融合为一，与天地相参，无物我之分。但是随着知识和经验的增加，"私我"产生并加强，天人合一的状态被打破，要想再顺其自然就不是一件容易的事情了。只有不断克服私欲，回到如婴儿一般无思无虑的本真状态，才能够与天地合德、与日月合明、与四时合序、与鬼神合吉凶，即才能顺其自然。

三 炼气能全神

人的元神和元气是一体两面的道用。通过精神内守，常觉不寐，不使识神妄动，就能够保守气机，渐渐培元固本，使元气合于虚无祖气，由后天而返还先天，达到浑然一气的境界。通过积精累气，纯气化质，动则以体操消除"浊拙"，静则以坐忘蓄积能量，日久天长，因元气充足而顿悟神明，谓之"与道合真"。如能炼气而不失灵明，玄览而兼顾养命，则尽善尽美，必定成功。

（一）打起精神

老子用"冬涉川"[①] 这个比喻告诉我们修道用心的方法。用心就是用神，如能恰当用神，久久则知一切都是神用。起初是把注意力提起来，并非注意任何对象，而是长使这份心"见在"。日久天长，注意力和合凝结，打成一片，则知一切形象事物都是此神中之用为。到那时，心外无物，道外无事，何其简易直接，岂容思想言语拟议。

"冬涉川"，意思是在寒冷的冬天，一个人在湍急的河水中跋涉。那么每一步都至为谨慎，所有动作都无比精明灵动，脑子里面

---

① 王卡点校：《老子道德经河上公章句》，中华书局1993年版，第58页。

不容有丝毫念头，而完全处在当下。在普通情况下，人类都是非常昏睡的，昏睡在思想和欲望的世界里，与当下的真实情况不相匹配。只有在生死存亡关头，人才被迫回到当下一下子。野生动物则随时都在警觉状态，所以活生生的，几乎没有身心疾病的困扰。但是人类由于有了强大的社会组织，建立了安逸的生活环境，所以变得越来越昏睡。就生存而言，像机器一般延续下去，这是没有什么问题的。但是就生命而言，处于这种昏睡状态就几乎没有生命活力。由于这种昏睡，无意识的状态已经成为习惯，成为人类群体性习惯，所以想要摆脱，就显得非同寻常之困难。传统上，我们把努力摆脱昏睡的这个过程叫作修道。老子所言之"冬涉川"，就是修道的口诀，如果能把这种用心，长期贯彻，朝乾夕惕，那么大道与人终不负，人人可以成为"老子"。

（二）被动用功

用老子的话说就是："绵绵若存。"① 似有似无，用功而无所用，不用功时却用功，这种"勿忘勿助"的、消极、被动、冷静的用功状态是真正的炼丹火候。所谓炼丹，就是修道，词语不同，意思是一样的。修就是炼，炼就是修，没什么差别。"丹"有二意：一者单独、无对、一元、非二分，二者圆满、浑然；这实际都是道的品质。从"道"的品质上说，可以把它比作"丹"，于是修道就是炼丹，炼丹就是修道，多了一种诗意化的说法。学道炼丹贵在恒心久远，而非凭一时之猛。因为我们的习性、禀性根深蒂固，而对于本性的遗忘又不是一朝一夕，所以想要力敌群魔，坚固道心，按照口诀矢志做去，不畏艰困，永不回头，殊非易事。但是一旦用功到了绵绵若存的地步，就说难也不难，此中不乏有窍。用功太过，是头脑着急，私我乘势，必然虎头蛇尾。用功太少，则入不敷出，貌似修道之形，内无修道之实，最终蹉跎终老，徒增太息。只有不

---

① 王卡点校：《老子道德经河上公章句》，中华书局1993年版，第22页。

紧不慢，随时照顾，不徐不躁，念兹在兹，才能养就圣胎，渐渐长大，发出光明，普照十方而无遗。诚如印度经典所谓"用功如连续的油之流"，与"绵绵若存"之说异曲同工。

（三）虚明静定

老子主张"致虚极，守静笃"①，不要跑出去太远，过多涉世无益于智慧的开启。反而向内静守、静观，就能够彻悟最深的天机。世间繁华，人人喜爱。但是如果不知道回头反照，灭除思想，止于寂静，那么最终不会有智慧，必然乐极生悲，曲终惆怅。所谓虚，指的是空明清楚。所谓静，指的是欲念不生，思想停止。在这种寂静而清明的意识状态下，一个人不受芸芸事物的干扰，就能够见证到生命的源头，了悟生死的迷惑。

处在思想里面，就等于处在时间的束缚里，就必然存在生死恐怖。当一个人虚静到了极致，随着念头的消失，身体和世界的经验也都消失，留下的就是先天真实，即所谓"真道"或"真气"，亘古不灭，无去无来，无法言说。这个潜藏在后天身心世界背后的先天真实，是没有变异，不可毁坏的。它是所有智者指出过的，人人本来具足的宝藏。佛家称为佛性、法身，道家称为元神、真人，儒家称为先天、大人。总而言之，这个东西不是生造的，是不需要获得的，只需要发现、体认、证悟。

当我们迷惑在有形有象的现象界、经验界，就不能够理解长生、长存的真意。我们只会把它错误地理解为，在时间上无限延长。但有形有象的事物必然有其产生、延续、毁坏和消亡的过程，有生必有灭。那么真实长存之物必然无形无相，没有产生，也不会消亡，它和已知的万事万物没有任何共性。在这个意义上，老子所谓长生、长存，并不只是长时间生存的意思，因为一旦落到时间层面，就谈不上真正意义的长久或恒常。无论如何，时间只是一个短

---

① 王卡点校：《老子道德经河上公章句》，中华书局1993年版，第62页。

暂的概念，是一种心理现象，或称头脑幻觉。无论多长的时间都囿于某个个体实际的经验阶段；即，在某个个体经验发生的阶段里，他可以幻象地感知到或长或短，乃至无量的时间，但是当他的经验不再发生，就没有任何时间可言。所以老子所说"长生久视""死而不亡"之类是实际指出，而不是修辞手法；是精微意义，而不是违背常识。

四　慎养可聚精

我们每个人拥有的身体是一个生命有机体，它隶属于更大范围的生命圈。恰当地使用身体，遵循机体自身小生命圈的运动规律，以及符合更大生命圈的运动规律，是被动地符合生命给出的机遇与挑战，而非像秦皇、汉武那样毫无根据，妄图寿考的欲望。老子指出一些要点，如果当人闻而生信，笃而实行，那么此人当因之而健康长寿。这些虽然起步于物质层面，但最终影响所及却不可限量。

（一）节省言语

老子说"稀言自然"，又说"多言数穷"。[①] 由此足见他对稀言守中的推重。言语多，有很多害处，归纳起来主要有三个方面。第一，言多有失。一旦失言，小则招致口舌是非，家庭失和。大则构成恩怨情仇，飞来横祸，即所谓祸从口出也。王重阳真人曾曰："人云口是祸之门，我道舌为祸本根。不语无言没讨论，度朝昏，便是安闲保命存。"可见少说话可以保命。第二，言语过多，就会刺激思想产生得又多又快，不但劳损心神，更能加重欲望、加重情绪，无事生非，这都与养生之道实在不合。第三，言多伤气，直接致病。在这种情况下可以服用补中益气丸，或以黄芪代茶而饮。以后吸取教训，不再多言，则困而知之，亦不失君子之道。

[①] 王卡点校：《老子道德经河上公章句》，中华书局1993年版，第94、19页。

与多言损气相反，有道者稀言养气。当然养气之法多端，不止于稀言一途。但稀言对养气的建设性意义，尤不容忽视。古人说"开口神气散"，谅非虚言。闭关参禅之士，若能严格止语，则克期有验于中气十足，周身血气充盈，脚步灵活，握拳有力，手上有气感等。最重要的是，由于能量足，工夫也容易得力。

（二）慎五味

庄子认为，人的健康误区，多在饮食、衽席间。故先说饮食，后说衽席。饮食之道，贵在清淡。厚味肥腻，一时悦口，久则致患，岂可不察。古人说"淡食最能补"，就是来自老子的智慧。现代人吃的东西，较为普遍的问题是，肉太多，油太多，盐太多，糖太多，至于添加剂太多，则更严重了。如果一个人立志修养，那么这"五多"都需要减下来。实际上吃厚味，是越吃越没味，口舌味觉神经越来越麻木，还不断加大刺激强度，仅为一时爽快，却反复加重了这种恶性循环。

除了这"五多"，烟酒等刺激物也有必要减少，乃至戒绝。再就是麻辣烫，或者火锅，这类热吃的东西害处很大。为什么要吃那么热的东西呢？大概有两个原因：第一是越热滋味越足，口感刺激；第二是阳虚体质，吃热食感觉暖和。前者需要改掉习惯，后者需要改善体质，不但要靠四逆汤之类药补，还应加强功夫和瑜伽的锻炼。总之热食是个坏事情，据资料显示，热食和食道癌之间有明显关系。最后是冷食，冷食的危害也是杀人于无形。夏季为了取一时爽口，很多人喝冰镇饮料和冰镇啤酒，吃冰激凌，这样不仅败坏脾胃，还会导致肾阳虚。

（三）爱精

爱精也是养生的重头戏。如果不爱精，即使别的地方都很谨慎，也难保健康。关于爱精，河上公在注解里有两句话可谓提纲挈领，要言不烦。他说："爱精重施，髓满骨坚。"以此解释老子的

"强其骨"这句经文。又说:"治身者却阳精以粪其身。"① 以此来解释老子的"天下有道,却走马以粪"这句经文。这两处注解的意义十分精微,需要养生者细心体会。

从现代医学的流行观点来看,精只有生殖作用,认为人体损失一点精只是很小的损失。但是古代道家认为,我们人的精有两个功能:除了生殖,还可用于生育。所谓生殖,就是精向下走,向外走,以损失精为代价,而产生后代的功能。生育则是精向上走,向内走,以积累精气为修养,让精发挥使身体生新、发育、修复创伤、抵御疾病等功能。

为了利于物种繁衍,自然设定是生殖优先。也就是说,只要有一点点精,它就用于生殖。有的时候,即使是受伤或生病的人,也可以生殖。可见,不能认为人可以生殖就是强健的。因为要用于生育功能,即保健功能的话,精必须储藏到足够的数量。也就是说,只有用于生殖的精已经绰绰有余,那么多出来的部分才用作生育,才用作保健。如果一个人的精一直用于生殖方向,即每天只要有一点点精就立即跑到生殖上去浪费掉了,那么他就没有精达到生育功能,这是非常可惜的。天师岐伯说:"上古之人,其知道者,法于阴阳,和于术数,食饮有节,起居有常,不妄作劳,故能形与神俱,而尽终其天年,度百岁乃去;今时之人不然也,以酒为浆,以妄为常,醉以入房,以欲竭其精,以好散其真,不知持满,不时御神,务快其心,逆于生乐,起居无节,故半百而衰也。"② 因此,修行人慎用生殖功能,涵养生育功能,所以能生生不息,参赞天地之化育。老子用了一个"粪"字,字面意思是"施肥",引申为"滋养"。让精返回来滋养身心,这确实是东方圣人的伟大发现。

《黄庭经》劝诫世人:"长生至慎房中急,何为死作令神泣?忽之祸乡三灵殁,但当吸气录子精。寸田尺宅可治生,若当决海百

---

① 王卡点校:《老子道德经河上公章句》,中华书局1993年版,第11、181页。
② 山东中医学院等校释:《黄帝内经素问校释》(第2版)上册,人民卫生出版社2009年版,第1、2页。

渎倾，叶去树枯失青青，气亡液漏非己形。"① 可见，除了保固精气，自我补偿，这个养身的作用以外，爱精还可以避免"房中急"的无意识行为，从而达到养心怡情的效果，打开自然赠送的喜乐之门。因此，学习老子、立志养生者，不可以不爱精。

五 慈心生吉祥

人体是一个身心统一的有机体，所以养心和养身是不可分割的整体，养身必须兼顾养心，只有这样才能全面实现养生的目标。老子推崇慈爱，不仅认为慈爱是崇高的心灵宝藏，而且认为，人若心怀慈爱，还能得到上天的保佑。在我看来，慈爱是老子开出的养心良方。

（一）慈爱最宝贵

我们珍惜黄金、钻石等物品，视之为宝，因为它们能够给人带来一些安全和快乐。但是与慈心相比，这些宝物实在是逊色得太多。因为只有一个人心中具有充足的慈爱，他才能够真正地享有安全和快乐。因此，慈爱之心是我们每个人所能拥有的真正宝物，没有任何其他东西可以与之相比。外在的财宝，也固然能够给人带来安全和快乐，但是带来安全的同时，它们也带来危险，一旦失去还会造成痛苦。但具有慈心的人，他的安全和快乐是放松的，是毫无过患。更重要的是，想要求得世间财宝也绝非易事，即使费尽心机，拼尽全力，也不一定能够得到。而要想让自己具有慈心，只要一个人愿意，那么就一定能够得到它。为什么呢？因为我们每个人生来就已经具有它。爱，或称慈爱，并非某种亟待得到的东西，它恰恰就是我们每个人生命的本质。只要一个人抛弃那些不善的观念，只要他不被分裂的思想所左右，那么任何时候，内心的慈爱都

---

① 张君房：《云笈七签》，中华书局2003年版，第242、243页。

取之不尽、用之不竭。

（二）戒杀

老子不赞成战争，认为战争是不吉祥的事情，因为杀人和慈爱是相违背的，和自然之道是相违背的。但是几千年来，人类还没能摆脱"乐杀人"的恶习，这真的是当今和未来人类面临的一个重大课题。佛陀也慈悲地教导世人"不杀"，这和老子的观点完全一致。当一个人真正重视养生的时候，他的内心会生起普遍的、对一切生命现象的敬重之心。

当我们伤害别人的时候，同时必定伤害了自己里面的慈爱之心，而这颗慈爱之心是我们最真实的自己。或许一个人还没了解到这个事实，但是通过伤害别人，事实上他在伤害他自己，这个真实规律并不会因为他的不了解而有所改变。如果一个人信任老子和佛陀的智慧，并且按照他们的建议而慈心不杀，那么虽然他还尚未看到不杀的利益，但实际上他已经在享受不杀带来的吉祥了。反过来，一个乐杀的人虽然看不到杀害给他自己带来的灾难，但实际上他已经身处自造的灾难之中。

（三）停止拿人做比较

慈爱的心必是柔软、宽厚和明觉的，因此慈爱者必然不比较人。拿人做比较是非常野蛮、残忍和无意识的思想或行为。拿人做比较分为两种情况：一是拿自己和别人做比较，二是以别人比较别人。如果拿自己去比较，那么对自己就没有慈爱。如果拿别人去比较，那么对别人就没有慈爱。情况略有差别，但是都不可取，有一必有二，有二必有一。老子说："天下皆知美之为美，斯恶已。天下皆知善之为善，斯不善已。"[①] 意思是，当我们定下美的标准，就同时制造出了丑；当我们定下善的标准，就同时制造出了恶。并非

---

① 王卡点校：《老子道德经河上公章句》，中华书局1993年版，第5、6页。

在自然里，某个人是丑的，或某个人是恶的。不，在自然里没有美丑、善恶、好坏等的区分，这些区分来自头脑，来自比较，来自爱的匮乏。只要我们不能够摆脱比较的头脑，那么就没有慈爱的一席之地。无意识的头脑只会比较。如果不比较，头脑就会渐渐平息。在那个安静里，爱才涌现出来。

综上所述，柔顺则能应事接物，无欲可以顺应自然，修炼有助觉悟天道，慎养能够保身延寿，慈心自然带来吉祥，这五个养生关要，皆源自《道德经》的智慧。我相信，只要对这些要点切己体认，并且落实在生活细节当中，我们定然能够活出像老子一般的智慧生命，给伟大的《道德经》重新做出生命的注释。

（作者系中国人民大学孔子研究院研究员、
云南省道德研究院特约研究员）

道家人生哲学之要义

赵　娟　谢青松

中国哲学思想源远流长，博大精深，其中关于宇宙人生根本问题之智慧，隽永深澈，韵味无穷。以老庄为代表的道家思想，尤其以哲理宏博、睿智豁达著称，两千多年来，为中国人提供了心灵的滋养、情感的慰藉、智慧的启迪。通过对老庄经典文本的梳理，笔者认为，道家人生哲学之要义，在于放下执着。[①] 在老庄看来，人生中几乎所有的痛苦都来自对那个"小我"（或者叫作"假我"）的认同和执着。只有通过对宇宙人生之客观规律的探寻，洞察人生之真相，放下对"我的"（包括知识、名利和身体）的执着，才能够转迷成悟，回归天然本性，获得精神上真正的自由和超越。

一　放下对知识之执着

道家有意识地区分了"知识"与"智慧"，将对知识的追求称为"为学"，将对智慧的追求称为"为道"。老庄劝勉世人，不要将妄见当真知，不要将知识当智慧，而是要放下对知识的执着，以求道悟道为人生之要务。

[①] 据说，释迦牟尼在菩提树下悟道成佛后说的第一句话是："一切众生皆具如来智慧德相，只因执着妄想而不能证得。"意思是说，众生都是执虚幻为实有，执心外有物，做出种种分别妄想，而不能悟到一切唯心所现。如果能够放下执着妄想就可以悟道成佛了。本文借用佛教的表述来探讨道家思想，由此亦可见佛道思想在核心层面乃是相通的。

在老子看来："为学日益，为道日损。"①（第四十八章）为学功夫是每天在知见上求其增益，而为道功夫是每天在知见上求其减损。事实上，老子并不反对知识，但他推崇的，是那个代表智慧的"道"。老子显然已经洞察到了，过多地积累"知识"，容易激发欲望，增加我执，甚至让人陷溺于其中。世人读书往往只是收集了一大堆看上去"有用"的知识，知识（"记问之学"）掌握得越多，强妄知见也就层出不穷，除了进一步固化"自我"，对于生命的成长而言，并无实际上的益处。因此，老子强调，"损之又损，以至于无为"，为道所要减损的，正是为学所要增益的执着。事实上，"物或损之而益，或益之而损"（第四十二章）。一个人越是试图从外在世界来追求某一个真理，他就越远离自己真实的本性，然而，一个人越是远离自己，他就知道得越少，而他却认为自己知道得越多。故而，知见愈多，欲望愈增，人生的负荷也就越重。在老子看来，唯有通过"损之又损"，减损知见和欲求，最终达至"无为"的状态，才有可能体悟到那个玄妙的大道。

庄子更是强调要放下对知识的执着，更多地重视当下的生命体验。他在《养生主》中坦言："吾生也有涯，而知也无涯，以有涯随无涯，殆已！"②累积知识是为了提升生命的质量，而不是生命为了知识的累积。人们若追求无限的外物（包括知识），将鲜活的生命捆缚在外物中，最终必然会导致"殆"。当然，道家并不反对读书、求知，而是强调，在读书、求知的过程中，要懂得善加利用，尤其是要始终保持觉察，如此方能与之保持适当的距离，而不至于陷溺其中。在老庄看来，读书并不能代替生命体验，只有透过读书加深生命体验，进而通晓宇宙、社会、人生的客观规律和基本法则，体悟大道，找寻真我，这才是人生之要务。正因如此，老子强

---

① 王弼注，楼宇烈校释：《老子道德经注》，中华书局 2011 年版，第 132 页。本文所引《老子》原文皆出自此版本，以下只出章名。

② 郭象注，成玄英疏：《庄子注疏》，中华书局 2011 年版，第 63 页。本文《庄子》的引文，皆出自此版本，以下只出篇名。

调,"少则得,多则惑"(第二十二章),少则得其本,多则远其真。河上公注:"财多者惑于所守,学多者惑于所闻。"① "少则得"意味着,知止而后能定,智慧自然生起,如此方能有所得;若贪多求得,妄心极用,则容易迷惑于现象世界,在知识的海洋中漫无所归。可以说,"为道日损"的结果就是"少则得","为学日益"的结果就是"多则惑"。

道家强调放下对知识的执着,其目的是体悟大道,找寻真我。在老庄那里,世人之知,并非真知,准确来说,只是"自己认为知道"。对道家而言,"道"即"真我",那是唯一的"真知"②,它不可言说,甚至不可思议,只可体悟(用心)而不可言说(用头脑),正如吕祖所说:"可道,心可道其妙,而口难道其微,谓之可道。道不可须臾离,而瞻之在前,忽焉在后,这是可道底。仰之弥高,钻之弥坚,如此之玄,非空于玄,而实有玄之之妙。如此光景,岂是口可道?只可心领会而心可道。"③ 在老子看来,上士之所以"勤而行之",在于对大道真知真信;中士之所以"若存若亡",在于对大道且信且疑;而下士之所以"大笑之"(第四十一章),在于抱残守缺,以真为妄于是大加嘲笑。由此观之,一个人若自以为是,故作聪明,固守于"不知知"(不知道而自以为知道),终将与道无缘,只能沦为沉溺俗尘的下士,痛苦烦恼一大堆。唯有深戒于此病("不知知"),做到"知不知",须臾不离于道,方能知人之所不知,进而体道悟道,与道合一。

放下对知识的执着,其表现就是:"知者不博,博者不知。"(第八十一章)求道之士,深明万物之性,宇宙玄理,因此不务外求,而求之于内;不务他求,而求之于己;不务远求,而求之于心。反之,世人追逐粗浅的外在之学,知其末而不知其本,知其徼而不知其妙,看上去博学,未必是真知。这样的人,纵然学富五

---

① 河上公:《宋刊老子道德经》,福建人民出版社 2008 年版,第 33 页。
② 这就意味着,在道家看来,唯有与道合一,方为真知。
③ 吕岩(吕洞宾):《道德经心传》,广西师范大学出版社 2014 年版,第 3 页。

车,广博渊深,而流散于无,适见其无知于道;不但于道无补,而且易于倦怠。在此,"博者"乃为学日益的人,"知者"乃为道日损的人。为学日益的人,"其出弥远,其知弥少"(第四十七章),向外寻求愈多,则离道愈远;而为道日损的人,"损之又损,以至于无为"(第四十八章),而道就在"无为"当中,根本是无须博学去增益撑持的。在老庄看来,欲明了大道,探寻真我,必须用减的办法排除各种知识的干扰,用明觉清静之心去体验大道,否则为学越多反而离道越远。庄子《大宗师》开宗明义便说:"知天之所为,知人之所为者,至矣!知天之所为者,天而生也;知人之所为者,以其知之所知,以养其知之所不知,终其天年而不中道夭者,是知之盛也。虽然,有患。夫知有所待而后当,其所待者特未定也。庸讵知吾所谓天之非人乎?所谓人之非天乎?且有真人而后有真知。"如果仅仅凭借人的知识、智力(实即头脑)去度量事理,分判天人,是靠不住的。唯有去知见之执、纯任自然的"真人",以心来体悟大道者,方能拥有"真知"。由此看来,只有放下对知识的执着,保持心胸的开阔,才有可能接近大道,获得最终的真知。

二 放下对名利之执着

在道家看来,人生当中的诸多痛苦,都与欲望过多有关。老子就深刻认识到了,欲望足以遮蔽人的质朴心灵、戕害人的自然本性,甚至引来灾祸。老子对人的基本生存需求和欲望加以区分,提倡"为腹不为目"(第十二章)①,劝诫世人摒弃外物的诱惑,放下对名利之执着,树立一种内在宁静恬淡的生活方式。

在《道德经》中,老子对名利展开追问和反思:"名与身孰亲?身与货孰多?得与亡孰病?是故甚爱必大费,多藏必厚亡。知

---

① 在这里,"腹"指的是生存的基本需求,"目"则是代表人的欲望。

足不辱，知止不殆，可以长久。"（第四十四章）在老子看来，生命的价值远远高于名利，声名与货利皆属身外之物，生命本身对于每一个人来说，才是最真切的存在体验，也是最大的价值所在，为了追逐身外之物而错过当下的生命体验，实为颠倒迷惑之举。由此，老子告诫人们不要贪慕功名富贵，不要因小失大、因假失真。老子深刻认识到，一个人若私欲膨胀，必然追逐名利、贪恋权位、妄求财货，然而，欲壑难填，欲海无边，一味地贪求名利只会让人患得患失，陷入焦虑和痛苦当中。与此同时，沉溺世俗之中，追逐荣华富贵，贪图名利之心愈甚，能量（即精、气、神）耗损愈多。世人穷其一生在名利场中争逐，才气挥洒且机关算尽，心神外骛，耗损元气，透支生命，丧失本性，到头来都是一场空。事实上，不义之财积藏得越多，招祸亡身的危险性越大，"是故甚爱必大费，多藏必厚亡"（第四十四章）。人一旦执着于所爱（追逐之物，包括名利），就会不顾一切地付出。倘若爱得太过，势必造成很大的耗费。如河上公所说："甚爱色，费精神；甚爱财，遇祸患；所爱者小，所亡者多，故言'大费'。"① 憨山大师也说："故凡爱之甚者，费必大，藏之多者，亡必厚。如以隋侯之珠，弹千仞之雀，雀未得而珠已失，此爱之甚，而不知所费者大矣。"② 老子进而得出结论："祸莫大于不知足；咎莫大于欲得。"（第四十六章）在他看来，名誉钱财皆为身外之物，虽不可或缺，但应取之有道，享之有度。"知足不辱。知止不殆。可以长久。"（第四十四章）事情做好之后，要懂得知足、知止，不要贪恋权位和名利，更不要尸位其间，而是要收敛意欲，含藏动力，做到"功成、名遂、身退"（第九章），如此，才能够消除内心的焦虑，免遭屈辱或者祸殃，保持内心的安足清静，进而保持本然真性。

庄子对名与利的认识更是发人深思。他敏锐地看到，"其嗜欲深者，其天机浅"（《大宗师》），凡沉溺于欲望之中的人，或许头

---

① 河上公：《宋刊老子道德经》，福建人民出版社2008年版，第56页。
② 释德清：《道德经解》，华东师范大学出版社2009年版，第98页。

脑发达，但智慧必定浅薄。因为，名利心过盛，能量向外耗散，必然蔽塞心智，降低灵性。"名实不入，而机发于踵"（《应帝王》），一旦抛弃追求虚名私利的杂念，一线生机便从脚跟升起，通达于全身。以赌博为例，"以瓦注者巧，以钩注者惮，以黄金注者殙。其巧一也，而有所矜，则重外也。凡外重者内拙"（《达生》）。可见，过于看重身外之物，就会壅塞智慧，变得笨拙。贪求名利还会扰乱人的意志，使人迷失本性，庄子说，"贵富显严名利六者，勃志也"（《庚桑楚》），富贵、财富、显达、威严、名誉、利禄六者，都是干扰意志的因素。贪得之欲念，如同芦苇长满稻田，堵塞心性，最终使人迷失善良的本性，发生蜕化。在庄子看来，有五种情况可以使人丧失本性①，其中之一便是"趣舍滑心"（《天地》），追求欲望的满足，本性就会受到损害。庄子认为，人对外物的追逐是没有止境的，哪怕是对道德的追求。② 庄子指出："德荡乎名，知出乎争。名也者，相轧也；知也者，争之器也。"（《人间世》）如果刻意去追求自己的道德，就会表现得渴求声望；如果过分看重自己的才智，就会表现出争强好胜来。名利和知识弄不好反而成了凶器。在历史上，追逐名利导致人们互相倾轧，"民之于利甚勤，子有杀父，臣有杀君，正昼为盗，日中穴阫"（《庚桑楚》）。百姓为利所惑，往往采取不正当手段去攫取，于是就会发生子杀父，臣杀君，大白天行盗，晌午挖穿墙壁等荒唐之事。庄子强调，要懂得摆脱世俗功名利禄对自己心灵的限制和束缚，"为善无近名，为恶无近刑。"（《养生主》）做"善"事不要有求名之心，做"恶"事也无心触犯刑法。如此，则上不为名利所累，下不为刑罚所困，心无挂碍，悠然自得，进而超越世俗社会是非、善恶、荣辱、生死等的对立，使心灵回归本来的自然逍遥、与道合一的状

---

① 见《庄子·天地》："且夫失性有五，一曰五色乱目，使目不明；二曰五声乱耳，使耳不聪；三曰五臭熏鼻，困惾中颡；四曰五味浊口，使口厉爽；五曰趣舍滑心，使性飞扬。此五者，皆生之害也。"

② 实际上，世人对道德的推崇，往往转化为对名利的追求，最终成为一种限制和束缚。

态,如此才能达到"知止不殆"。

由此,庄子大声疾呼:"君子不可以不刳心焉……不利货财,不近贵富;不荣通,不丑穷;不拘一世之利以为己私分。"(《天地》)君子须彻底抛弃私心杂念。不贪图荣华富贵;不以仕途通达为荣耀,不因生活穷困而失志;不将天下人的利益据为己有。君子还要懂得"弃隶者若弃泥涂,知身贵于隶也,贵在于我而不失于变"(《田子方》)。舍弃名利如同舍弃泥土,懂得自身比名利得失宝贵,不因得失的变化而丧失自我。"不为轩冕肆志,不为穷约趋俗"(《缮性》),不要为了谋求高官厚禄而纵欲恣行,也不要因为穷困而随波逐流。"知足者不以利自累也,审自得者失之而不惧,行修于内者,无位而不怍。"(《让王》)知足的人不因利禄而牵累自己,明察自己得失的人有所失也不焦虑,注重内心修养的人没有官爵也不感到羞愧。在庄子看来,修养内心就要寡欲知足,淡泊名利,不计较个人得失。"古之所谓得志者,非轩冕之谓也"(《缮性》),得志并非得到高官厚禄,而是尽心尽力地做事,使民众从自己的工作中获得裨益,从而自己也获得人生的快乐。

事实上,庄子一生崇尚自由,生活恬淡素朴,淡泊名利。当楚国的国王要聘请他去做宰相的时候,他如此回答使者:"千金,重利;卿相,尊位也。子独不见郊祭之牺牛乎?养食之数岁,衣以文绣,以入太庙。当是之时,虽欲为孤豚,岂可得乎?子亟去,无污我。我宁游戏污渎之中而自快,无为有国者所羁,终身不仕,以快吾志焉。"[①] 反观世人,穷其一生在名利场中争逐,才气挥洒且机关算尽,透支生命,丧失本性,甚为可悲。庄子曾说:"平易恬淡则忧患不能入,邪气不能袭,故其德全而神不亏。"(《刻意》)人对物欲的"私心"乃是万恶之源,百病之根。人一旦被"私心"掌握,必然心神外骛,损耗元气,只有放下对

[①] 《史记·老子韩非列传第三》(新点校本)第八册,中华书局2014年版,第2610页。

功名利禄的执着，做到知止知退，精神内守，邪气不侵，这样才能益寿延年，尽终其天年。

三　放下对身体之执着

在道家看来，珍爱生命，善待万物，正是大道本身拥有的普济救世之美德的最好体现，亦是做人的根本与修道的必需。老庄虽然尊重生命、注重养生，但同时强调不要执着于肉体生命，而是要洞察生命的本质，探寻生与死的规律，做到坦然面对死亡。

以老庄为代表的道家历来尊重生命。历代学者也从《道德经》所说的"摄生""贵生""自爱"和"长生久视"，《庄子》所说的"保生""全生""尽年""尊生"，强调道家"重人贵生"思想。诸如，老子就明确指出："出生入死。生之徒十有三；死之徒十有三；人之生动之死地，亦十有三。夫何故？以其生生之厚。"（第五十章）人的生命是一个自然过程，人生为出，人死为入，生来死去，新陈代谢，乃自然之规律。老子分辨了从生到死的三种主要类型：第一种是天生长生的；第二种是天生早死的；第三种是本来可以长生却自己早死的。大约有十分之三的人是长寿的，十分之三是短命的，这些都是属于自然的死亡。另有十分之三的人，本来可以活得长久，但因恣情纵欲，反而自己糟蹋了生命。只有极少数（十分之一）的人，善于护养自己的性命，能做到少私寡欲，过着清静朴质、纯任自然的生活。庄子虽然倡导"齐生死"，但仍重视己身，他曾借孔子之口强调："死生亦大矣！"其主张"无情""轻物""薄利"，目的都是在于"保身""全身"。庄子还假托黄帝学道广成子之言，讲述"长生"固形之术。事实上，一部《庄子》就首创了"养生""尊生""达生""卫生"一系列概念，其中，"养生"就是养护生命精神，"尊生"就是尊重和珍惜生命，"达生"就是通晓生命的奥秘，"卫生"指营卫生命。全书还特立《养生主》《大宗师》《刻意》《达生》等专门讨论维系人生命精神的篇章。上述可见，说老庄哲学"重人贵生"并无不妥。

　　道家固然强调生命之可贵，养生之重要，但这并不意味着，要执着于肉体的生命，恰恰相反，道家提倡放下对身体的执着。老子曾对此展开追问："何谓贵大患若身？"为何人们重视身体好像重视大患一样呢？在他看来："吾所以有大患者，为吾有身，及吾无身，吾有何患？"我之所以患得患失，宠辱皆惊，都只因为我有这个身体啊！如果没有这个身体，我还会有什么大患呢？在此，老子并非让我们放弃这个身体，而是放下对身体的认同。对于个体生命来说，人生的所有痛苦都是来自对这个身体的认同。一旦放下对身体的认同，则宠辱荣枯，祸福得失，生死寿夭，皆不动于心。倘若无身，则超越小我，超越世俗，超然物外，而返于自然，凡事皆合于大道矣。

　　庄子对生命的本质更是有着深刻的认识。《知北游》中说："生也死之徒，死也生之始，孰知其纪！人之生，气之聚也；聚则为生，散则为死。若死生之徒，吾又何患！故万物一也，是其所美者为神奇，其所恶者为臭腐；臭腐复化为神奇，神奇复化为臭腐。故曰：'通天下一气耳。'"庄子用"气"来解释生命的奥秘，生是由"气"变化而来，死后又化作了"气"，又进入了另一个循环，所以以"气"为媒介，生与死相互连接、相互转化。庄子在《达生》中又做了这样的叙述："天地者，万物之父母也，合则成体，散则成始。形精不亏，是谓能移；精而又精，反以相天。"阴阳二气的结合形成了生命，而死亡使有形的生命又回归到了无形的阴阳二气。活着的时候要与自然相一致，这样才能保证身形达到最高的统一，反之亦然，只有精神汇集达到了很高的程度，才能与自然相辅相成。

　　正因如此，在生死问题上，庄子体现出豁达的态度。庄子在《养生主》中说："指穷于为薪，火传也，不知其尽也。"薪有限，火无限，薪尽火传。无论怎么养生，肉体生命最终还是会消亡。

在《大宗师》中，庄子指出："死生，命也；有其夜旦之常，天也。人之有所不得与？皆物之情也，彼特以天为父，而身犹爱之，而况其卓乎？泉涸，鱼相与处于陆，相呴以湿，相濡以沫，不如相忘于江湖。与其誉尧而非桀也，不如两忘而化其道。夫大块载我以形，劳我以生，佚我以老，息我以死。故善吾生者，乃所以善吾死也。"在庄子看来，生与死的关系，如同昼夜的更迭交替，完全属于自然现象，肉体生命是来来去去的，"适来，夫子时也；适去，夫子顺也。安时而处顺，哀乐不能入也，古者谓是帝之县解"（《养生主》）。因此，对于肉体生命，不必过于执着，固然要倍加爱惜、善加护养，但更要学会接受，不仅接受出生，也接受死亡，不仅要善待自己的生，也得善待自己的死，要顺应自然的轮回，生来无畏、死来无惧，以旷达超脱的心态来面对出生和死亡。

《庄子·至乐》篇记载："庄子妻死，惠子吊之，庄子则方箕距鼓盆而歌，惠子曰：'与人居，长子，老，身死，不哭，亦足矣，又鼓盆而歌，不意甚乎！'庄子曰：'不然。是其始死也，我独何能无慨然！察其始而本无生，非徒无生也而本无形，非徒无形也而本无气。杂乎芒芴之间，变而有气，气变而有形，形变而有生，今又变而之死，是相与为春秋冬夏四时行也。人且偃然寝于巨室，而我噭噭然随而哭之，自以为不通乎命，故止也。'"庄子的妻子去世了，惠子去吊唁，发现庄子不但不哭泣，反而坐在尸体旁边，敲着瓦盆唱起歌来。惠子指责他为何不哭而歌，他坦然地回答道："开始我也很悲痛，后来仔细一想，人是怎样来到这个世上，又是怎样离开这个世界的呢？原来人是由气即自然界的非生命物质变化而来，气聚成形，气散则死。现在人的形体已死，又将变成非生命的物质了，故以鼓盆而歌，欢送和庆祝我的妻子重新回归自然。"显然，庄子早已了悟到，生死乃是自然规律，不必为此过分忧虑，相反，只有放下对身体的执着，接受死亡，通过体道悟道，将个体生命融入整个存在（"道"）当中，才能够实现对生死问题的最终超越。另外,《大宗师》中记载:"子祀、子舆、子犁、子来四人相与语曰:'孰能以无为首,以生为脊,以死为尻,孰知死生存亡之一体者,吾与之友矣。'四人相视而笑,莫逆于心,遂相与为友。"这四人的"相视而笑,莫逆于心",实际上反映了庄子在面对生死问题上的豁达态度。

总之,在老庄看来,对知识、名利、身体的认同和执着,乃是人生痛苦之根源所在。人生在世,获取必要的知识,得到应有的名利,护养自己的身体,皆是本分所在,毋庸置疑。关键在于,要始终保持觉察,不为之所惑,不执着于其中,倘能如此,则无论是知识、名利抑或身体,皆可为人生所用,为修道所用。它们如果被认同(也就是将"我的""小我"认同为"本我""真我"),则必然走向迷失,以至于陷溺其中;它们一旦被觉察,才有可能被超越(也就是放下执着)。故而,只有放下对知识、名利、身体的执着,忘却知识、智力、礼乐、仁义,甚至形骸,即"无己""丧我",才能够做到"外天下"(遗弃世故),"外物"(心不为物役),乃至"外生"(忘我),也唯有如此,才能够开启智慧,转迷成悟,进而体悟大道,回归真我。今天,我们处在多元化、快节奏的现代生活方式中,处在五光十色、变幻莫测的现代人生中,竞争激烈,知识爆炸,物欲横流,生死无常。如何保持内心宁静和心理平衡,不为知识所困扰,不为名利所迷惑,不为生死而焦虑,老庄以"放下"为核心要义的人生哲学,无疑为我们提供了丰富的精神滋养和有益的智慧启迪。

(赵娟　云南省社会科学院民族文学所副研究员;
谢青松　云南大学艾思奇哲学学院研究员、哲学博士)

老子政治哲学思想解析

张兆民

老子政治哲学思想受到越来越多专家学者的关注。他通过简明的哲理论述，展示了这位哲人高超的政治智慧。他的政治哲学以以民为本为思想基石，以与道同一为思想原则。有史官背景并能洞悉自然之道的老子，直面的是西周政治观念和制度的衰落（礼崩乐坏），以推天道以明人事的关怀之思，建立起了以"形上"道德为基础，以"自然无为"为核心的"自治主义"的政治哲学。

一　老子政治哲学的本体论基础——道

道是老子思想中的核心概念，是老子哲学论述的起点。对于道的概念的来源，从不同角度会有不同观点。徐复观认为："道家的宇宙论，可以说是他的人生哲学的副产物。他不仅要在宇宙根源的地方来决定人生与自己根源相适应的生活态度，以取得人生的安全立足点。所以道家的宇宙论，实即道家的人性论。因为他把人之所以为人的本质，安放在宇宙根源的处所，而要求与其一致。"[①] 所以，理解道家政治哲学，要先理解道家的自然演化思想。一方面，要了解人性的来源，必须先了解人作为万物之一是

---

① 徐复观：《中国人性论史》，华东师范大学出版社2005年版，第198页。

如何生成的；另一方面，道家认为人性的最高境界也即万物生成的最初状态，因此，要理解道家所描述的人性境界，必须先弄清楚万物生成论。而道家的万物生成论却一直是道家哲学研究的难点所在，郭店简《太一生水》的出现为这一难点增添了新的刺激和新的挑战。对中国古代思想有深入研究的李约瑟教授从另一个角度探讨了道的思想的来源，他认为："道家思想有两个来源。首先是战国时期的哲学家，他们遵奉的是大自然之道，而不是人类社会之道。他们不求用于封建诸侯，而是隐居在乡野沉思冥想，探索自然。虽然这些哲学家们的想法从未能完整地表达，但看来他们深深地感到如果缺乏对自然界更深刻得多的理解，想要把人类社会带入如儒家所期望的那种和谐状态是永远不可能的。"① 实际上，不管是因为对社会生活的无奈而成为隐士，还是以巫师的身份利用自然，推天道以明人事一直是道家和早期民族思考问题的方式。由此看来，道家钟爱自然法则，而忽视社会和政治生活，只是他们在自然秩序的倡导中隐含着对社会秩序的严格诉求，就是把自然规则运用到对社会生活的治理当中。

"道"是世界万物的根本，也是人的行动的根本原则。

"道"在老子政治哲学思想中地位是最高的，也是整个《道德经》中起到统领作用的概念。《道德经》开篇就讲："道可道，非常道；名可名，非常名。"梁启超先生对"道，非常道"解释是："道本来是不可说的，说出来的道，已经不是本来常住之道了。"② 台湾学者傅佩荣先生则根据《关尹子》来理解这句话：" '道'是老子的核心概念，所代表的是'究竟真实'。人的言语所能表述的，都是相对真实，亦即充满变化的事物。因此，永恒的道是不可说的。不可说，甚至不可思议，但是却'非存在不可'，因为若无究竟真实，则这一切由何而来又往何而去，然后

---

① 李约瑟：《道家及其对自然的探索》，载黄河选编《道家二十讲》，华夏出版社2008年版，第84页。

② 胡道静主编：《十家论老》，上海人民出版社2006年版，第49页。

人生难免沦于幻相和梦境。"① 不可道之"道"是永恒的、不变的道；可道之"道"是暂存的、可变的道。由此来看，"道"有永恒的特点，隐含着宇宙万物的根源、本体的特征，在老子那里应该是万物本源的含义。《道德经》第四章中，老子明确讲道："道，渊兮似万物之宗"，"道者，万物之奥"②，它是万有的始渊、庇护和保障。《道德经》第四十一章曰："夫唯道，善贷且成。"只有"道"善于促进万物生长。而在老子理念中，"道生一，一生二，二生三，三生万物"③，从本体的维度阐述道为万物之本源，世界万物为道产生，万物统一于道。所以，"道"既是宇宙的总根源和法则，也是人生的总法则。因此，老子说："人法地，地法天，天法道，道法自然。"④ 人效法地来行动，地效法天来运行，天效法道来运行，而道的法则就是自然而然，就是说"道"是依据自身内在本性和规则自行运行的。老子在《道德经》中讲："是以圣人抱一为天下式。"⑤ 在《道德经》中，"一"只是"道"的另一个名称而已，圣人坚守道而成为天下人的榜样和典范。"孔德之容，惟道是从"，那些怀有大德之人，在行动中总是顺应"道"。所以，在老子看来，"道"是人必须遵守的根本原则，是具有绝对性的价值。

对老子的"自然"的理解，历来也是分歧较大的，但刘笑敢"人文自然"的解释比较接近老子政治哲学的思想。刘笑敢认为首先应该避免对老子"自然"概念的误解，老子的"自然"不是天地自然、物理自然、生物自然等客观自然，更不是指称野蛮状态、原始阶段等反文化、反文明的概念，而是一种人文自然。人文自然是老子哲学的最高价值或核心价值，这种人文自然包含宇宙整体、人类群体、生存个体三个价值层面：第一，自然是一种

---

① 傅佩荣：《解读老子》，上海三联书店2007年版，第3页。
② 陈鼓应：《老子今注今译》，商务印书馆2005年版，第295页。
③ 同上书，第233页。
④ 同上书，第169页。
⑤ 同上书，第161页。

终极关切的表现，表达了老子对人类、对人与自然宇宙关系的终极状态的关切。第二，自然表达了老子对群体关系的关切，即对现实生活中人类各种群体之相互关系及生存状态的希望和期待。第三，自然表达了老子对人类个体的各种生存存在、发展状态的关切。终极关切、自然和谐成为刘笑敢理解老子"自然"概念之现代意义的关键词。① 在《道德经》第五十章中老子认为："夫莫之命而常自然。"② 这里老子把"道"的含义定义为"法自然"，这是人类社会和自然万物都不得不遵守的法则。但是："天地不仁，以万物为刍狗；圣人不仁，以百姓为刍狗"③，对此，李石岑的解释是："《老子》言天，纯主自然，所谓'天地不仁'，便是说天无意志，天不作威福。"④ 实际上是指："天地超越人间的道德——仁，圣人超越某些利益集团的道德——仁。老子之'不仁'有超越仁之义。"⑤ 所以，老子"天地不仁"与"'天道无亲，常于善人'有相通的意涵，都认为，天地是自然而然地存在、运行，无主观意识。天地的一切活动都是无目的、无意识的，从而反对把天看作是有人格、有意志、有目的进行活动的主观唯心主义天道观"。显然，这种解读体现了老子哲学的超越情怀。

二 老子政治哲学的主要特征——"无为而治"

"无为"是老子政治哲学的重要概念。老子的"无为而治"，是把"无为"作为行政的总原则，来达到天下大治。《道德经》

---

① 参见刘笑敢《老子古今》"导论二"，中国社会科学出版社2006年版，第48—66页。
② 陈鼓应：《老子今注今译》，商务印书馆2005年版，第256页。
③ 同上书，第93页。
④ 李石岑：《中国哲学十讲》，江苏教育出版社2005年版，第93页。
⑤ 杨胜良：《"仁"之否定与超越：论宋儒对"天地不仁"的解释》，《老子学刊》2014年第5期。

第二章中，老子指出："圣人处无为之事，行不言之教。"① 同时指出："我无为而民自化，我好静而民自正，我无事而民自富，我无欲而民自朴。"② 统治者只有坚持有所为和有所不为的原则，才能真正实现社会的秩序与大治。只要坚持好了无为这个总原则，任何政事都可以处理好，国家强盛，百姓安居乐业。他还进一步指出，一个恒常的道理就是"无为而无不为"，任何统治者能长期坚守住，社会就会和谐。这个思想也是他所说的"柔弱胜刚强"思想在实践上的体现，因为，天下最柔软的东西，却往往驰骋于天下最坚硬的事物当中，没有不能深入的地方，这样就表现了顺应自然不作为的好处。正是由于"无为有益"，所以老子将其作为一种政治策略，运用到政治建设当中。

在老子看来，"自然"为"道"之本性，"无为"这一概念就源自"自然而然"的特点。自然而然的"无为而治"首先要求统治者不要过多干涉老百姓日常生活，而是由百姓自己决定和处理自己的事情，自由发展。统治者要从"天地无所偏爱，任凭万物自然生长；圣人无所偏爱，任凭百姓自己发展自己"的道理中学会执政的道理，少发号施令，取消烦苛的政令，做到"贵言""希言""不言"。显然，"无为而治"，即以自然无为法则治理国家的方式，其结果便是"我无为，而民自化"。而"民自化""民自朴"也是统治者所追求的政治目标，即达到"无为则无不治"。《道德经》所倡导的"无为而治"思想在政治上的高明就在于此。这里需要强调的是，老子倡导"无为而治"最终所达到的效果却是"无不为"。从《道德经》所表达的思想来看，只有当统治者真正掌握了超越性的自然之常理——道，才能在治理国家的过程中，达到事半功倍的效果，最终实现社会良治。"知常曰明"之"常"就是指道所代表的自然之常理。了解了道，遵循道之自然常理统治天下，由此，社会得到治理，和谐有序，统治者的高明

---

① 陈鼓应：《老子今注今译》，商务印书馆2005年版，第80页。
② 同上书，第280页。

也会在实践中体现出来。那么，相反，如果统治者不循道而为，也就是"不知常"，而妄作、妄为，其结果就是治理不顺畅，社会混乱，统治者自己也不会有好的结局，所以"知常，容，容乃公，公乃全，全乃天，天乃道，道乃久，没身不殆"①。这样来看，《道德经》一再倡导统治者要顺道而为，实行"无为而治"，其中或许有被动的意味，但其积极的因素似乎更多一些，这就需要真正把握老子的根本内涵，挖掘出正能量的政治哲学思想。

"无为"针对纷繁的"有为"而提出。早在老子之前，"无为"概念就出现在中国古代的典籍当中，《诗经·国风·王风·兔爰》中就有："我生之初，尚无为，我生之后，逢此百罹……我生之初，尚无造，我生之后，逢此百忧……我生之初，尚无庸，我生之后，逢此百凶……"②这里的"无为"表示一种无事安逸、自适自在的状态。但是这里的"无为"还只是日常用语，并没有抽象的含义，而老子利用前人的思想进行抽象以表达自己的哲学概念。老子之所以在自己的哲学中引入"无为"的概念表达政治哲学思想，与他所处的时代有关。当时正处于春秋末期之世纪转换的时代，诸侯争霸战争破坏了奴隶制的旧秩序，给人民带来了灾难和痛苦。孔子称之为"礼崩乐坏"的时代，社会纲纪紊乱，骚动不宁。对此，孔子的解决方案是采取恢复周礼等一系列"有为"方案，希望统治者施以仁政，重建政治秩序。而老子从相反的角度思考这个问题，提出解决问题的方案，这就是"无为而治"。因为，在老子看来，所有的政治动乱和灾难，恰恰是由于当政者过度有为的结果。《道德经》中表达批评"有为"的思想还是极其丰富的。老子认为，统治者为了实现社会秩序，而制定大量礼乐制度，会对老百姓的生活造成很大的限制和束缚，社会发展反而受到阻碍，百姓生活艰难，所以，"天下多忌讳而

---

① 陈鼓应：《老子今注今译》，商务印书馆2005年版，第131页。
② 周振甫：《诗经译注》，中华书局2002年版，第101页。

民弥贫"①。老子认为，唯有"绝仁弃义"，才能够实现"民复孝慈"的良序局面。同时，如果人为制度过多，也会给国家造成很大损害，它的道理是"人多利器，国家滋昏"②，百姓生活中到处都充满奇技、实用的方式方法，反而使国家陷入混乱。如果国家不断通过战争以实现国土的扩张和社会秩序，是适得其反的事情，所以，"夫佳兵者，不祥之器，物或恶之，故有道者不处"③。"天下有道，却走马以粪。天下无道，戎马生于郊。"④ 真正的善治之道是："以道佐人主者，不以兵强天下。"⑤ 这些思想都是通过反对"有为"来表达老子的"无为"思想。

三 老子政治哲学的治国方略——以民为本

老子政治哲学思想的体现是以人民为根本。老子说："故贵以贱为本，高以下为基。是以侯王自称孤、寡、不谷。此非以贱为本邪？非乎？"⑥ 老子认为，那些侯王贵族表面上至高无上，但究其原因无非是以那些所谓低贱的人民为根本。即侯王贵族之所以能够取得那么高的地位，能够处在那么高的地位，没有底层人民的支撑是不可能实现的。所以，他们才谦称为孤、寡、不谷。但是以"道"观之的话，卑贱之物与道性是一致的，所以，侯王以自然之道处之，在社会中而自称卑贱。实际上，侯王把自己的高贵而看作是以低贱为本的思想乃民本思想。当然，这是从老子政治哲学的角度来分析的，实际情况如何是另外一回事。这里也可以看出，老子的这个观点体现的是弱者的立场，这或许是他政治哲学思想的出发点和落脚点。

---

① 陈鼓应：《老子今注今译》，商务印书馆2005年版，第280页。
② 同上。
③ 同上书，第195页。
④ 同上书，第246页。
⑤ 同上书，第192页。
⑥ 同上书，第221页。

老子倡导，圣人要有无私的精神，以百姓心为心。他说："圣人常无心，以百姓之心为心。"① 圣人没有私心、特别欲望，不考虑自己，没有执念，所以也就没有只关心自己的想法，有的只是顺应民心，使国家得到治理，并且思民所思，想民所想，一切以人民为中心。老子始终把人民放在很高的位置，认为当政者要始终把百姓放在心上，以百姓的所思所想为自己理政的出发点。这些都是老子民生思想的很重要的表现。还有，当政者要用博大的包容之心对待百姓。"善者，吾善之；不善者，吾亦善之，德善。信者，吾信之；不信者，吾亦信之，德信。圣人在天下，歙歙焉为天下浑其心。百姓皆注其耳目，圣人皆孩之。"② 老子认为，当政者要在"法自然之道"的前提下，公正平等地对待所有老百姓，没有偏颇。在"德善"和"德信"下，对于那些有善心的人，以善回应他；对于没有善心的人，也同样以善回应他，如此，当政者之所作所为接近完美，结果会是人人向善。对于那些讲究信用的人，以信任回应他；对那些缺乏信用的人，同样以信用回应他，这样，当政者可以有诚信，老百姓也会人人讲诚信。谙熟自然之道的当政者当政，顺应自然不忘为，少私寡欲，老百姓也会变得淳朴。当老百姓都专注自己的耳聪目明时，当政者就会使天下之人和社会回到天真烂漫的状态。"是以圣人常善救人，故无弃人；常善救物，故无弃物。是谓袭明。"③ 当政者以博大胸怀公正平等地对待人和物，则能无弃人、无弃物。同时，当政者有了良善的胸怀，与百姓和谐相处，则天下归善。正所谓，"上善若水。水善利万物而不争，处众人之所恶，故几与道。居善地，心善渊，与善仁，言善信，正善治，事善能，动善时"。当政者之良善品格应如水，水滋润万物，但从不与万物争高下，这样的品格才最接近道。

---

① 陈鼓应：《老子今注今译》，商务印书馆2005年版，第253页。
② 同上。
③ 同上书，第221页。

老子政治哲学之民生思想注重崇俭抑奢的美德。老子生活的时代，诸子百家的思想家在对民生的思考中探讨了"德"的含义和内容。在老子的思想里是以"节用"概念展开讨论的，即诸子百家思想中表达"经世济用"的观念，也可以说是我国较早地提出了这样的理念。《道德经》中，老子特别倡导："我恒有三宝，持而保之。一曰慈，二曰俭，三曰不敢为天下先。"① 就"节俭"这种理念而言，与他的"少私寡欲"思想是一致的，看来这个思想不是一时的想法，而是从人生修养、理性生活的角度来讲的；他看到过度的欲望对人的生活和意志的损害。以这样的观念为基础，老子特别提醒当政者要学会"塞其兑，闭其门"，要"见素抱朴，少私寡欲"②，对自己的私欲要严格加以控制，对感官享乐要加以节制。但是需要强调的是老子并不是抽象地谈"节欲"，并没有漠视老百姓的日常生活。比如当老子谈到"五色令人目盲；五音令人耳聋；五味令人口爽；驰骋畋猎，令人心发狂；难得之货，令人行妨"③ 时，老子表达的是对当时奴隶主贵族腐朽生活方式的极为不满，但对普通老百姓的日常生活并没有批评的意思，因为"五色""五味""五声"、打猎游戏、珍贵物品不是普通老百姓所能拥有和消费的，而是贵族的生活方式。他也希望人们富足，但更希望大家过一种朴实清净的简单生活，即不是那种以满足外在物欲为目标的生活。如果人们容易被外在物欲所诱惑，会陷入其中，反而得不到满足感，恰恰是自我的疏离，心灵则日渐空虚。为此，老子一再劝解人们多寻求内心的宁静，回归自然而然的本性。不论王侯，还是百姓，如整日沉溺其中，必会导致"益生"的后果。由于过分纵情，将加速个人生命的提前终结。所以，老子大力呼吁"俭，故能广"。④ 再次，老子提出，当

---

① 王弼注：《老子道德经》，中华书局1978年版，第32页。
② 陈鼓应：《老子今注今译》，商务印书馆2005年版，第176页。
③ 同上书，第177页。
④ 同上书，第179页。

政者要慎刑薄赋。应用和处理好德刑关系历来是国家治理中的重要议题，也是当政者不得不始终思考的治国方略。老子一直劝诫当政者要谨慎选择使用刑罚，即"慎刑"。在老子看来，刑罚不应该是用来限制百姓的，而是通过其威慑功能警示并约束人们行为的。对于刑罚的使用要更多地考虑公正和公平，无偏颇地对待每个百姓。这样被使用的"刑罚"才能够维护社会秩序，保护百姓利益，否则只会走向反面而变为专制。由此，老子指出："无为而无不为。取天下常以无事，及其有事，不足以取天下。"① 在他看来，当时的百姓所受之苦难出乎寻常，而当政者不察民情，却苛捐杂税繁多。提出当政者不能一味剥夺百姓，而是要尽量减轻百姓负担。

四 老子政治哲学的逻辑归宿
——"小国寡民"的大道世界

任何一种政治哲学都有其理想的社会制度的构想。作为中国思想史上一位重要的政治哲学家，老子自然也不例外。他拥有一套完整的政治理论和治国之术，但是怎样去实现他的政治理想，或者说他提出的治国方案是什么呢？这要到他"小国寡民"的理想国中去寻找。老子的设想是："使有什佰之器而不用；使民重死而不远徙。虽有舟舆，无所乘之；虽有甲兵，无所陈之。使民复结绳而用之，甘其食，美其服，安其居，乐其俗。邻国相望，鸡犬之声相闻，民至老死，不相往来。"② 由此可以看出，这是对我国古代农业社会理想生活的呈现。以自治自然村为特色的我国农业社会，便是老子理想社会的原型。在陈鼓应《老子今注今译》中，曾引用冯友兰先生对小国寡民的一段描述："《老子》第八十章描绘了它的理想社会的情况。从表面上看来，这好像是一

---

① 陈鼓应：《老子今注今译》，商务印书馆2005年版，第184页。
② 同上书，第245页。

个很原始的社会,其实也不尽然。它说,在那种社会中,'虽有舟舆,无所乘之;虽有甲兵,无所陈之,使民复结绳而用之'。可见,在这种社会中,并不是没有舟舆,不过是没有地方用它,并不是没有甲兵,不过是用不着把它摆在战场上去打仗,并不是没有文字,不过是用不着文字,所以又回复到结绳去了。《老子》认为,这是'至治之极',这并不是一个原始的社会,用老子的表达方式,应该说是知其文明,守其素朴。《老子》认为,对于一般所谓文明,它的理想社会并不是为之而不能,而是能之而不为。"① 显然,这是老子认为的理想的社会,没有外患,亦无内忧,有君主,却没有统治者对人民日常生活的烦扰,百姓安居乐业,幸福快乐。这样的社会就是老子之理想国。

但是如果在没有对老子思想整体把握的情况下,就认为他的社会思想带有颓废没落的倾向,是一种社会悲观情绪的体现的话,显然是片面的。老子小国寡民的理想社会并不是对历史的反动,并不是回到原始状态,而是一个物质和精神都富有的社会。老子只不过是厌倦了当时物欲横流、战争频仍的动乱状态,而对理想社会生活的渴望,是对当时所谓野蛮状态的一种抗议。如果借用后现代思想来评价的话,就是正如在我们所处的现实生活中,生产力已高度发达,物质文明似乎已经发展到很高的水准,不过其发展的副产品却走向另一个反面,全球变暖、能源危机、环境问题等,正威胁着人们的生存。同时,一些强权国家、好战分子一直威胁世界安全。回过头来看老子,他的睿智显而易见,其思想绝不是主张回到原始社会的野蛮状态中去,而是希望百姓能过上一种和平、安宁、没有饥饿、没有恐惧、没有暴政的生活。

五 老子政治哲学的辩证思维——对立统一

老子政治哲学思想中呈现出丰富的辩证思维。他认为统治者

---

① 陈鼓应:《老子今注今译》,商务印书馆2005年版,第345—346页。

要以"无为""无事""无欲""行不言之治"为原则治理天下，唯有这样才能实现国家稳定，社会有序发展。但是，这实际上是要求统治者有自知之明，不能把自己的官职看得太重，即使是君主也要有谦卑之心。唯有时刻保持着遵循"天之道"的明智态度，才能得到百姓的信赖，从而实现"无不为"治理效果。《道德经》里讲到处理大国和小国之间的关系，老子提示统治者，大的国家对待比自己小的国家要采取谦卑的姿态，这样就会得到小国的信赖，从而成为真正的领导者。实际上，一个大国往往以强势的姿态对待小国，面对小国的领导者时往往会比较强势，而引起小国的反感而得不到内心的尊敬。所以，要求大国对小国表现出谦卑的态度，不是容易做到的。这样，老子在《道德经》中，提出"大邦不过兼畜人，小邦不过欲入事人；夫两者各得所欲，大者宜为下"[①]的理念。大国的目的只是要得到别人的归附，小国的需要无非是想获得别人的帮助，双方都能从谦下中获得自己的需要，那么还是由势力强大的一方表示谦下更合适。实际上，"大者宜为下"是个充满辩证法思想的政治哲学命题，同时这个命题暗示着统治者们应显示谦逊的态度。今天我们拿来解释政治哲学的话，就是要求执政者要具有宽厚待民的政治胸怀。正如"江海所以能为百谷王者，以其善下之也，故能为百谷王。以圣人之欲上民也，必以其言下之；欲先民也，必以其身后之"[②]。所表达的意思是一样的，就应当谦恭待民。实际上体现的是作为一种辩证法的思维方法，《道德经》这个思想是很有价值的。它的意思是，统治者要让百姓顺从，首先自己要尊重百姓。如果用现代思维来分析，就是先做学生再做教师。用老子的话说则是，正因为有些人始终不认为自己为大，所以最终才能成为大。那些表现谦逊，不在世人面前争先的人，恰恰能够取得大的成就，而成为伟大人物。

---

① 陈鼓应：《老子今注今译》，商务印书馆2005年版，第293页。
② 同上书，第308页。

老子提出"大者宜为下"的理念，其实是在表达以辩证思维为基础的政治权术。因为作者内心还是以民为贱、以君为贵的，君主之尊贵是在贱民之基础上形成的。"故贵必以贱为本，高必以下为基。是以侯王自谓孤、寡、不谷。是其以贱为本也"。（《老子》第三十九章）这是站在尊贵者的角度，提示居上者要获得自己的尊贵、崇高地位，必须对贱者、在下者表示出一种谦卑的姿态，起码也要"言下"才行。历代政治实践也在表明，所谓伟大人物的伟大之处就在于，虽然他们处于统治地位，但如果没有普通大众的响应，其地位显然是不会显现的。《道德经》所论述的关于贵贱、高下等辩证关系，之所以显示出智慧之处，就在于其揭示了在任何治国的过程中，都必须遵循的一个基本规律：要维持统治者自身的统治地位，尊贵者要保持自身作为高贵者的地位，不得不尊下、尊卑。

动静关系是老子政治哲学中一个重要的辩证法思想。在他看来，世间万物发展变化的总规律是最终归于寂，即"无"。就治理国家来说，老子极力反对急躁、盲动，提醒统治者要以守静的态度静观世间万物之发展变化，把握自然运行的法则，并以此治理社会。实际上，老子所提倡的就是韬光养晦，静观其变，把握世间万物发展过程中的变与不变，并顺应自然万物的发展变化而提出治理方案，以实现社会的良序发展。不过还有一个重要的方面，即规律总在过程中运行与被发现，不管是从小到大还是由弱到强都是如此，"合抱之木，生于毫厘"就是这个道理。自然万物都遵循一个总的规律，人们从看似千变万化的繁复变化中把握这个规律。老子说，这种循环往复的变化却又是一个不断返回本根的过程，归于本根就是归于寂，这种状态又被老子叫作复归于生命。老子把这个过程称为自然，了解这个过程就是了解自然，这个过程即自然的规律适用于自然界所有事物，由此，老子认为，自然对所有事物无所偏颇，掌握了这个过程即规律的人去处理世间事情或者治理社会就会公平公正，这也是符合自然之

"道"的原则的,这样来管理社会,社会就会长治久安。老子把这种以静待变治理社会的方法视为统治者的法宝。

柔弱胜刚强也是老子政治哲学中的一个重要辩证法思想。老子认为,由于"物壮则老""兵强则灭""木强则折",那么刚强就意味着走向死亡,而柔弱则成了新生的标准。"人之生也柔弱,其死也坚强;草木之生也柔脆,其死也枯槁;故坚强者死之徒,柔弱者生之德。"所以,老子特别提出重柔的政治哲学原则。实际上,老子这里所讲的重柔,并非指"懦弱""软弱"等,而是指一种外柔内刚、柔中带刚的行为方式、处世原则。所以,王弼对老子这个思想注解为:"强兵以暴于天下者,物之所恶也,故必不得胜。"[1] 陈鼓应先生认为,老子是主张人们深知雄安却要安于雌柔,所以,老子的柔并不是无能为力情况下的被动选择,而是一种策略和态度,也就是故意示弱。北京大学王博教授则将老子这个思想解读为对权力的节制。柔的最完美的境界就是朴的境界、道的境界,到这个境界,柔便是老子无为而治的政治观的展开。

(作者系云南省社会科学院哲学所副研究员)

---

[1] 王弼:《老子道德经注释》,中华书局2008年版,第185页。

试论老子"道恒无欲"的财富道德

胡发贵

《史记·老子韩非列传》说:"老子修道德,其学以自隐无名为务。"似乎老子无心世事。其实不然,从《老子》一书来看,其学术一大志向即在于论世事之正奇,为世人指点迷津,如这段话所示:"祸,福之所倚,福,祸之所伏。孰知其极?其无正也。正复为奇,善复为妖。人之迷也,其日固久矣。"(《老子》河上公本第五十八章)引文中"固久矣"的感叹,映现出老子某种惋惜的心迹以及试图纠正之的意向。当然,老子所欲解之"迷"甚夥,本文这里拟专门谈谈老子对财富和欲望的有关看法,即其财富哲学。

一

在老子思想中,"道"是宇宙之根、之源,也是理解人类社会一切现象的母本,所谓"人法地,地法天,天法道,道法自然"(第二十五章)。因而要了解老子的财富观念,则有必要知晓其"道"的某些特性。

老子"道"的内涵甚为丰富,但下列属性也是其着意强调的。其一,道没有占有欲。道虽然派生宇宙万物,但并不将万物据为己有。"道生之,畜之,长之,遂之,亭之,毒之,养之,覆之。生而弗有也,为而弗恃也,长而弗宰也,此之谓玄德。"

（第五十一章）从"玄德"①一词还不难看出，老子是高度肯定和赞赏这种"生而弗有"的属性的。其二，道"恒无欲"。"道泛呵其可左右也，成功遂事而弗名有也，万物归焉而弗为主，则恒无欲也，可名于小。万物归焉而弗为主，可名于大。是以圣人之能成大也，以其不为大也，故能成大。"（第三十四章）其三，"反者道之动"，即事物的存在和运动有其必然的规律，那就是由极盛而走向衰落、消亡，"物壮则老，谓之不道，不道早已"（第三十章）。其形象的表述就是："曲则全，枉则正，洼则盈，敝则新。"（第二十二章）其四，天道公平。"天之道，其犹张弓也，高者抑之，下者举之，有余者损之，不足者补之，故天之道，损有余而益不足；人之道则不然，损不足而奉有余。夫孰能有余而有以奉于天下者，唯有道者乎？是以圣人为而弗有，成功而弗居也。"（第七十七章）

二

由"道"的上述特性，老子引申出这样一些财富观点：

其一是倡导寡欲与素朴。正如前述，老子认为道是"恒无欲"的，这样如果说道是绝对和至善的，那么其所无的欲、欲望也就是负面的，或者说是恶的，所以老子否定"五色"和"五味"，"五色使人目盲，驰骋田猎使人心发狂，难得之货，使人之行妨。五味使人之口爽，五音使人之耳聋"（第十二章）。如"无欲"是道的本质之一，那么远离、抑损欲望，淡泊物欲也就是正当与合理的。所以老子抨击奢侈，"圣人去甚、去大、去奢"（第二十九章），主张节制欲望，"是以圣人欲不欲，而不贵难得之货"（第六十四章）。提倡"寡欲"："绝巧弃利，盗贼无有。……见素抱朴，少私寡欲，绝学无忧。"（第十九章）宣扬"不贵

---

① 第十章重复此内容："生之，畜之，生而弗有，长而弗宰也，是谓玄德。"

难得之货，使民不为盗。不见可欲，使民不乱。是以圣人之治也，虚其心，实其腹，弱其志，强其骨"（第三章）。提倡简朴和节俭，其所谓"三宝"中，有一宝就是"俭"（第六十七章）。

其二是强调知足。"反者道之动"的必然性，显示了事物"物壮则老"的肯定与否定之间的转换。由此消长转换老子指出人不能痴迷、贪占财富，因为"有"的越多，也就越临近走向其反面的转折点，即亡佚；而且"有"的越多，"无"的也就越重，故老子说"多藏厚亡"："名与身孰亲？身与货孰多？得与亡孰病？甚爱必大费，多藏必厚亡。故知足不辱，知止不殆，可以长久。"（第四十章）由此老子进而警告贪婪必然是事与愿违的，"金玉盈室，莫之能守也。贵富而骄，自遗咎也。功遂身退，天之道也"（第九章）。而且贪婪常常引发祸害，"罪莫大于可欲，祸莫大于不知足，咎莫甚于欲得。故知足之足，恒足矣"（第四十六章）。因而老子宣扬"知足"，其意对生活不应无限地索求，不要物交物而陷于"可欲"不能自拔。他认为这样才是一种安全、体面而舒心的生活态度，即"不辱、不殆、恒足"。

其三是抨击统治者贪婪，要求改善民生。前面提及，老子的"道"是"生而弗有"的，对世界万物没有任何独占和垄断的企图，相反是持坦荡、开放与共享立场的。显然，"道"的这一特性就内在隐含了均平与同乐的倾向。也因此倾向，老子特别敏感人类社会的贫富两极分化，"朝甚除，田甚芜，仓甚虚，服文采，带利剑，厌食而资财有余，是谓盗夸。盗夸，非道也"（第五十三章）。文中"非道"一语，正说明统治者奢侈独乐（"朝甚除"）而不顾人民的贫困（"田甚芜"），是抵触"道"的公平性的。老子还尖锐地指出，人民的憔悴和困苦，正是统治者的贪婪纵欲造成的，"人之饥也，以其取食税之多也，是以饥。百姓之不治也，以其上之有以为也，是以不治。民之轻死，以其求生之厚也，是以轻死"（第七十五章）。老子认为有良知的统治者应深省这一点，"爱民治国，能毋以知乎！"（第十章）并应该奉行

"天道"，损有余而补不足，"天之道，其犹张弓也，高者抑之，下者举之，有余者损之，不足者补之，故天之道，损有余而益不足；人之道则不然，损不足而奉有余。夫孰能有余而有以奉于天下者，唯有道者乎？是以圣人为而弗有，成功而弗居也"。老子要求改变"损不足而奉有余"的不公平状况，让人人都能享受生活，"是以圣人恒善救人，而无弃人，物无弃财"（第二十七章）。老子特别提出，统治者应力行"无为"，不要扰民，让人民过上"自均"（第三十二章）的自得其乐的生活："小邦寡民，使有十百人之器而勿用，使民重死而远徙。有舟车无所乘之，有甲兵无所陈之，使民复结绳而用之。甘其食，美其服，乐其俗，安其居，邻邦相望，鸡犬之声相闻，民至老死不相往来。"（第八十章）这段引文不仅表现了老子对其时所谓"文明"的批判，也包含了老子要求统治者轻徭薄赋、与民生息，使人民过上乐岁终身饱，凶年免于死亡的"乐生"生活。

三

老子的财富主张与其所处的时代也有着密切的关联。史称老子为"周守藏室之史也。……居周久之，见周之衰，迺遂去"（《史记》卷六十三《老子韩非列传》）。经历王朝盛衰巨变的智者，对其时的世态人心当有深切的了解。

孔子说"郁郁乎文哉，吾从周"。其实周代不仅文教发达，随着治化推进，财富也大增，社会日趋富裕。《诗》所谓"乃求千斯仓，乃求万斯箱"（《诗·小雅·甫田》），"我仓既盈，我庾维亿"（《诗·小雅·楚茨》）就折射了这一点。历史的演进中还曾出现过富甲天下的富庶之区，"曾子曰：'晋、楚之富，不可及也。'"（《孟子·公孙丑下》）

随着财富的积累，社会弥漫贪婪和嗜利之风。正如其时智者所指斥的，当时的政治是贪贿公行，"政以贿成"①，有力者"如饿豺狼，蓄货聚马"②，国与国之间更是以利相交，"使薄报厚"，大国穷凶极恶地诛求小国。鲁昭公十三年，在平丘之盟的大会上，郑子产就抨击大国之贪："以敝邑褊小，介于大国，诛求无时，是以不敢宁居。悉索敝赋，以来会时事。"（《左传》襄公三十一年）子产还曾如此揭露晋国的贪婪："昔天子班贡，轻重以列。列尊贡重，周之制也。……郑伯，男也，而使从公侯之贡，惧弗给也。……诸侯靖兵，好以为事，行理之命无月不至，贡之无艺，小国有阙，所以得罪也。……贡献无极，亡可待也。"（《左传》昭公十三年）从子产的指责中，可以看出当时大国贪求之风之盛，小国处境之难。

另一方面统治者奢侈、享乐风气也渐炽。如晋灵公"厚敛以雕墙"（《左传》宣公二年）。晋国建长达数里的铜鞮之宫（《左传》襄公二十一年）。楚灵王建章华之台，"土木之崇高彤镂为美"（《国语·楚语》）。鲁庄公建奢华的"刻桷"的桓宫（《左传》庄公二十四年）。楚庄王建匏居之台（《国语·楚语》）。吴国建姑苏台，七年都未完工（《墨子·非攻中》）。史称殷末"厚赋税以实鹿台之钱而盈巨桥之粟"（《史记·殷本纪》卷三），最终因荒淫而亡国。周公有鉴于历史的教训，曾警告周王朝的"嗣君"不能沉湎于享乐："呜呼，继自今嗣王，则其无淫于观、于逸、于游、于田，以万民惟正之供，无皇曰'今日耽乐'。……无若殷王受之迷乱，酗于酒德哉。"（《尚书·无逸》）可惜时移事异，随着周王朝的衰落，礼崩乐坏，各诸侯国各行其时，统治者日益"耽乐"，日益贪婪和荒淫。

而统治者耽于享乐必然加剧对人民的盘剥和压榨，"劳心者"的独乐必然会导致人民的憔悴和冻馁。史称春秋时，"民三其力，二入于公，而衣食其一。公聚朽蠹，而三老冻馁。……民人痛

---

① 徐元诰：《国语集解》，中华书局2008年版，第293页。
② 徐元诰：《国语集解》，中华书局2008年版，第521页。

疾"(《左传》昭公三年)。晋师旷也指责晋侯:"宫室崇侈,民力凋尽。"这种官富民贫的局面,正是社会财富两极分化的生动写照。其一极是"治人者"的骄奢淫逸,另一极则是"治于人者"、人民大众的"道殣相望"① 和"民馁甚矣"②。

由上可见,老子"道"之"无欲论",显然是欲医治贪贿成风之人心的;其"道"之"生而不有"和"知足"说,则是在辨析贪婪的谬误;而其天道如"张弓"论,则无疑是在批判其时"宫室崇侈,民力凋尽"的社会的不公,其着力点是希冀纾民困并改善民生。

当然,春秋时有许多智者提出过种种矫治社会弊病、富有真知灼见的财富哲学。如晏婴就提出一种"幅利"主张,认为对欲望和财富的追求应给出合理的边界:"且夫富,如布帛之有幅焉,为之制度,使无迁也。夫民生厚而用利,于是乎正德以幅之,使无黜嫚,谓之幅利。利过则为败。吾不敢贪多,所谓幅也。"(《左传》襄公二十八年)孔子则创设了"喻于义"的财富道德,认为只有合乎"义"、符合"道"的"富贵"才是可取的。"子曰:饭疏食饮水,曲肱而枕之,乐亦在其中矣。不义而富且贵,于我如浮云。"(《论语·述而》)芮良夫宣扬"共利"观,反对统治者垄断财富,倡导共享资源。他说:"夫利,百物之所生也。天地之所载也。而或专之,其害多矣。天地万物,皆将取焉,胡可专也。……夫王人者,将导利而布之上下者也,使神人大百物无不得其极。……匹夫专利,犹谓之盗,王而行之,其归鲜矣。"(《国语·周语上》)晏婴则径直主张共同富裕:"权有无,均贫富。"(《晏子春秋·内篇·问上》)

不过老子的财富哲学与时贤的见解,还是有着很明显别的。其一是老子不仅是从经验事实或理论逻辑上来讨论财富和欲望的,他试图在形而上的"道"的高度寻求理解财富和欲望的最终

---

① 徐元诰:《国语集解》,中华书局2008年版,第522页。

② 同上。

依据，他企图确立一种新的财富信仰。其二是老子对感官物欲是持一种怀疑和否定认知的。他的"五音""五味""五色"论，就显露了老子对物欲的一种戒惧心态。与此形成鲜明对比的是，向老子问过学的孔子并不一概拒绝物欲，其"鲍瓜"说，其"富而可求也，虽执鞭之士，吾亦为之"论（《论语·述而》）等，都表明孔子在一定条件下是认可物欲的。这也可以说老子与春秋智者的一大区别。

（作者系江苏省社会科学院哲学与文化研究所所长、研究员）

庄子自由观研究综述

李广良

一 庄学研究与"自由"主题的揭示

本文不是对庄子"自由"观的直接研究,而是对现代庄子"自由"观研究的一个"综述"。通过这一"综述",我们或可以窥见庄子思想在现代中国持续产生影响的"秘密"。

几乎所有的现代中国哲学家或哲学史学者在谈到《庄子》的时候,都会用到"自由"这个词,他们或者谈庄子的"自由"观,或者谈庄子的"精神自由",或者谈庄子的"自由境界",或者谈"逍遥游"与自由的关系等,都是在揭示庄子哲学的"自由"主题。[①] 我们在陈鼓应的《老庄新论》、崔大华的《庄学研究》、刘笑敢的《庄子哲学及其演变》《两种自由的追求:庄子与沙特》等书中都可以读到庄子与"自由"的关联,但最早把庄子与"自由"相连的人应该是严复,他的《庄子评语》开创了一个把庄子"自由化"的新时代。

而现代人谈论庄子的"自由",几乎都是以西方的"自由"观念为参照,或者说都是从西方的"自由"观念出发,去"阅读""研究""理解"《庄子》,然后从《庄子》中"看出"庄子的"自由"思想或"自由"观念的。比如叶秀山先生之《漫谈庄子的"自由"观》,一开始就是在阐明西方的"自由"观念,徐克谦博士之"《庄子》书中自由

---

① 李刚:"《庄子》内篇几乎每篇都在探讨自由问题。在一定意义上可以说,'逍遥游'即自由是《庄子》的主题。"见氏著《道治与自由》,社会科学文献出版社2005年版,第146页。

观念和自由思想的表达"首先谈论的也是西方文化传统中的"自由"的意义①。这种对庄子和《庄子》的"自由化"阐释"现象"当然是一种"现代性"现象,是伴随着"中国哲学史"学科的构建而兴起的,也是随着"中国哲学史"学科的发展而发展的。

"自由"一词在汉语中虽古已有之,但在《庄子》中还没有"自由"一词,中国传统思想"也未曾将'自由'作为一个主要范畴提出来讨论",学者们对此一事实心知肚明。在此情况下,他们还是无休止地谈论着庄子的"自由",这表明"自由"问题远远超越了单个语词的限定。庄子虽没有用"自由"一词,但庄子用了"逍遥""游""化""解""放"等词,这些词的语义至少是与"自由"相关的。更重要的是,"自由"问题本身不是一个语词问题,而是一个切己的实践问题。无论是在古代生活中还是在现代生活中,无论是在中国还是在西方,自由都是生死攸关的大问题,任何真正意义上的哲学家都必须以某种形式对此问题做出回答。20世纪以来,在西方哲学和中国自身的生存境况的双重激发下,中国各派哲学对"自由"都有一种特殊的敏感,由此也生发出一些重要的学术和思想问题,比如庄子的"自由"观问题,以及最近颇为热闹的"自由儒学"问题。"自由儒学"以及儒家与自由的关系问题争议颇大,反对儒家者和拥护儒家者中都有人反对谈论儒家之自由。与此相对,研究庄子者则不管持何种哲学立场以及如何理解"自由",都认为庄子是"渴望""追求""向往""自由"的,庄子哲学的根本问题或基本精神就是"自由",这一点是极其耐人寻味的。

二 庄子的自由是"精神自由"

谈论庄子"自由"观的现代中国哲学家或哲学史家几乎都认为

---

① 徐克谦:"在整个西方文化传统中,'自由'的具体含义则更是复杂而多样。'自由'既有政治意义上的,也有经济意义上的;既有肉体上的,也有精神上心理上的;既有行动上的,也有言论上的;既有存在论意义上的,也有认识论意义上的。"见氏著《庄子哲学新探——道·言·自由与美》,中华书局2005年版,第145页。

庄子的"自由"是"精神自由"或"心灵自由"或"内在自由"。

韦政通认为:"道家庄子所渴望的自由,与儒家同属精神的自由,其意义又不大相同。儒家的自由是希望有所成就的,不但在个人人格方面有所成,更重要的,还要尽伦理教化的责任,所以强调精神自由,并不妨碍他去遵守道德和社会的规范。庄子的自由是冲破一切罗网的自由,是超越人世间的自由,他渴望'精神四达并流','游乎四海之外',他真正追求的是心灵的绝对自由感,因此他厌弃人间一切文明的伪饰和是非之争,他向往'鱼相忘乎江湖,人相忘乎道术'的人生境界,因人与人之间只有相应,才能得到心灵的绝对自由。"①

徐复观认为:"庄子思想的出发点及其归宿点,是由老子想求得精神的安定,发展而为要求得到精神的自由解放,以建立精神自由的王国。"②"庄子……乃主张纵身于万变之流,与变相冥合,以求得身心的大自由、大自在;他由此而提出了老子所未曾达到的人生的境界,如由'忘''物化''独化'等概念所表征的境界,以构成他'宏大而辟,深闳而肆'的思想构造。"③

北京大学《中国哲学史》:"庄子消极厌世,对人生采取虚无主义的态度,幻想摆脱一切外物和肉体的束缚,追求一种个人精神上的绝对自由的境界。"④

陈鼓应认为:"从某种意义上说,庄子和尼采都是自由哲学。但是,他们所说的自由,并不是现代政治法律制度下权利义务关系规范下的自由,而是一种精神性的自由。"⑤"庄子哲学,特重人的内在生命之开拓与精神生命之开展。从最重要的内七篇中就可以看出他处处着力于开辟人生的新境界。显然,内在生命的自由——即

---

① 韦政通:《中国的智慧》,中国和平出版社1988年版,第265页。
② 徐复观:《中国艺术精神》,春风文艺出版社1987年版,第53页。
③ 徐复观:《中国人性论史》,上海三联书店2001年版,第323页。
④ 北京大学中国哲学教研室:《中国哲学史》,北京大学出版社2001年版,第83页。
⑤ 陈鼓应:《悲剧哲学家尼采》,生活·读书·新知三联书店1994年版,第269页。

精神的自由——是他所最关注的问题。"①

郭沂断言:"以老庄为代表的早期道家所要解决的根本问题就是自由问题。"②在他看来,道家曾经对自由问题,尤其是对"内在自由"展开过充分的讨论,他所谓的"内在自由"就是:"心的自由,或称之为心灵自由、精神自由,即个体的心灵、精神所处的无拘无束、无挂无碍、自由自在的状态。这种自由是完全由内心决定的,其实现取决于个体心灵对孤独、恐惧、焦虑、苦恼、惶惑等内在因素的摆脱。"③"庄子所关心的,是如何在现实中实现内在自由。"④

蒙培元认为:"庄子哲学的根本目的,是实现心灵的自由境界。""所谓'逍遥',就是摆脱一切主观与客观的限制和束缚,实现真正的精神自由。"⑤

王中江认为,庄子的自由主要是精神上的超越、冥想和神秘体验,是精神领域的解放和超越,"逍遥"和"游"体现了庄子自由精神的基本形态,庄子以"游"和"逍遥"所确立的独特的"精神自由""精神乐园"和"精神故乡"极具诱惑力,庄子为中国知识阶层追求自由精神不仅奠定了"诗意性"的观念基础,而且也以自己的行动为士人树立了一个榜样。⑥

三 庄子"精神自由"之美学诠释

对于庄子之"精神自由"或"内在自由",可以有种种不同的诠释。其中一种是美学的或艺术哲学的诠释。

---

① 张松明、陈鼓应、赵明、张军:《老庄论集》,齐鲁书社1987年版,第118页。
② 郭沂:《自由的本体诠释——兼论老庄哲学的本体构架及其内蕴》,成中英主编《本体与诠释》,生活·读书·新知三联书店2000年版,第183页。
③ 同上书,第181页。
④ 同上书,第192页。
⑤ 蒙培元:《心灵超越与境界》,人民出版社1998年版,第208页。
⑥ 王中江:《庄子自由理性的特质及其影响——以"游"为中心而论》,《中国青年政治学院学报》2001年第6期。

早在1965年,徐复观就在《中国艺术精神》中指出:"庄子只是顺着在大动乱时代人生所受的象桎梏、倒悬一样的痛苦中,要求得到自由解放,而这种自由解放,不可能求之于现世。也不能如宗教家的廉价的构想,求之于天上、未来;而只能求之于自己的心。心的作用、状态,庄子即称之为精神;即是在自己的精神中求得自由解放;而此种得到自由解放的精神,在庄子本人来说,是'闻道'、是'体道'、是'与天为徒'、是'入于寥天一';而用现代的语言表达出来,正是最高的艺术精神的体现,也只能是最高的艺术精神的体现。"①徐复观把"逍遥游"之"游"解释为席勒的"游戏",并进而指出:"庄子之所谓至人、真人、神人,可以说都是能游的人。能游的人,实即艺术精神呈现出来的人,亦即是艺术化了的人。"②

另一位审美化解释的人物是李泽厚。一方面,李泽厚对庄子之追求"精神自由"的原因进行了历史唯物主义的分析,指出庄子对现实苦难的批判及其对个体生命之自由的寻求之间的内在关联,庄子"关心的不是伦理、政治问题,而是个体处在的身(生命)心(精神)问题,这才是庄子思想的实质"。"意识到人作为个体血肉之躯的存在与作为某一群体的社会存在以及作为某种目的的手段存在之间的矛盾冲突,却是古代思想史上一个重要的发现。这里也就是生发出什么才是人的'真实'存在,什么才算是人的'本性'的问题,也生发出人如何才能不被外在环境、条件、制度、观念等等所决定所控制所支配所影响,即人的'自由'问题。庄子从个体角度最早接触了这个巨大问题,这就是他的哲学主题所在。"③但由于超越苦难世界和越过生死大关这个问题不可能在物质世界中现实地实现,"最终就落脚在某种精神——人格理想的追求上了。个体存在的形(身)神(心)问题最终归结为人格独立和精神自由,这构成庄

---

① 徐复观:《中国艺术精神》,春风文艺出版社1987年版,第54页。
② 同上书,第55页。
③ 李泽厚:《漫述庄禅》,《中国社会科学》1985年第1期。

子哲学的核心。"①另一方面,李泽厚又对庄子的"自由"观作了审美主义的解释。他认为,以反对人的异化,追求个体的无限和自由为核心的庄子哲学是同他的美学内在地自然而然地联系在一起的。他对此有三点说明:首先,庄子哲学力求消除人的异化,达到个体的自由和无限,而异化的消除,也正是解决"美之谜"的关键所在;第二,庄子哲学力求消除人的异化,达到个体的自由和无限,而它的办法是对于生活采取一种超越于利害得失之上的情感态度,这样一种态度恰好带有审美的特点,庄子哲学所提倡的人生态度,就其本质来看,正是一种审美的态度;第三,庄子哲学追求一种"万物与我为一"的自由境界,并且认为这种境界就是最高的美。② 李泽厚把"乘物以游心"解释为"审美的超功利性",把"徇耳目内通而外于心知"解释成审美的心理特征,把"身与物化"解释成"审美的境界"正是上述审美主义解释的体现,也是20世纪80年代自由美学的特质之体现。

四 庄子"精神自由"之现象学诠释

另一种是现象学的解释,这种解释是根据现象学的原则("朝向事情本身")和方法("现象学还原""现象学分析")对中国古典思想的分析和解读。而根据现象学家们的师承和学术倾向,中国现象学家大体可分为胡塞尔流和海德格尔流,而在对庄子的解读和分析上,应该说是海德格尔流占据了绝对的上风。海德格尔流的庄子"自由"观诠释的代表人物是叶秀山和张祥龙,不过叶秀山先生强调的是"自然"即"自由",张祥龙强调的是"纯境遇构成"即"自由"。

---

① 同上。
② 李泽厚、刘纲纪:《中国美学史》第一卷,中国社会科学出版社1984年版,第240—241页。

叶秀山先生指出,老、庄的思想中很强烈地表现出"自由"的思想。① 在叶先生看来,西方的"自由",常与"自然"相对立,而老、庄的"自由",并不与"自然"对立,在老、庄思想中,"自然"就是"自由","自由"也就是"自然"。"自然"就是"自如",即"自己如此"亦即"自由"。老子书中的"自然",就是"自由"的意思,此种"自由"观,既不是"主人"式的,也不是"奴隶"式的,乃是一种"平等"——"人"与"世界"(万物,包括众人、万民)"平等"的"自由"观。庄子以老子的"无为"为根据,进一步将"无为"发展为"无用",因"无可用",则可以得以逍遥,逍遥于法度之外,保全"自身",享受"自然""自由"。

张祥龙的现象学分析是一种对"终极识度"的揭示,所谓的"终极"是只能在直接的体验中被当场纯构成地揭示出来的发生的本源,"终极识度"的思想方式是一种源于(或缘于)人生的原初体验视野的、纯境遇构成的思维方式。在这种思维方式的浸润下,张祥龙批判西方的自由平等"缺少境遇的滋养、势态的成就",在他看来,西方的自由只是限于个人的主体自由和权利,即在某些现成化了和体制化了的可能性之前的选择自由,并非人的天然生存境遇的自由和"游乎天下之一气"的自在之"游";西方的平等也只意味着在法律面前的平等,而不是庄子的超体制是非的生存本身的平等或"天均"。因而,西方人所谓的"人人生而平等",就只是一个要通过体制化去实现,并因此而被大打折扣的理想。而对于庄子来说,平等却是指在主客对峙之先的人的天然构成状态,人生的全部意义和价值只能由之而来。②

---

① 叶秀山:《漫谈庄子的"自由"观》,《道家文化研究》辑刊第八辑。
② 参见张祥龙《海德格尔思想与中国天道:终极视域的开启与交融》第14章,中国人民大学出版社2010年版。

五　庄子"精神自由"之修道论诠释

第三种是修道论的解释。这种解释强调老、庄的修道思想和修道工夫,着重从修道的角度强调自由必须经由修道实践而达到。所谓"修道"乃是通过能动的精神修养,从有碍有限、执着分别的自我意识中超越出来,回归道体的永恒与无限境界,修道的全部工夫,就是通过"虚静""无为""坐忘"等修养,消除一切对峙,达到生命的终极自由,这就是修道论意义上的自由。

作为研究道教内丹学的著名学者,戈国龙对修道论的自由有着精湛的论述:"所谓的'修道'的意思并不是在两极中选择一极的努力……修道的意思是不断地觉悟到这种两极的存在,不选择其中任何的一极,不排斥其中任何的一极,而只是保持一种整体的观照。这种整体的观照,就是无为。……超越并不意味着制造出第三极,超越只是意味着你从两极中获得了自由。"①在修道论的视域中,道既是修道的工夫,又是得道的境界,同时也是在修道的工夫与得道德境界中呈现出来的对宇宙本体的领悟,而老子、庄子皆为修道者,《老子》已有成熟的修道思想,《庄子》一书的修道思想非常丰富,其中最有名的"心斋""坐忘""朝彻""见独"等修道工夫,也都是以泯除意识分别,回归道体无限境界为根本宗旨。《庄子》对得道真人有很多的描写,这些神人、至人不仅有着高深的精神修养,超越了人世的利害得失、生死成败,游心于无穷无待之境而逍遥自在;他们还有广大的神通异能,开启后世神仙道教的先河。"《庄子·齐物论》云:"至人神矣!大泽焚而不能热,河汉冱而不能寒,疾雷破山、飘风振海而不能惊。若然者,乘云气,骑日月,而游乎四海之外,死生无变于己,而况利害之端乎!"戈国龙对此的解释是:"若从修道的意义上解释,可以理解为在得道的境界里,由于超

---

① 戈国龙:《道教内丹学溯源》,宗教文化出版社2004年版,第30页。

越了自我的执着,故能与万物为一体,任何自然界的风云变幻,都不足以打扰真人的境界,心不动就不为万物所伤,破除了有待之境,就能自由于天地宇宙,古往今来。"①

而在周与沉看来,庄子思想根本上是个体性的,自然而然、无为而无不为的逍遥境界是其关注的焦点和论说的重心。"庄子祈向则在从物躯硬性结构的障蔽中透脱出来,跃入天地宇宙的大化,实现精神超遥、自由。"②在此自由之境中,"有的只是身心之浑然一气,而与大生命契合无间"。而"要证此自由、无待的境界,工夫当为'坐忘'与'心斋',皆是虚化掉经验域的身心结构,透入涌流不息的气中,此身成为气身,心气亦融合为一,身心整体成为宇宙间气息流动、氤氲的透明通道"③。

五 对庄子"精神自由"之正面评价

把庄子之"自由"解释为"精神自由"或"内在自由"是20世纪之主流,然对此"精神自由"或"内在自由"应如何看待?

徐复观高度评价庄子之精神自由:"个人精神的自由解放,同时即涵摄宇宙万物的自由解放。此一要求,乃贯穿于《庄子》全书之中。虽然只是精神的,但若对现实的奴性世界而言,当然能发生批判、提斯的作用。"④

蒙培元:"如果把庄子的自由境界仅仅理解为消极的逃避,那是一种误解。……他所渴望的'逍遥',是对心灵自由的呼唤,而他所提倡的'齐物',则是对平等权利的追求。"⑤"庄子是孤独的,但并不消极。他的心灵境界说虽然不具有现实的实用价值,却能唤醒人类的自觉意识,提高人类的精神境界。这也就是他所说的'无

---

① 同上书,第36页。
② 周与沉:《身体:思想与修行》,中国社会科学出版社2005年版,第323页。
③ 周与沉:《身体:思想与修行》,中国社会科学出版社2005年版,第327页。
④ 徐复观:《中国人性论史》,上海三联书店2001年版,第356页。
⑤ 蒙培元:《心灵超越与境界》,人民出版社1998年版,第225页。

用之大用'。至于自由境界对于文学艺术和美学的创造性功能,就更加明显。它为中国的文学艺术创作奠定了重要的理论基础。"①

郭沂高度赞扬庄子的"内在自由"说:"对于人类来说,将外在自由和内在自由结合起来,才是自由的完整概念,缺一不可。外在自由固然重要,但如果没有内在自由的支持,它就会使人失落、孤独,甚至使人害怕它、逃避它,从而失去它固有的价值。由于内在自由的实现取决于内心,所以它具有相对独立性。当然,如果有外在自由作为保障,它就会更加强壮。二者相得益彰。不过,生命的意义毕竟是由人心所体会的,人的主体性归根结底要落实于人心。所以,在这个意义上,内在自由才是一种更根本的自由。"②据此他认为道家自由观"正可弥补现代自由观的严重缺陷","它将在很大程度上影响未来人类的精神生活"③。

六 对庄子"自由"观之批评

更多的学者在赞同庄子的"精神自由"的同时,也从现代的"自由"观出发,对庄子提出了严厉的批判。

徐克谦认为:"庄子所提出的摆脱人生困境,进入'自由'境界的种种方案,从追求人在存在论意义上的根本解放这个层面上来看,是非常精彩,意义深刻的。但如果从现实社会的人身自由的层面上来看,却并不是很成功的。如果我们按照合乎逻辑的思路,顺着庄子所提供的实现'自由'理想的种种方案的自身逻辑来推论,其结果最终恐怕不能得到什么实质性的个人的人身自由,还会得出与个人自由背道而驰的结果。"④在徐克谦看来,庄子主张"无己",这是对主体的消解,故庄子的"自由"是一种没有主体的"自

---

① 同上书,第226页。
② 郭沂:《自由的本体诠释——兼论老庄哲学的本体构架及其内蕴》,成中英主编《本体与诠释》,生活·读书·新知三联书店2000年版,第182页。
③ 同上书,第201页。
④ 徐克谦:《庄子哲学新探——道·言·自由与美》,中华书局2005年版,第158页。

由";自由是人对自然状态的挣脱,而庄子融"自由"于"自然",实际上是对"自由"的消解;选择沉默是一种自由,而只能沉默则绝对不是自由,庄子主张取消"是非"之说,也就是取消人的自由;人之作为人,其本质必然包含"为","为"才是人的存在方式,"无为"则不是人的存在方式,所以"无为"与"自由"在现实中是相对立的;"无待"的绝对自由在精神和心灵的世界有其积极意义,但在现实社会层面上不仅是无法操作的、没有意义的,而且恰恰可能导致对自由本身的否定,一切现实的自由都正是在"有所待"中才得以实现的。庄子的"自由"观体现了一种庄子式的"个人主义",这种"个人主义"不同于西方式的个人主义之处在于:重在追求个人的精神自由,而不太讲个人在社会现实中的实际利益和权利;主张避世隐遁,对社会政治事务和社会活动不是积极参与,而是消极逃避;带有自命不凡、脱离普通民众的高蹈主义倾向。

崔宜明也认为,庄子的自由学说的理论基石并不牢靠。"庄子哲学的根本缺陷在于把人类社会历史实践排除在哲思之外,完全否认人的社会性存在和历史性存在的一面。因此,至此为止,庄子对自由如何可能问题的答案仅仅是思维的片面抽象,没有现实性的意义。"崔宜明又认为:"庄子是个彻底的理性批判主义者,他就不能正视并回答,在现实性上,人的自由如何可能。于是,就有了既充满了深刻而复杂的矛盾,又极富理论启示意味的庄子的价值论学说。"①

七 庄子"自由"观与政治自由主义

然而,庄子之"自由"是否只是纯粹的"精神自由"?庄子的"自由"观是否只具有审美和神秘体验的意义?庄子的"自由"观是否在政治上只具有消极的意义?

---

① 崔宜明:《生存与智慧——庄子哲学的现代阐释》,上海人民出版社1996年版,第204页。

徐复观在研究庄子的"自由"观时,尽管重点论述了"庄子对精神自由的祈向",但也谈到了"思想的自由问题""死生的自由问题"和"政治的自由问题"。徐复观指出:"庄子对政治的态度,不是根本否定它,乃是继承老子无为之旨,在积极方面,要成就每一个人的个性;在消极方面,否定一切干涉性的措施。不过庄子所要成就的个性,不是向外无限制伸展的个性;因为若是如此,便会人我发生冲突,反而使人皆失其性。庄子所要成就的,乃是向内展开的,向道与德上升的个性;这在他,便称之为'安其性命之情'。能安其性命之情,亦即使人能从政治压迫中解放出来以得到自由。"①

郭齐勇认为:"'各适己性'的自由观的前提是'与物同化'的平等观。逍遥无待之境的基础正是'天籁''齐物'之论。庄子自由观的背景是宽容,承认自己的生存、利益、价值、个性自由、人格尊严,必须以承认别人的生存、利益、价值、个性自由、人格尊严为先导。这种平等的价值观肯定、容忍各种相对的价值系统,体认其意义,决不抹杀他人的利益、追求,或其他的学派、思潮的存在空间。这样,每一个生命就可以从紧张、偏执中超脱出来,去寻求自我超拔的途径。章太炎《齐物论释》正是从庄子'以不齐为齐'的思想中,阐发'自由''平等'的观念。'以不齐为齐',即任万物万事各得其所,存其不齐,承认并尊重每一个个体自身具有的价值标准。"②

石元康曾经指出:"根据道家思想所建立起来的社会及政治秩序却似乎或多或少得与根据自由主义建立起来的秩序有某些相似的地方。道家思想中的一些基本观念,像自然、无为及自化等,也似乎与自由主义的一些观念有相同的地方,虽然他们的哲学理论有很大的差异。"③这并不专指庄子,但似乎也可以用来说明庄子与自由主义政治哲学的相通性。李刚则认为,"尽管《庄子》如此浪漫和超越,总是表现出不屑于治天下的态度,但也同样大讲'明王之

---

① 徐复观:《中国人性论史》,上海三联书店2001年版,第364页。
② 郭齐勇编:《中国哲学史》,高等教育出版社2006年版,第85页。
③ 石元康:《当代西方自由主义》,上海三联书店2000年版,第116—117页。

治''至德之世';他们也能'思以其道治天下'而'务为治',与他家'殊途同归'。在这一意义上,道家也是'以天下为己任'的政治主体,有意无意地承担了重建天下秩序的责任,而不完全是'遗世独立'的社群。"①

八 庄子与"自由"思想之古今对话

从严复开始的庄子"自由化""运动"和"现象"还在进行之中,这既是庄子思想丰富内蕴的现代展开,也是现代人之"自由"意识在古典著作中的投射,更是古今"自由"思想之间的一种深层对话。从学术研究的角度说,我们既需要进一步阅读和研究《庄子》文本,厘清庄子及其后学的思想脉络,解析庄子"自由"思想的实质,也需要澄清现代"自由"观和庄子"自由"观的关系,梳理现代思想家解读庄子"自由"观的思维逻辑和理论依据。从现实关怀的角度说,我们既需要确立庄子式的"精神自由",也需要在现实治理中落实全体人民的自由权力和权利。作为社会主义核心价值观之一,"自由"的价值必须落实和贯彻在我们的生活中,而"协调发展"也必须是"自由发展"。

(作者系云南师范大学哲学与政法学院教授)

---

① 李刚:《道治与自由》,社会科学文献出版社2005年版,第146页。

即"逍遥"而"坐忘"

——论庄子《逍遥游》的自我觉证之道

马 超

《逍遥游》是《庄子》内七篇的开篇之作,自古以来与《齐物论》一道,为各教圣贤所共同推崇。其通篇宗旨,贯穿"逍遥"二字,逍遥者,自然而然,自在无待也。纵观中国传统文化,无论儒、墨,乃至佛、老,逍遥作为一种本真自我之觉悟、觉证、实现并最终返还的内在超越精神,始终根植于传统文人志士的内心深处。从孔子"从心所欲而不逾矩","在陋巷不改其乐",到庄子观鱼、梦蝶之乐,从屈原沧浪行吟,到陶潜南山采菊,从李白"烹牛宰羊且为乐",到苏轼"一蓑烟雨任平生",都呈现了古人对本真自我之觉证的寄托和向往。甚至历史上那些高居庙堂之公卿,叱咤江湖之侠士,也都会有"归隐江湖,放牛牧马"的情怀。所有这些情怀的背后,便是逍遥。与逍遥相伴的,便是齐物。如果说逍遥是一种气象,那么齐物便是这种气象的玄思涵养;如果说逍遥是一种自然,那么齐物便是这种自然的本真呈现;如果说逍遥恰是自我之觉证,那么齐物更是那个觉证的源头与归宿。因齐物而"丧我",因"丧我"而坐忘,齐物的终点,谓之"坐忘",在"坐忘"中,我又重新彰显开来。于是,在庄子那里,即"逍遥"而"坐忘",即"坐忘"而"逍遥"。

一

读《庄子》其书，不妨先读庄周其人。关于庄周，《史记》有如下记载：

> 庄子者，蒙人也，名周。周尝为蒙漆园吏，与梁惠王、齐宣王同时。其学无所不窥，然其要本归于老子之言。故其著书十余万言，大抵率寓言也。
> 然善属书离辞，指事类情，用剽剥儒墨，虽当世宿学，不能自解免也。其言洸洋自恣，以适己，故自王公大人不能器之。
> 楚威王闻庄周贤，使使厚币迎之，许以为相。庄周笑谓楚使者曰："千金，重利；卿相，尊位也。子独不见郊祭之牺牛乎？养食之数岁，衣以文绣，以入大庙。当是之时，虽欲为孤豚，岂可得乎？子亟去，无污我。我宁游戏污渎之中自快，无为有国者所羁。终身不仕，以快吾志焉。"（《史记·老庄韩申列传》）

从上述其人其事，我们可以窥见庄子逍遥精神之一二。他在其生活的年代，便已经以绝妙的才华和超凡智慧而名扬天下了。楚威王慕其美名而想拜其为宰相，却遭到庄子的断然拒绝。在庄子看来，哪怕重如千金的财富、贵如卿相的尊位，都只不过如同用于祭祀的黄牛身上的绸缎一样，它不但无法为黄牛的生命增添半点意义，反而预示着其被献祭的命运。与高官厚禄相比，庄周更愿意保持一个自由自在、怡然自得、快意江湖的本真自我，哪怕在污泥中嬉戏，也远胜于庙堂的羁绊。

除了庄子，《史记》中同样还保存有大量类似典故，以记录那个时代人们内心深处对于逍遥的向往。如"巢父浮瓢，许由洗耳"，"接舆髡首，桑扈裸行"，巢父、许由、接舆、桑扈，都是一时之贤达之士,然而,他们都看透了世间无谓的妄为,厌倦了庙堂琐碎的纷争,只想找回真实的自己,于是乎寄情于山林,行走于江湖。即使勤奋如"明知不可为而为之"的孔子,面对"礼崩乐坏"的时局,也曾发出"道不行,乘桴浮于海"的感慨。可以说,在整个中国传统文化之中,逍遥不分派别,自在没有界限。儒、道之区别,也许仅仅在于在寻求本真自我之觉证的道路上,儒家的工夫讲求"有所为",做点什么,道家更重"有所不为",不做什么。庄子的逍遥精神,在《史记》的各类典故中以一种历史的方式加以印证并呈现出来,经和史的分野,在古人自我觉证的工夫中实现了融合。

冯友兰曾经以"为我"二字来诠释庄子的逍遥精神。此说虽不确切,但也算一家之言。冯友兰认为:庄子拒绝世俗,安住自我这一精神气象,一以贯之于整个道家传统之中,构成道家精神的一种特殊气质。庄子的逍遥,与其人生际遇密切相关。"庄周的保全自己的办法和理论是:抱一种他认为是旁观、超然的态度,对事物的变化莫然无动于衷……以得到精神上的,也就是主观上的自由、幸福。这种办法和理论,就是庄周所讲的'逍遥游',他在《齐物论》中所讲的齐是非、齐生死等,就是为这种办法的理论,提供哲学上的根据。"① 冯友兰还将庄子其人其书理解为一种人生哲学,将逍遥解释为一种应对世事无常的精神境界:"在历史中的任何时代,总有不得志的人,在一个人的一生之中,总有不如意的事,这些都是问题。庄周哲学并不能使不得志的人成为得志,也不能使不如意的人成为如意,它不能解决问题,但它能使人有一种精神境界。对于有这种精神境界的人,这些问题就不成问题了。它不能解决问题,但能取消问题,人生之中总有些问题是不能解决而只能取消的。这种境界,用庄周自己的话说,可以概括为十六个字:游于逍遥;论以齐物。超乎象

---

① 冯友兰:《中国哲学史新编》,人民出版社2001年版,第412页。

外，得其环中。"① 此说最有趣味的地方在于"取消"二字。按照冯友兰的理解，庄子由于面对世事变迁，内心深感无奈，于是对所谓的"问题"采用视而不见的方式加以"取消"，从而得到一种虚幻的解脱和宁静。然而，庄子真是因无奈而"取消问题"么，显然不是。事实上，人生世事的太多所谓"问题"，对于本真自我之觉证，本就不是问题，之所以是问题，只不过是随世事浮沉而已，既然如此，何来"取消"一说，更确切地表达，恐怕应该是说"让它在那里。"

  冯友兰的上述观点，是近世学者从庄子所处历史时代和人生际遇出发，对庄子逍遥精神所做的一种历史意义和社会意义的诠释。在这里，冯友兰将庄子的逍遥精神理解为一种精神境界，它引导人们通过对世界以及自我的反思和观照，逐步洞见世界与自我之间的合与分、同与异、生与灭、来与去，从而以超然豁达的态度，超脱于世事沉浮之外。这样便可以将一些看似要紧实则无益于自我觉证的问题"搁置"起来，问题虽然看似还在那里，但它对于我已经没有任何意义了。这便是冯友兰所理解的庄子逍遥精神的内在逻辑。然而，正如我们接下来将要指出的那样，今天的我们并不能确切知晓庄子其人的确切经历，更无从知晓他是否得志是否如意，这些问题恰似冯友兰所谓的"问题"那样，事实上并不重要，它只是我们探求庄子之逍遥精神的一扇窗户，过去便过去了。今人将逍遥解读为一种人生哲学，它在最为外在的意义上，或许确实展现了庄子逍遥精神的一个层面，但这还远远没有触及《庄子》的核心要义，逍遥作为一种精神境界，我们姑且称其为逍遥的第一层含义。

二

  与人生哲学、精神境界相比，逍遥更是自然，自然而然。逍

---

① 冯友兰：《中国哲学史新编》，人民出版社 2001 年版，第 426 页。

遥作为一种自然的本真呈现，它本来便该如此，它本来便是如此，自然即逍遥，逍遥即自然。我们回到《逍遥游》文本本身，来看庄子笔下的逍遥气象。

郭象《南华真经注疏》有云："大小虽殊，而放于自得之场，则物任其性，事称其能，各当其分，逍遥一也，岂容胜负期间哉。"① 郭象此说甚妙，世间之逍遥，只有一个，那便是自然而然。天地万物各依其本性而生发，各依其自然而利用，各依其位份而运转。这样的状态，便是逍遥。《逍遥游》通篇，围绕"逍遥""无待""无己"三个词展开。逍遥者，自然而然、悠然自得也。由花鸟鱼虫之逍遥，到鲲鹏展翅之逍遥，由列子御风之逍遥，到圣人无待之逍遥，再到至人无己之逍遥，庄子通过一个个寓言故事，向我们逐步揭示了逍遥的次第及其气象。这个内在次第，事实上恰好便是普天之下每一个人的自我觉证与自我实现之次第。这种次第，是一条由我向内寻求的道路。外物、天下、岁月、际遇，或许会成为触发觉证的机缘，但这些都不是问题，根本问题在于每一个人的内心之中。

《逍遥游》以大鹏与小鸟的寓言作为开始。

> 北冥有鱼，其名为鲲。鲲之大，不知其几千里也；化而为鸟，其名为鹏。鹏之背，不知其几千里也；怒而飞，其翼若垂天之云。是鸟也，海运则将徙于南冥。南冥者，天池也。（《庄子·逍遥游》）

大鹏展翅高飞，背负九天之云，水击三千里，扶摇九万里，要历时六个月方才休息。从人们的眼光看，天空苍苍茫茫，浩渺无际。我们不禁怀疑，天色是否本来就是如此呢，大鹏是否真能飞翔到天际呢？然而，大鹏从天空俯瞰大地，何尝不是如此。它

---

① 郭象：《庄子注疏》，中华书局2016年版，第2页。

也许也会怀疑，世界何以如此纷扰，万物何以如此渺小。人们的疑惑，源自自身，源自自心。因为我们的足迹，没有离开过大地，我们的世界，只是耳目所及，心的界限，成为天地的边际。与鲲鹏相比，人们就犹如小虫小鸟一般。在小虫小鸟的世界里，翻飞于屋檐上下，啄食于林间土地，这已经足够逍遥自在了，于是它们嘲讽大鹏的飞翔，认为那是自寻烦恼、徒劳无益。庄子因此感慨，小虫小鸟就其自身而言固然也算是逍遥了，然而，这样的逍遥，只是在庭前院后、林间地头的世界罢了。如果把眼光放到整个世界，与大鹏相比，它们的逍遥相差就有些太大了。如果从它们自己的世界出发，来嘲讽大鹏南飞九万里，那么真正可笑的恐怕只是小虫小鸟们自己。

> 小知不及大知，小年不及大年。奚以知其然也？朝菌不知晦朔，蟪蛄不知春秋，此小年也。楚之南有冥灵者，以五百岁为春，五百岁为秋；上古有大椿者，以八千岁为春，八千岁为秋，此大年也。而彭祖乃今以久特闻，众人匹之。不亦悲乎！（《庄子·逍遥游》）

这就好比人们的智慧有高下之分，寿数有长短之别，不可同日而语。生命周期只有一天的蘑菇，它无法分别早晚，生命周期只有一个季节的寒蝉，它不知道春秋。如果一定要与生命成百上千年的大树相比，就像人们一定要和彭祖比一比长寿一样，那就太可悲了。所以，天地万物各得其所，各安其分，不刻意而为，不妄加攀比，这便是最好的自然，最好的自然便是逍遥，逍遥一也。

在讲述了大鹏的逍遥之后，庄子接下来进一步指出：自然的逍遥固然美好，但它毕竟要有"所待"，即有所依托；有所依托，逍遥就不那么真实了。因为有所依托的逍遥，一旦失去了那个依托，逍遥便不复存在。"有所待"的逍遥，还没有达到真正的自然。譬如小虫小鸟；它们能够上下翻飞，有赖于屋檐和枝头；它们能够"腹犹果然"，有赖于地上的粮食和枝头的露水。一旦失去这些外在的条件，它们的日子恐怕就不好过了。大鹏又何尝不是如此，它虽然可以翱翔九万里，那是依托了浩渺的天空以及空中的大风，一旦大风停歇了，大鹏也就无法自由翱翔了。天地之理如此，世事之理更是如此。

> 故夫知效一官，行比一乡，德合一君，而征一国者，其自视也，亦若此矣。而宋荣子犹然笑之。且举世而誉之而不加劝，举世而非之而不加沮，定乎内外之分，辩乎荣辱之境，斯已矣。彼其于世，未数数然也。虽然，犹有未树也。夫列子御风而行，泠然善也，旬有五日而后反。彼于致福者，未数数然也。此虽免乎行，犹有所待者也。若夫乘天地之正，而御六气之辩，以游无穷者，彼且恶乎待哉？故曰：至人无己，神人无功，圣人无名。（《庄子·逍遥游》）

那些才智能够胜任一方、品行能够顺乎乡里、德性能够得到国君信任的人们，看似踌躇满志、怡然自得，然而在真正的有道之人看来，他们的才智、品行和德性，就如同小虫小鸟一样，微不足道。因为他们仰赖的，是社会的环境、周遭的口碑、国君的信任，一旦外在环境发生变化，社会不再认可他们，国君不再信任他们，那么其所谓的才智和德性很可能就失去意义了。这便是"有所待"的局限。神奇如列子一般的人物，御风而行，泠然善也，已经摆脱了行走的束缚，看起来如此美妙，但他毕竟还是仰仗了风的力量。于是庄子指出：真正的自然，真正的逍遥，应该是"乘天地之正，而御六气之辩，以游无穷者"，游于天地万物之间，与天地万物浑然一体，那便是真正的"无所待"了。无所对待，自然也就无所自我，或者说只剩下了那个真实的"我"。所以庄子才说："至人无己，神人无功，圣人无名。"自我、事功、名分,这些曾经用于确证自我的"所待",都伴随着真我的觉证而自然而然地离开了,"我"因"无"而逐渐彰显开来。

那么什么样的状态才是真正的"无待"呢?庄子借用接舆的典故来做了一番描述。

> 之人也,之德也,将旁礴万物以为一,世蕲乎乱,孰弊弊焉以天下为事!之人也,物莫之伤:大浸稽天而不溺,大旱金石流,土山焦而不热。是其尘垢秕糠将犹陶铸尧舜者也。(《庄子·逍遥游》)

"无待"之人,与天地万物为一体,世事的纷乱,他漠不关心,天地万物的变化,都对他毫无影响。正如郭象注释的那样:"夫圣人之心,极两仪之至,会穷万物之妙数,故能体化合变,无往不可。旁礴万物,无物不然。"①显然,人之"有待"与"无待",关键在于发心。圣人之心,将天地之心与自我之心连通起来,使天地奥妙之光亮,照进到自己的心中来。一旦我心与天地之心打通,那便是真正的"无待"之逍遥了。陆九渊也说:"宇宙便是吾心,吾心即是宇宙"。在这一点上,儒道两家完美契合。

总之,作为自然的逍遥讲求天地与自我的圆融,由我的内心由内而外开显出来,自然本就有心,我心本就自然。它比由才智开显出来的作为人生哲学的逍遥更接近于本真的自我,然而,我心或许又是一个"所待"。神仙犹有所待,何况常人!于是庄子指出觉证自我的真实工夫,那便是"无待"。无待者,如接舆一般"乘天地之正,而御六气之辨,以游无穷"。外不碍于万物、内不执于自我,时时处处无所企图、无所依附、无所仰仗,不妄为造作,不刻意尚行,让一切自然而然地来,让一切自然而然地去,事事它会来,事事它会去,一切源于自然,一切归于自然,

---

① 郭象:《庄子注疏》,中华书局2016年版,第17页。

使我归于天地之大化，最后连"心"也无迹可寻，唯其如此，逍遥作为一种自我之觉证便彻底呈现出来。

三

逍遥不但是精神、是自然，它更是觉证，一种面向自我内心的关于本真自我的觉证。如果说作为自然的逍遥之道于外"无待"，那么于内则是"无己"。己者，自我也。"无待"之逍遥，看似浑然一体，然而却依然作了物我之分别。物我两厢对立，两厢成全。因我观照物，物于是"有待"或"无待"，因物对着我，我便有了"有己"或"无己"。然而在庄子看来，通过相互对待而成全的物和我，都还不是真正的物和我，或者说，哪怕是"无待""无己"的逍遥，毕竟有个你我之心在那里。郭象也曾生发感慨："世谓魍魉待影，影待形，形待造物者，然造物者何邪？有邪？无邪？"如此追问下去就会发现，有也好，无也罢，物也好，我也罢，毕竟作了分别，毕竟没个了断。一旦分别，逍遥也就有所挂碍了。庄子所追求的本真之我，是寂静无声的，是恒久不变的，是毫无保留的，是浑然天成的。他不需要任何分别来加以成全，他只是"独立不改、周行不殆"。于是庄子认为对自我的觉证只能在"齐物"中"丧我"，直至"坐忘"。

《齐物论》有云：

> 南郭子綦隐机而坐，仰天而嘘，嗒焉似丧其耦。颜成子游立侍乎前，曰："何居乎？形固可使如槁木，而心固可使如死灰乎？今之隐机者，非昔之隐机者也？"子綦曰："偃，不亦善乎而问之也！今者吾丧我，汝知之乎？女闻人籁而未闻地籁，女闻地籁而不闻天籁夫！"（《庄子·齐物论》）

颜成子游看到南郭子綦倚坐在小桌旁，仰天呼吸，一副若有所失的样子。于是关切地问他为何"形如槁木，心如死灰"。南郭子綦回答说：吾丧我。对于这段对白，郭象解释道："同天人，均彼我，故外无与为欢，而嗒焉解体，若失其匹配。"① "死灰槁木，取其寂寞无情耳。夫任自然而忘是非者，其体中独任天真而已，又何所有哉。"② "吾丧我，我自忘矣。我自忘矣，天下有何物足识哉。故都忘外内，然后超然自得。"③ 就是说，在南郭子綦那里，他把天地、物我都融为了一体，不再作出分别，这样一来，外物就没有什么可以使他动心，而他也就好像什么都忘记了一样，没有了各种对待。这样的状态，就如死灰槁木一样，默然寂静，了却了是非，了却了分别，只剩下那个一无所有的本真的自己。那个"我"，忘记了内外、同异、来去、常变，甚至生灭，看似空空如也，却得到了最为真实最为圆满的自己，因彻底失去而完全得到，失去越多，得到越多，是为"超然自得"。后学对"吾丧我"之精义多有阐发，大致而言也都殊途同归。"吾"即真实之自我，"我"则是躯体之我、有形之我、有心之我、成见之我。"吾丧我"，表达了庄子在追求逍遥的过程中对分别之心的扬弃，大小、多寡、物我、内外，一切分别和对待都随"我"而忘，随"我"而去，这便是真我之觉证。

南郭子綦做到了"吾丧我"，但这对于普通人又谈何容易，于是乎庄子试图通过一系列"齐物"的道理，向人们呈现"吾丧我"何以可能。

> 物无非彼，物无非是。自彼则不见，自知则知之。故曰：彼出于是，是亦因彼。彼是方生之说也。虽然，方生方死，方死方生；方可方不可，方不可方可；因是因非，因非因是。是以圣人不由而照之于天，亦因是也。是亦彼也，彼亦是也。

---

① 郭象：《庄子注疏》，中华书局2016年版，第23页。
② 同上。
③ 同上书，第24页。

彼亦一是非，此亦一是非，果且有彼是乎哉？果且无彼是乎哉？彼是莫得其偶，谓之道枢。枢始得其环中，以应无穷。是亦一无穷，非亦一无穷也。故曰：莫若以明。（《庄子·齐物论》）

天地万物，并不存在不与其对立的那一面，也不存在不与其对立的这一面，处在那一面就看不到这一面，处在这一面自然就知道这一面。所以说，彼此总是相互成全的，相对出现的。同理，生死、可否、是非都是同时出现，相辅相成的。如果我们执着分别中的一面，本以为得到了这一面，而事实上另一面随即出现，分别和执着也就失去了意义。比如庄子笔下的圣人不作出彼此之分别，不执着彼此之一端，不计较彼此之是非，反而得到了大道之奥妙。

可乎可，不可乎不可。道行之而成，物谓之而然。恶乎然？然于然。恶乎不然？不然于不然。恶乎可？可于可。恶乎不可？不可于不可。物固有所然，物固有所可；无物不然，无物不可。故为是举莛与楹、厉与西施、恢恑憰怪，道通为一。其分也，成也；其成也，毁也。凡物无成与毁，复通为一。唯达者知通为一，为是不用而寓诸庸。庸也者，用也；用也者，通也；通也者，得也；适得而几矣。因是已，已而不知其然，谓之道。劳神明为一而不知其同也，谓之朝三。何谓朝三？狙公赋芧曰："朝三而暮四。"众狙皆怒。曰："然则朝四而暮三。"众狙皆悦。名实未亏而喜怒为用，亦因是也。是以圣人和之以是非而休乎天钧，是之谓两。（《庄子·齐物论》）

有人走路的地方自然就是道路，有人命名的东西自然就是万物。是，自然就是；不是，自然就不是。我们不需要去作出那么多人为的分别,更不需要去执着那么多人为的分别。这样的分别毫无意义。大道只有一个,逍遥只有一个,我自己同样只有一个,顺其自然行走下去就是最好的道路,顺其自然地去做事就是最好的功用。由逍遥而自我觉证,"道通为一"便是其工夫之精义。我们日常分别的烦恼,就好比猴子吃芋头一样可笑。老人早上给四个晚上给三个芋头,猴子们非常开心,老人早上给三个晚上给四个芋头,猴子们便愤怒了。事实上,芋头数量并没有什么变化,早晚不同而已,猴子之所以产生喜怒,就在于他们并不懂得"道通为一"的道理。道通为一、不作分别,可谓圣人的道路。

分别之心既然对于我的逍遥毫无意义,可人们为什么会产生各种各样的分别之心呢?庄子指出:问题的核心就在于人们对于"知"的执着。知者,知识也。对"知"的执着,又表现为语言的巧辩。

> 今且有言于此,不知其与是类乎?其与是不类乎?类与不类,相与为类,则与彼无以异矣。虽然,请尝言之。有始也者,有未始有始也者,有未始有夫未始有始也者。有有也者,有无也者,有未始有无也者,有未始有夫未始有无也者。俄而有无矣,而未知有无之果孰有孰无也。今我则已有谓矣,而未知吾所谓之其果有谓乎,其果无谓乎?天下莫大于秋豪之末,而大山为小;莫寿于殇子,而彭祖为夭。天地与我并生,而万物与我为一。既已为一矣,且得有言乎?既已谓之一矣,且得无言乎?一与言为二,二与一为三。自此以往,巧历不能得,而况其凡乎!故自无适有以至于三,而况自有适有乎!无适焉,因是已。(《庄子·齐物论》)

假设有人说了一句话,你是与他相同或者不相同呢?事实上,无论相同或者不相同,你与他说的都是一样的,没有差别。为什么这么说呢？我们说：世界有个"开始"，有个"未曾产生开始的开始"，有个"未曾产生未曾产生开始的开始的开始"，如此无限往复。我们又说世界存在有，存在无，存在未曾有无，存在未曾产生未曾产生有无。这样一直巧辩下去，我们自己都搞不清楚自己所说的有无到底还是不是有无了。可见，巧言对我们觉证自我可以说毫无意义，反而是一种挂碍，对巧言的执着，催生了分别之心。想要复归自我，复归本心，必然应当忘记"巧智"和"巧言"，让"天地与我并生，万物与我为一"。

庄子在《大宗师》中借孔子与颜回的对白描述了坐忘：

> 颜回曰："回益矣。"仲尼曰："何谓也？"曰："回忘仁义矣。"曰："可矣，犹未也。"他日复见，曰："回益矣。"曰："何谓也？"曰："回忘礼乐矣！"曰："可矣，犹未也。"他日复见，曰："回益矣！"曰："何谓也？"曰："回坐忘矣。"仲尼蹴然曰："何谓坐忘？"颜回曰："堕肢体，黜聪明，离形去知，同于大通，此谓'坐忘'。"仲尼曰："同则无好也，化则无常也。而果其贤乎！丘也请从而后也。"（《庄子·大宗师》）

颜回对孔子说自己有了进步。孔子问其原因，颜回依次回答说：忘却了仁义，忘却了礼乐，最后忘却了自己的形体，忘却了自己的耳目，摆脱了形体和知识的束缚，与大道融通为一，这便是"坐忘"。对此，郭象注释说："夫坐忘者，奚所不忘哉？即忘其迹，又忘其所以迹者，内不觉其一身，外不识有天地，然后旷然与变化为体而无不通也。"① 意思是说：颜回既忘记了自己，又忘记了其之所以成其自己的自己，也就是我们平日所理解的我之为我的那些我，只有把这些非真实的我忘记了，本真之我自然呈

---

① 郭象：《庄子注疏》，中华书局2016年版，第156页。

现出来。不再有分别之心，心的挂碍打开了，物我天地自然而然成为了一体，于是乎"无不通也"。

"坐忘"之秘境，在庄周梦蝶的典故中得以美妙呈现。《齐物论》记载：

> 昔者庄周梦为胡蝶，栩栩然胡蝶也，自喻适志与，不知周也。俄然觉，则蘧蘧然周也。不知周之梦为胡蝶与，胡蝶之梦为周与？周与胡蝶，则必有分矣。此之谓物化。(《庄子·齐物论》)

事实上，无论梦觉，乃至生灭、来去、常断、同异，看似时时处处有所分别，却都在那冥冥常道之中"道通为一"了。"物化"者，天地之常道也。"坐忘"之道，就是"齐物"之道，"逍遥"之道，也是本真自我的觉证之道。道通为一，只不过用了不同的名称罢了。庄子在《大宗师》中用一段优美的语言总结了这个"道"。

> 夫道有情有信，无为无形；可传而不可受，可得而不可见；自本自根，未有天地，自古以固存；神鬼神帝，生天生地；在太极之先而不为高，在六极之下而不为深，先天地生而不为久，长于上古而不为老。狶韦氏得之，以挈天地；伏戏氏得之，以袭气母；维斗得之，终古不忒；日月得之，终古不息；勘坏得之，以袭昆仑；冯夷得之，以游大川；肩吾得之，以处大山；黄帝得之，以登云天；颛顼得之，以处玄宫；禺强得之，立乎北极；西王母得之，坐乎少广，莫知其始，莫知其终；彭祖得之，上及有虞，下及五伯；傅说得之，以相武丁，奄有天下，乘东维、骑箕尾而比于列星。(《庄子·大宗师》)

显然，在庄子那里，大道真实而又可信，然而它又无为无形；它可以相传却不可以言说，可以领悟却不可以面见；大道自身就是根本，天地尚未出现时大道就已经存在了；它造化神鬼，产生天地；它在太极之先却并不自以为高，它在六极之下却不自以为深，它先于天地却不自以为久，它长于上古却不自以为老。这个大道，便是"天地与我并在，万物与我为一"之道，可谓逍遥的最后归宿，这个道，是自我觉证之道，它区别于精神，区别于自然，它无目的、无功用、不可言说、无迹可寻，但却又无处不在。最后归于"静默"，"静默"者，"坐忘"也。

至此，庄子以"逍遥"为统摄，顺着"有待""无待""无己""齐物""丧我""坐忘"之次第，向我们逐步呈现了一个本真自我之觉证的内在历程。在这个自我觉证之历程中，大道无处不在，却又无迹可寻。这个道，便是造化之常道。四时行焉、万物生焉、云行雨施、品物流行，这是常道，生老病死、悲欢离合、福祸吉凶、盛衰荣辱同样也是常道。人生天地之间，不挂碍于外，不执着于己，不刻意尚行，不妄作分别，时时参悟常道，事事顺乎常道，自然而然，然其所然，这便是真正的"逍遥"。

（作者系云南省社会科学院哲学所副研究员）

斋心、中道与幸福：论庄子的人生哲学
——比较哲学视域下的《人间世》篇诠释

王海东

人生于天地间，尤其是在战乱岁月，如何能够保身全生，获得快乐与幸福？这是一个永恒的人生哲学问题，也是任何人生哲学必须直面的难题。古今中外的大哲学家都做出过相应的回答。而庄子则提出了一套独具魅力的方案，即以"斋心"为本，在实践中应"无为"，在功能上要"无用"，只有领悟人世间这样的"中道"，才能获得至福。此论，不仅与西方的亚里士多德人生哲学有相似之处，也与印度的佛教类似，故而本文从比较哲学的视域出发，分析《人间世》篇的文本要义，诠释庄子的人生哲学，以期启迪今人，摆脱焦虑，活得自由，得到幸福。

一 斋心为本

人世间纷繁复杂，世风日下，规范失效，人心难测，尤其是身处春秋战国乱世的庄子，不得不思索如何保身全生的问题。这既是高深的哲学问题，更是一个最基本的生存问题，即解决生存危机——人的安全需求。所以，笔者更愿意将庄子的处世方略，看成是一种体己的，迫于存在的焦虑，而做出的抉择，不是后人所鼓吹的高深形而上学——人生哲学。这是一种独特的历史社会所逼迫的后果，并非积极的应对方案。

也就是说，当人的境遇极为不正常时，父子相弑，兄弟相残，友人相害，强权胜过真理，关系优于能力，潜规则比法治管用——"亲在"遭遇前所未有的"异化"，不断地远离，甚至是背离"本相"，走向"反我"的那一端，人不再是人，几乎与禽兽无异，堕落成撒旦。在这样的没有契约精神，缺乏自由，人格不健全的社会里，人该何去何从，如何全身——的确是一个迫在眉睫的难题，亟须一个付诸实践的方案，而不是坐而论之的学说。这关涉每一个人的切身安危，马虎不得，因此，庄子的方案，不仅具有理论根据，即科学性和逻辑性，更具有实践的可行性，不是纸上的"疗理"，而是现实的拯救行动。

如是而观之，我们就能明白为何庄子经常将儒家方案拿来进行分析，进而提出自己的看法，这并不是要表明自己的高明，讽刺或贬低儒家，而是真真切切地想找到有效的解决方案。庄子对真理的渴望超乎常人，更希望这种真理能够拯救人类。

基于对人类命运的悲悯，他不断寻求突破，达到了中国古代精神境界的最高处，即具有"空"与"无"的"道"。几乎抵达印度教和佛教的高度，也为佛教的中国化奠定了不可忽视的基础。

因此，庄子处世方案的内核就是"斋心"，超乎想象，匪夷所思。面对战火杀戮、弱肉强食、欺凌蹂躏，他竟然告诫人们要"无心"，即无我无念，空掉一切；不断接近"自然"之态，几无欲望，没有竞争，毫无斗乱，过着素朴、自足而有序的生活。何其胆大！这需要多么大的勇气和智慧，才能参悟如此深远的处世之道！也许只有筏驮摩那、释迦牟尼和耶稣等人，才能理解其奥义。

在《人间世》中，庄子重在阐释"斋心"这一概念。为了引出核心概念，庄子与柏拉图一样具有惊人的慧根，精心构建极富智慧的对话，通过人物对话，让真理不断现身，而不采用繁复的论证，这样既生动有趣，又于真理无损，读者更易得其门而入。

通过颜回将去卫而与仲尼辞别的对话，一步一步接近真理。

庄子别出心裁地搭建了登堂入室的思想梯子，以便人们能够领悟真理。颜回欲践行夫子的学说——"治国去之，乱国就之，医门多疾。"① 思想家犹如医生，乱国就是患者，焉有不救之理。而卫君却年壮气盛，独断专行，轻率理政，又无视己过，且好残民命，国中死者相枕藉，好像蕉草填满了大泽一般，人民已无处可归。如此重病之国，颜回如坐毡针，恨不能借翅飞去，解民于倒悬。

没想到，孔夫子不但没有点赞，反而叹息——"嘻，若殆往而刑耳！"颜回去了，不但于事无补，反倒要遭刑戮之灾。这样的结论，不是向壁虚造，紧接着夫子跟他摆道理，即一个人只有领会真理，获得正见，才能正确地帮助他人，实现理想。否则，就会堕入以盲导盲的闹剧。"古之至人，先存诸己，而后存诸人。所存于己者未定，何暇至于暴人之所行！"② 颜回自身修养还不够，心不能清净，杂念多，无法切近道。"夫道不欲杂，杂则多，多则扰，扰则忧，忧而不救。"自顾不暇，哪里还有能力与闲情去帮助一个国君纠错呢？

除了自因之外，还有不可控的外因，这是更有力的证据，能够表明夫子预言的科学性。人性中的阴暗，是一种更难以预测，却又产生重要影响的因素。夫子问：道德丧失与智慧显露的原因何在？"德荡乎名，知出乎争。名也者，相札也；知也者，争之器也。"③ 世间因好名而失德，好争而显露智慧。名与利是世人相互倾轧的祸根，而智能则是争斗的工具。这与佛教近似，后者将社会动乱的根源归因于人的贪嗔痴慢疑，即无明。就连尧攻打丛、枝、胥敖，禹攻打有扈，使这些国家变成废墟，百姓成厉鬼，国君被杀——他们长期征战，难道不是为了贪图实利？这些战火，也是追名逐利的后果。年少的颜回难以应对人性的复杂

---

① 方勇译注：《庄子》，中华书局2015年版，第51页。
② 同上书，第52页。
③ 同上。

性，未经世事，对人性了解不足，无法周旋于卫国朝堂，一不小心，就会引来麻烦，甚至是可怕的伤害。

更何况卫君并非贤君，颜回对其性格也无甚了解，若贸然进言，实非明智之举。若是用仁义去劝导卫君，众人都知道其不足之处，岂不是揭短？他怎会虚心接受，反倒认为是有害的，故而危险。若卫君亲贤臣，远小人，明辨是非，那么朝堂应该是人才济济，又何须颜回去"显异于人"？因而言与不言，都不利。一旦开口，还容易被卫君抓住漏洞而遭受攻击，那时就狼狈不堪，目眩眼花，口舌自救不暇，于是只能卑躬屈膝，顺从卫君。这犹如以火救火，以水救水，"是以火救火，以水救水，名之曰益多"，只会每况愈下，无法扭转衰败之势。要是自始至终都谏诤，不但忠言不被采纳，反倒会引来杀身之祸。"顺始无穷，若殆以不信厚言，必死于暴人之前矣！"① 关龙逢死于夏桀，比干死于商纣，便是如此，又因他们饰身好名，居臣位体恤百姓，谏诤不止，违逆暴君意志，自然难逃一死。

而要去祸免死，关键要专心于道，修炼心性，放下名利，去除人欲，做到心地干净，即"斋心"。在对话之中，颜回并没有领会"斋心"的真义。他把斋心看成外在的规定，犹如民间信仰祭祀里的戒律——约束人们行为的诸种规范；于是，自以为"斋戒"很久了，"回之家贫，唯不饮酒不茹荤者数月矣"②。这不过是表层的斋戒而已，只是外在的规范，并非真正的斋心。

因此，夫子否定了颜回的答案，斋戒与斋心是不同的概念。颜回有些懵，鼓起勇气问："敢问心斋。"仲尼曰："若一志！无听之以耳而听之以心，无听之以心而听之以气。听止于耳，心止于符。气也者，虚而待物也。唯道集虚，虚者，心斋也。"③ 屏息欲念，专心致志，不用耳听，而是用心灵去体会，进一步不用心

---

① 方勇译注：《庄子》中华书局2015年版，第52页。
② 同上书，第53页。
③ 同上。

体会，而用气去感应，那时民与物胞，天人一体之感渐生。各种感官只能接受对象的作用，心的思虑仅能与物相合，而气则是以虚空容纳万物。真道唯聚于空明虚静的心境，这就是心斋的妙义。"空明虚静"，即空无，止住一切念头，忘记一切欲望；与佛教的空性极为相似，"凡所有相，皆是虚妄。若见诸相非相，则见如来"①。不执着于相，看破世间名利，才能觉悟，见佛性——"诸菩萨摩诃萨应如是生清净心，不应住色生心，不应住声香味触法生心，应无所住而生其心。"②摆脱一切感官与尘境，空掉一切。"一切有为法，如梦幻泡影，如露亦如电，应作如是观。"③才能使"清净心"显露出来——这是道的源地，"天下万物生于有，有生于无。"④

这种清净心，并非高不可攀，而是人人皆有，不过是被"无明"遮蔽了，只要通过虔诚的修证，就能回到"自性"，具足一切，能生一切。"何期自性，本自清净；何期自性，本不生灭；何期自性，本自具足；何期自性，本无动摇；何期自性，能生万法。"⑤与《道德经》所言："道生一，一生二，二生三，三生万物"（第四十二章）具有异曲同工之妙。这种清净空无的斋心就是庄子人生哲学的真谛。

二 无执而行

显然，颜回此行，前途未卜，令人堪忧！于是，夫子进一步询问他是否有合适的规劝卫君之法？

经过思索，颜回给出两套方法。方法一：外形端正而内谦虚，

---

① 丁福保笺注：《金刚经》，华东师范大学出版社2013年版，第五品。
② 同上书，第十品。
③ 同上书，第三十二品。
④ 河上公等注：《老子》，上海古籍出版社2013年版，第四十章。以下《老子》引文均为此版本，只标注章名。
⑤ 丁福保笺注：《坛经》，上海古籍出版社2011年版，第一品。

行事勉力而心志专一。此路不通,因为卫君刚猛之性充张于内而彰扬于外,神采气色毫无定准,无人敢违逆他,备受压抑,无法进谏;这种人,既无法用小德感化他,也无法以大德来改变他。他固执己见,不会虚心纳谏,也不会被感化。方法二:内心真诚而外表恭敬,援引成说而上比于古人。内心真诚就是与自然同类,天真纯一,未失自然本性,不求赞美,也不在乎贬损;外表恭敬就是与世人同类,尽人臣之礼,这样就无咎了;援引成说而上比于古人,就是与古人同类,言必有据,劝导之词来自古人,不仅避免虚造之嫌,也顾及卫君的面子。颜回以为自己考虑周全,应该无忧,但夫子却不认同,这样的方法,虽然可以避罪,但却无法感化卫君而生效。这种精心设计出来的方法,不但具有做作的痕迹,而且未必合于性情变化莫测的卫君之意。所以,还是凶多吉少。

在庄子的笔下,夫子一步接一步地引导颜回,终于切中肯綮——阐发"斋心"之道,继而将操作方法传授之。"吾语若:若能入游其樊而无感其名,入则鸣,不入则止。无门无毒,一宅而寓于不得已,则几矣。"① 在"无心无念",不求名利的前提下,视卫君的情形而定,他虚心纳谏,则谏;他无意纳谏,则不谏。专心于道,直到必说不可时,才谏;抛弃智巧,更不做作,随顺自然之道,使自己的心境空明虚静,"瞻彼阕者,虚室生白,吉祥止止"②。这不仅能够感化卫君,还能够化危为安。

只有领悟自然之道,顺时应变,循道而为,无我无执而行,才能如愿以偿。为了使其方法论具有可操作性,庄子通过"叶公子高将使于齐,而就教于仲尼"的对话,来阐释其"运用之妙"的道理。楚国叶公子高领命出使齐国,忧喜参半——忧的是傲慢的齐王不会依允谈判事项,那就完不成外交任务;喜的是已经得到楚王的重视,要是出使成功,则会礼遇有加。如此而思,子高

---

① 方勇译注:《庄子》,中华书局 2015 年版,第 53 页。
② 同上。

的心情难以平静,惧喜交战于胸,焦灼不安,故而要向夫子请教避祸之法。

孔夫子先表明本分的重要性,爱亲事君是人之本分,且是天下大法,不可逾越。"天下有大戒二:其一,命也;其一,义也。子之爱亲,命也,不可解于心;臣之事君,义也,无适而非君也,无所逃于天地之间;是之谓大戒。"① 孝亲是自然的性分,事君是一个人所应尽的社会职责,这是不可逾越的大法。基于这样的认识,那么作为使者就应明白为臣的本分,调整心态,保持理性,尽力而为。"自事其心者,哀乐不易施乎前,知其不可奈何而安之若命,德之至也。"② 这就是道德修养的最高境界。为人臣者,按照职责办事,不惧生死,竭力而为,便无愧矣!至于结果如何,顺其自然而已。

对于外交更应如此,各国君主喜好不一,喜怒无常,心思不定,难以揣测,因此如实传达外交事宜,待之以诚,不卑不亢,依礼而行,便无大碍。古谚有言:传其常情,无传其溢言,则几乎全。保全性命之事,大体无忧。语言犹如魔法师,变幻难测,稍不小心,便生嫌隙,甚至酿成仇恨与祸乱,不可不谨慎;做事不能太严苛,否则会引来厌恶,甚至是报复。因此,在外事活动中,必须谨言慎行,切不可肆意妄行,不能擅自迁改命令,更不能强求成功,否则祸患无穷。而应"乘物以游心,托不得已以养中,至矣"③。毋须刻意而为,更不能伪作改令,循着自然之理,顺势而为,不执着于得失,尽力办好,也就达到理想的境地了。正如老子所言:"是以圣人处无为之事,行不言之教。"(第二章)

这种无为无执而行的方法,非常高明,极难达到,要求行为者专心至一,不起杂念,不带个人情感,管理好情绪,摒息欲望,致力耕耘而不问结果。儒家为了弘道,"士不可以不弘毅,

---

① 方勇译注:《庄子》,中华书局 2015 年版,第 61 页。
② 同上。
③ 同上。

任重而道远。仁以为己任，不亦重乎？死而后已，不亦远乎？"（《论语·泰伯》）知其不可为而为之，且不以物喜不以己悲，就是这种坚韧不屈的精神。佛教则更为强调这种慈悲精神，没有我执、相执和法执，无人相、无我相、无众生相及无寿者相，但却能不断地弘法利生，助人离苦得乐。能"无所住而生其心"，就是菩萨，便能不退转，拥有非凡的法力，救度无边众生。一如道家到达"无为"之境，亦能无不为，"道常无为，而无不为"。道主无为，无为者，无欲而顺自然也。这其中隐含着必然与自由相统一的命题。无为，意味着"吾丧我"，即摆脱七情六欲的"小我"的干扰，这也是自然之道——万物并没有非分的需求，各安其分，按着自然的节律展开自己的生命历程。这是一种必然的法则，只有随顺之，才能有所为。而一旦领悟必然之法则，依之行事，则能如愿以偿。领悟并抵达"无为"之境，方可"无不为"。①

三　无用之用

由于人是社会性的物种，只能在群中，通过合作而形成合力，完成生存繁衍和发展等诸种需求。这也就决定了人无法终其一生，都遗世而独立，不与他人往来，即便有例外，也只有极少的世外高人或是高僧大德，觉悟之后，舍弃"小我"，从世俗之中超拔而出；对于绝大多人而言，是在群体之中，与他人打交道，实现共同的事业，而彰显自身价值的。因而，如何处世与人打交道就成为道家人生哲学的一个重要问题。

显然，道家提供的方案独具特色，儒家鼓励人们积极上进，自强不息，由内圣而外王——格物致知诚意正心修身齐家治国平天下，以实现"为天地立心，为生民立命，为往圣继绝学，为万

---

① 王海东：《政道与善治：中国古代治理思想研究》，云南人民出版社2017年版，第27页。

世开太平"。而佛教提供的则是另一个向度的人生观，劝谕人们熄灭五毒，通过六度万行，涤除无明，获得正见，了生死，出轮回。故而衍生出八万四千法门，供不同根性之人去修证，人身难得，生命苦短，佛法难闻，因此要勇猛精进修习；《法句经》偈言："是日已过，命亦随减，如少水鱼，斯有何乐！当勤精进，如救头燃，但念无常，慎勿放逸！"道家则间于二者之间，以道法自然为本，无心无为，养生全身，逍遥自在。所以道家对人在社会中的定位也介于儒释之间，如果说儒家要人成为"有用之人"——君子圣贤，佛教则要人成为"无用之人"——罗汉佛菩萨，那么道家则是要人成为"无用之用的人"——真人神人。"无用之用"，就是道家的处世之方，在群体之中，不争无为，灵活运用"三宝"——慈，俭，不为天下先（第六十七章），藏锋匿芒，安于本分，善守大道，以寻求解脱，获得自在。

庄子在《人间世》中，以隐喻之法，阐释了"无用之用"的绝妙。在匠人师徒对话中，敞开无用之用的神奇功能。社中栎树，因其无用——没有用的散木，用它来造船就会沉没，用来做棺材很快就会腐烂，用来做器具很快就会毁坏，用来做门户就会脂液外渗，用来做柱子就会被虫蛀——"以为舟则沉，以为棺椁则速腐，以为器则速毁，以为门户则液樠，以为柱则蠹"①，一无是处，如此不堪，自然不受待见，却也无杀身之害；好在生长于祭祀土地神的地方，若是在山野之中，恐怕被樵夫劈了当柴烧。

在另一个寓言中，南伯子綦到商丘游玩，看见了一棵大树——高大异乎寻常，即使连接千乘车马，也能为其荫庇。这样的参天大树，如何能存而至今？仔细考察才发现——它的细枝，弯弯曲曲不能做栋梁；低头看主干的下部，木纹旋散而不能做棺椁；舔舔它的叶子，嘴巴就会溃烂受伤；闻闻它，就会使人大醉如狂，三天都醒不过来。"果不材之木也，以至于此其大也。"②

---

① 方勇译注：《庄子》，中华书局2015年版，第68页。
② 同上书，第73页。

原来并不是神木,不过是"不材之木"。因其如此无用,又在深山之中,才长成参天大树。"无所可用,故能若是之寿。"无用而长寿,焉知非福?

而那些"有用"之树——如山楂树、梨树、橘树、柚子树以及瓜果树之类,一旦果实成熟,就会遭受敲打采摘,大枝被折断,小枝被牵扭,叶落枝残。这种"有用"成了苦恼的根源,正所谓名累身,财引祸,庄子不愿说教,而是巧妙安排了一场"梦中对话",梦里栎树向匠人石讲述有用之苦,以衬托无用之妙。

同样,在宋国荆地,适宜植楸、柏、桑之类的文木,然而却无大树,因为长到一两把粗以上的,就被寻求拴猴子的小木桩之人砍伐;三围四围粗的,就被寻求做高大栋梁的人砍伐;七围八围粗的,就被富贵人家寻求整块木板以制成棺材的人砍伐。"故未终其天年而中道之夭于斧斤,此材之患也。"① 这些有用之木,不但没有保全自身,反而引来祸害,甚至是被砍伐,凄惨之象,令人心酸,唏嘘不已。

树木因其无用而得以长存,这就是无用所带来的积极意义。于人而言,亦有类似之处,"嗟乎神人,以此不材!"庄子以树为喻,旨在言明人的全生之道。他虚设一位残障人士"支离疏",来昭示无用之人的妙用。他面颊缩在肚脐里,肩膀高过头顶,脑后的发髻朝天,五脏的穴位随背而向上,胁与大腿靠到一起,奇形怪状,令人战栗害怕。然而他却有技术,替人缝洗衣服,能够糊口;会扬糠播米,足够赡养十余人,竟然出人意料地能干。更匪夷所思的是国家征兵时,他悠游于人群,而无须服兵役;因为残疾,不但不要服徭役劳役,而一旦国家扶贫时,还能"受三钟与十束薪"。② 虽然形貌陆离,却能够收到奇效,免于战祸而夭,无劳役之苦,更不会饥寒交迫,而是舒适快乐地颐养天年。在那战火纷飞,祸乱连绵的时代,这是何等地令人艳羡!因此,那些

---

① 蒙培元:《心灵超越与境界》,人民出版社1998年版,第71页。
② 同上书,第73页。

无心无为的高士，更能保身全生，快乐幸福，逍遥自在。

四　中道与至福

庄子的悲悯之情犹若佛祖，见世人身处"火宅"而不自知，急如热锅之蚁，竭尽所能，使尽浑身解数引导人们出离苦海。为了便于众人理解并接受自由的真理，他既不说教，也不责怪，而是运用寓言、重言与卮言等多种方式，亦庄亦谐，幽默风趣，寓大道于小故事。他所提供的人生哲学是一套完备可行的学说，以斋心为本，以无执而行为操作原则，以无用之用为功能定位准则，以中道为方法论，以自由幸福为目的。而后来的道教，则进一步发展出系统的修炼方法，以实现长生飞仙的终极目的。

对于保身全生的方法，庄子并没有明确用一个概念将之统摄，而是在书中通过寓言，不断地强调，笔者称之为中道之法，这既是一种能力，也是一种思维方式，还是一种处世的方法，更是一种真理。在《齐物论》中，庄子并不是要消除差异，更不是否定真理，走向相对主义，恰恰相反，他要捍卫真理，即道论——"夫道，有情有信，无为无形；可传而不可受，可得而不可见；自本自根，未有天地，自古以固存；神鬼神帝，生天生地；在太极之先而不为高，在六极之下而不为深，先天地生而不为久，长于上古而不为老。"① 为了避免人们陷入相对主义的泥淖，他推崇中道，不偏向任何一端，因此从"道"而审视宇宙，万物齐一，"以道观之，物无贵贱"；那么对于人世而言，生死无别，无所不可，"故曰彼出于是，是亦因彼，彼是方生之说也。虽然，方生方死，方死方生。方可方不可，方不可方可"②。万物齐一，就不会厚此薄彼；生死同一，就不会喜生惧死；取中道而行，消除对立，化解矛盾，社会也就和谐无忧。

---

① 方勇译注：《庄子》，中华书局2015年版，第102页。
② 同上书，第24页。

正是有了这样的中道观，生死齐一，故而面对生死时，也就无喜无惧，能够做到无心无妄，身处无用之地，也能安之如素，进而能够无我无执地运用各种全生之术，保全身家性命。儒家的中庸之道与之近似，"喜怒哀乐未发，谓之中；发而中节者，谓之和"。情感未生发，那种空无的状态，就是"中"，"天下之大本也"；情感生发出来，符合规范，就是"和"，"天下之达道也"，即最高的道德境界。无独有偶，古印度也有丰富的中道思想，吠陀经中的《无有歌》言：那时，既没有无，也没有有。既没有死，也没有不死。中道观是佛教的核心思想之一，不仅有许多论述中道的经论，还形成了中观派，提倡"八不中道"，《中论·归敬颂》提出：不生不灭，不常不断，不一不异，不来不去。《梵网经》和《大智度论》都有类似的论述。《心经》所言："诸法空相，不生不灭，不垢不净，不增不减"与庄子的方生方死，方可方不可，方不可方可，因是因非，因非因是具有惊人的相似性，通达无畅。

而在保身的活动里，中道还是一种能力、德性和思维方法。因此，能够领悟并拥有这样的能力，不是一件容易的事情。亚里士多德称中道是一种命中靶心的能力，并非每个人都能拥有。这种居中的能力，不是简单的折中与调和，是间于过度与不及之间，可称为"适度"，但不是中间值，而是动态的平衡，永远朝着靶心——"真理"。"应该的时候、应该的地方、应该的对象、应该的目的、应该的方式，这就是中间和最优……因此德性就是中道，就是对中间的娴熟命中。"[1] 中道永远是"击中"真理的，不是调和"左"与"右"，更不是"乡愿"，而是促逼"左"和"右"不要偏离真理，一旦"出轨"，就矫正之，因此中道本身也是真理。而这种居间的能力和状态就是德性，是"最高的善和极端之美"，能够促使人成为善良而品质好的人——追求合乎理智

---

[1] ［古希腊］亚里士多德：《尼各马可伦理学》，苗力田译，中国人民大学出版社2015年版，1106b21—280。

德性的生活,即最高的善,也是至福。① 所以,中道就是至善。所幸的是这种能力与德性不是先天的,无法血脉相传,而是后天习得的,在实践里,不断练习,即可切近中道精神。庄子的中道思想与之具有相通性,这种能力是后天修炼而成的。

通过"庖丁解牛"的故事,庄子表明"中道"并非高不可及,而能在实践中,不断提高和完善。庖丁就是一个由技而艺,进而入道的典范。"始臣之解牛之时,所见无非牛者;三年之后,未尝见全牛也。方今之时,臣以神遇而不以目视,官知止而神欲行。"② 随着技艺的提高,已经能够摆脱感官的局限,而以神识之,"不出户,知天下;不窥牖,见天道"(第四十七章),全然悉知对象的结构,所以能够"以无厚入有间,恢恢乎其于游刃必有余地",十九年来,所解之牛数千,而刀刃依旧锋利如初。若能时时如此,事事如此,那就能避开灾难。"为善无近名,为恶无近刑;缘督以为经,可以保身,可以全生,可以养亲,可以尽年。"③ 循于天理,依于自然,处于至虚,游于无有,消除主客二元对立,使精神不为外物所役所伤,达到享尽天年的目的。

然而,问题并没有完全解决,我们不禁要追问保身全生的目的何在?难道仅仅是为了尽享天年吗?想必很多人不会认同这样的人生哲学,于是一些不认同道家道教文化的人们批评养身学——贵身重身养身,注重生命的平静祥和,追求长生成仙,而忽视人生的价值追求。儒家则不同,更注重生命的质量,而不是长度,"杀身成仁,舍生取义",在所不惜。其实不然,全生只是目的之一,此外还有更高的目的,那就是追求精神的自由和幸福。这是内在的自由,自己规定自我,无念无待——"食五谷,吸风饮露;乘云气,御飞龙,而游乎四海之外;其神凝,使物不

---

① 黄裕生:《理性的"理论活动"高于"实践活动"》,《云南大学学报》(社会科学版)2017年第5期。
② 方勇译注:《庄子》,中华书局2015年版,第45页。
③ 同上书,第44页。

疿疠而年谷熟。"① 这不是西方法权意义上的自由，而是修证的境界。庄子所言的幸福，不是追名逐利，也不是感官之乐，而是精神上的至乐至福——参悟天道无为，顺道而行，安于自己的性分，完成自己的使命，不论功绩大小，都能获得幸福，在宥天下，逍遥自在。顺乎天道是一切善与幸福的源头，因此不论是参天大树，还是无名小草，只要循着自然之道，完成自己的本分，就是至善至福。"至乐无乐，至誉无誉。"② 至高的境界，连快乐都已然忘却，也就是无心无念，进入"空明虚静"的境界。

五 余 论

当今中国已经进入新时代，创造了许多奇迹，经济持续迅速增长，国民生活物资空前丰富，科技发达，文化多元，社会繁荣，然而令人费解的是我国精神心理疾病患病率远远超出西方国家，竟然高达17.5%；据统计，目前我国各类精神疾病患者超出1亿，其中重度精神疾病患者1600余万，其中抑郁障碍患病率为3.59%，焦虑障碍患病率为4.98%，且总体呈上升趋势。③ 毫无疑问，如此严重的心理疾病正在袭击我们这个时代，自然与人们的生活方式息息相关，急功近利，逐名追利，相互攀比，而忽视心性的修养，抑郁和焦虑等心理疾病已经弥漫社会。

因而不少心理学专业人士，在借鉴西方心理治疗方法的同时，提出挖掘我国传统文化，构建具有本土色彩的心理治疗方法，随之心灵重塑法、冥想法、瑜伽训练、气功训练、禅修疗法和艺术疗法等诸多心理治疗方法都融入了传统文化的因素，并有着不可忽视的效果。而庄子的人生哲学，对于人们心灵的重塑具有极为

---

① 方勇译注：《庄子》，中华书局2015年版，第10页。
② 同上书，第282页。
③ 参阅中国网，中国国情，http：//www.china.com.cn/guoqing/2017－05/04/content_40744090.htm。

重要的意义，能够帮助人们重新审视人生的价值，看轻外物——金钱、名望、权力和欲望皆是身外之物，生不带来，死不带去，而寻求内心的充实、精神上的愉悦，不仅极为重要，还能摆脱精神疾病的困扰，获得自由与幸福。

不过需要指出的是，庄子哲学是自己对自我的规定，即要求自己诚信，去践行真理，不是对他人的要求，也不是做给他人看的，可以说是基于"空性"的修炼，实现个体的精神自由，"至人无己，神人无功，圣人无名"①。这是一种可贵的向内寻求的心性之学，遗憾的是被政治化后，就沦为政治术，统治者以"绝圣弃智"愚民，以无为无心熄灭民生的基本需求，以不为天下先教导百姓做顺民——服从统治，谦让不争，成为天朝的忠臣孝子，牺牲小家成全大家。以致数千年来，人民只有履不完的义务，而忘记了还有对等的权利。这是我们在开掘国粹时需要警惕的，甄别真伪，去伪存真，以免作茧自缚，贻误后人！这种无心无我无用之学，是自由的学说。是个体的自我修炼之法，即超脱群体，超越政治和社会，追求自由与幸福的真理！

（作者系云南省社会科学院哲学所副研究员）

---

① 方勇译注：《庄子》，中华书局2015年版，第3页。

人生的圆融与和谐
——论《庄子·应帝王》的生命实践
邵 然　孟亚凡

一　何谓"应帝王"？

这里所要谈论的"应帝王"概念，似乎是在讨论帝王的为政之道，但如果深入探索其内容，实际是指一种人生的修养工夫。一般的或西方的法哲学和道德哲学，在讨论"哲学王"时，是在讨论完善的制度和政治理念：如果说主政者能够遵循良好的制度与理念为人民服务，他们就值得为帝为王。从这个政治哲学或法哲学的意义上讲，庄子的"应帝王"当然就是指为政者应当以及如何成为帝王，这种看法诚然是可以自圆其说的。但是，老庄思想认为，"道"就是自然，其表现的万物无所分别，故治道也应该是自然无为；①而庄子的《应帝王》思想可以说是顺着这一脉络发展而来的，它表示为政之道或面对天下之治，不只是政治伦理的问题，而是修养工夫的实践。换句话说，在庄子那里，要以应物而不自任，展现出万物调和的自然之理，这就是为政者的最高指导原则。

郭象注《应帝王》篇题时说："夫无心而任乎自化者，应为

---

① 例如，老子主张："太上，下知有之"，就是不以有为的管理为治，要无为而治。参见《老子》第十七章。

帝王也。"① 郭象认为，所谓的帝王，应该没有成心，任随自然变化而自化，这就要求帝王以无执的道心来治理天下。王夫之言："应者，物适至而我应之也。不自任以帝王，而独全其天以命物之化，而使自治，则天下莫能出吾宗。非私智小材，辨是非治乱利害吉凶者之所可测也。"② 帝王应是无心自化，对所统治之事物顺其自然，不使人的造作予以介入，顺应时势，如此才能使一切自治，从而避免是非治乱、利害吉凶。而这也就是说，帝王为政在于无为而治，超脱人我事物两分的困境，使自然的万物万事依归于自我。

如果说庄子的思想也可被称为"内圣外王"，那么在庄子那里，为政者作为在俗世中悟道的"大宗师"，他在政治实践中，也绝不会故作姿态，而是以进入自然大道的逍遥之境为最终目的，呈现出帝王之用。对此，钱澄之先生指出："《逍遥游》始，《应帝王》终。谓之应者，时至则然也。"又云："应而不藏，此其所以游，所以逍遥与！"③ 如果我们将从《逍遥游》始至《应帝王》终的内七篇视为一种思想体系，那么，从逍遥无待（《逍遥游》）到不齐之齐（《齐物论》），从养生命主体（《养生主》）到在人间安命心斋（《人间世》），从而使生命符合内在大道（《大宗师》），并使其借由外在来表现而成为帝王（《应帝王》）的这整个过程，其实也就是庄子"内圣外王"产生的过程。由此观之，《应帝王》的"应"就是应和、顺应的意思，亦即逍遥无待的"大宗师"作为得道者，一旦其面对治理天下的事务，也即以顺应无为的方式进行之。但是，《应帝王》中的这个"大宗师"，不仅仅只是顺应无为地面对外在的世界，他还需要以逍遥的心境面对内在的自我。这正如王博先生所言："庄子的'帝王'还有

---

① 郭象注，成玄英疏：《庄子注疏》，中华书局2011年版，第158页。
② 王夫之：《老子衍 庄子通 庄子解》，中华书局2009年版，第176页。
③ 转引自钱穆《庄子纂笺》，九州出版社2016年版，第70页。

特殊的意义。这个意义和他以生命为中心的思考是不可分割的。不同于老子，譬如我们可以轻易地把老子的思想定义为君人南面之术，或者帝王之术。但是庄子不是，他对帝王之术显然是不感兴趣的。在政治意义上，帝王只有一个。但是在生命的意义上，每个人都可以是帝王。后一种意义上的帝王就是让自己成为生命和世界的主宰，而不是奴役。在这种意义上，我们也可以讨论帝王之术，但它指的是处理自己与世界万物关系的态度和方法。"① 王博先生所言极是。在我们看来，《应帝王》的根本思想，是《庄子》内篇中关乎人的生命实践的理论，是人性心灵的寄托和人的自我教育的实现。如果人的心灵如明镜般平静，并且顺应外物的一切活动不会有所拘束，这样的自由自在、圆融和谐，既是生命智慧的显现，亦是使每个人都能成为自己的"帝王"的最深刻表征。

二 《应帝王》的思想意蕴：复归本真德性

既然《应帝王》在生命的意义上意味着每个人都是自己的帝王，每个人都是自己生命的主宰，那么如何成为自己生命的主宰而不受奴役，就成为生命教育中一个重要的主题。《应帝王》的回答是：为了使每个人皆能成为自己的"帝王"，我们首先需要建立起一种基本的生活态度和人生理想，那就是复归"本真的德性"。

何谓"本真的德性"？从形式上说，"本真的德性"是指人人天生所自有的本来德性，是如天之无所不覆、地之无所不载的大公之德。"本真"是天生的同义语，因人人天生自有，故名之曰"本"；因其是纯粹之有，故谓之曰"真"。老庄思想不像儒家思

---

① 王博：《庄子哲学》，北京大学出版社 2004 年版，第 130 页。

想那样从正面看待人生①,它虽然在根本上承认人人自有本真德性;然而它强调,人们并未对这一本真德性在具体形态上进行过规定,至多只是说这个本真德性也是"道",并在名相上以"无""有""母""始""大""广""虚""静""清""明""柔""弱"等词表征这个"道"。同时,由于本真德性在人间世中已被扭曲僵化,已失去其本有的虚静清明,故老庄思想特别强调"复归"二字,亦即勘破迷执以重新回归生命本来所具足的那份自在与宽容。

　　本真德性的意涵在《应帝王》中其实是处处显露着的。例如,泰氏就是重拾本真德性的人,文中描述泰氏的境界为:"其卧徐徐,其觉于于。一以己为马,一以己为牛。""徐徐""于于"皆是舒缓自得、从容镇定、宁静悠哉的样子,至于"一以己为马,一以己为牛",则是就待人接物而言,他能够净除一切骄矜傲慢,所以即使位居君王,被百姓呼为马、呼为牛,也能够坦然接受。不仅如此,泰氏更能做到"人既以我为马则己亦如其所如而自马之,人既以我为牛则己亦如其所如而自牛之"。如此因应随顺,不再产生以马为牛、以牛为马的区分,在庄子看来,泰氏就是一位真正的复归本真德性的人。另外,在天根和无名人的对话中,借由无名人口中说出的"游心于淡,合气于漠,顺物自然而无容私焉",也是对于本真德性的如实描述。如果与泰氏待人接物、举止行为的从容表现作对比,那么,"游心于淡,合气于漠"即是"其卧徐徐,其觉于于",而"顺物自然而无容私焉"就是"一以己为马,一以己为牛"。在这里,"游心于淡"的"心"与"合气于漠"的"气"并无区别,它们都是就人处世用

---

①　孟子论性善,言必称尧舜,这是从正面看待人生。因为儒家肯定人人都有得乎天命的本心善性,而这个本心善性亦如其根源的天命一般,乃是具有无限创造的可能,所以儒家鼓励人人必须反求诸己,以挺立起内在的本心善性,并据此而充分发挥无限创造的可能。具体而言,就是儒家强调的"至诚无息",也即《大学》所说的:"苟日新,日日新,又日新。"《易传》所说的:"天行健,君子以自强不息。"等等。

世时的心境习气而言的；淡是平淡，不陷入我执，故一切能平，不陷入欲望，故一切能淡；漠是广漠，不执着于私利，故能宽广，不执于所得，故能开阔。因此，"顺物自然"则与物无争，"无容私焉"则与民无隔。

关于如何复归本真的德性，《应帝王》进一步通过"壶子示相"的例子予以揭示："郑有神巫曰季咸，知人之死生存亡，祸福寿夭，期以岁月旬日若神。郑人见之，皆弃而走。列子见之而心醉，归，以告壶子，曰：'始吾以夫子之道为至矣，则又有至焉者矣。'壶子曰：'吾与汝既其文，未既其实。而固得道欤？众雌而无雄，而又奚卵焉？以道与世亢，必信夫，故使人得而相汝。尝试与来，以予示之。'"在壶子看来，列子修道，只是表面上有模有样，而实际却毫无体会证悟（"既其文，未既其实"），这种借修道之名而行炫耀之实的方式，对于复归本真德性，不但毫无进展，甚至与之背道而驰。为使列子领悟，壶子进而开始了一场言传身教。

壶子的身教之法就是接下来的"示之以地文""示之以天壤""示之以太冲莫胜"和"示之以未始出吾宗"，言教之方则是具体说明上述四门示相所包含的形态及其意义。在四门示相中，前三种都是应机，所以就有了"杜德机""善者机""衡气机"等称呼；至于第四种示相则是大本，"未始出吾宗"即未始出吾本，因为是宗本，故能应一切机却无机可名。所以，"未始出吾宗"也可被称为"无"，相较于前三机的"有"，"未始出吾宗"乃一切机之所从出，季咸看见后自然知难而退、逃之夭夭。值得强调的是，壶子之后对"未始出吾宗"做出了解释："吾与之虚而委蛇，不知其谁何，因以为弟靡，因以为波流，故逃也。"在这里，"与之虚而委蛇"，就是《人间世》所说的"虚而待物"；"不知其谁何"，就是"常善救人，故无弃人；常善救物，故无弃物"；而"因以为弟靡，因以为波流"，则是无心以成化的另一种表示。这正如《老子》所言："我无为，而民自化；我好静，而民自正；

我无事，而民自富；我无欲，而民自朴。"（《老子》第五十七章）

列子在壶子"四门示相"的言传身教下，终于幡然悔悟、彻底改变："然后列子自以为未始学而归。三年不出，为其妻爨，食豕如食人，于事无与亲。雕琢复朴，块然独以其形立。纷而封哉，一以是终。"在这里，"自以为未始学而归"的"归"至少有三层含义：一是回到学习的正途而不再是表面敷衍、装模作样；二是回归自我、潜心自修；三是抛弃俗学而志在复归本真的德性。这三层含义由浅入深并以第三义为依归。"三年不出"即多年不出，《老子》云："不出户，知天下；不窥牖，见天道。其出弥远，其知弥少。是以圣人不行而知，不见而明，不为而成。"（《老子》第四十七章）列子的"三年不出"应该亦复如此，其如是修为，相对于之前的"以道与世亢"，无疑称得上是对本真德性的复归了。

值得说明的是，在庄子那里，人的本真德性的复归，对内表现为对自我的治理。对外则表现为对天地的治理。对天地的治理就是要使天德显现，而天德亦即君王在位时所具备的德行。在《外篇》第十二的《天地》中，庄子曰："天地虽大，其化均也；万物虽多，其治一也；人卒虽众，其主君也。君原于德而成于天，故曰，玄古之君天下，无为也，天德而已矣。"这里所说的"无为"，乃是明德君主治理天下的上乘之策。庄子认为，君主做事要根据"德"，凡事皆出于无为，顺其自然；而这种"天德"至高的显现，郭象言："均于不为而自化也。"[1]又说"一以自得为治"。[2]在这里，"均"即天均，是指如其所是的均衡与和谐，也是一种让天地万物各适其性、各安其位的开放性原理；而"一"则是道。天地因天均而长久，万物因道而长生，人民因君主的虚静而自长。这样，《天机》就将天均、道、君主三者并列，

---

[1] 郭象注，成玄英疏：《庄子注疏》，中华书局2011年版，第218页。
[2] 同上。

而使它们分别对应于天地、万物、人卒。显然，庄子在这里的用意，是要说明君德即天德，亦是无为而无不为之德。因而，明王之治，其实质就是使生命向天地万物开放，将禁闭的人心疏散开来，消除人性的淤塞，把自然与无为作为心灵的休养，不为欲望所累，恢复人本有的天真自然。从这个意义上讲，《应帝王》复归本真德性的思想意蕴，要求我们从降服自身到治理天下，皆出于"无为"，顺应万物之自然便可。

三 《应帝王》的实践工夫：乘道德以悠游

本真德性的复归首先要求人们在思想上做到顺其自然、"无为而治"，但这只是一个方面；另一方面，在思想上的顺其自然、"无为而治"还要体现在人间俗世之中。只有在人世间的实践中摆脱心神琐事，放下执着，各种人间事务才能迎刃而解，人也才能真正获得自我生命的实现。庄子希望人能把自己本有的自然心灵表现在实际的人生活动中，因而他在《养生主》中提出了实际人生活动的四大要务——保身、全生、养亲、尽年。在这里，保身与全生可合为保生，即是保守生命之主，不可使生命受到无谓伤害；养亲，即是保养精神；而尽年，就是享尽天赋的寿命。然而，在实际的人生活动中，却存在着许多伤害生命的障碍，要自在地周游于这一层又一层的迷障之中，就要有适当的处世方法。我们把《应帝王》所涉及的这种具体的处事方法归结为以下几个方面，即"无心以成化""无心以应世""无用以免害"，从而最终达到"乘道德以悠游"。

一是无心以成化。《应帝王》云："无为名尸，无为谋府，无为事任，无为知主。"其实是呼应《逍遥游》"至人无己，神人无功，圣人无名"的思想，即"无"的实践观念的提出。人因为世俗牵绊挂碍，拥有太多的烦恼，拥有过度的欲望，所以才会需要"为无为"的生命工夫。这正如罗祥相先生所指出的那样："人们若将闲放不拘、怡适自得的悠游作为一种处事方式,那么,逍遥也就成为一种自然无为、疏离于名利功业的存在方式。庄子本人即将逍遥作为自然无为的在世方式。"同时,"'逍遥'即无事无为,茫然悠游于尘世之外。以此方式在世,因其与俗世之事业保持疏离状态,故不为功名利禄所困扰,不为世俗礼法所束缚,更不会计较他人对自己的看法"。① 而这种"无事无为"亦即圣人之教,从庄子思想的角度来看,圣人之教也就是一种"无心以化成"的精神理境。"无心"即是无执的道心,是心灵进入致虚守静的状态,在此状态中,人们可以达到无私、无执、无我、无分别心的人格修养和生命境界,并经此修养去重新面对实践事物的各个方面,同时也就能包容并尊重万事万物,甚至成就万事万物的存在,与它们共荣共处共生。

在庄子看来,人与人之间不应该存有挂碍倚恃的心,不能以固定的形式和秩序来生活,如果能够顺应自然,而流通于无造作、无伪妄之中,那么就会离无我无心的"自然道境"更近,就像"鱼相忘于江湖"那样,各自在水里生活、悠游,忘记一切窒碍而自由快乐;人只有生存在"自然道境"中才是真正的满足,才是真正的自由逍遥,才是"无心以成化"。这样,个人唯有心灵净化,才能斩断烦恼,将一切名利、是非、死生等抛下,进入绝名利、淡是非、一死生,从而了却窒碍,达到自然逍遥之境。另一方面,人涉入尘杂的群体社会中,必然成其生活模式;只有遨游于俗世的生活,独自与天地精神万物和谐共生,化理想为实际行动,即体即用,才能真正成就自身。在"无心以成化"的境界中看待生命,则"生"只是一段时间的"始","死"只是一段时间的"终"。生命有生有死、有始有终,无非只是源于"大化"而又复归于之,因而不要太执着于烦恼。但是,解除生命困境的枷锁,必然要经过一番彻底的觉悟,唯有顺随自然的变化、

---

① 罗祥相:《庄子"命"与"逍遥"思想辩证》,《哲学研究》2016年第4期。

处之泰然、平常心以对,自然而然地与人相处,观照人我利害纷争而不使之扰乱我内心,才能保住本性,脱离羁绊。面对宇宙万象,转个念头,即能柳暗花明,无须左右逢源,不要固执偏私。

二是无心以应世。《应帝王》"至人之用心若镜"的意思,就是指得道者的心灵,像一面镜子,对于各种不同事物的出现,只是泰然处之地观照,不加入主观意志,不抱持主观立场,而这也就是"无心以应世"。颜昆阳先生说:"个体与个体之间的伤害,来自于摩擦和撞击;摩擦与撞击来自于彼此的敌对;彼此的敌对来自于坚持自己的观念立场,去迎接、排斥、攻击。因之,要使自己不受伤害,便须先消除物我的对立。要消除物我的对立,便须先消除自己对外物迎接、排斥、攻击的心机。"① 善于处事的得道之人,必然是已经断了妄念,心灵淡泊如镜的高人,他们对待人间事物,去了不悲伤,来了不高兴,只是泰然反映、自然处之,他们的心灵并不预存什么立场,在观照人世间的康庄大道、崎岖小路,乃至迂回波折的山路时,都能心平气和地面对,他们斩断了一切执着、灭除了一切能缘所缘,所以他们踏上了"天道"。在悠悠天地的自然之界、辽辽古今的历史长河中,人若固执坚持自我的立场,则人生必定是时时遇到波浪与阻力,必然面对涉海凿河之困,所以才需要"不将不迎,应而不藏"的智慧来化解坎坷的人生,而这也就是无心以应世的生命实践,是使我们走向人生康庄大道的愿力。

三是无用以免害。作为处世的药方,"无用以免害"说的是,要看到世俗的价值观念中,凡是好恶、美丑、贵贱、尊卑、穷富等状态,都只是在"相对的价值体系"中,以之作为一己之有用的呈现,但这些只是世俗表象的价值体系而已。换句话说,有用与否并没有绝对性,所谓的"有用",只是从相对的眼光来看事物存在及其价值意义而已。《庄子·人间世》说:"山木、自寇

---

① 颜昆阳:《庄子的寓言世界》,台北跃升文化出版社1994年版,第119页。

也；膏火，自煎也。桂可食，故伐之；漆可用，故割之。人皆知有用之用，而莫之无用之用也。"事实上，从无用之大用来看，有用只是一种强加的价值方式，人们之所以会造成爱慕虚荣、羡慕嫉妒，往往都是源于有用所带来的伤害。老子云："天下皆知美之为美，斯恶已；皆知善之为善，斯不善已。"（《老子》第二章）所以，要"不尚贤，使民不争；不贵难得之货，使民不为盗；不见可欲，使民心不乱"。这就是"无用之用"。因此，"无用之用"不只是用来对照治理有用的问题，它还是人生在生活践行中的价值观，以无用作为一种用，不落入各种相对性的虚假对立中，从而超越有用的伤害。所以，像《德充符》里面那些残缺不全之人，表面上看起来丑陋无用，却是在战乱时代中最能够保全性命者。《庄子·人间世》云："夫支离其形者，犹足以养其身，终其天年，又况支离其德者乎！"庄子不从外在表现来肯定人的价值，不注重表象的东西，他认为生命的内在能够包容万事万物，从而最能够免除祸害，庄子并不把自己的生命活动设定在某一种片面性之上，社会的各种纷争和冲突就不会加诸己身，而在乱世中的人则能享受太平。

最后是乘道德而悠游。从世俗的角度来看，说有用与无用没有确定的标准，也就是说，在有与无的对立中，有用可能会变成无用，无用可能也会变成有用，二者并不是绝对地固定在那里。颜昆阳先生根据《庄子》外篇的《山木》[①]，指出："处在'有

---

① 《庄子·山木》云：庄子行于山中，见大木枝叶盛茂，伐木者止其旁而不取也。问其故，曰："无所可用。"庄子曰："此木以不材得终其天年。"夫子出于山，舍于故人之家。故人喜，命竖子杀雁而烹之。竖子请曰："其一能鸣，其一不能鸣，请奚杀？"主人曰："杀不能鸣者。"明日，弟子问于庄子曰："昨日山中之木以不材得终其天年，今主人之雁以不材死，先生将何处？"庄子笑曰："周将处乎材与不材之间。材与不材之间，似之而非也，故未免乎累。若夫乘道德而浮游则不然。无誉无訾，一龙一蛇，与时俱化而无肯专为；一上一下，以和为量，浮游乎万物之祖。物物而不物于物，则胡可得而累邪！此神农黄帝之法则。若夫万物之情、人伦之传则不然：合则离，成则毁，廉则挫，尊则议，有为则亏，贤则谋，不肖则欺，胡可得而必乎哉！悲夫！弟子志之，其唯道德之乡乎！"参见郭象注，成玄英疏《庄子注疏》，中华书局2011年版，第218页。

用'和'无用'之间,仍然是固执在一个定点,仍然是滞迹。所以只是近乎道而不是道,因为道'应物无方',绝不偏滞。它不变,然而却是一切变化的原因。它不动,却是一切活动的力源。它没有所谓'有用'或'无用',却是'有用'与'无用'的枢纽。宇宙万象,'无动而不变,无时而不移',道就是一切动变移易的根源。因之,最高明的处世,不偏滞于有用,不偏滞于无用,也不固定在有用与无用之间。而应该是与道德化合……遣尽两执对立的妄念。"① 所以,《山木》篇的思想,可视为呼应《应帝王》"壶子四示"的寓言,季咸固然有巫祝的神力,但此神力面对生生死死的不确定,实际上却是无可奈何、无能可为。就像人们想要掌握绝对的有用或无用的标准,在俗世的流变中,亦是根本不可能的。所以就如同壶子的"虚而委蛇"与列子的"雕琢复朴",皆使自己处于不利的对立之中。因此,就要像老子所说的那样:"道之尊,德之贵,夫莫之命而常自然。"(《老子》第五十一章)"物物而不物于物",也就是胜物而不伤,亦即"乘道德而浮游"的逍遥了。

如果把道比喻为宇宙中万事万物的自然变化,那么在用人性人心对待物时,能够顺物而化贷万物,不失本真灵性的治自己、治天下,也就是"乘道德而浮游"。但如果以一个固执不变的观念态度去面对瞬息万变的万事万物,则不免滞迹一端,又陷入了桎梏的窠臼。因此,当人们处于有用和无用之间,虽然近乎道,而事实上却还不是道。人要想与道化合,便要忘掉人间世中表面的赞誉,也要忘掉世俗界中短暂的讥评。要完全顺应时机的变化去践行,而不偏执在某种固定的行为上。只有以中和不偏作为处世之准则,使自己的心遨游在人生的道境中,不偏滞于有用,不偏滞于无用,可静可动、动静自如,使一切生活"与时俱化,无肯专为",居于不变,又能操一切变之主动,才能真正逍遥物外,

---

① 颜昆阳:《庄子的寓言世界》,台北跃升文化出版社1994年版,第117页。

"物物而不物于物"。

综上所述，要能通达"乘道德而浮游"的自由逍遥之境，首先必须使我们的心灵排除一切对立差异，排除由这些对立差异所导致的种种妄念，使心灵提升到平等无别的自然之境中。继而要持着这种自然的心灵，把其实际运用到种种人生活动中去，使自己的真实理想从其中毫无保留地体现出来，亦即从现实中提升理想，再将理想落成于现实。从现实提升理想是"明体"，而理想成于现实是"致用"，只有"明体致用"，才不至于混乱，也才不至于空虚悬置；而只有"体用相成"，所谓理想的人生或人生的理想才有可能展现而成为现实。这就是庄子的无上智慧，它如明灯遍照我们的人生观。但由于在具体践行中，人的心思及行为可能会出现诸多盲点，所以心灵的开放自在就成了修行实践的深切课题，而同样的修道工夫，是要人们忘掉自己的坚持，用佛学的话语来说，就是要人们不住于我相、人相、众生相、寿者相，要无所住而生其心或生无所住心。工夫越精进，那么修行的人则越豁达，其境界当然也会越纯熟和圆融。心灵的提升过程需要无限的智慧宝藏，而这些智慧宝藏本自具足，顺之则可如天地，逆则无得失心。《应帝王》乃至庄子的生命教育，就是希望人人都能消融生命中的蒙昧，从执着和妄念中苏醒，然后以其虚静澄明、宽大包容的心胸，尊重对方，肯定别人，让彼此都能够在不受干扰与制约的自由环境中，安其分、适其性，从而活出真正的自我，也实现万有一体的和谐。

（邵然，哲学博士，云南省社会科学院哲学所副研究员；
　孟亚凡，哲学博士，中共云南省委党校哲学部讲师）

论《庄子·应帝王》的道家入世思想

王 颢

一 道家避世思想的理由

也许由于在家庭和社会里，儒家思想过分强调个人责任，使得素有儒家倾向的人们最后很容易把避世索居和人的德行修养联系起来。我想个中原因一方面是他们感到生活的压力不堪忍受，所以向往闲逸的山林生活；另一方面觉得放弃关系，改变习惯，独隐自处难以做到，高不可攀，所以推崇。从东晋学者郭璞写的很多《游仙诗》中，不难窥见这种心理冲突，比如：

> 京华游侠窟，山林隐遁栖。朱门何足荣？未若托蓬莱。
> 临源挹清波，陵冈掇丹荑。灵溪可潜盘，安事登云梯。
> 漆园有傲吏，莱氏有逸妻。进则保龙见，退为触藩羝。
> 高蹈风尘外，长揖谢夷齐。①

诗人在头脑层面已经理解到，京华的竞争和朱门的繁荣不足为贵，而山林的怡乐具有更高价值。他想象出在山野中闲游的美好画面：就着清澈的水源戏水，到深山里采摘鲜嫩的灵芝。还可以溯溪玩耍或临溪而居。既能如此安闲快乐，又何必在社会上攀

---

① （梁）萧统编：《文选》，上海古籍出版社1986年版，第1019页。

爬呢？进而诗人举出古代大智者们的高洁行为：庄子也曾做过小吏，却不屑楚王高官厚禄的引诱，终身甘为平凡的隐者；老莱子本来过着隐居生活，后欲接受楚王的官位，但幸好他的夫人具有大智慧，毅然离去，所以他也能够随妻再次归隐。接下来运用《易经》的道理，说明仕进固然可有"见龙在田，利见大人"的机运，但如果只知进而不知退，终究会自入牢笼，如"羝羊触藩，羸其角，不能进，不能遂"①，悔之晚矣。毫无疑问，诗人非常推崇避世辞官，具有高蹈风尘之外的理想。他想要身心彻底的自由，期望真正的遗世独立，不想要伯夷和叔齐那样身虽隐遁，心却仍然受到世俗观念的捆绑。

但是在现实生活里，这位诗人终究未能走出他所梦想的这一步。那么，他的不幸遭遇能够归咎于谁呢？恐怕当时社会的黑暗或政客的残暴都只是一些次要因素。抛开历史特殊情景，从心理角度看，诗人的不幸代表了人类人格发展过程里的一个普遍性阶段，在这个阶段思想和行动之间不能统一。

无论一个人才华如何，能力如何，这些都只涉及头脑，这只是人格的一个局部。但幸福基于人格的全面发展。只有一个心智成熟的人才能够忠实于自己的理解。否则他的头脑是分散的、分裂的，所以无法付诸行动。如果头脑和身体不能统一，那么即使有超凡脱俗的见解，也无济于事。人格的全面发展来自个体有意识的努力，它是一个长期的奋斗过程。社会对个体的要求是机器化，即塑造为某种单一的功能。社会对个体的观点是从个体外部来加以考察。所以，社会化的个体具有社会的统一性，教育就是使个体以社会价值为导向，使个体逐步习惯于从外部来考察它自己，只有这样它才能够成为有能力在社会里生存的"个人"。

个体是一个自我内部协调的统一体，但它与社会价值不一致。而个人是社会大机器里的一个小零件。从外部来看，个人与社会

---

① （魏）王弼撰，楼宇烈校释：《周易注（附周易略例）》，中华书局2011年版，第1、186页。

是完美融合的统一体。但从内部来看，作为个人的个体往往是非常不平衡的，是分裂的，是冲突的。一方面，个体必须融入社会，打破个体内部固有的平衡，成为人格完备的个人。另一方面，个人必须再次回顾自己的生物感受，重新发现自己的个体性。只有一个个体性和个人性同时得到发展的人，才是健康、成熟和幸福的人。否则，当一个人只是作为社会的一部分来运作，完全遗忘了他的个体性，那么：其一，他的个体性内核并不会因此消失，而是在一种压抑的状态下持续造成冲突，使得人格严重分裂，他的自我感觉极为糟糕。再者，他的社会道德也必定变得虚假。虽然现实社会是否接受要依情况而定，但在实际上他对社会的危害是不言自明的。

　　社会化是一个自动的过程，个人不必为此负责，不需要任何有意识的努力。但是要重新找到自己的个体性，向内和自己本心连接，回复自然状态，对此，个人必须自己渴望，必须自己负责，并且有意识地为之加倍努力。在这种努力的方式上，可以分为两种：一种是暂时脱离社会，避世潜修，直到成功；另一种是在红尘里修行，形式上不脱离社会，历世炼心，使内心达到和避世修行者所能达到的相同的自由状态。上述两种方式无所谓孰优孰劣，也不是截然分开。历史上也有前贤一生中经历过两者，这都是因缘使然。

　　按照道家的主流观点，毫无疑问是倾向于避世隐遁的。我想原因应该是避世修道更为容易，顺其自然吧。可以想见，社会应酬太多，人格的运用就无片刻停歇，那么想要同时向内觉察，就非常困难。但是如果隐居山林，面对林泉溪涧、花草鸟兽、松风闲云等，人格就显得多余，慢慢地就自然而然地脱离了不断比较的头脑限制。人格就是相互比较、竞争。没有了比较，就放下了人格性运作，就退回到了如其所是的自然状态。在自然里没有比较，比较属于头脑，比较造成竞争。诗人所谓"登云梯"，指的就是这种分类、分层的比较和竞争。当一个人无法忍受这个紧张，感到窒息于人工虚伪压力的时候，他就会像这位诗人一样，渴望回到自然，回归山野。但棘手的是，除非一个人人格不分裂，他才能够做决定，他才能够实现给自己的承诺，而急流勇退、迥脱尘劳，是一个非常大的决定，是给自己最难兑现的承诺。在比这位诗人稍后的另外一位诗人陶渊明那里，这种决定出现了，这种承诺兑现了。所以，在避世修道这一步能够实现以前，在世俗中完善人格，落实道德，做好准备，这些未尝不是一种真正意义上的修道。而反过来，由于外部特殊原因，使得身处山林，但却心骛繁华，又何尝不造成虚伪？前一种虚伪损害世俗，后一种虚伪损害宗教。也许就是因为这个原因，老庄反对教导仁义吧。

二　入世与避世的逻辑关系

道家的避世是手段，不是目的。不能从片言只语或个别人的表现就轻易定论道家不重视助人。孟子说："杨子取为我，拔一毛而利天下，不为也。"① 我想这很可能是孟子说事的一种手法。这个"取为我"也不是杨朱一个人的观点，我们这里要细细讨论一下。首先根据列子的说法，杨朱的观点并不极端，相反，他只是对于假设的讨论不想废话而已。列子记载：

  禽子问杨朱曰："去子体之一毛以济一世，汝为之乎？"杨子曰："世固非一毛之所济。"禽子曰："假济，为之乎？"杨子弗应。②

显然，得道的智者对世间的看法不是肤浅的，不是应景的。首先，如果不是出于真切的慈悲之心，庄子、列子为什么要讲这

---

① （宋）朱熹撰：《四书章句集注》，中华书局2012年版，第364页。
② 杨伯峻撰：《列子集释》，中华书局1979年版，第230页。

么多发人深省的故事？其次，表面和事情不一定相符。试看列子记载的前一段话：

> 杨朱曰："伯成子高不以一毫利物，舍国而隐耕。大禹不以一身自利，一体偏枯。古之人损一毫利天下不与也，悉天下奉一身不取也。人人不损一毫，人人不利天下，天下治矣。"①

个中逻辑很清楚：为了利他而把自己搞残废，这是不理智。不贪图别人的利益，这是知足与和平。自己把自己照顾好，这是尽责，也是表率。当人人自利得当，当然天下太平。可是如果我们把这个情况反过来，也就是与"拔一毛而利天下，不为也"相反，那就是人人都只愿意拔一根毛，以此来利益天下，那将会是什么样的景象呢？我想可能当今世界上大部分人都是这样做的吧。当我们不喜欢某件东西的时候，便急于把它"布施"给别人。城里的富裕之家把小孩的旧衣物赠送给乡下的亲朋，我看见他们把那些衣物挂到树枝上，以此来释放内心的屈辱之感。由此看来，助人并非从表面上所看到的那样，借着助人的名义，自欺和欺人可能都在发生。相反，嘴巴上说自利的也未必就只是自利。但无论如何，助人不是仅仅有好意就能做到的，它需要无我的智慧。我们的行为是否纯净受制于动机，出于自我中心的善行只能是伪善。没有动机，"无缘大慈，同体大悲"的助人才是真助人，佛陀称之为"不住相布施"。没有动机就没有痛苦，只要有所动机，即使是利他的动机，也可能是出于自私的目的。对此，德国哲人埃克哈特曾有一段精彩的论述：

人们说："啊，我主，是的，我也希望与上帝同在，我

---

① 杨伯峻撰：《列子集释》，中华书局1979年版，第230页。

也希望像别人一样虔诚地侍奉上帝，并且，我也愿意过他们一样的生活，甘受贫穷之苦"，或者说："除非我到另外某个某个地方，除非我如此如此行事，否则我怎么也不行。我必须到陌生地方生活，或者到修道院过隐居生活。"

其实，这里面正到处隐藏着你的"自我"，除此之外，就什么也没有了。尽管你不知道或感觉不到，但确实是你的私念：每次你感到不安，无一不是来自于私念，只是不一定觉察到而已。我们认为，所谓这人应该避离这个去追求那个，也许是指这个地方和这些人，这些方式或这一大堆事情或活动，但是，这些方式或事物妨碍你，过错不在此，在这些事物中，妨碍你的正是你自己，因为，你颠倒了你对这些事物的关系。

因此，首先从自己开始，抛弃你自己！说实在的，如果你不是首先避离自己，那么，不管你逃到哪里，你总是会遇到障碍和不安。那些在外界事物中寻求安宁的人们，不管是在地点、方式、人群还是事业中去寻求，哪怕离乡背井，甘受贫穷自贬之苦，无所不用之极，然而，却一无所是，根本得不到安宁。这样的寻求，适得其反。他们游荡得越远，越少得到他们所寻求的东西。他们好像一个迷路者：走得越远，迷得越深。但是，他们究竟应该做什么呢？首先，他们应该抛弃自己，这样，也就抛弃了一切。其实，如果一个人抛弃了一个王国或者整个世界，但他仍然保留了自己，那么，他也许就什么也没有抛弃。而如果一个人摆脱了自己，即使他还保留有他的财富或荣誉或别的什么，那么，他确是抛弃了一切。

圣彼得说："看哪，我们已经撇下所有的"，而实际上他撇下的只是一张渔网和一条小船。一位圣者（希罗尼姆思）为此说道：谁甘愿抛弃他仅有的细小的东西，那他抛弃的不仅是这个，而是抛弃了一切世俗的人们已得到的或仅仅向往的东西。因为,如果谁连他自己的意志和自己本身也抛弃掉了,那么,他当然实实在在地抛弃了一切东西,哪怕这些东西曾经是他仅有的财产和全部的家当。因为,你不想去追求的,你就为了上帝的缘故而献出和放弃掉。因此我们的主说:"灵心方面贫乏的人有福了",这就是说:"少有个人意志的人有福了。"在此,不应该有人怀疑;再也没有比主下面的话说得更好的了:"若有人要跟从我,就当舍己。"看住你自己,你在什么地方发现有你自己,你就在那里摆脱你自己;这才是至善之行。①

由于自我的掌控,我们时时刻刻都在追求快乐,这真的是一种强迫症。我们不想在任何哪怕微小的方面感到痛苦,避苦求乐几乎成了我们的本能。难道有谁明明地追求痛苦吗?即使是苦行僧,如果不是为了未来进入某个天堂或者达到开悟的快乐,是什么原因在驱动他们刻意体罚自己呢?一个人之所以不快乐,也许就是因为他不停地追求快乐。追求快乐本身就会造成痛苦。当一个人在追求快乐,也正说明他现在并不快乐。一个不快乐的人怎么能够给别人带来快乐呢?我们怎么可能把自己尚不具有的东西送给别人呢?所以当我变得诚实,我会暂时打消助人的想法。当我不助人,那么我至少没有把自己的痛苦强加给别人,这样在客观上,我已经行善了。因此,道家提倡的避世是基于一种建设性的理解,是有关人际关系的一大醒悟,也是提升自身品质的伟大担当。当我的思想和行为不再被自我中心所污染的时候,我才有能力入世。出和入不仅需要勇气,更需要智慧,无论是实际上还是只是心态上,那取决于个人因缘。最终,出或入也都只是表现而已,它们是不同阶段的过程。《庄子·应帝王》这一篇重在表达入世的思想。所谓"逍遥游",并不只是去到"无何有之乡",

---

① [德]埃克哈特:《埃克哈特大师文集》,荣震华译,商务印书馆2003年版,第5—7页。

它也可以在世俗里，它没有标准。吕祖歌曰：

> 道力人，真散汉，酒是良朋花是伴。花街柳巷觅真人，真人只是花街玩。
> 摘花戴饮长生酒，景里无为道自昌。一任群迷多笑怪，仙花仙酒是仙乡。①

一旦无为，则不可思议，虽固应为帝王，却不必为帝王，难道不非如此才是真帝王吗？

三 《应帝王》在《庄子·内篇》中的位置

《庄子·内篇》共有七篇，《应帝王》为最后一篇，这个次序安排似乎含有深意，对此古德多有论及。成玄英说：

> 所以《逍遥》建初者，言达道之士，智德明敏，所造皆适，遇物逍遥，故以逍遥命物。夫无待圣人，照机若镜，既明权实之二智，故能大齐于万境，故以《齐物》次之。既指马天地，混同庶物，心灵凝澹，可以摄卫养生，故以《养生主》次之。既善恶两忘，境智俱妙，随变任化，可以处涉人间，故以《人间世》次之。内德圆满，故能支离其德，外以接物，既而随物升降，内外冥契，故以《德充符》次之。止水流鉴，接物无心，忘德忘形，契外会内之极，可以匠成庶品，故以《大宗师》次之。古之真圣，知天知人，与造化同功，即寂即应，既而驱驭群品，故以《应帝王》次之。②

先明逍遥随顺，然后混同万有，然后保真生命，然后回入人

---

① （清）刘一明：《道书十二种》，中国中医药出版社1990年版，第419页。
② （清）郭庆藩撰，王孝鱼点校：《庄子集释》，中华书局2012年版，第8页。

间，然后接物暗合，然后无心成务，然后即寂即应，即所谓无心则与道不分，与造化齐功，斯为真正帝王。未必用其名，却足成其事，所以说"应"。此"应"字实兼感应、相应、应当等义。郭象注称："夫无心而任乎自化者，应为帝王也。"① 安住在"我不知道"的状态，这个就是"无心"，也可以叫作"无念"，乃至"无为"，这种精神状态绝非只有道家推崇，它乃是东方智慧的普遍原则。但在中国，它变得非常显著，应该说从道家到禅宗，这种观念被一代代求道者忠实继承和发扬光大。铃木大拙指出：

> "无念"之教与"顿悟"之说，为慧能师生时代的重要课题。"顿悟"是中国人对般若的直觉智慧所作的一种意译，而"无念"则是中国人对于体悟"性空"与"无生"之理所作的一种描述。从某一方面来看，老子的"无为"之说亦可说是活在慧能的"无念"之教里面。诚然，佛教哲学的里面含有"无相""无愿""无住""无功用行"等等的思想，因此"无念"亦可视为出自此等观念。然而，毫无疑问的是，道家对于禅宗的建立亦有某种贡献，因此，我们认为禅显然是中国天才的一种精心之作。②

对于篇序的道理，佛教注家德清以体用关系议论，不无新意：

> 庄子之学，以内圣外王为体用。如前《逍遥游》之至人、神人、圣人，即此所谓"大宗师"也。且云，"以尘垢秕糠，犹能陶铸尧舜"。故云："道之真以治身，其绪余土苴，以为天下国家。"所谓治天下者，圣人之余事也。以前六篇，发挥大道之妙。而"大宗师"，乃得道之人。是圣人之全体，已得乎己也。有体必有用，故此"应帝王"，以显

---

① （清）郭庆藩撰，王孝鱼点校：《庄子集释》，中华书局2012年版，第293页。
② ［日］铃木大拙：《菩萨行处》，徐进夫译，海南出版社2017年版，第14页。

大道之用。若圣人时运将出，迫不得已而应命，则为圣帝明王；推其绪余，则无为而化，绝无有意而作为也。此显无为之大用，故以名篇。①

他认为前六篇申明大道妙体，唯此《应帝王》阐明其无为之大用。既可以叫作大用，也可以称为大为，然而这个大为非有心有念的作为，乃是无心无念，即不是根据头脑的进度。人类的我能够作为的误区，源于我们觉得我或头脑或思想，可以指挥身体，但这是不真实的。极为有限的经验支持"头脑是身体的开关"及"思想指挥身体"等观点，更多的情况是，思想根本无法指挥身体。如果仔细观察，我们会发现很多情况下，似乎身体也在指挥思想，身体的复杂运作造成某些思想的产生，只是对于身体的复杂运作当人缺乏觉察罢了。我的经验是，身体是自然界的一部分，它的运动变化是自发的，是被自然驱动的，也是被自然照顾的。而思想的运动是另外一个彻底独立的系统，它和身体以及外部环境没有关系。但是，由于某些思想和某些身体行为之间的巧合一致，给人类造成我可以控制身体，乃至我可以控制思想的幻觉。试问，这个控制思想的我，是谁？除了思想，是不是还有一个我？再问：思想让身体做某事，比如"我要喝水"这个思想推动身体去厨房取水，是不是事先由身体口渴的感觉刺激出"我要喝水"的思想？也许，身体是自动地发生，思想也是自动地发生，两者并无任何交集。

四 《应帝王》文本的逐节阐释

《应帝王》全篇一般可以分为七节，除了第六节以外，其他实际上是六篇寓言故事。寓言故事是整个《庄子》的主要风格，

---

① （明）释德清：《庄子内篇注》，华东师范大学出版社2009年版，第139—140页。

它也是道家哲人传达精微妙义的重要方法。除了《庄子》,《列子》《无能子》也是以寓言故事为主的道家经典。此外《山海经》《淮南子》《抱朴子》等经典中也有很多伟大的道家寓言故事。如果读者足够细心,那么唐代李公佐、裴铏、杜光庭等人所写的传奇故事,也可能是道家的传道之书。为何要讲故事,而非直接说理?因为说理论证是封闭的、坚硬的、固定的,就建立权威、说服头脑而言,说理无疑更胜。但是道家"不尚贤""虚其心",即不推崇权威,不注重头脑。相反,道家尊重每个个体的体验、领悟和直觉。那么寓言故事具有开放性、柔软性和流动性,任何人都可以从中有所体会,这种体会可能是无言的,这种体会没有高低对错之别。在道里面,一切都是平等的,一切都是被接受的、被支持的,所以寓言故事更适合传达道的精神,而你不太可能把道的浩瀚强塞进某些论证或任何思想体系。既然如此,此处对《应帝王》的阐释实际上也算不上阐释,这只是我此时此刻对这些美丽的寓言故事的一点儿感受和体会而已。感受和体会不一定都是思想或语言,所以能形成文字的只能是一点儿。以下逐节展开,先出原文,后赘腐谈。

(一)啮缺问于王倪,四问而四不知。啮缺因跃而大喜,行以告蒲衣子。蒲衣子曰:"而乃今知之乎?有虞氏不及泰氏。有虞氏,其犹藏仁以要人,亦得人矣,而未始出于非人。泰氏,其卧徐徐,其觉于于,一以己为马,一以己为牛,其知情信,其德甚真,而未始入于非人。"

成玄英疏指出:"四问而四不知,则《齐物》篇中四问也。"① 故先录《齐物论》原文:

---

① (清)郭庆藩撰,王孝鱼点校:《庄子集释》,中华书局2012年版,第293页。

啮缺问乎王倪曰:"子知物之所同是乎?"曰:"吾恶乎知之。""子知子之所不知邪?"曰:"吾恶乎知之。""然则物无知邪?"曰:"吾恶乎知之。虽然,尝试言之。庸讵知吾所谓知之非不知邪?庸讵知吾所谓不知之非知邪?……"①

据成疏,则"啮缺,许由之师,王倪弟子,并尧时贤人也"②。在这个问答里,王倪的回答来自一种完全不知道的状态。他安处在这个不知道的状态,并没有去知道任何事物的动机。退回到不知道状态乃是道家理想的状态。郭象注说:"夫帝王之道,莫若忘知,故以此义而为篇首。《老子》云:不以智治国,国之德者也。"③ 从知道的状态退回到不知道的状态,贤者对于他的不知道是清晰的、接受的、自在的。我们每个人实际上也具有相同的不知道的状态,但是我们对此缺乏自觉,更谈不上安住,所以我们被虚假的知道所欺骗,并受其苦。婴儿处于不知道的状态,他实际上是自由的,但是由于他对于他的不知道缺乏自觉,所以他会一步步进入受限状态。老子提出:"复归于婴儿。"又说:"知不知上,不知知病。夫唯病病,是以不病。圣人不病,以其病病,是以不病。"④ 注意他说的是"复归",是"知不知"。所以圣人并非一直停留在婴儿状态不出来,并非一向无知。圣人是同我们普通人一样,曾经失去了那个婴儿状态,然后通过某种方式重新找回来的。重返不知道乃是大智慧,印度智者克里希那穆提的论述具有异曲同工之妙:

真的不知道。我只知道这个领域,我真的不知道,除了这个领域,思想到底能不能在别的什么领域运作?我真的不

---

① (清)郭庆藩撰,王孝鱼点校:《庄子集释》,中华书局2012年版,第96—97页。
② 同上书,第96页。
③ 同上书,第293页。
④ 王卡点校:《老子道德经河上公章句》,中华书局1993年版,第113、277页。

知道。当我说"我不知道",并不表示我期待知道。当我说"我真的不知道"时会怎样?我走下了阶梯。我变得、心变得彻底谦卑。那种"不知道"的状态就是智慧。智慧可以在已知的领域中运作,也可以去它想去的其他地方活动。①

透过王倪的言传身教,啮缺豁然大悟,欢喜踊跃,奔走以告蒲衣子。成玄英说:"蒲衣子,尧时贤人,年八岁,舜师之,让位不受,即被衣子也。啮缺得不知之妙旨,仍踊跃而喜欢,走以告于蒲衣子,迷王倪之深义。蒲衣是方外之大贤,达忘言之至道,理无知而固久,汝今日乃知也?"②接下来蒲衣子评论伏羲和虞舜的话,历来注家多有参差。以我来看,则郭注入手平易,足发深意,已不必他求。注曰:"夫有虞氏之与泰氏,皆世事之迹耳,非所以迹也。所以迹者,无迹也,世孰名之哉!未之尝名,何胜负之有邪!然无迹者,乘群变,履万世,世有夷险,故迹有不及也。"又曰:"夫以所好为是人,所恶为非人者,唯以是非为域者也。夫能出于非人之域者,必入于无非人之境矣,故无得无失,无可无不可,岂直藏仁而要人也!"③郭象所谓是非,就是对错的意思。虞舜还没有离开认为别人不对的范围,而伏羲没有进入认为别人不对的范围。要认为某人某事对或错,前提是要有知识。知识越多,对错越多,冲突和痛苦也越多。伏羲没有知识,所以和谐快乐,是帝王典范。

(二)肩吾见狂接舆。狂接舆曰:"日中始何以语女?"肩吾曰:"告我:君人者,以己出经式义度,人孰敢不听而化诸!"狂接舆曰:"是欺德也。其于治天下也,犹涉海凿河,而使蚊负山也。夫圣人之治也,治外乎?正而后行,确

---

① [印度]克里希那穆提:《智慧的觉醒》,宋颜译,重庆出版社 2010 年版,第 16 页。
② (清)郭庆藩撰,王孝鱼点校:《庄子集释》,中华书局 2012 年版,第 293—294 页。
③ 同上书,第 294 页。

乎能其事者而已矣。且鸟高飞以避矰弋之害，鼷鼠深穴乎神丘之下，以避熏凿之患，而曾二虫之无知！"

先看释德清的总结："此上二节，言治天下不可以有心，恃知好为，以自居其功。若任无为，而百姓自化。老子曰：'我无为而民自化、清净为天下正。'若设法以制其民，不但不从，而且若鸟、鼠而惊且避之也。"① 此说已大致切中要点。我更补充一点，前面啮缺一节，从正面显示无知妙用，这一节则从反面批驳日中始执着知识和己能的过患。日中始这个名字颇具有寓言性质。成玄英说他是"贤人姓名，即肩吾之师也"②。我看这个肩吾也可能是寓言性的。字面意思，肩吾就是肩膀上扛着我，对这个我感觉放不下，就陷于我能做的幻象里。日中的时候已经喧喧嚷嚷，思想纷乱，知识横行，看不清楚事物本质了。如果从这些成见陈言开始思考，必然误入歧途而不自知。这个日中以前和以后的道理，王阳明有一段奇论，不妨参考：

> 人一日间，古今世界都经过一番，只是人不见耳。夜气清明时，无视无听，无思无作，淡然平怀，就是羲皇世界。平旦时，神清气朗，雍雍穆穆，就是尧、舜世界。日中以前，礼仪交会，气象秩然，就是三代世界。日中以后，神气渐昏，往来杂扰，就是春秋、战国世界。渐渐昏夜，万物寝息，景象寂寥，就是人消物尽世界。学者信得良知过，不为气所乱，便常做个羲皇已上人。③

或许阳明是读庄子这两节得来的灵感吧。"有虞氏不及泰氏"，日中始"是欺德也"，或许是庄子的微言，被阳明展开了。

---

① （明）释德清：《庄子内篇注》，华东师范大学出版社2009年版，第141页。
② （清）郭庆藩撰，王孝鱼点校：《庄子集释》，中华书局2012年版，第296页。
③ （明）王守仁：《王阳明全集》，上海古籍出版社1992年版，第115—116页。

邵雍有一首《冬至吟》，也与此不无款通之处，一并录此。

> 冬至子之半，天心无改移。一阳初起处，万物未生时。
> 玄酒味方淡，大音声正希。此言如不信，更请问庖牺。①

这里的问伏羲，就是庄子所讲的问王倪吧。千古圣人，此心同，此理同。不可说，说不尽。

（三）天根游于殷阳，至蓼水之上，适遭无名人而问焉，曰："请问为天下。"无名人曰："去！汝鄙人也，何问之不豫也！予方将与造物者为人，厌则又乘夫莽眇之鸟，以出六极之外，而游无何有之乡，以处圹埌之野。汝又何帠以治天下感予之心为？"又复问。无名人曰："汝游心于淡，合气于漠，顺物自然，而无容私焉，而天下治矣。"

这节指出了方法。"游心于淡，合气于漠，顺物自然，而无容私焉"这十七个字，就是复归之路。"无容私"就是放下我执的意思。

（四）阳子居见老聃曰："有人于此，向疾强梁，物彻疏明，学道不倦。如是者，可比明王乎？"老聃曰："是于圣人也，胥易技系，劳形怵心者也。且也虎豹之文来田，猿狙之便、执斄之狗来藉。如是者，可比明王乎？"阳子居蹴然曰："敢问明王之治。"老聃曰："明王之治，功盖天下而似不自己，化贷万物而民弗恃，有莫举名，使物自喜，立乎不测，而游于无有者也。"

---

① （宋）邵雍：《邵雍集》，中华书局2010年版，第489页。

这是描绘明王的境界。

（五）郑有神巫曰季咸，知人之生死存亡，祸福寿夭，期以岁月旬日，若神。郑人见之，皆弃而走。列子见之而心醉，归以告壶子，曰："始吾以夫子之道为至矣，则又有至焉者矣。"壶子曰："吾与汝既其文，未既其实，而固得道与？众雌而无雄，而又奚卵焉！而以道与世亢必信，夫故使人得而相女。尝试与来，以予示之。"明日，列子与之见壶子。出而谓列子曰："嘻！子之先生死矣，弗活矣，不以旬数矣！吾见怪焉，见湿灰焉。"列子入，泣涕沾襟，以告壶子。壶子曰："乡吾示之以地文，萌乎不震不正。是殆见吾杜德机也。尝又与来。"明日，又与之见壶子。出而谓列子曰："幸矣！子之先生遇我也。有瘳矣，全然有生矣。吾见其杜权矣。"列子入，以告壶子。壶子曰："乡吾示之以天壤，名实不入，而机发于踵。是殆见吾善者机也。尝又与来。"明日，又与之见壶子。出而谓列子曰："子之先生不齐，吾无得而相焉。试齐，且复相之。"列子入，以告壶子。壶子曰："吾乡示之以太冲莫胜。是殆见吾衡气机也。鲵桓之审为渊，止水之审为渊，流水之审为渊。渊有九名，此处三焉。尝又与来。"明日，又与之见壶子。立未定，自失而走。壶子曰："追之！"列子追之不及，反以报壶子，曰："已灭矣，已失矣，吾弗及也。"壶子曰："乡吾示之以未始出吾宗。吾与之虚而委蛇，不知其谁何，因以为弟靡，因以为波流，故逃也。"然后列子自以为未始学而归，三年不出。为其妻爨，食豕如食人。于事无与亲，雕琢复朴，块然独以其形立。纷而封哉，一以是终。

故事看似独立，意蕴绵绵不绝。德清所言极是："上言明王立乎不测，而游于无有，如此乃可应世，以治天下。但不知不测是如何境界，人亦有能可学而至者乎？故下撰出壶子，乃不测之人；所示于神巫者，乃不测之境界。列子见之而愿学，即其人也。"①

此节也暗示斯道远邈，非师不明。列子以其旷古仙才，尚迷如此，一旦醒悟，仍要三年不出，一以是终。后学当如何勉励，已经不言自明了。列子看到季咸的神通，就以为和自己的老师不相上下了。幸好他有壶子这样的老师，才得以不失正道。诚学者应唯道是论，不贵其他。兹有道元禅师所述求师标准，用语似远，其理则近：

> 佛法道理，若梦也未见，设是为百岁之老比丘，亦不及得法之男女，不可敬之，只宾主之礼而已矣。若修行佛法，道取佛法，设是七岁之女流，亦即是四众之导师也，众生之慈父也。比如龙女成佛。若供养恭敬，当与诸佛如来等。是即佛道之古仪也。不知，不单传者，可悲矣！②

（六）无为名尸，无为谋府，无为事任，无为知主。体尽无穷，而游无朕，尽其所受于天，而无见得，亦虚而已。至人之用心若镜，不将不迎，应而不藏，故能胜物而不伤。

这节顺势而来，明白开示，教人放下头衔，放下头脑，放下"做者身份"，放下"我感觉"。苟能如此，则入于至人境界，无往而不通，去人而入于天矣。

（七）南海之帝为儵，北海之帝为忽，中央之帝为浑沌。儵与忽时相与遇于浑沌之地，浑沌待之甚善。儵与忽谋报浑沌之德，曰："人皆有七窍，以视听食息，此独无有，尝试凿之。"日凿一窍，七日而浑沌死。

---

① （明）释德清：《庄子内篇注》，华东师范大学出版社2009年版，第144页。
② ［日］道元著，何燕生译注：《正法眼藏》，宗教文化出版社2003年版，第256页。

重结有为之害，劝保天真。林希逸说："浑沌即元气也，人身皆有七窍，如赤子之初，耳目鼻舌虽具，而未有知识，是浑沌之全也。知识稍萌，则有喜怒好恶，是窍凿矣。孟子曰：'大人者不失其赤子之心'，便是浑沌不凿也。"① 此说极有见地。混沌死，则是人之生。人并非自胎儿出生的时候一并出生的，乃是经过七窍收集印象，随着自我形成，才慢慢出生。试问：真有此人吗？真有出生吗？朝此方向看去，庶几不失宗旨。

五 《应帝王》入世思想的实践指南

揣摩庄子之意，大概先宜避世，若人涵养得避世之心充沛，则又不妨入世。然此入世，非有心而为。既无心无为，又何谈避世、入世呢？这正是郭象所谓"皆世事之迹耳"，因缘现起，自然发生，如梦如幻，或避或入，既无选择，又等空无。然其本体，虽无形无名无迹，却是"所以迹者"，强名为道，尊名为大宗师，论功名为帝王，不知几人能够与此帝王相应？

无论如何，千里之行，始于足下，古罗马哲人塞内加对其友人保里努斯的劝谏可谓简单直接，不仅可与庄子思想接洽，又有利于今人取法实践。且舍其铺张，取其重要部分如下：

> ……总有焦虑的原因，或因为富足，或因为窘迫。生活滚滚向前，一个牵绊接着一个牵绊。我们总是渴望悠闲自得的生活，但却从未享受过。
>
> 所以，亲爱的保利努斯，从人群中脱身吧。你已经经历了超出自己年龄的太多的狂风暴雨，现在至少应该退隐到一个平静的港湾，想一想经历了多少风浪，多少暴雨——有些是在私人生活中经受的，有些则是在公共活动中。你是积极、

---

① （宋）林希逸著，周启成校注：《庄子鬳斋口义校注》，中华书局1997年版，第136页。

勤勉的典范，你的美德长期以来有目共睹，尝试一下，在休闲的生活中如何继续保持。你生命的大部分，当然也是最美的一部分，已经献给了国家，现在也给自己一些时间吧。我不是让你无所事事慵懒怠惰，也不是让你在蒙头大睡和那些大众喜好的娱乐中消磨你自身的能量。这不是休息。当你退隐并享受平和的心境，你会发现有很多比你迄今为止一直积极从事的要重要得多的活动值得你为之忙碌。没错，你是在管理世界的账目，像管理他人的一样严谨，像管理自己的一样仔细，像管理国家的一样认真。在这种难免遭人怨恨的工作中你却赢得了人们的爱戴，但是相信我，读懂自己人生的资产负债单要比看懂玉米生意的负债单更有意义。你要从这光荣，但很难说适于幸福的生活的工作中摆脱出来，恢复你旺盛的精力和承担伟大责任的卓越才能。你要想想年轻时人文学术方面的训练，其目的并非是将成千上万次将玉米称重的工作放心地托付于你。你曾向自己承诺要做更有价值更大的事情。他们不缺少称职的、努力工作的人。呆头呆脑的驮畜比纯种马更适合驮重，谁会让马负重而减缓其疾驰的速度？再想想当你勉为其难承担如此繁重的责任时心情是多么焦虑。你解决的是人们吃饱肚子的问题，饥饿的人们既不听你讲理，又不会因受到公平待遇而心平气和，也不会因恳求而让步。

  你应该退休从事这些更安静、更安全、更重要的工作。你认为监督那些狡猾而且不负责任的货主将谷物毫发未损地运进谷仓、照看它们不要在热天受潮霉烂，并确保其重量与数量相吻合的工作与从事神圣高尚的研究是同样的工作吗？通过这些研究你可以了解神的实质，他的意志，他的生活方式，他的形态，知道什么样的命运在等待你的灵魂，当我们从身体解脱出来时自然会将我们安放何处，是什么力量在中心支撑着这个世界所有最重的元素，什么力量使最轻的元素悬浮于上，什么将火送往最高的地方，又是什么使星宿运行变幻有致——你可以不断学到很多无比神奇的其他知识，你真的应该离开那里，全身心投入到研究领域。趁现在血还是热的，就应该将精力投入到更有价值的事情上。这样的生活会使你发现很多值得研究的东西：对美德的热爱与实践、对激情的忘却、生与死的知识，以及心平气和的生活。

是的，那些杂务缠身者的状况确实可怜，但是最不幸的是那些人，他们甚至不是为自己的杂务缠身而辛苦，而是要根据别人的睡觉时间来调整自己的睡眠，根据别人的步法来行走，在爱与恨这些最自主的事情上也要唯他人之命是从。如果这种人想知道他们的生命多么短促，先让他们想想生命中属于自己的那部分是多么少吧。

所以，当你见到有人屡次官袍加身，或在广场名声大振，不要羡慕他们：这些都是以生命为代价获取的。为了某一年代能以他们的名字命名，他们耗尽自己所有的年代。有些人从事业开始就奋斗，一路拼搏，还没有到达自己雄心壮志的巅峰就结束了生命。有些人忍辱负重爬到至尊无上的地位，却又不禁黯然神伤，因为他们所有的艰辛都不过是为了一块墓志铭。有人年事已高便试图做些调整，产生新的希望，以期显得年轻，却发现羸弱的身体已不堪折腾。一位老者上气不接下气地在法庭上为完全陌生的当事人辩护，企图赢得那些根本不知情的旁观者的掌声，这是很丢人的场面。看到一个人在履行职责时累垮也是很不体面的，他并非因劳累过度而精疲力竭，而是因为自己的生活方式。同样丢人的是一个人在查看账目时咽了气，而那个等待已久的继承人笑着舒了一口气。有件事想起来了，不得不说说。塞克斯图斯·图拉纽斯是公认的办事审慎、认真的老者。当他九十高龄时，在他的请求下盖乌斯·凯撒恩准他退休，于是他让人将他放在床上，全家人聚齐哀悼他，好像他已经归天。整座房子都为老主人的歇息而悲哀，直到他又起来恢复工作。以身殉职真的就那么令人愉快吗？很多人都是这样，自己无力工作时仍想工作。他们挑战身体的虚弱，视暮年为痛苦，无端地认为人一老了就被弃置不用了。法律规定五十以后不当兵，六十以后不进元老院，法律赋予人们赋闲的权力，而人们自己却难以接受。掠夺别人又被人掠夺，互相干扰，彼此不得安宁，你使我痛苦，我使你痛苦。在这过程中，生命流逝，过得差强人意，缺少欢乐，精神状态也未得到改善。没人把死亡放在心上，没人对好高骛远的理想加以限制。确实，还有些人把身后的事都安顿停当了——规模宏大的墓穴，公共殿堂里的供奉，葬礼时的炫耀，下葬时的铺张。其实，这些人的葬礼只需举着火把和小蜡烛，他们的生命似乎才是最为短暂的。（意思是他们就像儿童一样，因为儿童的葬礼是在晚上举行，因而需要举着火把和蜡烛。）①

无论是道家哲人，还是罗马哲人，无非都是告诉我们慢下来，静下来，往回看。语言风格不同，但是诚挚恳切之心、谆谆不倦之意，如母爱子，未有区别。每个人都在追求幸福快乐，那么首先应当从主动的行为模式退回到被动的行为模式（从有为回到无为），放弃非如何不可的偏执欲望，回到当下体会身心自然而然的本来快乐，略有耐心，便蒙实利，千古圣贤，谁能欺骗子孙后代呢？

（作者系中国人民大学孔子研究院研究员、
云南省道德研究院特约研究员）

---

① ［古罗马］塞内加：《论生命之短暂》，周殊平、胡晓哲译，中国对外翻译出版公司2010年版，第22—25页。

论庄子美学体系

张国庆

近二三十年来，从美学角度研究庄子已属习见，且成果甚丰。但据笔者所知，研究庄子美学之具体问题者多，而从体系的角度来研究庄子美学思想或者说将庄子思想体系同时也作为一个美学体系来加以看待的，却似不多见。这显然牵涉到一个基础性的问题：庄子美学是否已成其体系，或者退一步说，已具有某种体系性？笔者认为，这确是一个值得提出来讨论的问题。对这一问题，本文持基本肯定的态度，并将做初步的探讨。本文的讨论，要借重刘笑敢先生《庄子哲学及其演变》（中国社会科学出版社1987年版）中的某些研究成果。关于《庄子》三十三篇文章的作者、篇章间的内在思想联系以及今人应取之研究态度等，该书的结论性看法是：《庄子》中的内篇全部七篇文章是庄子本人所作；外篇和杂篇均为庄子后学所作，其中《秋水》等十二篇文章属于"述庄派"作品[①]，与庄子本人思想最近，其余十四篇则与庄子本人思想有明显距离；研究庄子本人思想，应主要依据内篇和"述庄派"作品，同时参考《庄子》书中关于庄子言行的其他记述，至于外、杂篇中非"述庄派"作品中的材料，则宜慎重鉴别使用。刘笑敢的这些看法是有理有据的，本文即基本依此而行。

[①] 这十二篇文章是《秋水》《至乐》《达生》《山木》《知北游》《田子方》《庚桑楚》《徐无鬼》《则阳》《外物》《寓言》《列御寇》。

一 道——自由的象征

1. 精神解放的终极之地

庄子哲学体系的第一个环节，是道家因之而被称为道家的那个"道"。道家的两大代表人物，老子和庄子，对"道"的基本看法有很多相同相似之处，但也有一些重要的不同之点。这里仅从美学的角度指出二者的一个不同点，即：就"道"的一个重要侧面看，庄子的"道"可称为"自由的象征"，有着浓浓的美学意蕴，而老子的"道"则几乎完全没有"自由的象征"这样的意涵。由于本文的重点在庄子，故下面姑略去老子，而集中对庄子"道"的这层意蕴进行讨论。

作为道家最重要的代表之一，庄子和道家鼻祖老子一样，将"道"看作宇宙的本体和本原。《庄子·大宗师》①篇对此"道"有一段集中而有代表性的论述：

> 夫道，有情有性，无为无形，可传而不可受，可得而不可见；自本自根，未有天地，自古以固存；神鬼神帝，生天生地；在太极之上而不为高，在六极之下而不为深，先天地生而不为久，长于上古而不为老。

"道"是宇宙的本体（本根）、本原，它真实存在却无为无形，可以心传心得却不可以口授目见，天地鬼神皆由它产生，它在时间和空间上都是无限的。这样的"道"，与老子所提出并阐明的"道"，主要精神完全一致。但与老子不同的是，庄子不仅主张人要以"虚静"之心去观"道"，而更强调人应超越一切具体和有限，直接去在某种主观精神状态（"虚静"，特别是"心

---

① 后文凡引《庄子》文，只标篇名，不再标书名。又，本文中《庄子今注今译》，系中华书局1983年版。

斋""坐忘")中去体悟那作为无限与绝对的抽象实体的"道",与之合一。在其"体道"的主张中,庄子实际上是把"道"当作了主体精神进行逍遥游的特殊的、最终的和最佳的对象。下面就来具体地看一看庄子这一颇有特色的思想。

在《大宗师》里,有一段寓言人物许由和意而子的对话。许由对意而子说,你既已受到尧关于仁义是非之说的伤害,怎么还能够游于逍遥放荡、自由变化的境界呢("汝将何以游夫遥荡恣睢转徙之途")?意而子表示,虽说已受害,仍愿游于此境("吾愿游于其藩")。于是,许由为其说此境界曰:"吾师乎!吾师乎!齑万物而不为义,泽及万世而不为仁,长于上古而不为老,覆载天地雕刻众形而不为巧。此所游已。"这里的"吾师",就是"大宗师",指的正是"道"。① 而这个"道"("此"),正是人的精神畅游之地("所游已")。可见,作为宇宙本体的具有时空无限性的大道,正是一个可任人的精神遨游的无限境界,游于其间,人的精神就得到了彻底的解放,逍遥自得、无拘无束而又变化无已。

将"道"作为"游"的对象,"游"于"道"中人的精神就获得无限自由,这样的思想,也多次见于《庄子》的其他篇章中。《山木》篇载,庄子曰:"周将处乎材与不材之间。材与不材之间,似之而非也,故未免乎累。若夫乘道德而浮游则不然。无誉无訾,一龙一蛇,与时俱化,而无肯专为;一上一下,与和为量,浮游乎万物之祖,物物而不物于物,则胡可得而累邪!""万物之祖"即"道",它确切地被庄子当作了"浮游"的最佳对象。庄子认为,在现实人生中,有用之材与无用之材都不能免祸,处于两者之间也不是去除滞累的根本办法,真正能让人去除滞累获得自由的,是"道"的境界。在那个理想的境界中浮游,没有美誉没有毁辱,人的精神或显或隐,都随时会变化,不偏滞于任何一个固定之点;上下进退,纯任自然;主宰外物而不被外物役

---

① 陈鼓应注云:"庄子以'道'为宗师,所以称'道'为吾师。"

使；这样，就完全不会受到任何的滞累。显然，"道"的境界，正是人从现实的无穷羁累中抽身而出之后其精神得以充分展开自由来往的一片真正乐土！

尤其值得注意的是，庄子借寓言人物老子的口，把这种游于"道"境中而呈现的精神自由状态直接称为"至乐"乃至于"至美"。《田子方》篇载，孔子往见老子，老子正凝神定立似木偶人一般，孔子于是退出等他。过了一会儿见面，老告诉孔说，他刚才正在"游心于物之初"，接着向孔描绘了一番他游心于此的具体情况，之后总结说："夫得是，至美至乐也，得至美而游乎至乐，谓之至人。"最后，又申说了一番能"得是"则"万化……孰足以患心"的道理。这里的"是"，就是"物之初"，也就是《山木》篇里的"物之祖"，都指的是"道"。"游心"于"道"境，人的精神就自由无拘，人就感到了莫大的快乐，获得了最丰盈的美感，而这样的人也就是精神层次最高的人。就这一侧面看，也许可以说，庄子的"道"就是自由的象征，甚至就是"美"的象征，而庄子的"至人"也正是一种充盈着自由与美的人格或人生。

有学者认为，庄子的"体道"有着这样的内在逻辑：人生痛苦（社会、人际、自然、生死的逼迫）——欲超越而在现实中不可实现——向内转、追求精神自由——体道。因此，庄子的"道"是"人间忧患、痛苦的抽象——苦闷的象征"。① 的确，庄子此"道"的背面，正是与社会、人生、自然、时间、生死等的逼迫而俱来的人间的忧患与痛苦，"道"正是庄子从苦闷现实中超脱出来而在精神领域展开的一种自由境界。就这一方面而论，是既可以将之称为"自由的象征"，也可以将之称为"苦闷的象征"的。然而，联系本文下面所论"道"的另外一个特征（自由对必然的超越）看，则在美学方面，庄子的"道"就不应统称为

---

① 刘绍瑾：《庄子与中国古代美学》，广东高等教育出版社1989年版，第240页。

"苦闷的象征"（因为这不能完整地概括其"道"的美学意涵），而只应总称之为"自由的象征"了。

2. 自由对必然的超越

庄子又常结合着技术、技艺来谈"道"。这时，其"道"常有规律、必然性的含义。例如《达生》篇载一寓言，讲吕梁山区的一个男子纵身而入鱼鳖都不能游的飞瀑湍流之中，历数百步而出，犹披发吟歌，他自述之所以能如此的一个根本原因是"从水之道而不为私焉"。所谓"水之道"，即是水的规律性；"从水之道"，就是把握水的规律而按其行事；"不为私"，就是不执守与水的规律性相违背的个人意志。

特别值得重视的是，庄子结合技术、技艺来谈"道"时，其"道"不仅指事物的规律性必然性，而且更指人因对此规律性必然性充分掌握而获得的一种高超的自由创造精神，或者说指因此种自由创造精神在此种规律性必然性之中充分展开而呈现出的一种特殊的境界，即一种高超的自由创造的艺术化境。这一点，突出表现在《养生主》篇所载之众所周知的"庖丁解牛"寓言中。

> 庖丁为文惠君解牛，手之所触，肩之所倚，足之所必履，膝之所踦，砉然响然，奏刀騞然，莫不中音，合于《桑林》之舞，乃中《经首》之会。文惠君曰："嘻，善哉！技盖至此乎？"
>
> 庖丁释刀对曰："臣之所好者道也，进乎技矣。始臣之解牛之时，所见无非全牛者。三年之后，未尝见全牛也。方今之时，臣以神遇而不以目视，官知止而神欲行径依乎天理，批大郤，导大窾，因其固然，枝经肯綮之示尝微碍，而况大軱乎！良庖岁更刀，割也；族庖月更刀，折也。今臣之刀十九年矣，所解数千牛矣，而刀刃若新发于硎。彼节者有间，而刀刃者无厚，以无厚入有间，恢恢乎其于游刃必有余地矣。是以十九年而刀刃若新发于硎。虽然，每至于族，吾见其难

为，怵然为戒，视为止，行为迟，动刀甚微，謋然已解，牛不知其死也，如土委地。提刀而立，为之四顾，为之踌躇满志，善刀而藏之。"

庖丁解牛神乎其技，他自认他所展示的，并非一般的技术，而是由技术而来而又超乎技术之上的"道"的境界。那么，此"道"的实质究竟何在呢？它究竟是一种什么样的精神或境界呢？我们知道，从事任何一种技术性活动，有许许多多的因素，比如，对象的客观情况，所操作的工具的性能，从事该项活动的特定技术等，都需要了解和掌握。这些因素对于从事于斯的人来说，具有规律和必然的含义，它们强制性地要求他必须对之加以了解和掌握，否则他就难以完成好该项技术活动。他对它们的了解掌握程度越低，它们对他的强制性就越大，他在其间的活动的自由度就越小，他在该活动中体现的技巧也就越低；反之，他对它们了解掌握的程度越高，它们对他的强制性就越小，他在其间的活动的自由度就越大，他在该活动中体现的技巧也就越高。后一种情况越是发展，自由也就越是超越必然，技巧也就越加趋向高超乃至于极致。解牛是一项普普通通的技术活动，庖丁的解说告诉人们，他在这项普通技术活动中所展现的或完成的，正是自由对规律和必然的完满超越。而他所谓的超乎技之上的"道"，也就正是指这种自由对必然的超越的境界。且来看一下他关于解牛情况的具体说解。他描述了未能把握规律性必然性的两种情况。一是他本人初解牛时因对牛尚缺乏深入认识而只能从外观上看到囫囵全牛；二是"良庖""族庖"们因对解牛的规律性掌握不好或完全不掌握而不得不"岁更刀""月更刀"。他更重点畅谈了他在解牛活动中对规律性必然性的超越情况。三年后，牛的解剖结构已烂熟于心，其视牛已深入就里，牛之骨节经络乃至一切细微，皆莫得遁隐，故其所见不再是遥观时（认识疏离时）之囫囵全牛了。而十九年后，他解牛时已不再处处注目而常常是依凭直觉从心放意而行；在他的感觉中，牛那盘聚的筋条骨节明显有空隙而他手中刀的刃口竟似没有厚度，刃行节间，自由往来，恢恢乎宽大而有余地。这都表明，正是由于对对象（牛）、工具（刀）、技术的一切特性均已透彻了解掌握，于是由它们带来的规律性必然性已不再成为对人的外在强制与规范，而毋宁成了一片任人进行自由的精神游戏的无碍的天地。"以无厚入有间，恢恢乎其于游刃必有余地矣"，正是自由对必然充分超越的绝好写照。

在此段寓言中，还有两点可以注意。其一，是庖丁的解牛，极富音乐的节奏与韵律，而这也是庖丁所谓"道"的有机组成或外在表现。我们知道，一般就实用技术来说，它的操作是否富有音乐性并不重要，且有时甚至有害，而对于相当多的艺术来说，富有音乐性则往往正是其追求的重大目的。此则寓言夸耀性地突出庖丁的解牛活动（一项典型的实用技术活动）中所富含的音乐性，恰说明其所谓超乎技之"道"，实不指向技术的实用功利性，而指向的是具有浓厚艺术色彩的自由境界。其二，是庖丁完成解牛之后的感受表明，他分明由于从种种规律性必然性之中解放出来而获得了自由感和充实感，他在那自由的创造性活动中获得了很大的愉悦与精神享受。

总上而论，庄子通过庖丁之口阐发的"技"而进乎"道"，所表征的就是由受规律性必然性制约的不自由的天地进入对规律性必然性已充分把握、驾驭的自由的天地。这里，"道"就象征着自由对必然的超越。而很显然的是，其"道"显示的这种自由精神与艺术和审美中的自由精神是完全一致的。事实上，不仅仅一致，而且"道"还以它突出的音乐性喻示而直接呈现为一种艺术之境界。简言之，这里的"道"就是一种高超的自由创造的艺术化境。

徐复观先生说："庄子实是把由技巧而进于艺术的情形，称之为'道'。"① 叶朗先生说:"'道'是'技'的升华。'技'达到高度的自由,就超越实用功利的境界,进入审美的境界。"② 可见,庄子由"技"升华而来的"道",乃是一种艺术的审美的境界,这已为不少学者所指出和认同。但笔者以为,叶朗先生的"超越实用功利的境界"说法似还略可商榷。因为在这则寓言中,虽然也涉及所谓"超越实用功利"的问题,但它的重心,却显然是在阐明自由对规律与必然的超越以及由此而展开的艺术审美境界。如果换成类似"'技'达到高度的自由,就超越规律和必然,进入审美的境界"这样的说法,大约更能贴近庄子的本意一些。庄子此则寓言表达的艺术精神,已在云南清代诗论家朱庭珍《筱园诗话》中的两段诗论得到相当精彩的揭示,同时,笔者的上述看法也可以在此两段诗论中得到一定的印证。朱氏云:

> 诗家之用笔,须如庖丁之用刀,官止神行,以无厚入有间,循其天然之节,于骨肉理凑肯綮处,锐入横出,则批郤导窾,游刃恢恢有余,无不迎锋而解矣。
>
> 诗人用笔,要提得空,放得下,转得快,入得透,出得轻;又要能刚能柔,能大能小,能正能奇,能使死者生,能使断者续,能使笨者灵,方尽用笔之妙。……此须如庖丁之用刀,游刃于虚,以无厚入有间,故迎刃而解,批郤导窾,官止神行,虽一日解十二牛,犹若新发于硎。精艺入神,非可尽以言传。学者目击道存,悟彻三昧,得用笔之妙于天,忘用笔之法于手,心之所至,笔亦至焉,心所不至,笔先至焉,……如是则笔等神龙,足补造化,天不能限,人何能测乎!

总括上文,庄子的"道"既是精神解放的终极之地,又是自

---

① 徐复观:《中国艺术精神》,春风文艺出版社1987年版,第106页。
② 叶朗:《中国美学史大纲》,上海人民出版社1985年版,第121页。

由对必然的超越，因此，可以总称之为"自由的象征"。值得注意的是，近代以来的西方美学界以及现当代的整个美学界，多将美与自由联系起来，诸如"美是自由的象征""美是自由的显现""美是自由的形式"之类的说法，十分常见。而在庄子这儿，"道"既是美（至美），又是自由的象征，美与自由经由"道"而发生了密切的联系。显然，庄子的思想在其产生约两千余年之后，与近现代乃至现当代人们的观点，不期然而然地汇通了。哲人之先见，实在令人叹服！

二　齐物——快适的无差别境界

庄子哲学体系的第二个重要环节，是齐物论。关于齐物论，陈鼓应先生说："齐物论，包括齐、物论（即人物之论平等观）与齐物、论（即申论万物平等观）。"① 笔者以为，这一区分是有道理的。就前一层意思说，是欲就主观认识方面泯除以是非判断为代表的一切对立性乃至差别性评判（此即齐一物论）；就后一方面说，是欲于客观世界中抹平事物间的一切对立（此即齐一万物）。这样，主观认识评判不再有对立，甚至不再有差别；客观世界万物虽有差别，但却没有对立，甚至在根本上呈现为同一的境界。以此主观精神而入于此客观世界，自然能够自由无碍，来往自如，悠然快适。所以从根本上说，齐物的境界，就是一个快适的无差别境界。下面且从两个方面对此作具体的讨论。

1. 遣分别，求快适

庄子要从主观认识方面坚决遣走以是非判断为代表的一切对立性差别性评判，根本的原因在于他要求得心灵的宁静快适自由。而直接的原因或说直接的论据则主要有二：一是，是非之类对立性差别性评判一旦彰显，"道"就亏损了，而在庄子看来，

---

① 陈鼓应：《庄子今注今译》，中华书局1983年版，第33页。

"道"是不能亏损的；二是，是非之类对立性差别性评判的彰显实际上加深了人生的痛苦，使人心不得宁静快适自由。下面分别来看。

《齐物论》说："是非之彰也，道之所以亏也。"为什么是非彰显会使"道"亏损呢？庄子又说："夫道未始有封，言未始有常，为是而有畛也，请言其畛：有左，有右，有伦，有义，有分，有辩，有竞，有争，此之谓八德。"就是说，"道"原本是没有分界的，语言原本是没有定说的，为了争一个"是"字而划出许多界线来，如左、右、伦序、等差、分别、辩论、竞言、争执等。既然"道"原无分界，因为是非的争辩才分出许许多多的分别来，这些分别并非"道"所本有而恰是对"道"的分裂，那么当然就可以说，是非的彰显就是"道"的亏损。庄子再谈"小成"对"道"的遮蔽曰："道恶乎隐而有真伪？言恶乎隐而有是非？……道隐于小成，言隐于荣华。故有儒墨之是非，以是其所非而非其所是。"就是说，"道"是被小的成就隐蔽的。而这里的"小成"，主要指的是局部认识所得的成果，即片面的认识，比如儒墨两家的自是与非彼，就均为囿于一偏的局部认识成就，就都属于这样的"小成"。"未始有封"的"道"，显然不能在这种纷然对立或差别万端的"小成"中呈现出来，而只能是被它们所遮蔽了。以"道"为理想之境的庄子，当然不允许对"道"的亏损与隐蔽，故他也当然要遣走造成"道"之亏隐的一切是非、"小成"了。

庄子要从主观认识方面遣走一切以是非为代表的对立性差别性评判，还有其重要的现实原因，即这样的评判加深了人生的痛苦，使人心不得安宁。对此，庄子写道：

大知闲闲，小知间间，大言炎炎，小言詹詹。其寐也魂交，其觉也形开，与接为构，日以心斗。缦者，窖者，密者。小恐惴惴，大恐缦缦。其发若机栝，其司是非之谓也；其留如诅盟，其守胜之谓也；其杀若秋冬，以言其日消也；其溺之所为之，不可使复之也；其厌也如缄，以言其老洫也；近死之心，莫使复阳也。喜怒哀乐，虑叹变慹，姚佚启态；乐出虚，蒸成菌。日夜相代乎前，而莫知其所萌。已乎，已乎！旦暮得此，其所由以生乎！

世人辩者，总是争论不休，睡时精神交错，醒来形体不宁，整天和外界纠缠不清，处心积虑，钩心斗角。他们为此而时喜时怒，时哀时乐，或忧虑嗟叹，或反复怖惧，或浮躁放纵，或张狂作态，终至心灵闭塞，衰颓近死而难以恢复生气。明代释德清说："此一节形容举世古今之人，未明大道，未得无心，故矜其小知以为是。故其言若仁义，若是非，凡所出言皆机心所发，人人执之，至死而不悟。……各封己见，故有是非。"① 可见，"道"原无封，人各有见，有见即有是非，而执此是非，既亏大道，亦复伤害人的精神乃至生命。无休的论辩，既亏"道"伤生，其实也是辩论不清谁是谁非的。庄子又说：

> 既使我与若辩矣，若胜我，我不若胜，若果是也，我果非也邪？我胜若，若不吾胜，我果是也，而果非也邪？其或是也，其或非也邪？其俱是也，其俱非也邪？我与若不能相知也，则人固受其黮暗，吾谁使正之？使同乎若者正之？既与若同矣，恶能正之！使同乎我者正之？既同乎我矣，恶能正之！使异乎我与若者正之？既异乎我与若矣，恶能正之！使同乎我与若者正之？既同乎我与若矣，恶能正之！然则我与若与人俱不能相知也，而待彼也邪？

论辩双方由彼此对立的立场出发，并不能判定双方谁是谁非，

---

① 转引自陈鼓应《应子今注今译》，中华书局1983年版，第42页。

而任何旁人同样不能判定此双方究竟谁是谁非。辩者们的是非，是永远说不清的。此外，庄子还在另一番讨论之后再次发表了类似的看法，"自我观之，仁义之端，是非之途，樊然淆乱，吾恶能知其辩！"既然如此，却还要无休止地去作是非争辩，那么除了累人身心以外，又还能有什么意义呢！

庄子在激烈抨击人们主观认识上的对立性差别性评判之后，以"圣人"（或"至人"）的旗号挑出了他的正面主张。他说："圣人不由。"即"圣人"不走是非对立的路子。当众人巧辩是非以相夸示之时，"圣人"则"怀之"，即默默地体认事物本然的情形。其藉以"怀之"者，是一种被庄子称为"以明"的空虚明静的主观心境，"圣人"即以此心境来观照事物之实况。在这种心境中，"圣人和之以是非而休乎天钧"，是非调和，无是无非，遂亦无是非之扰，纯听乎自然之变化。

庄子从主观认识方面泯除一切对立性差别性评判亦即齐一物论的目的，实在于求取主观心境的宁静快适自由。此可由"圣人"或"至人"之心境清楚见出。上引"圣人和之以是非而休乎天钧"中的"休"字值得注意。与因为是非对立纠缠而身心俱损衰颓近死的无比疲困的生存状态相比，一个"休"字，不是将"圣人"们泯和是非之后毫无滞累恬然自适的心境格外清晰地托出来了吗？"圣人"或"至人"的心境，不仅宁静恬适，而且格外自由。庄子又说："至人神矣！……乘云气，骑日月，而游乎四海之外。死生无变于己，而况利害之端乎。""忘年忘义，振于无境。"因为抛却了生死年岁是非仁义利害等一切考虑一切计较，也就没有了一切忧虑，"至人"的精神便可在无穷的境域中翛然而来翛然而往，无比快适也无比自由。

2. 齐万物，乐天性

在庄子看来，要想真正获得心灵的宁静愉悦自由，不仅要在主观认识方面齐一物论，而且要在客观世界方面抹平事物间的对立。因为，如果万物均处于纷然对立之中，主体又如何能够完全不受其影响，完全不发生是非之类的对立性评判呢？只有在对象世界中消泯了对立，主体的对立性评判也才能够彻底遣走，心灵也才能真正获得宁静愉悦自由。总的来看，庄子的齐物论，于客观世界中坚决泯除事物间的对立，齐一万物间的差别，突出万物的同一，目的显然仍是有利于主体获得心灵的宁静愉悦自由。

庄子要泯除事物间的对立，却首先看到了对立是事物间普遍存在的现象。他说："非彼无我，非我无所取。""物无非彼，物无非是。……彼出于是，是亦因彼。"没有彼就没有此，没有此则彼也就无从呈现；事物都是彼，也都是此；彼方因与此方相对待而成为彼方，此方也因与彼方相对待而成为此方。这样看来，彼此对立而相待，确为万物间普遍的现象。可是庄子又认为，最要紧的，是要看到这普遍现象后面的本质或关键。故他强调指出："彼是莫得其偶，谓之道枢。""道枢"即道的关键，在庄子，当然是指最本质最关键的东西。然而庄子的"道枢"不是别的，却正是"彼是莫得其偶"，亦即彼和此不成其为互相对立而相待的双方。既看到彼此对立是事物间的普遍现象，又强调彼此不相对待才是事物或"道"的最根本的关键，庄子是怎样来证成他的观点的呢？庄子是用绝对化的相对主义来做论证的。庄子强调事物都有其相对性，但他从不在特定的关系中来对事物进行比较以避免得出能够显示事物存在对立关系的结果，而是将事物从特定关系中解脱出来而放到广阔的时空中作无限循环式的比较，从而使事物的相对关系绝对化，终得出万物一齐、没有差别更没有对立的结论。关于事物的大小、人的寿夭，庄子有一段很著名的论说，"天下莫大于秋毫之末，而大山为小；莫寿于殇子，而彭祖为夭。"秋毫大而泰山小，殇子寿而彭祖夭，显然大谬于常识常理。然而庄子的结论，并非在秋毫与泰山、殇子与彭祖之间的具体比较中得出。他的高论，乃在于说明，世间一切事物的差别对立，都是相对比而呈现的，任何事物，不论多大多小，世间都还有比它更大或更小之物存在，其与更小者相比为大，与更大者相比为小,故物皆既为大又为小,实在并无分别更无对立。① 人也一样,任何人,不论其寿几何,世间都还有比他更寿或更夭的人,其与更夭者相比为寿,与更寿者相比为夭,故人皆既为寿又为夭,亦并无分别更无对立。大小寿夭如此,其他看似对立者亦然。总之,通过把事物间相对的对立关系绝对化,庄子终于抹平了事物间的对立和差别。本来,在具体时空中,特定比较对象之间是存在着确定的对立或差别关系的,如泰山与秋毫相比,彭祖与殇子相比,孰大孰小孰寿孰夭一目了然,确定不移。庄子避开具体时空中的特定关系而在无限时空中对事物作无限循环式的比较,由此认为所有事物间的一切对立、差别都总是相对的,没有任何具体的确定性可言,结论是,事物间在根本上没有对立与差别,这才是事物关系的本质("彼是莫得其偶,谓之道枢")。庄子此说显然属于诡论,但却有它的特别的目的和功用。陈鼓应先生指出:"庄子的目的,却不在对现象界作区别,乃在于扩展人的视野,以透破现象界中的时空界线。若能将现象界中的时空的界线一一透破,心灵才能从锁闭的境域中超拔出来。"② 可见,其目的正在于追求心灵的无限自由。

  庄子要齐一事物间的差别突出事物的同一,却又首先看到了并且强调着事物间的差别。他说:"古之人,其知有所至矣。恶乎至?有以为未始有物者,至矣,尽矣,不可以加矣。其次,以为有物矣,而未始有封也。其次,以为有封焉,而未始有是非也。是非之彰也,道之所以亏也。"这里,将人对世界的认识分为多个层次。上焉者,以为"未始有物",这显然指的是对宇宙初始状态的认识,这也是符合道家在这一问题上的一贯看法的。下焉者,彰显是非而亏损大道,这是庄子所坚决批判的。而中间的两种认识,即承认事物的存在,却不严分事物间的界限;或者

---

① 《秋水》篇申说此理曰:"以差观之,因其所大而大之,则万物莫不大;知天地之为稊米也,知毫末之为丘山也,则差数睹矣。"
② 陈鼓应:《庄子今注今译》,中华书局1983年版,第73页。

承认事物间有分界，但不计较是非之类的对立，却是符合庄子的主张的，或者说就是庄子思想的表达。庄子论曰："民湿寝则腰疾偏死，鳅然乎哉？木处则惴栗恂惧，猿猴然乎哉？三者孰知正处？民食刍豢，麋鹿食荐，蝍蛆甘带，鸱鸦嗜鼠，四者孰知正味？猿猵狙以为雌，麋与鹿交，鳅与鱼游。毛嫱、西施，人之所美也，鱼见之深入，鸟见之高飞，麋鹿见之决骤。四者孰知天下之正色哉？"人与种种动物，各有各的本性，对事物也各有各的反应和评价标准，可见，差别的存在，是清清楚楚的。然而，差别的存在，并不妨碍庄子突出事物间的同一性，甚至连差别的存在本身也同样证明着事物间的同一性。例如在人与动物都各有其本性及评价标准这一点上，就是没有差别的，就正显示着事物间的同一性。事实上，庄子是特别强调事物之同一性的，他甚至说："天地一指也，万物一马也。"这也就是《庄子·德充符》所说的"自其同者视之，万物皆一也"的意思，亦即天地万物都有相同的方面，从这相同的一面看，它们就都是一样的。庄子具体论说道："恶乎然？然于然。恶乎不然？不然于不然。恶乎可？可于可。恶乎不可？不可于不可。物固有所然，物固有所可。无物不然，无物不可。故为是举莛与楹，厉与西施，恢恑憰怪，道通为一。"就是说，凡物均有其是的地方与不是的地方、可的地方与不可的地方，其是与不是、可与不可，均自有其道理。事物再怎么大小美丑对立、千奇百怪，在其均有然与不然、可与不可及其内在的道理方面，终归还是一样的。《秋水》篇扩而论之曰："以功观之，因其所有而有之，则万物莫不有；因其所无而无之，则万物莫不无。以趣观之，因其所然而然之，则万物莫不然；因其所非而非之，则万物莫不非。"具体说法与《齐物论》略异，意思则是完全一样的，都在强调万物具有相同的方面，顺着其相同方面看，则万物莫不相同。庄子又说"唯达者知通为一"，只有通达者能够了解"道通为一"的道理，可见，他是突出地强调着万物间的同一性的。

庄子认为，万物各有其本性，一旦得性任性就感到自由快适，在这一方面，万物皆然。庄子有一个著名的观点："天地与我并生，而万物与我为一。"成玄英疏曰："两仪虽大，各足之性乃均；万物虽多，自得之义唯一。"天地虽大万物虽多，而物皆有其自足之本性，物皆以得其本性之自然为宜。庄子在那则著名的"庄周梦蝶"寓言中写道："昔者庄周梦为胡蝶，栩栩然胡蝶也，自喻适志与！不知周也。"郭象注"自喻适志"云："自快得意，悦豫而行。"庄周一旦梦为蝴蝶而得其天性，就栩然翩飞，感到了无比的自由快适，乃至忘掉了自我。其实也可以说，他此刻的自我依然存在，但其自我已是蝶而非周了，故他才能如蝴蝶般"自喻适志"。能够更为全面标示庄子精神的，是见于《大宗师》篇的另一则寓言式的论说，"泉涸，鱼相处于陆，相呴以湿，相濡以沫，不如相忘于江湖。与其誉尧而非桀也，不如两忘而化其道。"鱼之相呴相濡相亲相爱，是因为鱼们受到了环境的严酷挤压而不得不然的，虽则相帮相爱甚殷，却终难逃煎迫，当然远远不如它们都处在理想的最合适的生存环境（"江湖"）中，真正能够各葆其天性，虽相遗忘相疏远，却各各自在自如，悠然自适。鱼如此，人亦然。人间的是非美恶分辨，乃产生于对立差别凸显的恶劣环境中，人执此辨亦终不免种种煎迫纠缠，故不如是非善恶俱遣，入于理想的无差别境界之中，葆其天性，亦自在自如而无往不适。

总之，庄子的齐物，就是一个快适的无差别境界。在这一境界中，于客观方面抹平了对立差别，于主观方面遣走了认知判断（是非）、道德判断（善恶），而单单留下了适与不适、自由与不自由这样一种近乎纯粹审美的判断。庄子强调以此主观精神而游于此客观境界中，所要追求的或说所要获得的，就是无比的快适和自由，而这显然是一种近乎审美感受的精神感受。[①] 最后，且

[①] 由实际审美活动获得的快适感和自由感，即属于审美快感。庄子追求的快适感自由感，虽不从实际审美活动中来，但在主观精神感受方面，却是与审美快感非常相通的。

再来看一看《达生》篇对"适"的旨趣的申说:"忘足,屦之适也;忘要,带之适也;忘是非,心之适也;……始乎适而未尝不适者,忘适之适也。"遣走了外在的羁累和内在的计较,身心非常的宁静恬适。而所追求的极境,乃是那种本性常适一往皆适从无不适,甚至因为没有了"不适"的体验相对照而对"适"本身也浑然不觉的"忘适之适"。此种"忘适之适"的极境,虽出庄子后学笔下,但阐发推衍庄子意旨,是相当精到的。

三 真知(虚静)——通向艺术、审美的空明心境

认识论是庄子哲学的又一个重要环节。人如何能够实际地去把握"道"并实现"逍遥游"?这是庄子哲学所关注和要解决的重大问题。庄子的认识论,相当程度上就承担着解决这一问题的重任。而在其认识论中,"真知"和如何获取"真知",是核心问题。所谓"真知",即最真实的知识,具有真理性的知识。在庄子,是有其特指的。《大宗师》说:"有真人而后有真知。""真人"即体道之人,"真知"出自"真人",则体道之"知"即是"真知"。然而在庄子那里,"道"是不可以言说思虑的,普通的一切认识手段、工具、方法对于把握"道"来说都毫无意义。体道、真知在根本上是排斥一切普通所谓知识、认识的。就是说,只有做到就通常知识、认识来说的"不知",才能去在某种特殊的心理体验中体道,获取真知。那么,怎样才能具体做到就通常知识、认识而言的"不知"以体道、以获取真知呢?庄子曾多次谈及,这里且看《大宗师》篇中的两段描述:

(女偊)曰:"吾……守之,三日而后能外天下;已外天下矣,吾又守之,七日而后能外物;已外物矣,吾又守之,九日而后能外生;已外生矣,然后能朝彻;朝彻,然后能见独。"

颜回曰："堕肢体，黜聪明，离形去知，同于大通，此谓坐忘。"

所谓"守"，就是修守，犹如《达生》篇所说的"斋以静心"，即一种目的在于清心洁身的修守活动。"外"，即"忘"。"独"，指的"道"，因它"独往独来，绝待绝对"（成玄英疏），故名。"堕"，毁坏。"大通"，"犹大道也"（成疏）。合两段描述观之，体道的关键，显然在于基于清心洁身式修守活动之上的"忘"：忘天下世情，忘纷纭万物，忘一己生（死及与"生"而俱来的一切欲望），忘四肢形体，忘思虑心知。忘掉此一切，方可"同于大通""见独"体道，获取真知。这样的真知、体道，事实上只能是庄子鼓吹的"真人""至人"们的一种很特殊的主观心理体验，或者说是他们的一种主观的意境。

这种体道的体验显然是很玄虚的，但笔者以为，如果不与"体道"相联系，则"坐忘"云云，实在标示出了一种非常真实的心理状态。这种心理状态，在《庄子》书中被冠以"心斋""虚静""坐忘"诸名而加以反复强调。这三个概念本存在一定差异，但这里姑不作讨论，而主要关注它们的共同点，并统称之为"虚静式心境"。其共同点主要在于：既排除天下一切既存事物及其在主体心中的影像对主体心灵的干扰，不再将注意指向包括自己四肢形体在内的任何固定、具体之点，又排除主体的一切欲念、思虑、理智活动，于是，心不藏万物便呈虚空，心不逐万物便显宁静。此"虚静"式心境并非混沌一片，而是空明澄澈的，故庄子用"朝彻"（成疏："惠照豁然，如朝阳初起"）一类的词语来描状它。以此心境体道，便能与道合一而获得真知。撇开体道观道不论，形成这样的心境后而以之观物，由于排除了主体感知与理智，就表现为直觉式的认识活动。事实上，庄子竭力鼓吹的这种空明心境、这种直觉式的认识活动，与艺术和审美有着密切的关系。

1. 通向艺术创造的空明心境

上文引述了庄子关于外物、坐忘的两段描述并对虚静式心境作了概要的说明。这里对虚静式心境再作一点补充说明。虚和静都能达于明，但二者致明的途径略异。虚是由空而明，即心不藏万物，故空且明，如《人间世》所说"虚室生白"（陈鼓应译"空明的心境可以生出光明来"）。静是由静而明，即心不逐万物，故静且明，如《天道》篇说："万物无足以铙心者，故静也。水静则明烛须眉，平中准，大匠取法焉。水静犹明，而况精神！圣人之心静乎！天地之鉴也，万物之镜也。"《天道》篇虽属刘笑敢先生所说庄子后学中"黄老派"的作品，但此段话的意旨与庄子有关"虚静"的整体思想是完全一致的。虚与静合一，虚静式的空明心境于是乎生。

虚静式心境极有利于艺术创造活动。这一点，在《庄子》书中已有清楚表现。请看《达生》篇中的一则寓言：

梓庆削木为鐻，鐻成，见者惊犹鬼神。鲁侯见而问焉，曰："子何术以为焉？"对曰："臣工人，何术之有！虽然，有一焉。臣将为鐻，未尝敢以耗气也，必齐以静心。齐三日，而不敢怀庆赏爵禄；齐五日，不敢怀非誉巧拙；齐七日，辄然忘吾有四枝形体也。当是时也，无公朝，其巧专而外滑消；然后入山林，观天性，形躯至矣，然后成见鐻，然后加手焉；不然则已。则以天合天，器之所以疑神者，其由是与！"

鐻是古时乐器，形似夹钟，装置于架台上。木匠庆所做之鐻，有鬼斧神工之妙，见者为之惊叹。则梓庆之为鐻，实在是一高超的艺术创造活动。庆自言其术，认为他通过"斋以静心"这种修守活动，造就了虚静式心境，这是保证其艺术创造活动达到神妙化境的根本方法和途径。梓庆通过修守活动而完成的虚静式心境，有两个显著特点，一是彻底消除干扰，一是高度集中注意，合而言之，即"其巧专而外滑消"。外滑，即来自外部的干扰，包括功利之心、巧拙之评，以及自身感性存在引起的关注，等等。总之，一切来自外部世界的对主体可能的干扰，都予以消除之、超越之。与此同时，自身的注意也得以高度集中起来，智巧也随之高度专精起来。有了这两大特点，虚静式心境显然成了进行艺术创造活动的一种极佳的主观心理基础或主观心理准备状态。以此而进入艺术创造活动领域，一旦创造对象确定，主体即能迅速调动、发挥自身的全部创造能力，保证创造活动达到尽可能高乃至最高的艺术境界。梓庆为鐻之妙及其自述之因由，充分说明了这一点。

运用虚静式心境于技艺活动而达于甚高境界者，在《庄子》中另有一显例，亦出自一则寓言，且亦见于《达生》篇之中。其云：

> 仲尼适楚，出于林中，见痀偻者承蜩，犹掇之也。仲尼曰："子巧乎！有道邪？"曰："我有道也。五六月累丸二而不坠，则失者锱铢；累三而不坠，则失者十一；累五而不坠，犹掇之也。吾处身也，若厥株枸；吾执臂也，若槁木之枝；虽天地之大，万物之多，而唯蜩翼之知。吾不反不侧，不以万物易蜩之翼，何为而不得！"孔子顾谓弟子曰："用志不分，乃凝于神，其痀偻丈人之谓乎！"

痀偻丈人以竿粘蝉，原有深厚的训练功底，但捕蝉时，仍先完全进入虚静式心境，忘却天地万物与自身形躯，而将所有注意力凝聚于小小的蝉翼，使深厚功底与空明心境完满结合，方奏其技艺神功。承蜩本是一种技艺活动，但此丈人举重若轻、自由自如的承蜩神技，实已与艺术创造之自由精神相通。而在"孔子"看来，其神技有赖虚静式空明心境者尤多。

高明的艺术创造活动，也都是高级的精神创造活动。要完成好这样的创造活动，既需要超越功利消除一切外部干扰，又需要高度集中注意专精智巧，这是两个相互关联必不可少的先决条件。无此，你可以进行一般的艺术创造活动，但你所进行的绝不会是高明的艺术创造活动，你也绝不可能达到高超的艺术境界。《庄子》一书，在两千多年前就相当清楚地阐明了这一现在看来已很明白但其实非常深刻的道理。

2. 通向特定艺术境界的空明心境

虚静式心境，不仅可以成为艺术创造活动的良好心理基础或心理准备状态，而且还可以因其对外物的特殊感应方式，而同样进入艺术领域，且在其影响下形成了一种特定的艺术境界。建立在"忘我""丧我""外物""外生"基础上的虚静式心境，其感应外物，犹如一面镜子。《德充符》说："人莫鉴于流水，而鉴于止水，唯止能止众止。"成玄英疏曰："夫止水所以留鉴者，为其澄清故也。"《应帝王》说："至人之用心若镜，不将不迎，应而不藏，故能胜物而不伤。"成玄英疏曰："夫物有去来而镜无迎送，来者即照，必不隐藏。亦犹圣智虚凝，无幽不烛，物感斯应，应不以心，既无将迎，岂有情于隐匿哉。"又曰："物来乃鉴，鉴不以心，故虽天下之广，而无劳神之累。""至人"们的虚静之心犹如一面澄明之镜，物来即应，物去即止，既不迎送，亦不留藏，无心无情，而洞烛幽微，虽无幽不烛，却不劳情伤神。以这样的心镜应物，则物于镜中，当可现其原貌。而在庄子那里，此镜所应之物，也并非仅有其貌而已。前曾指出，庄子认为人与万物均葆有其天性与生机，只要得性任性，就都自得自适，或"相忘于江湖"，或"栩栩然胡蝶也"，充满生机。那么，映入虚静之心镜中的，就不仅仅有万物的形貌，而同样有万物内涵的无限天机、气韵与律动，总之，是一个生气勃勃的真实世界！台湾旅美学者叶维廉先生曾认为"虚怀而物归，心无而入神（进入物象的内在枢机）"是道家美学的一个重要特点，[1] 是很得要

---

[1] 叶维廉：《寻求跨中西文化的共同文学规律》，北京大学出版社1986年版，第142页。

领的。

　　以虚静之心应物，常呈现一种主客合一、主客两忘的境界。这一应物方式的主要特征，在于"鉴不以心"、无心而应，搁置了主体自觉主动的意志意识活动。以此应物，物来即相应合，没有了主体的认知评判，也就没有了疏离于主体的客体存在，因不知有主遂亦不知有客，于是应物之时，遂主客两忘而合一，或说主客合一而两忘。如此应物之例证，见于《庄子》书而堪称典型者，大约仍要首推"庄周梦蝶"，"不知周之梦为胡蝶与，胡蝶之梦为周与？"周而为蝶与？蝶而为周与？周与蝶已因融合为一而两相忘怀了。即说，梦蝶（应物）之时，主体在其当下直觉中将自我融入了对象并感受着它内在的生机与律动，而对象也就在此瞬间整个地占有了、充满了主体的知觉空间，主客合一，主客是一，此外再没有什么别的东西。①

　　虚静式心境的特殊应物方式，曾被后人阐发为一种艺术的观物方式，并进而发展为一种特定的艺术境界。宋儒邵雍在《伊川击壤集序》中说："诚为能以物观物，而两不相伤者，盖其间情景都忘去耳，所未忘者，独有诗在焉。"这样去写诗，"不限声律，不沿爱恶，不立固必，不希名誉，如鉴之应形，如钟之应声"。邵雍将"以物观物"作为诗人感应宇宙的一种特定方式，其间抽去主体自觉主动的意志意识活动而令其心如镜如钟，物来斯应等，显然与庄子虚静式心境一脉相承。力倡"境界"说的近代人王国维则在其《人间词话》中，因庄子精神而拓展邵雍之说，进一步提出了一种特定的艺术境界。他说：

　　　　有有我之境，有无我之境。"泪眼问花花不语，乱红飞过秋千去"；"可堪孤馆闭春寒，杜鹃声里斜阳暮"，有我之境也。"采菊东篱下，悠然见南山"；"寒波澹澹起，白鸟悠悠

---

① 这里的分析，参考了徐复观先生《中国艺术精神》中的有关意见。

下",无我之境也。有我之境,以我观物,故物皆著我之色彩;无我之境,以物观物,故不知何者为我,何者为物。古人为词,写有我之境者为多,然未始不能写无我之境,此在豪杰之士能自树立耳。

王国维指出了由两种不同的观物方式出发而产生的两种不同的艺术境界,即由"以我观物"导致的"物皆著我之色彩"的"有我之境",由"以物观物"导致的"不知何者为我,何者为物"的"无我之境"。后一种境界,显然在庄子精神邵氏主张的基础上发展而来。"以物观物",即搁置"我"之自觉主动的意志意识情感活动,任"物"在心镜之中往来映现,心虽鉴物,却又"鉴不以心"。所观之物乃宇宙万物之形貌并其内在生机,观物之心镜虽说"无我"却又终究不能不仍属于"我",物盈心,心任物,融而为一,发而为诗,于是就出现了一种"不知何者为物我,何者为物"的特定艺术境界——"无我之境"。

"无我之境"是中国古典诗歌中实际存在的一种具有很高审美价值的艺术境界,它经王国维而得到了理论上的明确揭示。对于这一艺术境界,很多学者都进行过深入研究与阐发。大体说来,此一境界虽自诗人心尖笔底流出,却尽量避免主观心情意绪的显露,而任物象以最自然的形态或说最接近自然真际的形态自由地兴现其中。而同时,虽说尽量泯除"我"的痕迹而任"物"自由兴现,但有两点是我们应当注意的:其一,诗人之心乃应物为诗之心,虽曰"无我",而终不可能如毫不作为的"至人"之心那样纯粹地似鉴如钟,毕竟仍有其既有而潜在的一切方面的修养底蕴和潜在的意识情感隐约其间,作为其应物为诗之当下主观基础,而溶透于物、境之中,故其所写之境中,乃"不知何者为我,何者为无物"。其二,笔者以为,"以物观物"和"无我之境",虽说都以疏远"我"为表征,但作为一种把握世界的艺术方法和诗歌中实存的一种比较特殊而高级的艺术境界,它们除了可以经由诗人与宇宙万物的自然遇合而实现以外，应当也可以经由诗人的自觉主动的经营而加以掌握和营构。就是说，看似非常疏远"我"的艺术方式与境界，也仍然可以在"我"的有意调控乃至追求下得到实现。王国维说写"无我之境"必须要"在豪杰之士能自树立"，这"自树立"三个字，就有着某种自我追求的意味。学者们常常为"无我之境"举出不少例证，其中每每包括王维的《辛夷坞》和柳宗元的《江雪》，我们就来粗略地看一看这两首诗。《辛夷坞》："木末芙蓉花，山中发红萼。涧户寂无人，纷纷开且落。"《江雪》："千山鸟飞绝，万径人踪灭。孤舟蓑笠翁，独钓寒江雪。"诗中诸种物象自在展开，世界的一隅或全景以本来的样态呈现出来，充满自身的机趣，直接而鲜明，在诗境的直观层面上，确没有"我"的显露或干预。然而，《辛夷坞》中隐隐散发出的浓浓禅意和隐隐传达出的深深禅理，《江雪》中隐隐表达的对高洁人格的叹赏，不正是王与柳二位诗人本所具有之一切修养底蕴与意识情感之自觉不自觉的表现吗？"物"的自在显露与"我"的隐然存在，遂使人分不清两诗中"何者为我，何者为物"。此外，两首诗所共同表现出的极高艺术造诣，也不能完全排除是出自二位诗人"自树立"亦即精心营构的可能，也许这种可能性还是比较大的。

综上观之，在某些方面，无我之境和庄子虚静式心境是有着一定差别的，例如无我之境或可经由主体的有意调控、精心营构而创造获得，而虚静式心境中呈现的心物交融则纯得自以虚静之心应物时的自然遇合、无心而得，在这一方面，两者就有明显的差别。然而，无我之境的提出显然是得益于虚静式心境的历时久远的影响的，并且在如镜应物鉴不以心的感应外物的特殊方式，在其境中呈现出主客合一主客两忘的特殊心物关系等非常重要的方面，两者也保持着高度的一致。我们看到，庄子的虚静式心境本就是一种非常接近艺术的心理状态，甚至就是一种艺术化的心理状态，它后经邵雍的运用而正式进入艺术领域并成了一种艺术地把握世界的特定方式，最后，由王国维引入无我之境而整个地成了这样一种特殊而高级的艺术境界产生的特定心理基础。①

3. 通向审美鉴赏的空明心境

庄子的虚静式心境，还通向审美鉴赏。《秋水》篇中庄子与惠子濠上之辩的故事，很能说明这一点，且亦每为学者们所乐道。请看：

> 庄子与惠子游于濠梁之上。庄子曰："儵鱼出游从容，是鱼之乐也。"惠子曰："子非鱼，安知鱼之乐？"庄子曰："子非我，安知我不知鱼之乐？"惠子曰："我非子，固不知子矣。子固非鱼也，子之不知鱼之乐，全矣。"庄子曰："请循其本。子曰'汝安知鱼乐'云者，既已知吾知之而问我，我知之濠上也。"

在这段辩论中，庄子先作一趣味判断，"儵鱼出游从容，是鱼之乐也"。最后，在惠子依逻辑判断进行的步步追问下，庄子无法依逻辑理路对自己最初的判断作出合理的解释，只好诡辩说："你说'你怎么知道鱼是快乐的'这样的话，就是你已经知道了我知道鱼是快乐的，而你还来问我，我是在濠梁之上知道的啊。"从逻辑辩论的角度看，庄子落败而惠施获胜，但从庄惠所执乃两种不同判断方式、这两种方式并不能互相辩难这方面看，则二人之间实无胜负可言。庄子所运用的，本是无关乎逻辑理路的趣味判断，"鱼之乐"只是庄子以其恬适之心对鱼作直观观照时获得的一种直观感觉，作出的一种直观判断，是并无多少因果道理、逻辑缘由可说的，故对之是不宜作惠子式的逻辑缘由追问的。

徐复观先生在其《中国艺术精神》一书中，曾结合西方美学理论，对庄子所运用的趣味判断及此一判断赖以成立的心理基础作过较详尽的分析。徐先生指出，西方近代以来的美学理论，常

---

① 王国维在《人间词话》中又说："无我之境，人惟于静中得之。"

认为审美是一种依凭知觉进行的孤立化的直觉活动,在审美观照的当下,观照者与被观照的对象直接照面,中间没有一丝一毫的间隔,只有自由的观照心境与赤裸裸的被观照之物,此外更无其他事物、道理、因果关系牵涉其间。而庄子的虚静式心境,只有"待物"的知觉的直观活动,而没有主动的分解性、概念性的活动。在虚静式心境中,物来即应去即止,应物之当下,并无可资计较的前境后境,自亦无计较之心在,所来之物即为此心中的一切,这就有如佛家真境现前,前后际断的意境,而郭象注解《大宗师》篇女偊因外物而"见独"("独"即指"道")时所说的主体"忘先后之所接",也正是此意。这种不涉因果、逻辑的孤立化、专一化的直观活动,正是美的观照得以成立的重要条件。总之,在虚静式心境中,主客合一而两忘,心与物"冥",而"与物冥之心,即是作为美地观照之根据的心。与物冥之物,即成为美地对象之物。这是在以虚静为体之心的主体性上,所不期然而然的结果"。徐先生又评论《秋水》篇"濠上之辩"说:"庄子的艺术精神发而为美地观照,得此一故事的对比,而愈为明显。"

徐复观先生还有一个观点应当在此提及,他认为,庄子虚静式心境所提倡的"忘己""忘知",先须有"己"与"知"在,正因为有"己"有"知",其"忘己""忘知"乃有意义;作为忘知之根柢的还是某种程度的知识,若本来完全无知,则孤立化后的知觉特性,便发挥不出来。庄子乃是对当时的知识分子而言忘知的。笔者以为,这一点是很重要的。这里所谓"己""知",就是一个人在进入审美活动时所已具备的方方面面的修养之总和,它应当达到一定的高度,在进入虚静式心境后,它虽因主体要虚怀应物而被自觉"忘"掉,但事实上,它仍潜在地起着作用,它正是虚静式心境得以成为纯粹审美心胸的重要潜在根据。没有这样一个达到一定高度的修养总和,审美活动难以在一定高度上展开,"忘"与"虚静",在根本上也就失去了意义。一双不懂音乐的耳朵,纵虽全然"忘己""忘知",彻底"虚静",也仍然是难以领悟高妙音乐的精微所在的。

徐复观先生认为庄子虚静式心境实是美的观照得以成立的根源性根据，其所论多有道理。由于其所论已详，故本文只作如上略述，不再细说。要之，庄子的虚静式心境，虽并非为实际的审美活动而设，却是完全通于审美鉴赏的主观心境的，甚至就是一种较纯粹而高级的审美鉴赏主观心境。

四 逍遥——绝对的精神自由

逍遥游（亦称"逍遥""游"），是庄子的最高人生理想，是庄子人生论的最终指向，也是庄子思想的制高点。它的精神，贯穿整个庄子思想。无怪有的学者认为，逍遥游实为《庄子》一书之"通义"。那么，何为"逍遥游"呢？成玄英在《庄子序》中引穆夜之解说云："逍遥者，盖是放狂自得之名也。至德内充，无时不适；忘怀应物，何往不通。以斯而游天下，故曰逍遥游。"此一解说是很能得"逍遥游"之真髓的。总之，"逍遥游"就是精神的彻底解放，自得自乐，往来无羁，通行畅快，无限自由。"逍遥游"是典型的庄子语言，但庄子谈得最多的，是与"逍遥游"完全同义的"游"。且观数例：

> 《逍遥游》："乘天地之正，而御六气之辩，以游无穷者。"
> 《齐物论》："乘云气，骑日月，而游乎四海之外。"
> 《人间世》："乘物以游心。"
> 《应帝王》："游心于淡，合气于漠。"
> 《德充符》："游心于德之和。"
> 《田子方》："游心于物之初。"
> ……………

逍遥游这种精神的无限自由，在根本上得自主体忘我虚怀应物，因而是对来自主观客观及主客观关系的一切羁绊的超越。逍遥游首先是一种"无待"之游。《逍遥游》篇对于"乘天地之正,而御六气之辩,以游无穷者",最为推崇,其称颂之辞是"彼且恶乎待哉?"能为逍遥游者是无待的,也即说,逍遥游本质上正是一种无待之游。所谓"无待",即无所依待,不依凭任何外在事物、关系、力量、条件,也就不受它们的任何牵连制约,精神于是可以自由往来,毫无纤障。要真正成就此无待之游,就要从主客两方面下工夫。从主观方面说,要求"至人无己,神人无功,圣人无名"(《逍遥游》)。即去除主观方面的一切分别计较,包括欲望情感(功名利禄、喜怒爱憎等)、道德善恶、是非毁誉等的一切分别计较。从客观方面说,即突出强调事物的同一性,抹平事物间的差别,以展现一个无差别的对象世界,并尽量拓展此一无差别境界之空间以至于无限。① 这样,以此"无己"之心而游于此无差别的无限之境,精神遂无所拘限也无所羁绊,一任其翛然而来翛然而往,自得自乐;万念万觉都已遣走,唯有一种快适之感犹然存在,甚至连明显的快适之感都行将消失,只剩下那种"忘适之适"式的不觉之"适"隐然存在,且弥漫其间。

上述逍遥游的主要精神,在前文中已反复涉及,故不再细说。这里且来看《逍遥游》篇所载庄子与惠子的一段论辩,通过其"以无用为大用"的思想再具体感受一下庄子逍遥游的精神风貌。论辩中,惠子批评庄子之言好像一棵树干木瘤盘结不中绳墨、小枝弯曲不合规矩的大树,大而无用,为众人所抛弃。庄子回答说:"今子有大树,患其无用,何不树之于无何有之乡,广莫之野,彷徨乎无为其侧,逍遥乎寝卧乎其下。不夭斤斧,物无害者,无所可用,安所困苦哉!"无何有,成玄英疏云:"犹无有也……不问何物,悉皆无有,故曰'无何有之乡'也。"则"无何有之乡"与"广莫之野",正是一个虚寂广远的无限之域。成玄英又疏曰:"彷徨,纵任之名;逍遥,自得之名。亦是异言一致,互其文耳。"陆德明《经典释文》:

---

① "逍遥游"或"游"之对象,皆为无限之境域,如"无穷""四海之外""道""物之初",等等。

"彷徨,犹翱翔也。"则"彷徨""逍遥"皆纵任自得、自由翱翔亦即精神自由之表现也。在惠子(及一切以实用眼光看待世界的人)的眼中,树虽大,而无实用功利价值,即为真正无用之物。而在认为"知无用而始可与言用矣"(《外物》篇载庄子语)的庄子看来,物无实用功利价值,非但不为无用,反而正可成其大用。似乎无用的大树,何不将它树之于虚寂广远的无限之境域,任精神自由翱翔于其侧其间呢?能成就人的精神自由,正是物的最大之用。庄子以无用为大用的"大用",既不指向实用功利,也无益于认识,而纯然是指向精神的自由与快适,而这就与康德所认为的作为"纯粹无关心的满足"的审美判断或趣味判断非常相近了。

庄子以"逍遥游""游"有时甚至是"道"为表征的自由精神,是一种纯粹的精神自由,它摆脱了一切对立分别和欲望功利的羁络,而仅仅突出地强调着精神的无限自由与快适。徐复观先生认为,庄子的"道"就其本质而言可说是一种艺术精神,其"道"只是他的"现实地、完整地人生,而不必一定落实为艺术品的创造。但此最高的艺术精神,实是艺术得以成立的最后根据"。诚如徐先生所言,庄子的自由精神只是其现实的人生或现实人生中表达出来的一种精神指向,它与艺术、审美精神明显相通或者可以说它本质上就是一种艺术、审美精神,但它本非为艺术审美而发,亦不必一定要落实到现实的艺术、审美的实践活动之中。然而由以上各节中我们又看到,由于它在根源之地与艺术、审美精神的相通,因此当它与艺术、审美实践活动有意无意地遭遇之时,当它被有意无意地在艺术、审美实践活动中加以运用时,它又是完全可以落实到现实的艺术、审美实践活动中去的,并在艺术创造、审美鉴赏等多方面表现为相当高级、纯粹而又有极高运用价值的艺术、审美精神。上文提到的《庄子》庖丁解牛、梓庆为鐻、濠上之辩,朱庭珍"诗家用笔当如庖丁用刀"说,邵雍"以物观物"说,王国维"无我之境"说等,都是这方面很好的例证。

以上从美学的角度沿庄子哲学的逻辑结构对庄子哲学的四个主要

环节作了一番浏览考察。我们看到，浓浓的美学意味弥漫在庄子的整个哲学结构中，庄子哲学的每一个环节都完全可以从美学的角度加以看待和解释，庄子哲学体系是可以同时也看作一个美学体系的。从哲学上看，庄子哲学的三大组成部分（宇宙论、认识论、人生论）有其固有的逻辑结构，即：以宇宙论（道论）发端，经过认识论（齐物论、真知论）的展开，归结于人生论（逍遥论）。作为庄子哲学的归结，逍遥论既是人生自由论，也就是与道为一。而从美学上看，充满自由精神的逍遥论就是庄子美学的核心、目的与归宿，它并影响着庄子哲学结构的各个环节，使它们共同组成一个完整的美学体系。本来，"道"是宇宙的本体万物之根源，但因受到自由精神的影响或说因要为自由精神的实现服务，"道"又展现为一个任人的精神进行逍遥游的无限对象，或说展现为一个呈现于至人心中的无限自由的主观意境（"至美至乐"之所在），乃至展现为一种超越于必然、规律之上的自由精神。所以，可以说"道"既是客观存在的宇宙本体，又是至人们心中的主观意境，乃至一种自由精神。为了实现"体道"、与道为一，同时也就是为了实现逍遥游，庄子的认识论也显得自具特色。他的齐物论就不仅是一种颇有特色的认识方法论，而同时也是一个充满快适的无差别境界；他的真知论就不仅是一种独特的认识论真理论，而同时也以它独特的方式催生了一种通向艺术审美的空明心境。而终于，经过了在宇宙论和认识论之中的翱翔和发散，并在其间使自身的价值和意义得到了确证之后，自由精神回到了自身（逍遥论）。总的来说，庄子美学以颇通于艺术审美精神的自由精神（逍遥游）为核心和目的、出发点和归宿地，此精神在庄子哲学各主要环节中依次展开并贯注其间，发生了重要的影响，遂引致庄子哲学各主要环节在美学方面纷呈异彩，而此精神在这纷呈的美学异彩之中充分展现出自身的美学价值与意义之后，最终又回到了自身。显然，这是一个美学体系，而且是一个相当完整的美学体系。

（作者系云南大学文学院教授、博士生导师）

道家经典思想阐释

《黄帝四经》之"称经"析论

王伟凯

《黄帝四经》之名始见于《汉书·艺文志》，并无作者之名，仅谓"《黄帝四经》四篇"①，《汉书》的完成时间为东汉章帝建初七年（82年），说明迟在东汉初年，该书尚存。但到唐太宗贞观年间魏徵负责修撰的《隋书》中已无见载，说明在唐朝初期，该书已经遗失或者说已不再入官方正统的"法眼"，所以未被列入《经籍志》，应该说魏徵在修撰《隋书·经籍志》时，还是很重视图书之价值的，"夫经籍也者，机神之妙旨，圣哲之能事，所以经天地，纬阴阳，正纪纲，弘道德，显仁足以利物，藏用足以独善"。隋朝时对图书的搜集也是花费了很多气力，"隋开皇三年，秘书监牛弘表请分遣使人，搜访异本。每书一卷，赏绢一匹，校写既定，本即归主。于是民间异书，往往间出"。即便如此，也未见《黄帝四经》一书出现，说明该书极有可能遗失不存。至于清乾隆时期修撰的《四库全书》中，更无该书的记载。

至于为何称为"称"，按著名历史学家李学勤先生考，"称"本义为"宣称"，引申为语句的汇集，"'称'训言或述，指语句的汇集"②。细观《黄帝四经》全文，多为格言、习语，对人的行为活动和思想认知很有启发。所以对这些格言习语进行诠释，体悟其中蕴含的道理，不但可以使我们更好地理解战国时期道家的社会思

---

① 班固：《汉书》卷30《艺文志》第10，中华书局1962年版，第1730页。
② 谷斌等注释：《黄帝四经注释》，中国社会科学出版社2004年版，第87页。

想，而且对我们今天的一些社会活动，也有一定的借鉴意义。

一　对"道"的认知

"道"是道家理论的核心，很多思想家都对"道"有过自己的阐释，如老子就提出了"道者，万物之注也"，"道恒无名"等观点，而"称经"对"道"的认知基本上反映了战国时期人们的道家观。

首先，"称经"认为"道"没有始端但却能够化生万物。如在第一段就指出："道无始而有应。其未来也，无之；其已来，如之。有物将来，其刑（形）先之。建以其刑（形），名以其名。其言胃（谓）何？"

显然这一观点是在领会老子关于"道"的基础上的进一步推演，老子在《道德经》中云："道冲，而用之或不盈。渊兮，似万物之宗。（挫其锐，解其纷，和其光，同其尘。）湛兮，似或存。吾不知谁之子，象帝之先。"[1] 也就是说，道是空虚的，然而使用它或许不会穷尽，道好像是万物的宗主……我不知道它是谁家之子，好像是在天帝之前。显然，这里表述的就是"道"是在宇宙出现之前就存在了，它的起始究竟在哪里，一时还很难说明白。就是这个道却化育了自然界的万物。

"道"在未化的时候，一切都是"无"，已化之后，我们就要"如"之，也就是遵循它。有东西要出现的时候，肯定先表现出来的是形体，按照它的形体来使用到合适的地方，按照它的名称来称呼它。

这一段实际上也可以理解为《道德经》首篇中"道可道，非常道；名可名，非常名"的另一种诠释。

本段中对"道"的认知与《淮南子》中的认知很是一致，将

---

[1]　饶尚宽译注：《老子》，中华书局2006年版，第11页。

道作为自己宇宙论哲学的最高范畴,如《淮南子》卷1《原道》中就称:"夫道者,覆天载地,廓四方,柝八极;高不可际,深不可测;包裹天地,禀授无形。"由此可以推断,自战国之后,人们对"道"已经趋于神化的认识,进而产生了一种敬畏?

其次,既然"道"是"万物之源",那么我们在生活中就要循道而为,在日常生活中就要有边界意识。"环(刑)伤威,也(弛)欲伤法,无隋(随)伤道。数举参(三)者,有身弗能葆(保),何国能守?"任何人都要在一定的范围内展开社会活动,不能超越边界,如果超越了边界,就会给自己带来麻烦。"边界"是社会学中的名词,原来我们经常用"度",二者的含义基本相同。"边界"给了人一种规范,在规范内活动,人的生活就会太平;超越了规范,可能就会给自己带来麻烦。

人是如此,家是如此,国也是如此,只要是由人组成的行为体的组合,就要遵循"边界"。所以我们在行为时,一定要找准边界,不能随意跨越,因为跨越的后果是不堪设想的。老子在《道德经》中提到了"少私寡欲,绝学无忧",即减少私欲,杜绝世俗之学,就不会有忧患。应该说这与本段的内涵有一致之处。

社会运行是有规则的,所以人的行为也要有规则,"有义(仪)而义(仪)则不过,侍(待)表而望则不惑,案法而治则不乱"。而规则是维系社会正常运行的一种约束,有了社会公认的规则,大家都按照这一规则去从事,那社会就能有秩序。法令就是一个国家的规则,如果国家没有法令,也就没有了遵循的标准,如果人人都按照自己的欲望和要求从事,国家肯定就会变得混乱不堪,相反有了法令,国家就会安定。

道家实际上也很讲究秩序,只不过是把"道"作为秩序,通过对"道"的领悟来约束自身的私欲,也就是自律。老子认为:"镇之以无名之朴,夫将不欲,不欲以静,天下将自正。"但在现实生活中,不是每个人都能够领悟和践行"道"的,所以就要制定法令来限制人们的"私欲",也就是他律。只要把"私欲"控制在了一定范围，国家就不会出现动荡。

"圣人不为始，不专己，不豫谋，不为得，不辞福，因天之则。""法则"也就是秩序。圣人之所以是圣人，就在于其做事不挑起事端，不固执己见，不预为阴谋，不贪图所得，不辞推福分，并且能够遵循天之法则，也就是自然法则。

在道家文化中来，自然界存在着一种天然法则，就是事物的运行规律，也就是"道"，我们在行为时就要遵循"道"，所以即使是"福"来了，也不要为了显示自己的道德高尚而去辞推它，而是高兴地接受。做人做事要顺"势"，不预先为自己设定一种框框，而是根据事情的发展来处理，顺天应人而为。

第三，变化是事物正常的发展行为，要辩证认识"变"。"凡变之道，非益而损，非进而退，首变者凶。"既然运动变化是常态，静止是一种非常态，那么变化肯定也是有规律可循的，并非无规则。

这里认为只要变化就是后退、就是减损，首先变化的是为凶事。应该说这种认识是基于时代的总结，当时人们只是从日常生活出发，认为彼此按部就班生活，日出而作、日落而息就是其乐融融的，如果把这种生活状态变化了，其乐融融就不存在了，所以认为是"凶"。这一观点当来源于老子的"小国寡民"思想，"小国寡民，使有什伯之器而不用，使民重死而不远徙……甘其食，美其服，安其居，乐其俗。邻国相望，鸡犬之声相闻，民至老死，不相往来"①。这种生活状态看起来就是静止的，向往这种生活者，认为如果变化了这种生活，那么就不好了，就是一种凶。

"失其天者死，欺其主者死，翟其上者危。"也就是说，人们在做事时，要关注一些点，丧失天助者死，指的是违背自然规则，所谓逆天而行；欺骗主上的人死，因为古代社会的等级秩序森严，下者欺骗上者肯定要受到惩罚；声名和权势与主上相匹配者危，主上

---

① 饶尚宽译注：《老子》，中华书局2006年版，第190页。

与臣下是处于不同层级的，属上下隶属关系，处于管理和被管理的状态，所以自己的名声、权势一定要保持与主上的差距，这也就是一种自保的方式。后世政治家提出要防止"功高镇主"，要能够"急流勇退"就是这个意思。

二　对"生活"的认知

道家理论很是重视生活，因为生活与人自身行为密切相关，只有行为得当，才能使得生活惬意。"心之所欲，则志归之。志之所欲，则力归之。故巢居者察风，穴居者知雨，忧存故也。忧之则取，安之则久。弗能令者弗得有。"

首先，忧虑并非一件坏事情。"忧之则取，安之则久"的含义就是说，有所忧虑就能平安，而平安才能长久。因为一个人当心有所向往时，就会化为意志，意志之所求就会变为行动。向往、意志、行动是人行为发生时的三个环节。人在生活中，一定要对未来和发展的过程，多思考一下其中可能存在的困难，这样就能"预"，就能对可能出现的问题有应对的心理及准备。

其次，居住环境在一定程度上影响了人的发展。所谓"居不犯凶，困不择时"。

也就是说，在选择居住地点时，一定要了解周围的环境，这样才能避免环境对人的影响，古人之所以强调堪舆学和风水学，就在于对居住环境的重视。"宅者，乃是阴阳之枢纽，人伦之规模，……凡人所居，无不在宅，虽只大小不等，阴阳有殊，纵然客居一室之中，亦有善恶，大者大说，小者小论，犯者有灾。"① 人的困顿有时很难预知，随时都可能出现，但肯定是有原因的，或者由于我们的行为，或者由于我们的言语，只是没被重视起来，被忽略了。出现了困厄，不能惊慌，而是要积极采取措施，改善目前的生

---

① 黄帝：《宅经》卷上，文渊阁《四库全书》本第808册，齐鲁书社1986年版，第2页。

活环境，从而走出困顿。

第三，"物极必反"是道家重要的辩证思想，运用到生活中就是任何事情不能"过"和"满"。"不士（仕）于盛盈之国，不嫁子于盛盈之家，不友□□□易之（人）。"也就是说，不在过于强盛的国家为官，不嫁女于过度兴旺之家。这一论断建基于道家的变化观点，因为强盛到极点就要走向衰落，兴旺到一定程度也要走向萧条。中国传统文化中有"月满则亏，水满则溢"的认知，认为任何事物发展到极点后就会走向对立面，这实际上就是警示人们在处理问题时要注意态度选择。

"□□不执偃兵，不执用兵，兵者不得已而行。"不能放弃武力，但也不能穷兵黩武，兵戈之事是不得已才采取的。兵，在中国传统文化中，一直被视为不祥。"夫兵者，不祥之器，物或恶之。"① 著名军事家孙武也说："兵者，国之大事，死生之地，存亡之道，不可不察也。"所以对武力的使用必须慎而又慎。

在涉及君臣、上下级关系方面，"称经"的理论是："不受禄者，天子弗臣也。禄泊（薄）者，弗与犯难。故以人之自为，不以人之为我也。"众所周知，俸禄是君与臣之间付出与回报的关系。臣下之所以为君主付出，固然从精神层面来说，是为了实现自身价值，但从物质层面来说，则是获得一定的物质来支撑自己和家人的生活，也就是说，通过自己为君主的奉献获得生活资料。如果不接受这种俸禄，那么君主就不应该把他视为臣子，因为不拿俸禄，他肯定还有其他目的。如果只拿少薄的俸禄，那么君主也很难与其共同应对困难。这句话实际上讲述了君主与臣下在物质方面的关系，实际上这也符合普通的人性认知，因为品德高尚、不索取只给予的人有，但毕竟是少数，人与人之间存在的最多的是一种付出与回报的关系。

此外，关于伦理文化方面，一般来说，"伦理"多认为是儒家

---

① 饶尚宽译注：《老子》，中华书局2006年版，第79页。

文化的产物，实际上这是一种误解，在中国传统文化中，"伦理"是一种核心的存在，只是儒家把"伦理"文化衍化到了人生活的各个方面，且以伦理为基础建立了自己的学说。

道家对伦理有自己的解释，且是建立在"道法自然"的基础之上的，如"称经"第十四段就指出："天子之地方千里，诸侯百里，所以联合之也。故立天子（者，不使）诸侯疑焉。立正敌（嫡）者，囗不使庶孽疑焉。立正妻者，不使婢妾疑焉。疑则相伤，杂则相方。"也就是说，天子统辖之地方圆千里，诸侯统辖之地方圆百里，为什么有天子、诸侯之分，是为了使诸侯不生觊觎之心。就像一个家庭一样，立嫡子，是为了不使庶子生觊觎之心；立正妻，是为了不使妾生有觊觎之心。这是对古代社会伦理规则的一种解读，天子与诸侯的关系、嫡子和庶子的关系、正妻和小妾的关系，都需要有一种规则来维持，如果失去了规则，就会产生混乱，也就是说，有了觊觎之心就会互相伤害，没有规则就会相互妨碍。规则是限制觊觎之心的，至于能否限制住，那是另外的问题。

关于自己的行为与他人对己的态度之间的关系方面，"称经"说："行曾（憎）而索爱，父弗得子，行母（侮）而索敬，君弗得臣。"也就是说，如果想获得他人的爱戴，自己的行为就必须良善；想要获得他人的敬重，自己的行为也必须高尚。也就是说，自己的行为决定了自己在社会上的认可度。

"山有囗，囗囗屯屯。虎狼为孟（猛）可盾，昆弟相居，不能相顺。同则不肯，离则不能。伤国之神。囗囗不来，胡不来相教顺弟兄兹，昆弟之亲，尚可易哉。"这段话实际上讲述的是兄弟之间应该和睦。凶猛的虎狼都可以驯服，兄弟相处怎么就不能和顺呢？如果兄弟不和睦，祖先在黄泉下也会不安宁。在社会上没有什么能够代替兄弟之间的亲情。儒家虽把兄弟列为五伦，但却没有如此深邃地论述兄弟之间的情感。道家是把祖先搬了出来，用祖先能否泉下安宁来讲述兄弟和顺的重要，显然比儒家只讲现实中的"兄友弟恭"更有说服力，因为古人对祖先崇拜还是很重视的。

三 对"国家管理"的认知

无论是儒家还是道家，其学说的出发点都是如何更好地管理国家，这在《道德经》中颇有体现，如"治大国若烹小鲜，以道立天下，其鬼不神"。而在"称经"中，则进一步完善了这一认知。

首先，"称经"强调统治者必须公平公正。"天制寒暑，地制高下，人制取予。取予当，立为□王。取予不当，流之死亡。"天、地、人在中国传统文化中被称为"三才"，天有寒暑之分，地有高下之别，人制定了给予和取得的规则。给予和取得必须公平公正，只有公平公正，才能被他人所拥戴，也才能在人们心中有威望。公平公正的给予和取得不是随心所欲的，而是要遵循一定的规则，如果违反了规则，就会面临灾祸，甚至是性命之忧。统治者权力在身，给予和取得全在一念间，这个"一念"的关键就是必须合理、公平，只有这样，才能使自己的地位得到巩固。

其次，统治者要维护法令的尊严。法令是维护统治的另外一个手段。"世恒不可择（释）法而用我，用我不可，是以生祸。有国存，天下弗能亡也。有国将亡，天下弗能存也。"作为维系国家统治和社会秩序的根本，放弃了法令，那国家就会瘫痪，社会就会大乱。不能凭个人的私意行事，如果完全凭个人的私意，那无论是国家还是个人都会产生祸患。应该说这一表述与管子的观点很是一致，管子曰："法度行而国治，私意行则国乱。"战国时著名思想家韩非子也曾言："道私者乱，道法者治。"说的都是同一个道理。

"隐忌妒妹贼妾如此者，下其等而远其身。不下其德等，不远其身，祸乃将起。"作为统治者来说，亲近什么样的人，疏远什么样的人，应该有清晰的认识，如果不清晰，那自身就会出现灾祸。诸葛亮在《出师表》中曾言："亲贤臣，远小人，此先汉所以兴隆也；亲小人，远贤臣，此后汉所以倾颓也。"说的也就是这个意思。至于"内事不和，不得言外。细事不察，不得言（大）"，则是表述如果内政之事混乱，那么就暂时先不与之谈外交；如果小事不能明察，那么就不能与之言大事。

对于禁令也要自上而下遵守。"减衣衾，泊（薄）棺椁，禁也。疾役可发泽，禁也。草苁也浅林，禁也。聚□□隋（堕）高增下，禁也。大水至而可也。"国家有国家的禁令，这是必须要遵守的，这些禁令的制定一般都符合当时的文化和风俗习惯。至于为何这样规定，也肯定有其理由。禁令实际上反映了当时人们的一种观念，如不得违反丧葬标准，应该是儒家文化所提倡的，尤其是《礼记》中规定得很详细，就拿棺材的尺寸来说："君大棺八寸，属六寸，椑四寸。上大夫大棺八寸，属六寸。下大夫大棺六寸；属四寸；士棺六寸。君里棺用朱（绿），用杂金簪，大夫里棺用玄（绿），用牛骨簪，士不绿。君盖用漆，三衽三束。大夫盖用漆，二衽二束。士盖不用漆，二衽而束。"① 这种标准一方面反映了对逝者的尊重，同时也是等级秩序的体现。

第三，百姓是国家统治的根本。要尊重百姓，尤其是面临战争时，要以百姓为中心。"雷□为车，隆隆以为马。行而行，处而处，因地以为资，因民以为师。弗因无𧘂也。"出兵作战，车马行动，要按照地利而行，并把老百姓作为师，这样就能够成功。如果不按地利、不尊重百姓，那么就很难取得效果。

显然这里强调了两点，一是强调要善察地利，也就是客观环境的作用；二是强调要重民，只有重民，才能得到百姓的拥护。正如孟子所言："民为贵，君为轻，社稷次之。"这实际上反映了当时的重民思想。

在生活方面，统治者也要尽量简朴，与百姓共乐。"宫室过度，上帝所亚（恶），为者弗居，唯（虽）居必路。"把宫室建造得过分奢华，会引起上天的憎恨，建造的人也不要居住它，如果居住进去必定会住不长久。这里实际上说的是为

---

① 陈戍国：《周礼仪礼礼记》，岳麓书社1989年版，第460页。

君者要禁止奢靡，因为"宫室"是君主居住地的代名词，君主奢靡，肯定要取财于百姓，那百姓的生活就会受到影响，进而百姓就会对君主的统治产生反感乃至反抗，君主的统治就会出现问题。

"阳亲而阴亚（恶），胃（谓）外其肤而内其±。不有内乱，必有外寇。肤既为肤，±既为±。内乱不至，外客乃却。"对一个国家来说，君臣、国民同心是很重要的，如果面和心不和，国家没有内乱，也会招致外敌入侵。相反，如果君臣能够上下一致，表里如一，即使有外敌侵入，也会被打退，国家内部更不会发生大的战乱。可见团结一致的重要性。在一个团队里面，上下一心，精诚合作是最重要的，能够使得这一团队充满正气，外来的东西很难侵入，相反，如果团队涣散，那做事就很难取得成功。

> 天有明，而不忧民之晦也。（百）姓辟（避）其户牖而各取昭焉。天无事焉。地有（财）而不忧民之贫也。百姓斩木艾新（薪）而各取富焉。地亦无事焉。

对一个国家来说，如果国政清明，那么老百姓就会安居乐业。作为国君也不会为百姓过多地担忧。天和地都是一种借喻，指的就是统治者，作为统治者，只要清明为政就可以了，清明了就可以实现"无为而治。"

"臣有两位者，其国必危。国若不危，君曳存也。失君必危。失君不危者，臣故佐也。子有两位者，家必乱。家若不乱，亲曳存也。（失亲必）危，失亲不乱，子故佐也。"一个国家如果有两个位高权重、势相匹敌的大臣，那这个国家必定面临着危险。一个家庭如果有两个权位相当的儿子，这个家庭也必定要乱。如果没有发生内乱，是因为国君和家长的威信，再有就是大臣和兄弟们能够固守尊卑差等。

这句话实际上是对人性的一种分析，因为在权位面前，能够淡泊的人少而又少，所以在治理国家和家庭时，就要实行一人权重制，只有这样，才可能不发生内乱。至于所选之人的本领能力如何，能否驾驭，那是另外的问题。从制度上来说当是如此。应该说这句话是对"集权"统治提供的一种理论支持，同时作者也是看到春秋战国时，一些诸侯国家内乱多起因于权力争斗，所以才根据现实提出的这一论断。

"不用辅佐之助，不听圣慧之虑，而侍（待）其城郭之固，古（怙）其勇力之御，是胃（谓）身薄。身薄则贷（贰）。以守不固，以单（战）不克。"作为国君统治者来说，如果不依靠辅佐大臣的帮助，不听取贤圣敏慧者的意见，只是依赖城池的坚固、士兵的勇敢，那么很容易使自己陷入窘迫的境地，在这种情况下守御也很难成功，征战也不能克敌制胜。这句话实际上提醒国君，智谋是很重要的，单纯依靠甲兵并不一定能够胜利。在战争时，要依靠众人的智慧帮助，也就是战略的运用，只有战略运用得当，才能取得成功。

只有做到了以上几点，国家才能强盛，强盛了才能有话语权，"强则令，弱则听，敌则循绳而争"。国家强大就可以号令他国，国家弱小的话就只能听命于别人，如果势均力敌的话就可以据理力争。这虽然是个常识，但这里之所以强调出来，是对统治者的提醒，建议统治者应该使自己的国家强大起来。

四 对"顺应自然"的认知

道家很是强调"顺势而为"，这在"称经"中也多有体现。如第二十五段就指出："毋先天成，毋非时而荣。先天成则毁，非时而荣则不果。"

意思是说，不要先于天时有所成就，不要不合时令开花。如果先于天时有所成就的话，可能会遭到毁弃；不合时令开花的话，也不会结出果实。

古人基于当时的认知，认为一切都应该顺时而为，按照自然规律从事活动，如果出现了违背自然规律的现象，那后面的结果也不会很好。也就是说，人应该遵从自然的规律。

"日为明，月为晦。昏而休，明而起。毋失天极，厩（究）数而止。"进一步阐述了做事要合乎天道，"昏而休，明而起"就是我们常说的"日出而作，日落而息"，实现人与自然的协调一致活动。并提醒人们做事千万不能违反天道，天道要求我们不去做的就不要去做。那天道是什么，老子说"天道无亲，常与善人"，可见指天运行的规律和规则。"坤（卑）而正者增，高而倚者崩（崩）。"虽然低矮，但如果端正就能增高；虽然高大，但如果倾斜就会崩塌。隐喻到做人也是如此，必须端正为人，端正做事，只要端正，即使低矮丑陋，在别人看来形象也是高大的。

"天下有参（三）死：忿不量力死，耆（嗜）欲无穷死，寡不辟（避）众死。"天下有三种情况必死无疑，一是不自量力，二是嗜欲无穷，三是寡不敌众。所以做人做事一定要充分考虑这三点才能保护好自己。这句话说得虽然有些严重，但确实给我们一个提醒，因为做事的时候，我们必须有充分的估计和安排，只有客观地筹谋，才能取得效果，不至于使自身受到伤害。

"无为"是道家学说的另外一个重要方面，通过"无为"实现"无不为"的目的，"称经"第三十四段指出："弗同而同，举而为同。弗异而异，举而为异。弗为而自成，因而建事。"也就是说，并不相同而使之相同，肯定是人为的原因；并不相异而使之相异，也肯定是人为的原因。只有没有人为的介入自行成就的，才能成事。可见这句话是关于"无为"的主张，是对"无为"的进一步诠释。"无为"是道家思想的重要元素，所谓"为无为，则无不治"[①]。道教经书《太平经》也称："天地之性，万物各自有宜。当任其所长，所能为。所不能为者，而不可强也。"

---

① 饶尚宽译注：《老子》，中华书局2006年版，第8页。

"善为国者，大（太）上无形，其（次），下斗果讼果，大（太）下不斗不讼有（又）不果。大（太）上争于□，其次争于明，其下（救）患祸。"治理国家到底采取什么样的措施为好？如果不使用刑狱使国家得到治理是最好的，如果百姓通过争斗解决了争执或者通过诉讼解决了也可以，最坏的做法是既不允许他们通过争斗来解决争执，又不能进行诉讼等方式做出裁决。这段话实际上还是暗含了"无为而治"的思想，即让老百姓自己来解决争端，通过争端的解决，使他们明白天理，然后统治者给予引导，从而实现太平。

总之，通过对"称经"的释论可以看出，该篇存在着如下特点，首先，该篇的思想并非仅以道家为主，而是吸收了儒家、法家、阴阳家等众多学派的思想，可谓多种思想的整合。其次，该篇以"人与自然"和谐相处为主线，处处强调"天道"，并把对"天道"的认知上升到了更高的层次，如果说老子提出了"天道"，那么"称经"则是对在现实生活中遵循天道做了引导。第三，该篇的思想强调秩序、强调尊卑，这与儒家的观点很是接近，所以是否可以推测，在战国时期，儒、道之间并没有清晰的界限，而是在碰撞中完成了思想的共同发展，只是各自思想的立足点不同而已。就像儒家也讲"道"一样。第四，该篇作为《黄帝四经》的组成部分，虽然篇幅不是很大，但却部分地反映了当时人们的行为习惯和思想特征，可谓战国时期道家思想的重要展现。

（作者系天津社会科学院哲学所研究员）

论《太平经合校》乙部中人的养成与价值

龚千容

道教早期经典《太平经》尝试对宇宙变化、生物繁衍、人类政治社会秩序等做出诠释，也提出了一定的规定性要求。《太平经》全书显著地体现了人这个立足点，其中心思想在于教导人做到与道合同，进一步可致太平。在目前研究《太平经》使用的主要文本——王明先生所编《太平经合校》中，甲部阐释了《太平经》的上古帝王系统，乙部开始具体说明《太平经》倡导的道教修炼方法与价值体系，其首先聚焦的重点就是人的养成与作用。其中，《太平经》着重强调了体内神在人进行的整个道教修炼和实践过程中，是一个关键的枢纽环节和参照对象。而人在恰当地通过对体内神的感知进行修炼的过程中，所获得的经验及手段，则将成为人参与社会实践，在更广阔层面上进行道教实践的凭依。对于如何对体内神进行感知，《太平经》讨论的是人如何独立自主地对社会和自然变化做出反应，又将会得到何种反馈的问题。在这个过程中，《太平经》向其读者传递了这样一种行为参考模式：通过对物质身体的存养确立自身，通过守神使体内神发挥其作用，实现状况良好的生命活动。为了实现这些环节，人需要将宇宙化生及其根源元气中所带有的情感、意志和道德选择贯穿到自己的行动中。《太平经》还要求人通过正确的修炼和实践之法，将个人存养的方式和冥思所得贯彻下去，体现阴阳与三统之调和，成为参与社会政治乃至宇宙变化活动的一个枢纽性存在。《太平经》尤其重视以社会及政治实践的效果反映这种行为模式的成效，体现出人在正确的道教修炼和实践方式的帮助下能够达成的事功，和这种超脱了单一个体身份的人作为宇宙自然枢机的价值。

一 身体作为人存在的结构性要素

（一）身体对人的边界性意义

《太平经》中对人所做的塑造，首先可见于其对人的身、神关系的阐发。在各种宗教和思想中，常有人的精神性存在高于物质性存在，身体是灵魂的桎梏与窠臼，是需要抛弃的观点。但《太平经》却极为鲜明地表达了"不善养身，为诸神所咎"[①]的观点。现世之人作为一个意志与肉体合一的统合存在并非《太平经》的特点，但显然在《太平经》中，这种统合更为彻底：在佛教、基督教等宗教或思想中，人要实现超越，需要灵魂放弃肉身，超越不在此时完成，而需要在与物质肉体无关的其他世界完成；但在《太平经》中，超越是现世的，是由人的精神意志与肉体共同实现的，二者不可偏废。

《太平经》对人身体存在的正当性与重要性所做的阐释首先在于它对人的生成过程的描述。"天之使道生人也，且受一法，一身七纵横阴阳，半阴半阳，犹能相成。"[②] 人在生成的当时当地，由道承受了天所赋予的"一法"，但这仅仅说明了人的生成由天地规律而起，是对人的形成所涉及的标准和依据的准备。而要真正实现人的生成，则赖于"一身"。排斥身体存在、贬抑身体价值的思想，强调竭力摆脱肉体，以使精神意志之作用充分发挥，其一个主要动机就是对杂多的厌恶以及对一个绝对性本原存在的寻求。《太平经》则反映出对身体表现的杂多和变化不居的

[①] 王明编：《太平经合校》，中华书局1980年第2版，第12页。
[②] 同上。笔者对此处标点进行了修改。

接纳和肯定态度。也就是说，只有阴阳的相互作用及其所带来的生命活动，才能为身体的塑成提供发端。

通过肯定物质性身体的存在价值，《太平经》走出了人的养成中的关键一步：物质性的身体存在直截了当地确立了人的边界所在，并因此带来了人作为一独立个体存在的可能性。边界对于一个并非完全孤立而与他者发生接触的个体十分重要，正如小到一个细胞有细胞膜而确立其与其他细胞的界分，大到一个国家以国界与其他地区分开。虽然边界的构成和种类并不一定以有形之物为准，但无疑，有形之物是其中最为直观的。边界是个体的结构性需求，有了边界，才有了个体内部活动发生的空间，个体与他者发生关系的场域才有了明确的标志。因此，《太平经》中对养身的强调，首先是对人的基本结构性要素的强调。物质性身体的存在让人不必担心会消解在庞大而复杂的宇宙空间中，确保了人在与道合同的进程中个体身份特征的持存，提供了作为人与道合同的基本可能性，即人本身的确实存在。

就《太平经》来看，身体首先为人的存在提供了结构性要求，对道教本身来说，它还是最基本的实践空间。考察《太平经》中涉及的道教修炼方法，不难发现道教实践常常需要独立且与周围环境分开的空间，而其所要求的空间则与人的塑成过程中，在物质身体这一结构内得到的空间有相似性。可以说，道教正是将物质身体为人所带来的便利推而广之，设定了其对更多层面和范围的修炼空间的要求。如乙部的《合阴阳顺道法》提出了"瞑目还自视，正白彬彬"[1]的要求，而将其稍作扩展，就是丁部《戒六子诀》中的"古者大圣教人深思远虑，闭起九户，休其四肢，使其混沌，比若环无端，如胞中之子而无职事也，乃能得其理"[2]。对比这两处修炼要求，不难发现它们都要求人在一定程度上关闭与外界发生物质和信息交换的渠道，形成一种"封闭"场

---

[1] 王明编：《太平经合校》，中华书局1980年第2版，第11页。
[2] 同上书，第259页。

所，进入"胞中之子"一般的状态。这十分鲜明地展现了作为独立个体的人与外在环境的清晰界限对道教修炼的重要性。

（二）身体的平台性价值

《太平经》所反映的人的成就是一个持续过程，它要求人要取得长久之治，就必然涉及人的持续保存而不会消解，持续生成而不会衰朽，同时还要能够对外界环境和内部情况持续做出反应而不会沉寂等多方面的要求。因此，身体将不仅是人存在的结构性要素，还成为人生命活动发生所依托的平台，更是人对个体内部和外部的诸种因素进行处理和反馈的场域。

《太平经》明确提出了"重其命，养其躯"[①]的要求，并将其作为尊上爱下乃至达至太和的一项必要前提，可见身体的重要性。同时，身体的养成不是一时一地之功，其贯穿于整体生命的持存中，因为富于生机的身体对人的长久塑成显然十分必要。《录身正神法》中有"人乃道之根柄，神之长也。当知其意，善自持养之，可得寿老。不善养身，为诸神所咎"[②]，即可见持续养身的必要性。《合阴阳顺道法》中则有："若且向旦时，身为安着席。若居温蒸中，于此时筋骨不欲见动，口不欲言语。每屈伸者益快意，心中忻忻，有混润之意，鼻中通风，口中生甘，是其候也。"[③] 这表述了一段典型的身体唤醒的完整过程，其中，身体的生命力是带动整体生命活动的重要动力。身体局部从静态到动态的变化，使人的精神和心灵逐渐活跃，从而带来可见诸微小细节的人的整体复苏。人的生命直接表征在身体的活动上，它开始于局部的屈伸，逐渐完成于器官与外部环境物质交换功能的恢复，完全是以物质身体为依托，并以其变化为显著标志的。不仅是物

---

① 王明编：《太平经合校》，中华书局1980年第2版，第18页。
② 同上书，第12页。
③ 同上书，第11页。

理的生命运动依托于身体本身,"言语自从心腹中出"①,与精神思想关系更为密切的活动也源于身体,因而就《太平经》来看,没有身体及五脏器官,生命活动就丧失了其得以发生的物质空间,甚至可能完全丧失最初产生的机会。

身体的初步塑成来源于阴阳的相互作用,由此,人的身体具有了持续生成变动这一种固有属性。《太平经》明确了这种生成变动的存在,并将之视为身体成就的原因所在,它也贯穿到身体持存的整个过程中。《太平经》将人的生命活动置于肢体器官之上,并通过物质身体进行对生命的直接观察,这样,身体的杂多和变动被正视并被纳入了人的必要结构中,身体的存在也自然成了人的成就在逻辑上的第一步。

二 体内神在个体内承载生命活动并表现道德价值

(一) 体内神充实了人的身体结构

作为具有独立性的个体,《太平经》中人的养成势必至少要满足一个必要条件,即拥有一种内在于个体的、能够激发其生命活动的动力。《太平经》对人物质身体所进行的阐释恰恰反映出其对每个人内部情况的重视,物质身体首先是个体与外部的边界以及个体生命活动的发生平台,但它却为一种更为重要的功能标明了界线,这就是一种明显向内的体验与观察,以及在此基础上所进行的选择和行动,"瞑目还自视,正白彬彬"②正在此列。这就反映了《太平经》中人的养成的第二步,即给出人体内部的生命活动之源,实现对物质身体构成的空间结构的填充,使之涵括内容,具有活力,不因空洞和静止而衰朽崩塌,而能够长效运转。

理解《太平经》如何充实人的身体结构,仍可从其对人一般

---

① 王明编:《太平经合校》,中华书局1980年第2版,第12页。
② 同上书,第11页。

生命活动的描述出发:"夫言语自从心腹中出,旁人反得知之,是身中神告也。故端神靖身,乃治之本也,寿之征也。"① 虽然言语等生命活动由心腹这样的物质身体器官承载并作为媒介,但这些活动的根本源头则是体内神,也就是说体内神才真正能使个人与他人等外部存在进行信息交流。反映在道教的集体修炼上,信众之间的思想和精神交流也源于体内神,这样体内神又在信众的集体活动中起着协调指挥的作用。另外,要实现人的长久持存,对体内神的保存与身体保养是一样重要的。体内神与物质身体一道构成了人的养成持存的根本条件,并共同表现着人的生命情况。

需要注意的是,人的养成中体内神这一要素的加入并不意味着人作为物质性存在这一基本出发点被打破了,也不意味着身体的重要性在人的养成中降低了。体内神之所以对人有极为重要的意义和作用,是因为它存在于人体内,也唯有在人体内,它的功能才能被发挥,其本身也才能得到存养。身与神是不可割裂的,体内神必须依赖于身体才能持续发挥作用:"夫人神乃生内,返游于外,游不以时,还为身害,即能追之以还,自治不败也。"② 事实上,《太平经》以"端神"实现"靖身",用"生于内"的"身中神"填充已经建立的身体,使这个相当脆弱并可能衰朽崩溃的物质性空间结构得到内部支撑。体内神引发了生命变化,并带来了个体生命内外环境的有机交流,最终达到身与神相辅相成的动态完善状态。这种状态是《太平经》中人的存养的理想状态,处于这一状态的人将最大限度地实现与道合同,成为"道之根柄",并在更多、更广的道教实践领域中发挥关键的枢机作用。《太平经》对体内神的阐述鲜明地反映了道教的基本实践方法,即人如何进行个体修炼,从而实现与道合同。

---

① 王明编:《太平经合校》,中华书局1980年第2版,第12页。
② 同上书,第14页。

(二) 体内神实现了天人关系沟通

《太平经》中的"身中神"并非一个单一神明，而是对存在于各脏腑之中的诸种体内神的一个统称，每一种体内神都掌管着一个特定的身体部分或负责某一种身体功能的正常运转。而如果要实现人的生命健康，就需要这些相对分立的体内神维护好对应的身体脏器或功能而不相伤害。这一情形下，不同体内神之间将有和谐的关系，而表现在人的整体生命运动上，它们的作用是并行不悖的。《太平经》还给出了实现各体内神之间和谐关系的有效手段，即"守一"，也就是将存养重点放到人的主要身体器官上，而不是将有限的资源和能力分散在零散而次要的各个方面：

> 人之根处内，枝叶在外，令守一皆使还其外，急使治其内，追其远，治其近。守一者，天神助之。守二者，地神助之。守三者，人鬼助之。四五者，物佑助之。故守一者延命，二者与凶为期。三者为乱治，守四五者祸日来。深思其意，谓之知道。故头之一者，顶也。七正之一者，目也。腹之一者，脐也。脉之一者，气也。五脏之一者，心也。四肢之一者，手足心也。骨之一者，脊也。肉之一者，肠胃也。①

进一步地，守一还体现在守神上，和存养身体主要器官的要求联系起来，则可以理解为重点保守职分在于主要器官的体内神。守神的目的在于使体内神发挥其对于身体存养的作用，达到形神不离："夫人神乃生内，返游于外，游不以时，还为身害，即能追之以还，自治不败也。"②

体内神安居于体内就意味着生命力量的动力之源安居于体内，同时，个体生命与外界进行沟通，就有可能从外部环境获得改善

---

① 王明编：《太平经合校》，中华书局1980年第2版，第13页。
② 同上书，第14页。

个体生命状况的条件:"五脏神能报二十四气,五行神且来救助之,万疾皆愈。"①《太平经》在更加宏阔的宇宙天地层面创造了一套反复的深陷系统,因而,人的个体生命要实现与环境的有机沟通与交融共生,就不可避免地需要依靠体内神。另一方面,借助体内神的存在,《太平经》也通过神仙系统沟通了天人关系,从而能够进一步为道教实践设置要求与标准。

(三) 体内神在个体生命内部进行的自我检视

《太平经》以气化说阐述天地生成的问题,元气作为宇宙之道的流动变化,派生出宇宙万物:"万物之元首,不可得名者。六极之中,无道不能变化。元气行道,以生万物,天地大小,无不由道而生者也。"②《太平经》中的元气一体三名,分别为太阳、太阴及中和,但作为内在同一的元气的不同变化形式,三名之下的元气并无明显的价值等差关系,而其性质上的区别对天地的正常秩序来说则是必要的,所以有"大顺天地,不失铢分,立致太平,瑞应并兴"③。虽然"元气自然,共为天地之性"④,其本身没有价值优劣之别,但元气运动变化的状态却有优劣之分,因而元气本身与它派生出的天地阴阳之气就呈现出感情、意志和道德色彩⑤,从而产生出有价值优劣之分的影响,这些影响又十分显著地作用在人类社会中:"元气乐即生大昌,自然乐则物强,天乐即三光明,地乐则成有常,五行乐则不相伤,四时乐则所生王,王者乐则天下无病,蚑行乐则不相害伤,万物乐则守其常,人乐则不愁易心肠,鬼神乐即利帝王。"⑥ 不仅是人的身体保养与社会维系与元气变化的状态息息相关,事实上,《太平经》将人作为

---

① 王明编:《太平经合校》,中华书局1980年第2版,第14页。
② 同上书,第16页。
③ 同上书,第18—19页。
④ 同上书,第17页。
⑤ 任继愈:《中国道教史》,上海人民出版社1990年第1版,第20页。
⑥ 王明编:《太平经合校》,中华书局1980年第2版,第13—14页。

天地间阴阳变化中起关键作用的枢纽性存在，人行为的正当与否能使元气与其派生物的情感意志状态产生变化，从而对天地运行产生作用：

> 六合八方悦喜，则善应矣；不悦喜，则恶应矣。状类景象其形、响和其声也。太阴、太阳、中和三气共为理，更相感动，人为枢机，故当深知之。皆知重其命，养其躯，即知尊其上，爱其下，乐生恶死，三气以悦喜，共为太和，乃应并出也。①

而"乐者，天地之善气精为之，以致神明，故静以生光明，光明所以候神也。能通神明，有以道为邻，且得长生久存"②。在《太平经》中，元气化生的天地万物具有的情感意志和道德属性通过宇宙中种种存在内含的"神"实现沟通并产生作用，而人的体内神就使人有机地嵌入了这个价值交流机制中。《太平经》就通过体内神这一关节，对人的道教修炼和实践进行指导，连接了本身与价值判断无涉的宇宙存在，以及有价值等差的人类社会实践。

体内神生于人之内并推动了人生命活动的进行，与人的物质身体和诸种活动有十分密切而不可分割的关系。但同时，体内神作为生命活力的来源和人内外交流的根本原因，在人的养成中有较为特殊的自主性，发挥着明显的能动作用。客观上，体内神在对人本身状态和内部情况产生着重要影响时，人的状态和内部情况也展现在体内神的评估范围中。因此，体内神使人可以对自我生命进行检视，这种检视也比处在更宏观层面上的大道对人进行的检验更加切近："还年不老，大道将还，人年皆将候验。瞑目

---

① 王明编：《太平经合校》，中华书局1980年第2版，第17—18页。
② 同上书，第14页。

还自视，正白彬彬。"① 由于体内神连通了天地化生所具有的情感与道德，因此体内神对人所进行的自我检视不是一种机械的对事物的反映，它不停留在对人的个体情况的描述上，也不仅仅是为了改善身体的健康状况，而必然要求人用与道合同的方式改善生命活动状况。正如"天之照人，与镜无异。审详此意，与天同愿，与真神为其安得不吉哉？"② 在这一过程中，《太平经》在道教实践层面上对人提出的道德价值要求也就显露出来。

（四）体内神存养体现了道德要求

《太平经》在对人的存养给出的基本方法在于"端神靖身"。人自道生，因此只有顺应道的要求，与道合同，才能长久保有身体："顺天地者，其治长久。"③ 人在生命过程中其实时时接受着道的检验，其检验的内容即为人进行的生命活动是否与道协调一致。体内神作为宇宙天地间神仙系统的一环，对它的真正存养就在于依循宇宙化生的情感意志和道德判断行事，将与道合同作为人进行社会实践的评价标准和目标。"阳者好生，阴者好杀。阳者为道，阴者为刑。阳者为善，阳神助之；阴者为恶，阴神助之。积善不止，道福起，令人日吉。阳处首，阴处足。故君贵道德，下刑罚，取法于此。小人反下道德，上刑罚，亦取法于此。"④ 阴阳有不同性质的情感意志，体现在人的身上会出现不同的情况，会带来不同的结果，从而有吉凶祸福之不同，这就是体内神作为人尺度上的对道的汇聚体现。《太平经》持有明显的德福一致的立场，其主张不同的行为和修炼之结果会直接反映在人的物质身体上，对人生命活动的基本结构产生影响，因而人要正确进行道德选择，顺道而非逆之而行。

---

① 王明编：《太平经合校》，中华书局1980年第2版，第11页。
② 同上书，第18页。
③ 同上书，第11页。
④ 同上书，第12页。

> 故人乃道之根柄，神之长也。当知其意，善自持养之，可得寿老。不善养身，为诸神所咎。神叛人去，身安得善乎？为善不敢失绳缠，不敢自欺。为善亦神自知之，恶亦神自知之。非为他神，乃身中神也。夫言语自从心腹中出，旁人反得知之，是身中神告也。故端神靖身，乃治之本也，寿之征也。无为之事，从是兴也。先学其身，以知凶吉。是故贤圣明者，但学其身，不学他人，深思道意，故能太平也。君子得之以兴，小人行之以倾。①

可见，《太平经》要求无为，即顺道而行。人通过体内神的自我检视，从个人生命活动状况反映的吉凶祸福就能明白如何趋吉避凶，理解个人行为应当具有的道德选择，意识到道之所在，这是无法自欺的。更进一步，这种自我要求可以通过体内神具有的内外交流功能暴露在旁人的观察之下。人如果行恶，不仅损伤自己的体内神并进一步伤害自己的生命状况，而且无法不为他人得知，如此看来，人必须为善去恶。

三　人的道德实践与致太平

"夫言语自从心腹中出，旁人反得知之，是身中神告也"，为了确切把握个人生命状态与道德选择的关系，促进人的道德行动，《太平经》要求通过道教修炼，在独立的个人层面上，冥思内视，考察自己是否顺应了道的要求；在集体的实践活动中，人们应以共同的冥思体会，相互考察是否为体内神提供了良好的存养环境。

在与道合同这一基本要求和根本旨归上，道教修炼细化出了多种修炼方法。此前提及的"守一"即是一例。"夫一者，乃道

---

① 王明编：《太平经合校》，中华书局1980年第2版，第12页。

之根也。"① "天地开辟贵本根，乃气之元也。欲致太平，念本根也。不思其根，名大烦，举事不得，灾并来也。此非人过也，失根基也。离本求末，祸不治，故当深思之。"② 守一所带来的身与神的良好状态只是一个必然产生的结果，从《太平经》更为根本的价值追求上看，"一"是气的元始，是万物化生的本根所在，人要与道合同，就必须守一。《太平经》指出，离本求末往往缘于将根基的问题错误地理解为一时的行动带来的偶然过错。因此，要真正做到守一就必须从冥思内省和对体内神的深刻体察开始，如不进行深思，就不能时刻正确地把握身体及体内神中发挥主要的决定性作用的部分，并可能离本求末。不对本根详加体察的，极有可能在日用实践中遭遇障碍挫折，乃至灾害祸患。

《太平经》从守一出发，不仅对人的个体修炼和实践提出了要求，通过宇宙和人的类同，它还说明了守一的实践原则在宇宙运行中也发挥着重要的作用，例如《守一明法》中的：

> 万物之元首，不可得名者。六极之中，无道不能变化。元气行道，以生万物，天地大小，无不由道而生者也。……自然者，乃万物之自然也。不行道，不能包裹天地，各得其所，能使高者不知危。天行道，昼夜不懈，疾于风雨，尚恐失道意，况王者乎？三光行道不懈，故著于天而照八极，失道光灭矣。王者百官万物相应，众生同居，五星察其过失。王者复德，德星往守之。行武，武星往守之。行柔，柔星往守之。行强，强星往守之。行信，信星往守之。相去远，应之近。天人一体，可不慎哉？③

由此，道教的修炼和实践就突破了个体的人，而走向广阔的

---

① 王明编：《太平经合校》，中华书局1980年第2版，第12页。
② 同上。
③ 同上书，第16页。

社会实践中,在个人层面上的价值要求以及与道合同的诉求被放到了更高的政治实践层面上,对体内神的体察也由之扩张为对宇宙阴阳流行的感悟。

在个人层面上,《太平经》强调守一,以把握个体生命活动中的要害环节,行善去恶,促进完整的生命活动持续进行和完善。而面对社会乃至天地流行的复杂状况,《太平经》丰富了守一的要求,在其中强调了合三统的重要性。"纯行阳,则地不肯尽成;纯行阴,则天不肯尽生。当合三统,阴阳相得,乃和在中也。古者圣人治致太平,皆求天地中和之心,一气不通,百事乖错。"① 如此,人需要关注的就是一个涵括更加丰富的"守一"了,同时《太平经》所倡导的道教实践目标致太平也被提出。在这种情况下,《太平经》要求天地中诸种化生与社会中拥有不同身份的人各守其、协调并进、调和统一,强调各部分间的相互滋养与扶持:

> 但大顺天地,不失铢分,立致太平,瑞应并兴。元气有三名,太阳、太阴、中和。形体有三名,天、地、人。天有三名,日、月、星,北极为中也。地有三名,为山、川、平土。人有三名,父、母、子。治有三名,君、臣、名,欲太平也。此三者常当腹心,不失铢分,使同一忧,合成一家,立致太平,延年不疑矣。②

在致太平的这一实践目标上,《太平经》尤其重视政治精英作为人之表率对枢机作用的发挥:"君者当以道德化万物,令各得其所也。不能变化万物,不能称君也。"③ 人君负有循宇宙规律并在德性规范指导下行事的责任,人君由此亦能够安排引导万物

---

① 王明编:《太平经合校》,中华书局1980年第2版,第18页。
② 同上书,第18—19页。
③ 同上书,第20页。

之变化，使万物处于适当的位置而不相互僭越妨害。在这一过程中，人的道德实践作用显然超越了有限的人类社会。人要实现与道合同而需要完成的不再限于个体生命的长久持存，而进一步加入了使天地万物相协调的任务。与道合同给人提出的要求不仅是独善其身，而更是在社会乃至天地中成为一个枢机。

四　结　语

　　《太平经》乙部对进行道教实践的人进行了详细阐发。它确立了物质身体在人的养成中基础性的价值和结构性的作用，为个体的人的养成提供了明确的空间，并由此保证了人在宇宙化生过程和道德实践中的独立性。利用对气化生成规律的进一步阐述，《太平经》将人纳入道教的泛神论神仙系统中，将体内神填充到预先存在的物质身体结构中，使宇宙流行内在的规律即"道"能够作用于人，并在人之上呈现。由此，《太平经》要求对人提出"与道合同"的实践要求，从对个人物质身体和体内神的存养开始，树立正确的善恶价值，并在具体行动上行善去恶。通过涵括丰富的"与道合同"之要求，《太平经》倡导人将个人层面的道教实践扩展到社会层面，甚至是对宇宙万物之化生产生影响，参与到对其最高实践目标太平的实现中。《太平经》中政治层面上对道的体会与实践，与作为个人时由体内神体察道意是类似的。万物均有一种与道相应的方法，由之则能够纳福取吉，而不会得咎遇祸，从而能够与道合同。只要详加体会，勤加冥思，就能够明了其中的要诀法门。如此，人就从个人的长生自养出发，成为在天下层面上致太平的关键枢机。《太平经》对人的养成和作用的阐发，从庞大的宇宙浓缩到个体的人上，在更高的诉求上又回归到宇宙中。人是一浓缩的宇宙，而宇宙是放大的自我。《太平经》乙部所要求的，就是通过自我的生命体验，达到领会宇宙人生真相的目的。

（作者系北京师范大学哲学学院本科学生）

试析《太上感应篇》中的慈善观念

陈碧芬

前　言

中华民族热情仁爱，乐善好施，关于慈善的概念，古已有之。在中国传统文化典籍中，"慈"是"爱"的意思。"善"是"和善、亲善、友好"。"慈善"指的是人们基于善良、仁慈和同情等道德层面的感受，主动、自愿对他人、他物采取的无偿救助行为，是人类道德领域的一项重大课题。它既有精神层面的价值观念取向，也有物质层面的实践指导活动，两者相辅相成。作为精神层面的慈善观念，源远流长，滋生于中华民族优良的传统文化。儒家的仁爱思想、道家的善恶观念、佛教的因果报应等都构成了传统慈善思想的基础。

美国宗教史学家安德斯曾说过："宗教是慈善之母。"道教作为中国土生土长的宗教，在众多典籍中蕴含着丰富的慈善观念，而其中最能体现道教慈善观念的就是道教劝善书。它用激励办法和惩罚措施两种手段告诫世人积极从善，介入到人们的现实生活和未来世界当中，通过提出种种劝善信条，劝说人们践行慈善理念，教导人们在现实日常生活中行善去恶，指引人们在真正的行善中修炼自身，在修炼中寻求到成仙之路，从而发挥其独特的历史作用。《太上感应篇》是道教劝善书中极有影响的一部，有"古今第一善书"或"善书之首"的美誉，在民间社会流传范围很广，社会影响很大,其知名度"不亚于《道德经》"①,很值得进行探讨。本文拟对《太上感应篇》中慈善思想的内容特征及价值影响等进行分析,以求教于方家。

一 《太上感应篇》中的"善"观念

虽然学术界关于《太上感应篇》的作者和编写年代仍未达成共识,但这并不影响它所具有的重要意义。它虽只有短短的一千二百多字,言简意赅,但蕴含着极为丰富的内涵。作为现存最早的劝善书,《太上感应篇》以道司命神"太上君"规诫的方式,宣扬善恶报应,列出了种种善举恶行的标准,引导人们扬善止恶,以"劝善、趋善、避恶、成仙"为核心进行讨论,展现出丰富、全面的慈善思想。

(一)《太上感应篇》慈善观念所涉及的内容极为广泛、全面

《太上感应篇》延续了道教"天人感应"和"善恶报应"的理论传统,以兴善去恶为宗旨,宣扬人们应该富有善心、知恩图报、为人正直、悲人悯物,以此作为处理家庭关系、社会关系、人与自然关系的准则,从而达到成仙得道的目标。从内容来看,几乎涵盖了人们日常生活的方方面面。

1. 对家庭成员的"善"

家庭关系是一切社会的基础,善待家庭成员也是善待其他社会成员的前提。《太上感应篇》所强调的孝敬友爱的家庭伦理,对建设团结友好的小家庭乃至社会大家庭都极为有益。

"百善孝为先""孝为百行原","孝"是中国传统各种人伦关系得以展开的根源和基础。"忠孝、友悌"②,"敬老、怀幼"③,《太上感应篇》用简单的八个字概括了如何处理父母子女、兄弟姐妹这

---

① 张兆裕编:《太上感应篇》,燕山出版社1995年版,第1页。
② 《太上感应篇》卷2,《中华道藏》第42册,华夏出版社2004年版,第677—678页。
③ 同上书,第680—681页。

些最基本、最直接、最体现伦理道德传统的血缘亲情之间的关系。从父母来说，对子女要有慈爱、怀柔之心，以爱抚养和教育子女，保障子女的健康成长；从子女来说，对父母要有尊崇、敬爱之心，以孝赡养和侍奉父母，保障父母的晚年安康；从兄弟姐妹之间来说，相互之间要有团结、友爱之心，兄友弟恭，和睦相处，坚决反对骨肉纷争，手足相残。

中国传统社会的五种基本人伦关系中，有三伦是处理家庭关系的，而家庭关系中最基本、最核心的又是夫妇关系，因夫妇关系才次生出父母子女关系、兄弟姐妹关系，它是一个家庭的根基所在，对整个家庭成员是否融洽相处、是否和睦共存产生直接影响。所以，要构建和谐家庭，必先构建和睦的夫妇关系，《太上感应篇》提出了夫妇和睦、关爱的相处之道，即应互信互忠、互敬互爱、互帮互助、互解互谅。作为丈夫，对待妻子要有义有德，绝不能"男不忠良"[①]，更不能"无行于妻子"[②]，欺负或侮辱妻子；相应地，作为妻子，对待丈夫要和气恭敬，绝不能"女不柔顺"[③]，更不能"不敬其夫"[④]，轻视或贬低丈夫。在此准则下，整个家庭才会呈现一派祥和的气氛。

2. 对世人普遍的"善"

由小家庭而拓展，人与人之间相互联系、相互交往而构成了社会这个大家庭，人际关系更为复杂多变，社会生活更为丰富多彩，社会矛盾也相伴而生，更需要社会成员在人际交往中互相关爱、友善、谦让、协作，才能培育出温暖的社会大家庭。《太上感应篇》中对善行讲得最多的就是人与人之间的相处之道。它督促人们形成有责任感的伦理道德观念，以此来规范人在社会中的行为，不断地远恶近善。每个社会成员都树立起"善"的信念，并以"慈善"

[①] 《太上感应篇》卷25，《中华道藏》第42册，华夏出版社2004年版，第783页。
[②] 《太上感应篇》卷26，《中华道藏》第42册，华夏出版社2004年版，第786页。
[③] 《太上感应篇》卷25，《中华道藏》第42册，华夏出版社2004年版，第783页。
[④] 同上书，第784页。

之心处理日常的人际关系和社会事务，整个社会就能和谐共存。

《太上感应篇》中充满了对社会救济和公益事业的关怀。"矜孤恤寡"①，"悯人之凶，乐人之善，济人之急，救人之危"②，寥寥数语，就勾出了对社会弱势群体的关爱之情，就发出了对社会危急情况的救助之声。这就要求人们在社会生活中应当助人为乐，扶危济困，济世救贫，救人急难，谆谆教导广大信徒与民众以慈爱友善之心真心帮助那些需要帮助的人。

关于世人所立善行，《太上感应篇》教育大众以仁爱慈善之心做人处事。先提出"是道则进，非道则退"③的总体标准，之后又针对如何去做给出了具体的答案，或者"不履邪径，不欺暗室；积德累功，慈心于物"④；或者"见人之得，如己之得，见人之失，如己之失，不彰人短，不炫己长，遏恶扬善，推多取少，受辱不怨，受宠若惊"⑤；或者"施恩不求报，与人不追悔"⑥等等。总之，都是要求人们从日常生活和日常行动中来实施仁慈、和善的行为。

对于与人们日常生活密切相关的经济活动，《太上感应篇》特别推崇诚实守信、宽仁慈爱的信条，坚决杜绝以下不善行为："减人自益，以恶易好"⑦，"耗人货财"⑧，"败人苗稼"⑨，"苟富而骄，苟免无耻"⑩，"无故剪裁，散弃五谷"⑪，"损人器物，以穷人

---

① 《太上感应篇》卷2，《中华道藏》第42册，华夏出版社2004年版，第679页。
② 《太上感应篇》卷3，《中华道藏》第42册，华夏出版社2004年版，第682—685页。
③ 《太上感应篇》卷1，《中华道藏》第42册，华夏出版社2004年版，第674页。
④ 同上书，第675—676页。
⑤ 《太上感应篇》卷4，《中华道藏》第42册，华夏出版社2004年版，第686—689页。
⑥ 《太上感应篇》卷5，《中华道藏》第42册，华夏出版社2004年版，第690页。
⑦ 《太上感应篇》卷13，《中华道藏》第42册，华夏出版社2004年版，第728—729页。
⑧ 《太上感应篇》卷14，《中华道藏》第42册，华夏出版社2004年版，第732页。
⑨ 《太上感应篇》卷15，《中华道藏》第42册，华夏出版社2004年版，第737页。
⑩ 《太上感应篇》卷16，《中华道藏》第42册，华夏出版社2004年版，第738—739页。
⑪ 《太上感应篇》卷17，《中华道藏》第42册，华夏出版社2004年版，第745—746页。

用"①，"见他荣贵，愿他流贬；见他富有，愿他破散"②，"负他货财，愿他身死"③，"强取强求，好侵好夺，掳掠致富"④，"逸乐过节"⑤，"贪冒于财"⑥，"假借不还，分外营求"⑦，"短尺狭度，轻称小升，以伪杂真，采取奸利"⑧等，其劝化从善指向了世俗社会职业的方方面面。

3. 对自然界万物的"善"

人类的世界除了人本身之外，还有万物的存在，万事万物构成了人们生活的物质和精神家园。只有整个家园健康了，人类才会健康。所以，人不但要慈爱自身，对待自然界的万物也要"慈心于物"。人与自然打交道时也必须遵守一定的伦理道德，要怀着对生命敬重、热爱的心情，珍惜和善待宇宙万物。

道教很重视协调人与自然之间的关系，早在老子、庄子时，就已经萌发了"辅万物之自然而不敢为"⑨以及"天地与我并生而万物与我为一"⑩等朴素的"天人合一"生态观。这种观念同样为《太上感应篇》所继承，它教导人们要以一颗仁慈关爱之心对待自然界的万物。如"昆虫草木，犹不可伤"⑪，不能伤害自然界的任何生命，对自然万物应持小心谨慎的态度；并认为"射飞、逐走、发蛰、惊栖、填穴、覆巢、伤胎、破卵"⑫，"用药杀树"⑬，"春月

---

① 《太上感应篇》卷18，《中华道藏》第42册，华夏出版社2004年版，第750页。
② 同上书，第751页。
③ 《太上感应篇》卷19，《中华道藏》第42册，华夏出版社2004年版，第753页。
④ 《太上感应篇》卷20，《中华道藏》第42册，华夏出版社2004年版，第758—760页。
⑤ 《太上感应篇》卷21，《中华道藏》第42册，华夏出版社2004年版，第762页。
⑥ 《太上感应篇》卷22，《中华道藏》第42册，华夏出版社2004年版，第769页。
⑦ 《太上感应篇》卷23，《中华道藏》第42册，华夏出版社2004年版，第774页。
⑧ 《太上感应篇》卷24，《中华道藏》第42册，华夏出版社2004年版，第778—779页。
⑨ 饶尚宽译注：《老子·第六十四章·治国》，中华书局2000年版，第155页。
⑩ 曹础基：《庄子浅注·内篇·齐物论第二》，中华书局2000年版，第29页。
⑪ 《太上感应篇》卷3，《中华道藏》第42册，华夏出版社2004年版，第682页。
⑫ 《太上感应篇》卷12，《中华道藏》第42册，华夏出版社2004年版，第722—725页。
⑬ 《太上感应篇》卷19，《中华道藏》第42册，华夏出版社2004年版，第757页。

燎猎，对北恶骂；无故杀龟打蛇"① 等行为都是罪过，必须杜绝。

《太上感应篇》劝化人们以慈爱之心关爱并善待万物，敬重所有的生命体，说明人在与其他生物和谐相处的过程中，已体会到人类要生存下去，就要学会与自然和谐相处，已意识到自然界也是人类不可替代的伙伴，反映了人类对生存所依赖的环境的珍惜，具有了初步的保护动物和环境的思想意识。

（二）《太上感应篇》中的慈善观念已形成一套完整的行为体系

通观全经，《太上感应篇》从借圣贤之名发心立愿，到指导世人待人接物的行为举止，从行为动机到行为结果，都显现出"行善去恶"是世人"转祸为福"的关键和"超凡入圣"的阶梯。进而告诫世人，只有在世俗生活中修身养心、积极行善、积累功德，才能够实现成仙的目标，从而形成了一套完整的修炼成仙的行为体系，行善积德演变成了一种宗教实践活动，善心是源头，善行是手段和过程，成仙是目的。

1. 言语劝善

《太上感应篇》首先要在人们的心中种下行善的思想种子。这一"善书之首"凝聚了道教中劝善的精华和观点，以娓娓道来的语气，阐述了一系列慈善的要素，直接劝人向善，以实现修道成仙这一道教信仰的终极目标。《太上感应篇》通过各种论说来劝善惩恶，认为世人只要积极地在世俗社会中做善事，不做恶事，无形之中就是修了道。它还提出了明确的善恶评判标准，对善举、善事有着详细的规定，囊括了人们生活的方方面面。全篇包括可行之善事20多件，而不可为之恶举则达到了160余件，它认为人行为的善恶将直接决定其人生的福祸命运。它还构建"三台北斗神""三尸神""灶神"等各种神灵监视着人的善恶功过，这些神是超越时间、超越空间的存在，随时可以窥探人们的所作所为和内心世界，"勿谓

---

① 《太上感应篇》卷29，《中华道藏》第42册，华夏出版社2004年版，第801—802页。

暗室可欺，屋漏可窥，一动一静，神明监察，十目十手，理所必至"。人们需慎言慎行，尽量积累善德。

书中开篇便言："祸福无门，惟人自召。"① 人是决定祸福的主体，行善或行恶完全由个人自己选择，选择不同，结局不同。积极行善之人不仅能在行善中积累阴功，而且会得到上苍的庇佑，鬼神也不敢亲近，即"所谓善人，人皆敬之，天道佑之，福禄随之，众邪远之，神灵卫之"②。恶人则有专管过错的神明，按照犯罪的轻重，受到削减阳寿或贫困损耗的处罚，使大家都厌恨他，刑罚祸害纷至沓来，吉祥之事消失殆尽，凶煞恶煞使他受灾殃。最后落得年寿减尽，死期到来的悲惨下场。"以天地有司过之神，依人所犯轻重，以夺人算。算减则贫耗，多逢忧患，人皆恶之，刑祸随之，吉庆避之，恶星灾之，算尽则死"③。如此作恶之人，最后并不因为死去就能了却罪恶，如果未能还清余罪余恶的，将会用剥夺子孙福禄的方式来进行偿还，"如是等罪，司命随其轻重，夺其纪算，算尽则死。死有余责，乃殃及子孙。"④ 如果是豪取强夺他人财产的，就会算计他的妻子、家人并处罚他本人，对他的贪恶进行报应，"又诸横取人财者，乃计其妻子家口以当之，渐至死丧。若不死丧，则有水火、盗贼、遗亡、器物、疾病、口舌诸事，以当妄取之值"⑤。它还认为，即便人只有思想动机，没有实际行动，也会影响福祸报应的到来，"夫心起于善，善虽未为而吉神已随之；或心趋于恶，恶虽未为而凶神已随之"⑥。通过展示善恶正反两方面的结果，来杜绝各种罪恶行为和罪恶念头，号召大家以慈爱之心对人、行事。

---

① 《太上感应篇》卷1，《中华道藏》第42册，华夏出版社2004年版，第667页。
② 《太上感应篇》卷5，《中华道藏》第42册，华夏出版社2004年版，第691—694页。
③ 《太上感应篇》卷1，《中华道藏》第42册，华夏出版社2004年版，第668—671页。
④ 《太上感应篇》卷29，《中华道藏》第42册，华夏出版社2004年版，第802页。
⑤ 《太上感应篇》卷30，《中华道藏》第42册，华夏出版社2004年版，第806页。
⑥ 同上书，第808页。

2. 日常行善

人们的理念为其信仰、行为实践指明方向，提供指导。个体自己道德行为的善恶又是裁决福祸的主要依据，善的理念会引导人们行善得福，恶的理念会引导人们行恶致灾，权衡利弊，人们就会趋利避害，自觉按照《太上感应篇》所宣扬、传导的内容规范自己的行为。因此，在日常生活中只要充分发挥个人的主观能动性，树善念，做善事，怀善意，行善举，在思想和行动中严格要求自己，让善常伴左右，将恶远远抛弃，一直走在行善的道路上，最终因果报应，他也会从善中收获最大的人生财富，实现自我价值和人生理想。"故吉人语善、视善、行善，一日有三善，三年天必降之福。凶人语恶、视恶、行恶，一日有三恶，三年天必降之祸。"① 要做一个吉祥有福之人，还是要做一个凶恶招祸之人，就在于你是萌发善念还是恶念，做出善举还是恶举，相信在深思熟虑之后，大部分人的选择会是"诸恶莫作，众善奉行，久久必获吉庆"②，好运就会常伴。为更好地引导世人行善弃恶，《太上感应篇》还列举了大量行恶去善的反例，让人们能引以为戒，避免在现实生活中也像他们一样犯下种种恶行，最终受到严厉的惩罚。从对国家的忠到对家庭的孝，从个人的道德到个人的行为，从人们对神灵的敬畏到日常生活的起居，不管是正面的榜样还是反面的教材，都是为了告诫人们，善恶之事，就在人们的一念之间，就在人们的道德修炼当中，就在平时的日常社会生活当中。以此教育人们在日常生活中要注意自己言行举止的向善，千万不可妄为。

3. 积善成仙

为给行善者以精神上的极大支持，书中又设定了"行善"是成仙唯一的、可实现的手段。人们可以通过在实际社会生活中践行一定的修炼方式，实现成神成仙的终极目标。这种看似可操作的方式和可实现的目标对世人必定会产生吸引力，一个人要想长生成仙，

---

① 《太上感应篇》卷30，《中华道藏》第42册，华夏出版社2004年版，第809页。
② 同上书，第808—809页。

要想得福避灾，采取心中有善念，眼中无邪恶，行中有善德的修炼方术，坚持不懈，达到一定的立善数量后，就可以实现成为地仙、天仙的目标。"欲求天仙者，当立一千三百善；欲求地仙者，当立三百善。"① "积善成仙"是《太上感应篇》整个劝善内容的支撑、核心内容，也是行善作用与好处的体现。它认为，以"慈爱"之心善待众生，积功累德，就会福禄随身，从而得到神灵的护佑，如此奉行，久而久之就会成为神仙，所谓"所作必成，神仙可冀"②。得道成仙一直是道教大力宣扬的信仰宗旨和追求目标，《太上感应篇》也是以此为最高修炼境界，高度赞扬之，并在思想意识上积极加以引导，在行动实践中积极加以劝解，牵引世人"欲求长生者，先须避过"③，"欲求成仙，还当立善"。想要得道成仙、长生久视就必须做到趋善避恶，笃行善事，心怀善念，不做恶事。《太上感应篇》认为即便是在现实社会中善行没有得到善报，在自己虔诚的笃行过程中或在来世也一定会有福报。

二 《太上感应篇》慈善观念的价值及影响

思想观念总是根植于一定的社会土壤，《太上感应篇》中的慈善观念有其赖以产生和发展的社会历史条件。"宋元之际，各种矛盾迅速激化并交织于一端，社会无有宁日。人们感觉到吉凶祸福变幻莫测，生命朝不保夕，便想求助于神灵的庇佑，祈祷上苍禳灾降福，而此时儒释道三家已趋于合一，劝善书和功过格便适应这种社会心理的需要破土而出了。"④ 这些因素成为催生《太上感应篇》慈善观念的社会土壤，而它一经产生，就很有价值，对之后的道教发展和社会产生了深远的影响。

---

① 《太上感应篇》卷6，《中华道藏》第42册，华夏出版社2004年版，第696页。
② 同上书，第695页。
③ 《太上感应篇》卷1，《中华道藏》第42册，华夏出版社2004年版，第674页。
④ 周秋光、曾桂林：《中国慈善简史》，人民出版社2006年版，第45页。

(一) 继承了道教的劝善传统

道教劝善书的产生和发展经历了汉唐酝酿时期、宋元形成时期、明清鼎盛时期,其影响一直延续至民国。而它蕴含的劝善思想的源头则可以追溯到道家创始人那里。老子在《道德经》中呼吁"天道无亲,常与善人",提出人们应该遵循"道"的规律,只要做善事顺应自然,就"可以保身,可以全生,可以养亲,可以尽年"①。

原始道教经典《太平经》主张乐生好善,提出了"乐以养人""周穷救急"的慈善观念,认为"积财亿万,不肯救穷周急,使人极寒而死,罪不除也。"② 有了思想指南,就可以用到目标追求中去。"学之以道,其人道;学之以德,其人德;学之以善,其人善;学之以至道善德,其人到老长,乃复大益善良。"③ 认为学习了道与德,就可以健康长寿,最终获得"至道善德"。其"承负说"更是直接成为道教后世慈善活动的依据。

葛洪也曾在《抱朴子》中说:"欲求长生者,必欲积善立功,慈心于物,恕己及人,仁逮昆虫,乐人之吉,愍人之苦,赒人之急,救人之穷,手不伤生……所作必成,求仙可冀也。"④ 他的慈善理念被《太上感应篇》全盘吸收,如他把积累善功作为求仙、成仙的必经之路,提出:"人欲地仙,当立三百善;欲天仙,立千二百善。"在立善的过程中,还必须善始善终,不能行一件恶事,否则将前功尽弃。"若有千一百九十九善,而忽复中行一恶,则尽失前善,乃当复更起善数耳。"并且不能公开所做善行,也不能公然寻求有所回报,否则等同于白做。"虽不作恶事,而口及所行之事,

---

① 孙通海译注:《庄子·内篇·养生主》,中华书局2007年版,第57页。
② 王明、曾桂林:《太平经合校》卷六十七《六罪十治诀》,中华书局1960年版,第37页。
③ 王明、曾桂林:《太平经合校》卷九十七《妒道不传处士助化诀》,中华书局1960年版,第433页。
④ 王明:《抱朴子内篇校释》卷六《微旨》,中华书局1996年版,第126页。

及责求布施之报，便复失此一事之善，但不尽失耳。"① 《太上感应篇》的相关内容基本与此如出一辙。

《太上感应篇》就是对早已出现的各种劝善思想的继承与发扬，并在此基础上形成了自己独具特色的劝善内容，这反映了道教劝善文化延续传统、发展完善的历程。

（二）开创了道教善书大量涌现的局面

《太上感应篇》在宋代问世之后即广为流传，上至君臣下至平民百姓都广为传诵。北宋皇帝宋真宗曾赏赐百万银两，付梓刊行，使之得到了广泛传播；南宋皇帝宋理宗甚至亲笔题写了"诸恶莫作，众善奉行"②这八字真言。这些举动激发了社会各阶层的追捧，至清时，"普天下街衢里巷，无不传布"③。说明它的慈善思想已受到后世帝王和社会各个阶层的重视和普遍认同。

正因为在社会上引起巨大反响，《太上感应篇》被广泛运用、书写于各种读物当中。后世还纷纷仿效、仿写，以其为发端，产生了一大批道教劝善书籍。如《三圣经》的另外两部：《文昌帝君阴骘文》和《关圣帝君觉世真经》，还有《太微仙君功过格》及《文昌帝君蕉窗圣训》等。到了明清，劝善书更是大量涌现，风行一时。段玉明曾对此评论："在更广的社会层面，《太上感应篇》以及由之引起的社会劝善运动均产生了巨大的影响。在明清时期的许多《家训》《通书》中，我们可以较为容易地看到《太上感应篇》的基本内容。明清以后，《太上感应篇》的许多词句成为日常生活的术语、格言。直至于近，《太上感应篇》仍然极具活力，翻刻注释不断。凡此种种，无不说明其基本理念已深入社会与人心。"④

《太上感应篇》的影响还蔓延到少数民族地区，对少数民族的

---

① 王明：《抱朴子内篇校释》卷三《对俗》，中华书局1996年版，第53页。
② 《太上感应篇》卷30，《中华道藏》第42册，华夏出版社2004年版，第808—809页。
③ 《感应篇灵异记·总论》，《三圣经·太上感应篇》，中央刻经院印，第5页。
④ 段玉明：《〈太上感应篇〉：宗教文本与社会互动的典范》，《云南社会科学》2004年第2期。

宗教信仰和社会风俗习惯产生了一定的影响，如明代云南的彝族就翻译、刻印了《太上感应篇》，注释、整理成彝文《劝善经》，深入彝族文化和民心。此外，《太上感应篇》还奉清朝政府敕命被译为满文，对满族人民也产生了很大的影响。

（三）促进了与慈善事业的良性互动

中国从政府到民间，一直有慈善的传统，关注对各种弱势群体和各种灾害的救助，善书和劝善理念在其中起了非同寻常的作用。因为它们在民间的流传很广，很多人都受到它们的影响和引导，以它们的要求来积德行善。到了宋代，《太上感应篇》大力传播世人若行善举，将会获得福报的理念，努力营造行善氛围，鼓励社会各阶层投身慈善事业，势必推动慈善活动的开展，在整个社会形成普遍的劝善、崇善、行善风潮。

这一时期，政府层面的慈善行为已很普遍，涉及方方面面，如疾病救助方面，对患疾的民众，官府设置了施药局，拨给钱财，并采取多项措施，"委官监督……行以赏罚，课督医员"；对来医治的病人，"制丸散咀……详其病源，给药医治"。慈幼养婴方面，也是官府设置慈幼局，收养弃儿，或为无力抚养的家庭提供资金、物质和乳妇，"官给钱典顾乳妇，养在局中，如陋巷贫穷之家，或男女幼而失母，或无力抚养，抛弃于街坊，官收归局养之，月给钱米绢布，使其饱暖，养育成人，听其自便生理，官无所拘"。如果有民间人士愿意收养孤儿、弃儿，则给予一定的物质资助，"官仍月给钱一贯、米三斗，以三年住支"。在恤贫养老方面，也有专门的机构和极大的援助，"更有老疾孤寡，贫乏不能自存，及丐者等人，州县陈请于朝，即委钱塘、仁和县官，以病坊改作养济院，籍家姓名，每名官给钱米赡之"[①]。总之，政府既有救助政策的具体实施，又有救助机制的大力保障。

---

① （宋）吴自牧：《梦粱录》卷18，《笔记小说大观》第七册，江苏广陵古籍刻印社1983年版，第302页。

上行下效，在政府的提倡和舆论的导向下，为善行善成为一个很好的风向标，对慈善事业的发展产生了不可估量的作用，由此形成普遍的社会价值认同。地方基层社会的精英人士和普通民众也都积极参与进来，举办了大量劝善、施善、行善的实践活动，尤其是在经济比较发达的江南地区。如"杭城富室多是外郡寄寓之人"，他们发财致富之后，大都好善积德，或者"恤孤念苦，敬老怜贫"；或者对"买卖不利，坐困不乐"者，给予"钱物周给，助其生理"；或者对"死无周身之具者"，"给散棺木，助其火葬，以终其事"；或者对因恶劣自然条件致"口无饮食，身无衣盖，冻饿于道者"，"沿门亲察其孤苦艰难，遇夜以碎金银或钱会插于门缝，以周其苦"；或者对"贫丐者"，"散以棉被絮袄，使暖其体"。这些善行善举，使得饥寒交迫之人，得以救济，也会让他们感恩戴德，受此影响，多行善事。"俗谚云：'作善者降百祥，天神佑之；作恶者降千灾，鬼神祸之。天之报善罚恶，捷于影响。'世人当以此为鉴也。"①

对那些道教徒或受到道教劝善影响的人而言，积极投身慈善活动积善获福乃至得道成仙，是他们最深、最高层次的诉求。有学者在论及宋代慈善的动机时提出："对于皇帝来说，社会救济仍是一种行仁政的姿态；对于士人来说，是完善自身道德的一种途径；对于民间普通人来说，则是一种行善积德的过程。"② 由此可见，在这股行善之风中，《太上感应篇》成为一些善行的思想基础和动力源泉，客观上为中国传统慈善事业的发展做出了应有的贡献，反过来又会促进善书的流行，双方形成了一种良性循环。

（四）推动了道教的进一步世俗化

道教是一种重视现实生活的宗教，具有广泛的适应性。它一直

---

① （宋）吴自牧：《梦粱录》卷18，《笔记小说大观》第七册，江苏广陵古籍刻印社1983年版，第303页。

② 张文：《宋朝社会救济研究》，西南师范大学出版社2001年版，第375页。

注意将自身的发展同现实的需要适应起来，不断调整教理教义和修炼行径，以适应社会发展的趋势。《太上感应篇》的问世本身就是道教思想与世俗生活接轨的一个标志。最为典型的表现就是《太上感应篇》对最琐碎的个人生活习惯都作了善恶的衡量。比如，书中列举了大量教化世人行善的反面教材："越井越灶，跳食跳人；损子堕胎，行多隐僻；晦腊歌舞，朔旦号怒"；① 还有"对北涕唾及溺，对灶吟咏及哭；又以灶火烧香，秽柴作食；夜起裸露，八节行刑；唾流星，指虹霓；辄指三光，久视日月"②；以及"春月燎猎，对北恶骂；无故杀龟打蛇"③ 等。这些世人所做的恶行都是生活中最微小的细节之处，日常的起居生活才是真正考量善恶的基本之处。说明道教已与民间生活紧密结合，道教信仰已渗透到民间社会生活的各个角落。

一方面，由于《太上感应篇》中所提出的劝善道理通俗易懂，加上它问世之后，很多人热衷于对其进行注释和讲解，使得它在出现后被作为善书广泛传播，充斥于街头巷尾，影响着广大民众的精神生活；同时在民间传播善书，宣扬慈善观念，也成为世人行善行德、积善积德的手段或方式。借助这种手段或方式，道教与日常生活越来越贴近，与民众的联系越来越加强。

另一方面，由于《太上感应篇》所开辟的"积善成仙"的修行路径极为便捷，更容易为世人所普遍接受并努力实施。自宋代以来，已形成一种社会普遍意识，就是得道成仙可以通过在日常生活中行善积德来完成，道教对这一观点进行了大力宣扬。《太上感应篇》指出，"所谓善人"，采用行善事、立善功的修炼方法，在人间世俗社会也可以修道、悟道、得道，最终就能由凡人而成仙，即所谓"所作必成，神仙可冀"④。余英时先生认为这是道教伦理教

---

① 《太上感应篇》卷27，《中华道藏》第42册，华夏出版社2004年版，第791—795页。
② 《太上感应篇》卷28，《中华道藏》第42册，华夏出版社2004年版，第796—800页。
③ 《太上感应篇》卷29，《中华道藏》第42册，华夏出版社2004年版，第801—802页。
④ 《太上感应篇》卷6，《中华道藏》第42册，华夏出版社2004年版，第695页。

义在世俗生活中"通俗化的表现"。① 以往道教的修炼一直强调修炼养生的繁缛礼节,而这种方式则使修道之人不再单纯依靠服食药物以养生和修炼,也可以不再举行繁杂的斋醮科仪。对普通民众来说,这应该是一种极为便利的方式。道教从而拥有了更为广泛的社会基础,上自帝王将相,下到黎民百姓,都有它的信奉者,道教的伦理道德被渗透到广大民众的心中。

正如鲁迅先生所说:"中国根柢全在道教。"② 道教比起儒家伦理来更贴近于普通百姓的生活,因为忠、孝、仁、义、友、悌、慈、善、诚、信等各种高深、精奥的伦理规范,均通过劝善书被具体化为书中的一条条善行、一件件善事,原有的神秘色彩被淡化,繁复的修行路径被简化,道教日益呈现出世俗化、民间化的发展趋势。

(五) 发挥了安定社会的积极意义

《太上感应篇》用贴近生活的语言和例证所倡导的慈善思想,是让世人普遍遵守的伦理道德规范,既利于他人,又利于自身,体现出对人的终极关怀。它借助神明的口吻,用通俗的语言从多层面反映出当时人们良好的愿望。它在提到怎样处理人与家庭、人与人、人与自然之间的关系时,都有极为详细的说明,反映它期望天地万物能够和睦相处,和平共存。在它的引领下,世人的行善实践中可以超越贫富贵贱,有利于消除因贫富差距而带来的社会矛盾。其中心目的明确,就是劝化世人积善成仙,营造良好的氛围,从而维持社会秩序,保持安定。这也是它得到统治者的认可和为士大夫所提倡的一个重要原因。

同时,这种慈善思想有很多有益、合理的成分,可以为我们今天和谐社会的建设提供借鉴。如善恶报应、行善积德、孝顺慈爱、诚信自律等思想,对个人自我素质的提炼,对人与人的互善互信,对人与自然的和谐共存,对社会的稳定发展均有一定的积极作用。而历代道教信徒们更是继承和发扬了道教济世利人的慈爱精神,以自身的行动,实践这

---

① 余英时:《中国近世宗教伦理与商人精神》,安徽教育出版社2001年版,第119页。
② 鲁迅:《鲁迅全集》卷9,人民文学出版社1958年版,第285页。

些主张，回报社会、服务社会，发挥着积极有益的作用。

结　语

　　总之，《太上感应篇》成为著名的道教典籍和"善书之首"，必有其独特之处，"善"就是其核心宗旨，它将"善"刻画在世人的心灵深处，围绕劝善、求善、为善、行善、化善展开讨论，既是世人思想修炼的准绳，又是世人慈善实践的坐标。其所尊奉的"诸恶莫作，众善奉行"[①]信条不仅是信众得以遵守的基本教义，也是普通大众得以信仰的理念，指引着他们以"善"来规范自己的行为，引导着他们积极投身于以"善"为出发点的慈善事业的发展中去。

　　《太上感应篇》作为道教典籍而存在，符合道教信仰的主要宗旨，即通过潜心修炼和济世救人，追求得道成仙和长生不老，使其具有浓厚的宗教意义。但它所强调的在世俗中行善修炼，对世俗生活的关注，更有说服力和吸引力，使其能指导现实生活中的善行善举，成为宗教理论与实践生活紧密联系的一种典范。所以，《太上感应篇》在篇末谆谆告诫世人："胡不勉而行之！"[②]就是在反问世人，为什么不自我勉励，努力去力行呢？这是编纂者对世人提出的一种强烈实践的意愿和要求。即要把《太上感应篇》中普遍存在的善的理念和符号，普遍认同的慈善和行善价值取向，视作为一种行动指南，指导世人的社会行善实践。当然，这种社会行善实践，还需要具体可行的技术手段。于是，《太上感应篇》就超越宗教、超越政治、超越功利、超越时代，适应各种需求，成为人类社会所共有的宝贵精神财富，在社会发展的进程中积极发挥作用。

（作者系云南大学历史与档案学院
副教授、硕士生导师，历史学博士）

---

① 《太上感应篇》卷30，《中华道藏》第42册，华夏出版社2004年版，第808—809页。
② 同上书，第809页。

道教科仪在云南的传承与演变

萧霁虹　吕　师

道教科仪是道教特色之根本和核心之一，道教科仪有着完备的构架系统，道教教理教义由科仪的阐演得到诠释与传播，在中国地方社会不同的生存形态中，随着历史的发展过程，形成了不同地域性的道派传承，道教科仪在大传统之下形成了各具特色的派系。道教早在创立之初便传入云南，大理巍山地区道派林立，各具特色。本文主要以大理巍山地区的岈圩图山神霄西河派秘传科仪经书为例，辑录其传承的科仪经书，分门别类加以阐述和研究。综合论证神霄西河派在大理巍山地区的传承内涵以及特色，解析地方道教文献的多样性，及其所反映的地方道教的历史与演变。

神霄派属于正一法统，其承袭了天师道以及上清派等教派之精髓，宋以来盛行不衰。在大理地区最早传入的当属天师道，在王纯五先生著《天师道二十四治考》中对东汉末年张陵设置的"二十四治"辖区进行逐一考证，认为巍山境内的巍宝山属于蒙秦治，是南方丝绸之路上著名的道教圣地，被称为"南诏洞天福地"。并认为："天师道蒙秦治的影响甚为深远，早已及于云南西部南诏发祥之地。"[①] 南诏与唐的苍山会盟极大地采用了天师道"三官手书"的形式。正如《蛮书》所云："一本请剑南节度随表进献，一本藏于神室，一本投西洱河，一本牟寻留诏城内府库，贻戒子孙。伏为

---

① 王纯五：《天师道二十四治考》，四川大学出版社1996年版，第214页。

山川神祇，同鉴诚恳。"① 在崇道的氛围下，也是理之必然。有宋以来，"神霄西河派"是大理巍山地区诸道派中的中坚力量之一，在民间影响深远。神霄派以传雷法而闻名，张宇初的《岘泉集》中载："是有东华南昌之异焉，神霄则雷霆诸派始于玉清真王，而火师汪真君。阐之次而侍宸王君虚靖真君，西河萨君伏魔李君枢相许君，倡其宗者林灵素、徐神翁、刘混康、雷默庵万五雷方贫乐郑铁崖而上官，徐谭杨陈唐莫而下派亦衍矣。"② 由此可知，西河派属于神霄法脉为萨守坚所创，萨守坚承袭了王文卿、林灵素以及张继先等雷法之精髓，开创了西河派。在《历代真仙体道通鉴续编》卷四中记载："萨真人，名守坚。南华人也，一云西河人，自称汾阳萨客。少有济人利物之心，尝学医误用药杀人，遂弃医闻江南三十代天师虚靖先生及林王二侍宸道法之高，欲求学法出蜀至陕。……一道人云，吾亦有一法相授，乃雷法也。萨拜而受之，用之皆验。"③ 由此可知，神霄西河派为萨守坚所开创，集诸家之所长以行神霄雷法而著称。在《大理州志》中记载，西河派早在宋朝就传入大理地区。在元朝大理地区被纳入了中央王朝的行省管辖之内后，神霄西河派在明清时期亦在大理巍山地区盛行不衰。据地方志记载："从地区上看，巍山坝子的北部地区，即大仓、永建和山区的马鞍山、紫金四个乡为灵宝教，由江西龙虎山西河派传授发展，这些地区的正一道士取道号都用西河道谱。据巍山县大仓乡甸中村，西河派道士贺金昌道号贺微星介绍，西河派传入巍山的时间在宋代，距今约有八百多年的历史。巍山西河派道士所存历史文献记载，巍山最晚一次续灵宝教的道士活动时间是明代永历庚寅年（1650年）。"④ 由此可见，巍山地区特别是岘屿图山道教

---

① 《云南史料丛刊·蛮书》第2卷，云南大学出版社2001年版，第89页。
② 《岘泉集》卷一，《道藏》第33册，文物出版社、上海书店、天津古籍出版社1988年版，第187页。
③ 《历世真仙体道通鉴续编》卷四，《道藏》第5册，文物出版社、上海书店、天津古籍出版社1988年版，第436页。
④ 《巍山彝族回族自治县志》，云南人民出版社1993年版，第865页。

活动盛行，尤其以神霄西河派为代表，同时也反映了神霄西河派对灵宝派的兼容并包。

一　大理巍山神霄西河派之渊源

巍山神霄西河派的法脉源流

巍山彝族回族自治县在大理白族自治州之南，位于哀牢山和无量山之上段，得天独厚的区位优势孕育了早期的人类文明。作为红河之源以及南诏发祥地的巍山地区，也接受并孕育了独特的区域道教文化。巍山地区的岍㟽图山核心当属岍㟽图城，该古城遗址距县城15公里，在今大仓镇甸中村公所团山村西面的岍㟽图山，一座高出地面200余米的山顶上，山顶长约400米、东西宽约100米，上有三层较平的台基，前临阳瓜江（今大西河），后依大黑山，可望蒙舍川（今巍山坝子）全境，山环水抱，地势险要。① 元李京《云南志略》载："蒙氏名细奴逻，城蒙舍之岍㟽图城而都之，国号大蒙，自称奇王，云南建国称王始此。"② 《南诏野史》亦载：蒙细奴逻"于唐太宗贞观二十三年（649年）即位，年三十二岁，建号大蒙国，称奇嘉王"③，《蒙化县志稿》进一步记载："据南诏高宗庚戌永徽元年（650）建都蒙舍川岍㟽山，建岍㟽城。"④ 由此可知，岍㟽图山为蒙舍诏之发祥地，是南诏的第一个都城。因此在岍㟽图山发现系统的神霄西河派科仪经书秘本意义非比寻常。

由人类社会早期的自然崇拜所延伸，道教认为雷是一种超自

---

① 薛琳主编：《新编大理风物志》，云南人民出版社2000年版，第139页。
② （元）李京：《云南志略》卷一，抄本，云南省图书馆藏。
③ （明）杨慎辑，（清）胡蔚校：《增订南诏野史》卷一，云南书局清光绪六年（1880）。
④ 李春曦修，梁友檍辑：《蒙化县志稿》，台北成文出版社1974年版，第54页。

然的神秘力量。道教在创立之初集巫教之大成，将其兼收并蓄、纳入其体系之中。云南与五斗米道发祥地四川毗邻的特殊地缘关系，所以，有学者认为，汉末五斗米道的势力进入云南东北、西北地区应是无疑的。①《玄珠观记》中有："相传唐之中叶，蒙氏盛强。蜀人有以黄白之术售于蒙诏者，蒙人俾即其地设蒙化观，以为修炼之所。"② 所以，道教在南诏时期的兴盛，是一个双向互动的过程。在大理段氏统治的时代，段思平因董迦罗的鼓励，逐杨氏而有其位，所以段氏建立大理政权后，曾以董迦罗为国师，表达对道教的尊崇。③ 虽然佛教在此时也达到了一个巅峰，但是内外环境仍然有利于道教的传播与发展。在宋朝尤其是徽宗时期，道教达到了一个发展的新高潮，神霄西河派也顺应了时势的需要而传入了大理巍山地区。正如《历世真仙体道通鉴续编》卷五十三关于林灵素的记载："生次年至岳阳酒肆复见赵道人云，予乃汉天师弟子赵升也。向者所授五雷玉书，谨而行之，不可轻泄。即日为神霄大教主雷霆判官东华帝君有难，力当救之，崇宁五年（1106年）中秋夜，徽宗皇帝梦游神霄府，赴玉帝所诏。"④ 此记载虽颇具宗教神学色彩，但是从另一个侧面印证了徽宗时期对以神霄派为代表的道教的推崇与支持。巍山道教历史悠久，据地方史籍和金石记载："蒙阳巍宝灵山，创自汉、唐、宋、明迄我国朝，其为滇人敬而信，信而从者，匪朝伊夕久矣。"⑤ 始自汉唐，盛于明清。在清代雍正《云南通志》和乾隆《续修蒙化直隶厅志·仙释》卷五中有孟获之兄孟优于今巍山一带潜心修

---

① 郭武：《道教与云南文化——道教在云南的传播、演变及影响》，云南大学出版社2000年版，第34、35页。
② （清）傅天祥等修，黄元治等撰：康熙《大理府志·仙释》。
③ 尤中：《僰古通纪浅述校注》，云南人民出版社1988年版，第96页。
④ 《历世真仙体道通鉴续编》卷四，《道藏》第5册，文物出版社、上海书店、天津古籍出版社1988年版，第407页。
⑤ （清）杨士誉：《巍宝仙山常住田碑记》，见萧霁虹主编《云南道教碑刻辑录》，中国社会科学出版社2013年版，第318页。

道，得异人授长生久视方药诸多，为人"禳灾治病"，为误饮哑泉的诸葛亮士兵施药解疾的记载。这一历史传说传递了一点信息：魏晋时期，巍山一带有道士修道并行医济世。巍山最盛传的故事是太上老君点化细奴逻，① 这是唐代尊崇道教在云南的影响。另有："相传唐之中叶，蒙氏盛强。蜀人有以黄白之术，售于蒙诏者，蒙人俾即其地，设蒙化观，以为修炼之所。今之观井，其遗墟也。"②《栖鹤楼记》《金阙选仙吕大真人降笔》③两通碑记载：吕洞宾以东山栖鹤楼作道场，带徒授教，传布天仙派。在南诏时期，道教在巍山彝区得到了广泛的传播与发展。天仙派在巍山的道场有青霞观、长春洞、望鹤楼、栖鹤楼等。明清以后，天仙派、龙门派在巍山境内的巍宝山上逐渐发展成为全真道丛林，正一道的清微派、灵宝派、西河派在民间行符箓斋醮、祈禳消灾。

据民国《大理县志稿》记载："境内有道教清虚、火居两种。清虚道云游方外，居住坛观，脱离家族社会之关系。火居道乃与常人无异，唯金铙法鼓，讽诵经文，为人忏悔、祈祷，获资赡家而已。……火居分先天、龙门二派。先天派宗萨氏，行于城内及南乡；龙门宗邱氏，行于东乡、北乡。各有薪传，能自述其师弟之系统。"④相传西河派传入巍山时间在宋代，以萨守坚为祖师，主要流传于巍山大仓、永健一带，以道士世代沿袭相传，有60字道谱："宋道明远德，神真应太和；志诚宣玉典，中正演玄科。会一崇元化，丹阳含妙果；素心宗法蕴，阐教学仙多。道明元弘

---

① （清）姚凤仪：《重修巍山青霞观碑纪》，见萧霁虹主编《云南道教碑刻辑录》，中国社会科学出版社2013年版，第450页。
② （明）张志淳：《玄珠观记》，见萧霁虹主编《云南道教碑刻辑录》，中国社会科学出版社2013年版，第29页。
③ 见萧霁虹主编《云南道教碑刻辑录》，中国社会科学出版社2013年版，第298、371页。
④ 张培爵修，周宗麟纂：《大理县志稿》，台北成文出版社1974年版，第590页。

教，灵虚启洞微；统一通玄静，守性妙宗传。"① 与《诸真宗派总簿》所记"萨真君西河派"道谱不尽相同，有一批著名道士家族童高公家、黄文彪家、高法官家、张道全家、段省三家等。② 鉴于此，在这批明清巍山道教古籍秘本之夹层中发现了一极具云南正一道特色的"奏授职帖"，此职帖为红纸墨书，残存十一列。其中第一列就记载道"□□□□五雷经箓九天金阙大夫都指挥神霄使□□□"其下记载："臣张虚智奉道供醮和禳、祈丰保境信士等，下情言念众等：恩沾四大，德愧五常。幸值运方新，同忱祈祝，共庆人事伊始，一志和禳。惟冀，天慈保安□□国由是延道，恭就仙宫，修建玉光酬天祝国、禳荧和疫，□丰保境松花章醮一供陈设，清醮百二十，分位上奉高真，是太平事等因，预奏一、借地一、琼书一、奏一、笺一、申一，□□一、迎驾、践驾二，启玄、谢玄二，火德、禳疫二，济炼表一、请恩表一，玉光九、五省词、章文、雷霆三，延生一、观音一、文昌一、关圣一、三官一；通共文书有三十二道。""职帖"最后落款："琼书上写西河嗣派正宗第四十四代玄孙张某某。"并且在清，其中记抄本 11《玉光早朝三转启谢全函》中也用红纸墨书粘有一红笺，其中记载："门下太上三五都功经箓五雷考召副使奉行早朝读经进表宣科法事第四十五代玄孙贺启运城隍"等字眼。由此可知，此宗派为北宋萨守坚所开创之雷法神霄派的重要支派，即萨真君西河派。并且此宗派亦印证了《大理县志稿》关于萨真君西河派在大理地区流传的事实。西河派承袭了神霄雷法之精髓，兼收并蓄在大理地区影响颇深。

巍山神霄西河派的道坛传承

在清同治八年（1869年）的《神霄天坛玉格》中记载了

---

① 薛琳编纂：《巍山彝族回族自治县民族宗教志》，云南人民出版社1992年版，第88页。

② 《巍山彝族回族自治县志》，云南人民出版社1993年版，第865页。

"四靖"和"三十法坛",对比此道书中所出现之坛名,仅有"正一玄妙坛"与"正一玄妙雷坛"相对重合,其余三雷坛均未在《神霄天坛玉格》之中出现,所以,此巍山西河派之下属雷坛是具有地方特色的。如表1与表2所示。

表1　　　　大理巍山神霄西河派道书所涉人名

科仪经书落款之人名	科仪经书	备注
张虚智	"奏授职牒"	
张虚妙	2.《大斋分灯慧光领职科·鸣金振玉分烛辉暗科》29.《文昌三转启谢师上表全科·观音菩萨圆通三转启谢师上表朝科》36.《玉光九奏三朝开收经科》41.《延生三朝上表启谢玄师代谢科》44.《玉宸诸斋降圣请四府进章玄科·玉宸诸斋降圣请四府进章玄科》49.《璇玑一转紫庭科·大斋发牒奏签申科》60.《玉宸五老关灯表白给牒白灵仪文》	经诸书备注核实得到以下信息: 1. 张虚妙（清朝人）,道号为:龙飞子 2. 弘道地区:云南省蒙化直隶厅 3. 师脉法派:神霄西河派"正一玄妙雷坛"坛主 4. 主要活动时期:清同治年间至光绪年间
黄清□	4.《太上说南斗六司延寿消灾灭罪宝忏》	23.《诸斋章品全传》有"小臣姓黄,系天师门下,光绪三十一年（1905年）岁二月一日,时宜良章在皇坛拜进。大清国云南省蒙化直隶厅"。虽都姓黄,但不确定为同一人
杨大空	13.《大斋启坛启谢玄请谢□师仪……全科》	书名有缺

续表

科仪经书落款之人名	科仪经书	备注
陈充	25.《酬天祝国大醮坛》	同治十年（1871年）后学陈充
贺正邦	42.《玉宸灵宝戒食三献玄科·安灵科全·和悦祭献文仪科》	光绪癸巳（1893年）贺正邦
黄士光	56.《三世流转三元斗书全卷》	光绪戊申岁（1908年）黄士光抄
卢甲龙	66.《九幽大忏启谢仪》	卢甲龙 法号启修
陈达清	68.《灵宝下部坛前正科》	民国岁次癸丑（1913年）季秋佛门张仙传，大土陈姓青云馆，道门弟子陈达清

　　由表1可知，此批手抄道书主要涉及之人名较为杂乱，其中五位明确标注为清同治和光绪年间人氏，一位为民国癸丑年（1913年）间人氏，三位生平不明确。依其数量和书中落款信息来看，张虚妙占据了很大的比重，且多附有"正一玄妙雷坛"坛名。再对比出现神霄派坛名的道书，如表2所示。

　　如表2所示，大理巍山神霄西河派囊括了"正一玄妙雷坛""神霄感应雷坛""神霄显化雷坛"以及"百神集应雷坛"等西河法脉的雷坛。对比表1、表2的细节，究其书目与坛名以及备注来看，除"张虚妙·正一玄妙雷坛"之外，其余法坛与所出现的人名、书目并无直接关系，由此可推张虚妙的"正一玄妙雷坛"是巍山神霄西河派岍岇图山较具代表性的法坛。在表2出现的29.《文昌三转启谢师上表全科·观音菩萨圆通三转启谢师上表朝科》一书中出现了"正一玄妙雷坛玄孙虚妙供奉"的条文，此信息与抄本11.《玉光早朝三转启谢全函》中记载的"门下太上三五都功经箓五雷考召副使奉行早朝读经进表宣科法事第四十五代玄孙贺启运诚

表 2　　　　　　　　　大理巍山神霄西河派道书所涉道坛

巍山神霄西河派道书所涉坛名	道书出处
正一玄妙雷坛	2.《大斋分灯慧光领职科·鸣金振玉分烛辉暗科》29.《文昌三转启谢师上表全科·观音菩萨圆通三转启谢师上表朝科》36.《玉光九奏三朝开收经科》41.《延生三朝上表启谢玄师代谢科》44.《玉宸诸斋降圣请四府进章玄科·玉宸诸斋降圣请四府进章玄科》49.《璇玑一转紫庭科·大斋发牒奏签申科》60.《玉宸五老关灯表白给牒白灵仪文》
神霄感应雷坛	39.《六月六日朝贺南斗礼诰·神霄感应雷坛》
神霄洞灵显化雷坛	52.《章式》（乾隆，共三本，缺二；神霄显化雷坛；附：正一天师清微符箓诸宗；）注：卷5《职牒式》中出现"神霄洞灵显化雷坛"一词
百神集应雷坛	9.《玉宸迁拔救苦拜表科》（甲子年小阳月上浣成道子录，百神集应雷坛·反面）；《青玄救苦三会道场演仪经科》（三卷上中下：上卷名冥阳救苦三会道场演仪经科·正面）

隍……"的信息相对应，且字迹相同；其与"奏职授帖"中"□□□□五雷经箓九天金阙大夫都指挥神霄使·张虚智"及"琼书上写西河嗣派正宗第四十四代玄孙张某某"渊源颇深。据此可知，此雷坛中张虚智为神霄西河派第四十四代传教弟子，张虚妙为神霄西河派第四十五代传教弟子；但是二张均落款为"玄孙"，可知此道坛"一脉两支、道血别传"，也就是说"正一玄妙雷坛"中张虚妙与张虚智在"血统"上属于一家且同辈，但是在"道统"上却悬殊一代，同属于神霄西河派。值得关注的是"玄孙"一词的出现与重合，可知此二张为家族"虚"字辈。对玄孙一词，可有两种解释：第一，从家族伦理来看，其上四代均为神霄西河派传教世家；第二，从宗教伦理来看，在职条中出现玄孙也可代指"玄门弟

子"在其祖师面前谦称"徒孙",故称"玄孙"。例如在抄本21、《雷霆三转启谢玄师上表文》中就单列了"启谢玄师"一科。在《道法会元》卷三十九中"清微传度文检品"中多处出现了"玄孙"一词,如"家书上祖元君"中开篇载道:"具位嗣正宗玄孙某稽首顿首百拜上。宗师金阙昭凝妙道保仙元君。"① 综上,不论是哪种解释,都可以断定"张氏"乃道教世家,积淀深厚,道脉源远流长。由于教随人动,并随时势所需而变,同一道教科仪文本在不同道坛也就会呈现不同的风格,同时也会就近出现交流和交融的情况。所以,大理巍山道派林立、道坛广布,却又不尽相同,难以一概而论,但是从神霄西河派的道坛传承来看,涉及道坛以及人员较多,可知西河派在巍山曾经盛极一时。

二 大理巍山神霄西河派科仪经书的整理

巍山神霄西河派科仪经书综述

在《蒙化县志稿·地理部·祠庙志》中:"雷祖,在县署殿东雷祖街,曰玄武曰玄坛,均在太平下街,武庙之左。"② 其下又记载:古皇宫、玉皇阁、延真观等道教宫观;尤以巍宝山为盛,如:斗老阁、青霞观、长春洞以及望鹤轩等名道观均在其山。在雷法支系的实体样本中,又以巍宝山的先天都雷府为典型。所以,巍山地区是道教在大理流传的一颗明珠,例如此批神霄西河派诸雷坛的科仪秘典,就很好地印证了明清时期道教在大理巍山一带的传承,以及雷法的普及与运用。此批科书主要属于正一法统,为神霄西河派所传承运用,其中也多有清微雷法、普瘧法以及天师道、灵宝醮法之踪影;同时因受时势影响与群众需要以及道教自身具有的包容性的特点,此批科书也呈现出了"医道同源、三教合一"的特色与格局。

---

① 《道法会元》卷三十九,《道藏》第29册,文物出版社、上海书店、天津古籍出版社1988年版,第17页。

② 李春曦修,梁友檍辑:《蒙化县志稿》,台北成文出版社1974年版,第257页。

由于部类庞大，多为手抄，如表3所示，笔者以阴阳两醮以及实际功用为标准宏观性地做一分类介绍。（此批科仪经书序号皆为整理之索书号，因为多为手抄本，且以明清为主，又其内容丰富，意义深远，是故先做一宏观分类介绍。）

表3　　　　大理巍山民间道坛科仪经书分类汇集

大理巍山民间道坛科仪经书分类汇集				
阴醮类	阳醮类	阴阳通用	文书类	杂用类
8.《宝相大真人血湖救母灵应口品科》9.《玉宸迁拔救苦拜表科·青玄救苦三会道场演仪经科》15.《赈济施食科·青玄救苦二会道场演仪科》28.《青玄救苦十回度人三时启谢朝科》31.《济炼科》32.《赞礼丧事出白礼》42.《玉宸灵宝戒食三献玄科·安灵科全·和悦祭献文仪科·光绪》60.《玉宸五老关灯表白给牒白灵仪文》64.《玉宸	2.《大斋分灯慧光领职科（背面，同治）鸣金振玉分烛辉暗科（光绪）》4.《太上说南斗六司延寿消灾灭罪宝忏·六月六日朝南斗叱水文》12.《天恩拯济科……尾残》22.《天誓火禳疫建坛颁告玄科》27.《北斗九皇上表朝科》30.《南宸星君六月六日朝贺南斗礼诰·叱水回向科》39.《六月六日朝贺南斗礼诰》48.《文昌三转急忏·六司	1.《玉光晚朝三转上表文·玉光九奏三朝上表代谢科·光绪》3.《大斋建坛拜天堂表科·借地三捻香》6.《太上玄灵北斗本命延生宝忏》7.《文昌三转开收急忏玄科》10.《诸表·设醮玄科·雷霆三十六解玄科》11.《玉光早朝三转启谢全函》13.《大斋启坛启谢玄请谢口师仪……全科》14.《三宫辰曜开收科请师代谢》16.《雷霆三转圣位急忏科》18.《玉光三时请圣……》20.《玉宸斋醮表白法事一宗》21.《雷霆三转启谢玄师上表文》24.《北斗九皇礼诰·北斗延生宝忏》33.《太上说六甲直符保胎护命妙经	5.《职牒式（乾隆）》17.《火醮班式六十分》19.《道门文检》23.《诸斋章品全传（光绪）》25.《酬天祝国大醮坛·同治》26.《斋仪文范·朝斗会启事表》34.《太岁牒》38.《玉宸斋醮表白法事一宗·药方一帧》52.《章式（乾隆）》55.《诸斋表式一宗·刻牒一帧（咸丰）》61.《诸斋偈赞集》63.《灵宝度化行检一黄箓大斋文移（嘉庆）》	29.《文昌三转启谢师上表全科·观音菩萨圆通三转启谢师上表朝科》40.《增补玉匣记（光绪）》45.《启玄科仪》46.《送驾法事·朝贺观音菩萨三献科·朝贺孔圣科》53.《佛说消灾金头宝忏三

续表

大理巍山民间道坛科仪经书分类汇集				
阴醮类	阳醮类	阴阳通用	文书类	杂用类
九幽破狱吉符回向行科》66.《九幽大忏启谢仪》71.《补难亮城晓谕启白科·游城提亡拯难科·医法科（光绪）》	延寿科》50.《朝贺玄坛科》54.《三官宸曜朝贺灶君·玉宸登斋迎醮·三官三转朝科》57.《朝贺法事》58.《三转开收科》59.《朝贺法事·南斗第六日朝贺上表科》75.《文昌祈禄开收科、三官普开收科》	童子妙经·太上洞玄灵宝护诸童子经·太上说童子妙经》35.《三官三转开收急忏科》36.《玉光九奏三朝开收经科》37.《关圣一朝科·星天本命延生玉转请圣急忏科》41.《延生三朝上表启谢玄师代谢科》43.《雷祖玉枢宝忏》44.《玉宸诸斋降圣请四府进章玄科·进章赞礼仪节》47.《雷霆三转开收科》49.《璇玑一转紫庭科·大斋发牒奏签申科》51.《玉宸斋醮表白科》62.《开坛启圣》65.《北斗九星三转开收消灾科》67.《开坛安监扬幡回向等》68.《灵宝下部坛前正科、正阳宝科、灵宝诸斋醮科（民国）》69.《玉宸斋醮借地科、斋醮发牒启科》70.《玉宸斋醮设醮玄科、启五老科》73.《玉宸三转开收科》74.《正一召将宝科》76.《十回度人大斋晚朝启谢帘科（崇祯）》		卷上中下·九天玉枢谢过法忏·土皇进表科用于奠土朝贺》56.《三世流转三元斗书全卷》72.《玉宸登斋启斋启玄师拜琼二科玄科》77.《先天演教传度科仪（明）》78.《斋醮领职集将科（明）》

(二) 巍山神霄西河派科仪经书特色

"神霄"一词，较早出现在《灵宝无量度人上品妙经》中："高上神霄，去地百万。周回八方，真游降盻。神霄之境，碧空为徒。"① 从以上大理巍山地区道坛科仪经书分类汇总来看，其特色主要呈现了四个重要的方面：

第一为"医道同源、阴阳两济"。在38.《玉宸斋醮表白法事一宗》抄本中夹有"药方一帧"，记载了一帧道教中药秘方；同时在71.《补难亮城晓谕启白科·游城提亡拯难科·医法科》中，其所载"医法"是特指在阴醮超度法事中医治亡魂疾病痛楚的科仪，所以，在道教的宗教观看来，道医之术在于"祝由"，"神药两解、阴阳两济"。

第二为"三元劝化、文书通达"。在光绪戊申年（1908年）黄士光手抄56.《三世流转三元斗书全卷》中将人的寿命终结以"十二地支"来算，根据亡故的殁日，来推算前世、今生与来世。此书在民间又称为"黑书"，一般不轻易开启；其总体规律是，高寿无疾而终是因为前世行善积德，寿夭惨死者是源于前世作恶多端；究其内容虽是无稽之谈，但是其"抑恶扬善"的思想，从效果来看却有一定的行为约束和教化功能。值得一提的是，道坛的道教"文书"：经汇集补充一般可分为以下十二类，分别是"申、奏、表、牒、疏、笺、词、榜、意、关、札、章"。其中"申、奏、表、词、章"主要是运用于下级对上级；"牒、关、札"之类，一般则是运用于上级对下级；"疏、榜、意"之类，一般则用于公开张挂，具有告示证明性质。其中有一类比较特别的就是"檄文"，在道教中一般是指直接借助超自然力量来改变现状的一类文书，如"发檄烧符"，其"符"与"檄"多合而为一。

第三为"长春现景、诸宗汇聚"。在此批书第74.《正一召将宝科》"总召"中明确出现了："体玄高道，长春刘真人"之名讳。此

---

① 《道藏》第一册，文物出版社、上海书店、天津古籍出版社1988年版，第89页。

书为清抄本,《龙泉观长春真人祠记》中写道:"宣德年间,刘渊然奏请立云南、大理、金齿三道纪司以植其教。"① 刘渊然在云南开宗的"长春派"对云南正一雷法具有深远影响,其名讳也进入了大理巍山地区神霄西河派道坛常用科仪之中。除此之外,在抄本 10.《诸表·设醮玄科》中收录了二十七道清微雷符;在抄本 45.《启玄科仪》中发现了普痷符法四道,先天雷符十二道,清微云篆四道;还发现了上清派朝奏符秘,在抄本 52.《章式》中共计十四道,其云篆与星斗相契合,咒语末尾出现了"上清急急如律令"等字眼,且注有存神取炁之法。由此可知,纷繁复杂的符箓道派虽孕育了各自的符箓体系,但是在实际运用中也存在融汇诸宗的情况。这不仅体现在符箓上,同时也体现在斋醮科仪上。例如,68.《灵宝下部坛前正科》及 63.《灵宝度化行检—黄箓大斋文移·嘉庆》等便属于"灵宝醮法"的内容。《云南道教史》中说:"西河派与魏晋南北朝时的灵宝派不同,据说是清康熙年间从西河派衍化而来,以萨守坚为祖师,多流传于巍山一带。"② 据此可知,巍山地区的西河派在一定程度上与灵宝派水乳交融,渊源颇深。

综上所述,巍山神霄西河派的科仪方术、常用文检、符箓醮法都极具地方特色。其以西河派为法脉,同时又兼容并包汲取了不同宗派之精髓,这也是西河派在巍山特别是在民间极具影响力和生命力的原因所在,同时也反映了明清道教世俗化过程中一个道派在生存发展过程中所进行的积极调整历程。

三 大理巍山神霄西河派科仪经书研究

以"传度奏职"为传教方式

道教早在创教之初,便有立"治"以"信米"入教的传统。

---

① 《龙泉观长春真人祠记》,《道家金石略》,第 1261 页。
② 萧霁虹、董允:《云南道教史》,云南大学出版社 2007 年版,第 107 页。

正一派以"授箓"来传教与弘道,在五十三代天师张洪任编撰的《天坛玉格》之中,详述地记载了"坛、靖、治、炁"等内容,为道教"授箓"这一种教阶制提供了更加完善的制度依据。《上清灵宝大成金书》卷二十四载:"夫箓者,始于正一,演于洞神,贯于灵宝,极于上清。上清大洞箓者,匿景韬光,精思上道,志期轻举,全不涉俗。进道之士,先受三五都功正一盟威,修持有渐,方可进受灵宝中盟,转加上清大洞。若不耳者,有违太真之格。"① 因此,"授箓"是道教的一种"教阶制";而"传度"则是一种入道仪式。在不同的历史时期以及不同的地域其"传度·授箓"仪式也不尽相同。然而,由于历史与现实的需要,以及不同地域时空条件下不同种族发展繁衍的差异性,以及人本身作为一个能动的主体,其对道教的接受程度不同,改造方法各异,而具有了不同民族和地域之特色。在云南地区,正一道传承的主要形式便是"传度·奏职"。而在以云南曲靖师宗、云南文山一带则以瑶族的"度戒"或"挂灯"仪式为代表。

在大理巍山西河派法脉传承中,最具代表性的当属其传教奏职仪式。在明天启丙寅年(1626年)抄本《先天演教传度科仪》中,其传度科仪与清微派渊源颇深,但是对比《清微传度文检》其中又有诸多不同。其在启师一栏中反复载到:"祖师清微宗主真元妙化上帝(请师真位)恭望师慈俯垂洞鉴。"其主要环节有:"排班、启祖师、请三师、皈依三清、礼赞三宝、受四真戒、发牒奏职、师传秘箓、宣表送化、礼毕"等环节。在云南民间正一道中有着"传度"即"奏职"的传统。例如在该书末尾载:"传度道门科终……奏职传度自此接,举阐扬妙化天尊!恭以皇皇上帝无求不应,赫赫雷霆无求不应;门下转职。"以清张虚智的"奏授职牒"为例,其间载道:"□丰保境松花章醮一供陈设,清醮百二十,分位上奉高真,是太平事等因,预奏一、借地一、琼

---

① 《藏外道书》第十七册,巴蜀书社1994年版,第55页。

书一、奏一、笺一、申一、□□一、迎驾、践驾二、启玄、谢玄二、火德、粮疫二、济炼表一、请恩表一、玉光九、五省词、章文、雷霆三、延生一、观音一、文昌一、关圣一、三官一；通共文书有三十二道。"可知，此道坛"奏职传教"仪式，并非仅仅做《先天演教传度科仪》，其传度奏职乃是一套大的科仪体系，程序复杂。正如职牒所云，其文书便有三十二道，科仪也是囊括诸天。明天启年间的《先天演教传度科仪》证实了《大理县志稿》中关于"先天派宗萨氏"的论断。

除传教仪式外，此批道经未发现云南地区道坛秘传的《天坛品格》《天台玉格》《天坛台格》等职牒秘本。但是在乾隆年间的抄本5.《职牒式》中，发现了神霄西河派的职牒范本。例如其开篇所载："职牒式·太玄都省行坛（恭遵）；三天金阙门下颁行束身职牒文凭；灵宝大法司（分司）；神霄洞灵显化雷坛度师高……为保奏箓职传法应世以宣道化世谨按……"其间主要记载"告盟建坛、三师请职、秘法归身、颁拨兵将、三皈九戒、建坛赐印、奏授职牒"。最后标注为："祖师三天正一辅教老祖天师显佑真君。"由此可知，此道坛之职条主要是用范本来书写，另加入"坛、靖、治、炁、心将、心印"等。就奏职中的"启师领职集将"环节，本批书中也出现了明崇祯十年（1628年）手抄本《斋醮启师领职集将科》，并且在每本科书中凡"行法"之处皆标明了"具职"二字，在道教看来，只有通过"传度奏职"中之祖师引荐、三师证盟与仙界达成"契约"，才能获得"执法权"，即相当于道士的"文凭"；以此才能获得"认证"，殁后才能"羽化登仙"。所以，一个道坛能否有传教行法资格，关键就在于其是否能举行"传度奏职"入道仪式。当前，巍山贺微星仍然保存着萨真君西河派道谱，道谱为："宋道明元德，神真应太和；志诚宣玉典，中正演金科。会一崇元化，丹阳含妙果；素心宗法蕴，阐教学仙多。道名元弘教，灵虚启洞微；统一通玄境，守性妙宗传。"大仓、永建地区西河派就有著名的道士世家有大仓街童高公（法名童玉先）家、黄文彪家、高法官家、张道全家、段省三家，五官邑村赵茂家，甸中街贺正帮家，潘官厂姚廷沛家等。其中甸中街贺正帮家已传五十代，传到微字上，今有道士贺微星。竹子厂官兰亭家已传五十二代，传到一字上，有父子两代道士官一元、官一洪。……正一道接纳徒弟，通过奏职形式发展教徒，如安乐梯清微教道士、王汝霖（道号王合昌）在党的十一届三中全会以后，于1980年农历九月在巍宝山文昌宫朝北斗时，通过奏职发展了张教信、张教宏、饶教信3人为徒弟，发展了胡永亮、熊永诚2人为徒孙。① 所以，神霄西河派自宋便传入大理巍山地区且历代传教是有确实证据的，本批书填补了云南正一道关于"传度奏职"仪式的记述，意义深远。

以"斋醮科仪"为弘道方法

"斋"本义多指"洁净"，后庄子提出"心斋"一说，故道教之"斋"讲究内外"双斋"，即既要明净内心，同时又要净口、净身、净坛，以保证在举行"醮"仪时，有一个洁净的空间。至于"醮"，在《正一威仪经》说："醮者，祈天地神灵之享也。"② 故统称为"斋醮"。神霄派"汪火师遗训"中载："师曰，凡求仙慕道之士，不炼内丹，形还败坏；不积功行，难达玄境。不济疾苦，道果难成；不漱华池，神不清悦；欲求仙道，功行为先；必资治病祛邪，祈晴祷雨；济人利物，广积阴功；精勤香火，正直无私；何虑不获超升。但恐今人未能精思内炼，所学肤浅，符咒不真，诀法谬误，吾甚悯焉！"③ 遗训中阐明了"神霄派"斋醮科仪修行之枢要以及宗旨，也可从中看出神霄雷法之特色。斋醮常以阴阳来分，也多有通用之处。根据不同的分类标准，通常又有不同的分类方法。

---

① 《巍山彝族回族自治县志》，云南人民出版社1993年版，第865页。
② 《道藏》第28册，文物出版社、上海书店、天津古籍出版社1988年版，第257页。
③ 《道藏》第29册，文物出版社、上海书店、天津古籍出版社1988年版，第274页。

就此批科书而言，以阳醮类科书来看，主要有54.《三官宸曜朝贺灶君·玉宸登斋迎醮·三官三转朝科》及75.《文昌祈禄开收科、三官普开收科》等，就其形式来看"转经、灯醮、拜斗、朝贺"占据了较大的部分，另外宗源于道教早期的"三官手书"仪式，也可从此批科书中探知其对早期道教仪式的承袭、丰富与发展。阴醮仪式中，主要以"青玄救苦类""玉宸荐拔类"，以及"九幽启谢"等超度科仪为主。其最具代表性的当属71.《补难亮城晓谕启白科、游城提亡拯难科、医法科·光绪》中的"补难"与"医法"。就"补难"一词来看，主要是指"超度亡灵脱离苦难"；此《游城提亡拯难科》又叫《太上阿难补难全科》，为光绪壬午年（1882年）抄本，其主要科仪包括"锡杖破狱至枉死城、发牒通行、朝地藏、拜法中王、哭皇天、十王召孤、过三品桥、请圣、宣帖焚化、送圣"等步奏。就"医法"来看，在光绪癸未年（1883年）手抄的《医法科》一书中，其大意主要为："人由三灾八难而死，抑或生前有残有伤，殁后仍不能消除，需通过科法将其亡魂摄召至天医院究其病状，分门别类将其祭炼以重获新生。"正如书末所记载："人参桔梗与茯苓，白芨防半及三七。厚朴川芎加官桂，砂仁国老诸病轻。上来五苦七伤医治明白，各宜端正身心求授果记，曷遂生天代极八难之苦。"另外在8.《宝相大真人血湖救母灵应口品科》中记载了宝相真人于血湖救母之感天动地之故事，且因此被封为血湖教主的经过，就以此为代表之道教科仪经书来说，其内涵与数量完全不亚于古希腊罗马之神话。就阴阳通用之秘本来看，主要以3.《大斋建坛拜天堂表科·借地三捻香》最具特色，其中所谓的"借地"是指"借地行法"。正如其中所载："日月星辰，山川岳渎，总校图录，各有司存。"也就是说，阴阳两醮在行法之前必须先"借地"，奏告"建坛行法"的年月日时以及具体地点，来取得其"合法"的"使用权"，以此来取得"师将的认同"。在借地科法之前的

《大斋建坛拜天堂表科》中记载了"启靖师、启玄师、启三师、五方卫灵章"等环节,就整个云南地区来说,这是大理巍山地区比较有特色的一项科仪。

通用科仪又以清抄本 62.《开坛启圣》为关键,其间记载了诸多"内秘之法"。例如:"启五老内秘、天门掐诀、跪炉秘、步罡遣讳、陛坛入户、天门变身、七星罡咒、登坛敷宣、封奏申品"等诸多内奥,集中地表现了道教内秘的整体风貌,以及与上清派"存神练炁"之法的一脉相连。在康熙《大理府志》中记载道:"杜光庭,青城人。寓滇,以文章教蒙民。"在卷二十三《古迹》中又记载道:"(杜光庭)唐人,以文章教蒙民,蒙学士爨泰葬于玉局峰下,依浮屠立庙。"①作为道教宗师的杜光庭在巍山地区的弘道活动,也被后来的神霄西河派所兼容,所以在其科法中深刻地体现了"天人感应、以心相通"的道教哲学思想。值得一提的还有 74.《正一召将宝科》,其中记载了"血祭雷将、祭师雷三献文、玄天仰启咒、拜家书、佑圣咒、主君咒、召朱天君、召太保、召吴帅、张祖咒、治瘟拷较祝捧咒、三召、混炼回向文、总召、治煞、步罡变身秘诀"等。在"总召"中还提及了以刘渊然真人为代表的道教各门各派祖师,集中体现了道教"尊师重教、和而不同"的品质。其中的"拜家书"也是极具道教特色的一个标签词。所谓"家书"在道教看来,是指每一个道坛雷法传承中所颁奏护法之"雷将",这是一个道坛之"亲将",是与道坛以及"行法者"一体的。正如《冲虚通妙侍宸王先生家语》所说:"五脏之炁为五脏也。在地使者为后土真皇,程雍即酆都就垒。五将即五岳也;盖人居天地之中,借斗运转

---

① (清)傅天祥等修,黄元治等撰:康熙《大理府志》,清康熙三十三年(1694)刻本,1946 年铅字重印。

三才，此谓一窍通，万窍通。一将灵，百将灵是也。"① 所以，巍山神霄西河派雷法承袭了正一雷法和上清派之精髓，自成体系。综上，便是在道教阴阳两利斋醮科仪之中较具典范的科法秘本，同时也是大理巍山地区神霄西河派对道教内涵的涵养与孕育的重要说明，是对中华民族传统文化丰富与发展的佐证。

以"三教合一"为区域特色

云南道教之特色便是"巫道一体、三教合一"，其"三教合一"又有三个具体的层次。

第一个"三教合一"层次是"分体合用"。所谓"分体合用"是指，在一个斋醮科仪中受需求所影响，佛教与道教各自在同一科仪中使用属于自己的科法。

第二个层次是"纳佛入道"。所谓纳佛入道，主要是指因适应具体时势的需要以及各宗教在自身发展过程中的特点，从而出现的"道教化佛门科仪"。例如：53.《佛说消灾金头宝忏三卷上中下·九天玉枢谢过法忏·土皇进表科用于奠土朝贺》便是各道坛传抄的道教化佛门科本，里面既有诸佛菩萨，同时又有道教各部神明，尤其是在46.《送驾法事·朝贺观音菩萨三献科·朝贺孔圣科》一书中屡次出现了"具职"一词，也就是说在请佛门诸神时，民间道坛使用自己的箓职来奏告申请；这是"纳佛入道"的第二个层次。

第三个层次就是"佛道一体"。所谓佛道一体就是指佛教与道教在科仪经书中的深度交融，最具代表性的当属明天启丙寅年（1626年）抄本《先天演教传度科仪》，其中载道："夫三宝者位列三尊，本同一体，在天则为天灵神；在道则为道经师；在禅则为佛法僧；在炁则为玄元始；在天则为天地人；在法则为神炁精；……道祖三

---

① 《冲虚通妙侍宸王先生家语》，《道藏》第32册，文物出版社、上海书店、天津古籍出版社1988年版，第391页。

宝上帝，生天生地生佛生仙，开辟乾坤，运行日月。"由此可知，道教通过哲学体系的构建，认为道孕育了万物，其中也包括了"仙神圣佛"，所以，道教化"儒教"科仪也被融入其中。

在清抄本46.《送驾法事·朝贺观音菩萨三献科·朝贺孔圣科》中《朝贺孔圣科》便是道教化"儒教"科仪之代表，同时也是三教合一之证明。如《朝贺孔圣科》中："法事、净坛、请圣、三献、发孔圣表文"等，详细地将"圣贤崇拜"纳入了道的体系之中，认为是帝王之统；同时也从一个侧面说明了中华大地上孕育的传统文化乃是儒与道"一体两面、同出一源"的。云南多宗教汇聚，在本土文化与外来文化的交融中，形成了独具自身特色的宗教格局及其特色。

综上所述，此批大理巍山道教科仪秘本弥足珍贵，对于研究神霄西河派具有重要意义。在此批巍山道教科仪经书中，明天启年间《先天演教传度科仪》、崇祯年间的《十回度人大斋晚朝启谢帝科》以及明抄本《斋醮领职集将科》可以充分地说明，明朝天启到崇祯年间，道教神霄西河派在大理巍山地区发展兴盛，而为数众多的清朝历代巍山道教科仪经书抄本则说明，清朝大理巍山道教神霄西河派达到了巅峰；至于民国时期仅发现了《灵宝下部坛前正科》，此书为民国二年张仙传与陈达清手抄本，为灵宝派斋醮科仪经书。以天师道为源头，大理巍山西河派自宋传入，在明清时期以峣岇图山为代表达到了巅峰，近代以来逐渐衰落。从这批来自同一道坛科仪经书的保存情况来看，蠹虫侵蚀，尘封已久，当前大理巍山神霄西河派传承状况有待深入调研。这批珍贵道教古籍秘本得以重新现世，为研究地方道派、道教文献和中国道教史提供了重要的一手资料和参考依据。

附：

图1 大理巍山峣圩图山神霄西河派"张虚智奏职授牒"

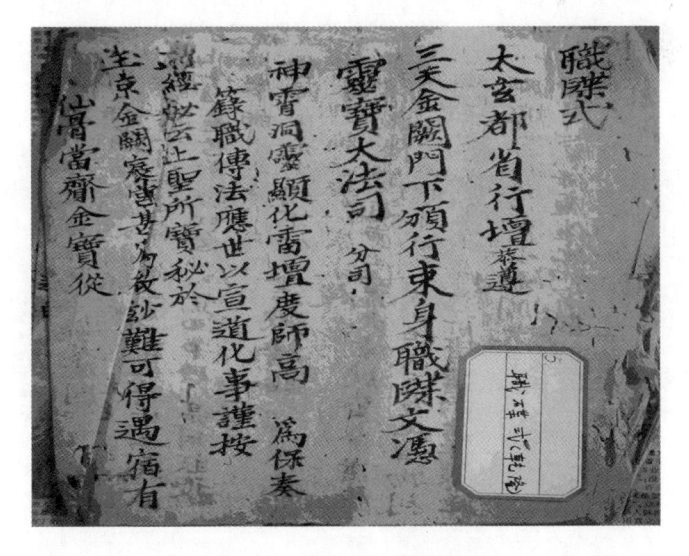

图2 大理巍山峣圩图山神霄西河派"职牒式"手抄本首页

（萧霁虹 云南省社会科学院宗教所所长、研究员；
吕师 云南大学民族学与社会学学院硕士研究生）

道家思想与其他

"尊道贵德"之学和一种新解读
——《老子〈道德经〉新编》序
方克立

　　几年前就知道董京泉同志正在做老子《道德经》新编的工作，最近才看到其结项研究成果。京泉同志要求我以"评审专家"的身份来审读这部书稿，我读后觉得收获很大，并且颇为作者对中华民族文化的挚爱、站在时代高度的学术创新精神和严谨求实的治学态度所打动，愿意在这里谈一点自己读后的感受，以求教于作者与学界同仁。

　　一，这项工作的意义当然首先是对《道德经》的章节次序进行了重新编排，或者说对其文本结构进行了一次"重构"，力图使新编本更全面准确地反映这一旷世经典的思想内涵和内在逻辑联系，为后人提供一种更容易理解老子哲学思想及其时代意义的新文本。

　　"重构"之所以必要和可能，首先在于通行本《老子》（王弼本）并非最早的古本，它是经后人加工整理甚至改造过的，分上、下两篇八十一章的篇章结构就是汉代人确定下来的。马王堆帛书本《老子》（甲、乙两种）是"德经"在前，"道经"在后，而且不分章节，其文本结构与通行本明显不同。马王堆帛书本是1973年出土的汉代文物，它还不一定是《老子》最早的古本。也就是说，通行本的篇章结构已经对古本作了变革和改造，它是否完全合理，是否能准确反映老子哲学的本来面目，已经是一个难以考证清楚的问题。通行本问世一千七百多年来，后人解老注老的著作汗牛充栋，其中不乏见解深刻、考证精严之力作，对于正确解读老子哲学思想是有帮助的；加之新出土的帛书本和竹简本等又提供了许多可资参证的材料，这就为综合前人的研究成果，在深刻理解老子思想体系和内在逻辑的基础上重构《老子》的文本结构，使其更加接近本真面貌，也使后人更容易理解提供了可能。本来一部中国古代思想史就是通过不断地注经解经、不断地诠释解读而向前发展的历史，文本结构是意义解读的前提，文本重构在特定条件下也不失为一种重新解读的方法。但是，可能是由于受到旧的历史观和治学方法的限制，对于《老子》传世文本，过去似乎还没有人这样想过和做过。本书作者站在时代的高度，以中国历史文化和人类思想发展史的宏阔视野为背景，在反复研读、思考和扎实的文献考证的基础上，首次对《老子》通行本的篇章结构进行了大胆"重构"的尝试，经过多年努力，终于拿出了一个四篇八十八章的《道德经》新编文本（将通行本中内容不相属的七章"一分为二"，因此比通行本多了七章），这件事情的方法论意义不仅在中国老学史上，而且在整个中国古代哲学史、思想史、经典诠释史上都是不可忽视的。

董著《道德经》新编本共分四篇：一是"道论篇"，主要阐述道的实有性及其不可穷竭的作用，道的性状、基本特点和运行规律，道的本体义和宇宙生成义，如何认识和把握道等问题；二是"德论篇"，主要论述德的本质、特性及其与道的关系，修德的原则，修德有成者的标志和样态；三是"修身篇"，主要论述尊道贵德对于修身处世的意义，依道修身的基本守则和内容，依道修身有成者即"得道者"的样态；四是"治国篇"，主要论述尊道贵德对于治国用兵的意义，治国的基本原则，治国的策略，治国者应有的素质，治国的理想目标，战争观和军事思想等内容。这样的篇章结构，比通行本更清晰地呈现出了老子哲学作为"尊道贵德、内圣外王"之学的本来面貌，不仅突出了"道论"的形上哲学地位，而且将其落实到了指导"侯王"依道修身治国的人生哲学和政治哲学上，甚至"《老子》是一部兵书""《老子》是一部养生宝典"之类的论断都能在其中找到适当的位置。从这个意义上说，新编本又是一部对于前人的老学研究成果的总结和集成性的著作。

二，董著认真比较研究了八十余种古今最有代表性的、影响较大的《老子》版本、注释本和研究性著作，在文字比勘、考释和意义解读方面下了很大的功夫，并且密切联系历史经验和社会现实问题，对老子哲学思想作了诸多富有新意的创造性诠释，颇能自成一家之言，给人以厚重的历史感，也有现实的启迪意义。

"道"是老子哲学的最高范畴，也是老子整个思想体系的基础、核心和逻辑起点。如何准确地把握与界定"道"是历来老学研究者面临的首要课题，也是人们认识分歧较大的一个问题。董著在"道论"相关章节的辨析中，特别是在附录《老子"道"的定义及实质之我见》一文中集中讨论了这个问题。作者给出的定义是："道"是既超越又内在于天地万物及社会人生的形而上的存在本体和价值本体，它的实质是矛盾法则或对立统一规律。这个定义包含三层意思：①它否定了"道"是物质性实体的观点，同时又肯定它作为形上实体，体现了形上性与实有性的统一、超越性与内在性的统一。②老子对天地万物形上本体的追溯与他对社会人生的价值思考是结合在一起的，所以这个"道"又是形上本体与价值本体的统一。③作为形上本体和价值本体的"道"，之所以能够成为天地万物及社会人生得以生成和发展变化的根据，起决定作用的是内在于其中的矛盾法则或对立统一规律。这就是说，道体与其内在本性矛盾法则也是统一的。这个定义虽然仍属一家之言，但它力图克服半个多世纪以来在老子研究中过于强调唯物唯心之争所带来的某些认识偏颇，更加客观、理性、全面地揭示老子"道"论的实质内容；它虽然是用现代哲学语言表述出来的，却能更真实地反映老子哲学所达到的理论思维水平及其不可避免的局限性。

董著新编本在原文、注释、译文、述评之外还特设"辨析"一栏，对各章的思想主旨和各个难点，特别是古今注家认识分歧较大的一些文字校诂和意义解读问题，一一详加分析考辨，对前人的研究成果择善而从，不赞成的也讲出自己的道理来，这是作者用力最大，也是全书中最精彩、最富有创造性价值的部分。作者对"道""德""自然""无为"等概念、范畴思想内涵的分析，大到老子哲学主要是为理想的侯王即"得道明君"提供治国理政的政治智慧的论断，小到为什么将第八章（通行本第三十七章）"侯王若能守之，万物将自化"句中的"万物"理解为"万民"，为什么将第六十五章（通行本第五十九章）"治人、事天、莫若啬"句中的"啬"字解读为稼穑之"穑"，因而是重农而不是吝啬的意思，都在"辨析"中有详细的考释和论述。为了论证自己的观点，作者旁征博引，古今贯通，甚至引据现实生活中的实例来说明老子哲学命题所具有的普遍意义，比如第十四章（通行本第四十二章上段）就引证毛泽东的《论十大关系》和江泽民在《社会主义现代化建设中的若干重大关系问题》中讲的十二个关系，来说明"万物负阴而抱阳，冲气以为和"的辩证原理的普遍性。

为了全面准确地把握老子思想体系和章句文义，作者在反复研读和比较各种《老子》文本之同时，对同时期的先秦文献典籍和训诂校勘之学都下过很大的功夫，故能做到引申触类，六通四辟，把自己的观点建立在严格校诂的基础之上。但他认为首先应坚持"以老解老"的原则，相信从《老子》书中能找到解决主要难点的答案，对全书做出上下贯通、前后圆融的解释。我想这可能正是作者自信通过文本重构和章句、思想辨析能够再现一个更加接近真实的老子的理据之所在。

三，《老子》本来是一部哲理诗。"道之为物，惟恍惟惚。惚兮恍兮，其中有象；恍兮惚兮，其中有物；窈兮冥兮，其中有精；其精甚真，其中有信。""五色令人目盲，五音令人耳聋，五味令人口爽。驰骋畋猎，令人心发狂；难得之货，令人行妨。"这些文句读起来都朗朗上口，能给人以反复吟咏、深思和回味的无穷意境。为了便于今人特别是青少年学习和理解《老子》的思想内涵，近代以来出现了各种各样的今译本。但是除了诗人公木（张松如）先生《老子校读》中的译文基本押韵之外，多数今译本都是将《老子》章句译成了散文，因而未能再现其哲理诗的本来风貌。董著新编本注意到了这个问题，作者除了在文本重构和思想辨析方面下了大功夫之外，还在译文的准确、简练精美和符合现代汉语韵律方面反复用心，推敲琢磨，力图尽可能地保持《老子》作为一部哲理诗的基本风格，使它在后世流传中不减其诱人的魅力。我们知道，用典雅、规范的现代语言译出准确、优美的哲理诗来是很不容易的，作者有这种自觉意识，并且努力这样做了，就很值得称道。

拜读董京泉同志的大作对我来说也是一个重新学习老子哲学思想的过程，实际上对我的帮助也很大。在25年前出版的《中国哲学史上的知行观》一书中，我是把老子"不行而知"的知行观当作在知识来源问题上排斥实践和感觉经验的唯心主义先验论来批评的。读了董京泉同志对《老子》第十九章（通行本第四十七章）的"辨析"后，我觉得他把"不出户，知天下"的认识主体限定在"圣人"即得道明君身上也是有一定道理的。他指出，既然是真正得道并能依道治国的最理想、最圣明的君王，"这样的君王当然有条件掌握全国最权威、最全面的信息资源，也最有能力提炼加工这些信息，从而把握它的本质，况且在他身边还有三公六卿等高级官员和专管出谋划策的'谋主'可资利用，所以不一定非得以自己的耳目之知为知，以自己的区区之察为明不可"。这并不是一般地否定认识来源于实践，而是说要洞察"天下"事物的本质仅靠直接经验是不够的。《老子》书中的认识论思想，很重要的一个内容是讲如何得到对于作为形上本体和价值本体之"道"的认识，即如何"体"道、"悟"道，在它看来只能靠"玄览"即直觉、内省的认识方法。这并不是一般人所具有的认识能力，具有这种认识能力的认识主体也只能是

"圣人"即理想的君王。毋庸讳言，关于一般的人应通过什么途径来获得正确的认识，社会实践和感觉经验在认识过程中起什么作用，理性认识与感性认识是什么关系，得道明君的"玄览"即直觉方法需不需要有以往的知识经验作为基础，或者说"为道"对"为学"（包括感性认识和理性认识）有无依赖关系，这些问题在《老子》书中都难以找到正确的答案，或许根本就不在作者考虑的范围之内。我认为如实地指出老子哲学思想的局限性也是很有必要的，京泉同志也提到它"对感觉经验重视不够，有唯理论的倾向"，但我的感觉是，作者总体上还是同情地理解多，而对老子思想中所包含的内在矛盾揭示不够，或者说批判地超越的眼光还有些不足。

以上是我初读董著《老子道德经新编》后的几点印象即直接感受，还来不及细读，思考也不够深入，写出来仅供作者和读者参考。我认为这部著作在中国老学史上有重要的解释学意义和方法论创新意义。一千年后人们还要重读《老子》，后人将不会忽略 21 世纪初年有这么一个新编本对于他们进入老子的思想世界曾经起过引渡之津梁的作用，并对其做出公正的评价；也许以后有人受其启发还会按照不同的思路来重编《老子》章句，那么它就是通行本问世一千七百年以来的第一个重编本了，其文献价值同样不可忽略。重构《老子》文本是一件十分严肃也十分艰难的工作，做这件事情的目的是要使中华民族的这一哲学瑰宝放射出更加耀眼的光芒，烛照和开启人们智慧的心灵。董著新编本在多大程度上达到了这一目标，那就只有经过历史的检验后由后人去评说了。

2007 年 6 月 10 日
（作者系中国社会科学院学部委员、
中国社会科学院研究生院教授
原载董京泉著《老子〈道德经〉新编》，
中国社会科学出版社 2008 年版）

元代净明道与朱、陆之学关系略论

郭 武

净明道是宋元时期在江西西山兴起的一支新的道团，尊奉传说中"一人得道，鸡犬升天"的东晋时人许逊为祖师，主张"以忠孝为本，敬天崇道、济生度死为事"①。这支道团最早是由何真公等人于南宋理宗建炎二年（1128年）托称得许逊降授《飞仙度人经》及《净明忠孝大法》等而创立的，但二百余年后却告衰微；元世祖至元十九年（1282年），又有刘玉、黄元吉等人再次托称得许逊等仙真降授经、法并广建靖庐坛场，令其一度得到振兴。据《净明忠孝全书》记载，元代净明道的领袖多与儒生有着交往，并对儒学颇有心得，如刘玉尝自称："吾初学净明大道时，不甚诵道经，亦只是将旧记儒书在做工夫。"（《净明忠孝全书》卷三《玉真先生语录内集》）并盛赞周敦颐、二程、朱熹等大儒"皆天人也，皆自仙佛中来"（《净明忠孝全书》卷四《玉真先生语录外集》）。黄元吉"以其说游京师"时，也多有公卿士大夫"礼问之"（《净明忠孝全书》卷一《中黄先生碑铭》），其逝世后还曾得当时大儒虞集撰写墓志铭。黄氏弟子徐慧编成《净明忠孝全书》后，又曾邀诸多名儒作序，而诸儒也称："都仙（许逊）之旨，正吾夫子（孔子）之旨也，亦尧舜以来精一执中之旨也。"（彭垫《净明忠孝全书·序》）是故，学术界普遍认为这支新兴的道派曾深受儒学的影响。

---

① 《净明忠孝全书》卷一《西山隐士玉真刘先生传》，《道藏》本，文物出版社、上海书店、天津古籍出版社影印1988年版。以下引文均出自此版本，随文仅标书名与卷数卷名。

关于净明道与儒学的关系，学术界已有过不少讨论，如国内首篇专门研究净明道的文章即题为"净明教与理学"[①]，后又有曾召南的专题论文《净明道的理学特色》[②]，其他有关净明道的文章或著作，亦或多或少地谈到过净明道与儒家理学的关系[③]。只是，目前学术界关于净明道与儒学关系的认识，多浅止于净明道之践行忠孝伦常合乎宋儒之主张；至于双方在思想学说上的具体联系与区别，则很少有人进行过深入的分析。在此，笔者拟就元代净明道所受儒家理学的影响再作进一步探讨[④]，尤重分析其与朱熹、陆九渊之学的关系。

一　朱熹、陆九渊在江西的活动

元代净明道力主"以忠孝为本"（《净明忠孝全书》卷一《西山隐士玉真刘先生传》），宣扬"净明只是正心诚意，忠孝只是扶植纲常"（《净明忠孝全书》卷三《玉真先生语录内集》）等，显然系受儒家理学影响。但理学之对元代净明道的影响却并不止于此，其影响还具体表现在宇宙观和修行论两个方面；而这两个方面的影响，则分别来自朱熹、陆九渊之学。朱、陆的学说之所以能够对元代净明道产生巨大影响，除与南宋末年以来理学颇受官方尊崇有关外，还与宋元理学家们多活动于净明道的兴起地区——江西有着密切的关系。考宋元理学之发展，可知其始终与江西地区有着关系，如理学开山鼻祖周敦颐曾旅居江西二十余年并最终定居庐山讲学，理学的创立者二程兄弟也是在江西从周敦颐问学的[⑤]，而宋元时期的一些

[①] 徐西华：《净明教与理学》，《思想战线》1983 年第 3 期，第 35—40 页。

[②] 曾召南：《净明道的理学特色》，《宗教学研究》1988 年第 2—3 期，第 37—41 页。

[③] 郭武：《关于净明道研究的回顾及展望》，《汉学研究通讯》第十九卷，2000 年第 3 期，第 372—383 页。

[④] 按：此处所谓"理学"，系依当今学术界对宋代以来"新儒学"的流行称呼。又，笔者在此不涉及南宋时期的净明道团，是因为其受理学的影响较少，而这一现象恐与理学在宋初并非显学且于南宋宁宗庆元年间一度遭禁有关。

[⑤] 周文英、罗淦先等编：《江西文化》，辽宁教育出版社 1998 年版，第 161 页。

大儒如王安石、苏轼、姚燧、吴澄、虞集、揭傒斯、刘埙、陈苑、危素等亦多活动于江西，甚至与西山净明道士有着直接的往来①。至于将理学发展推至高峰的朱熹与陆九渊，则更与江西有不解之缘，详如下。

朱熹本籍徽州婺源（今属江西省）而生于建州尤溪（今属福建省），曾于淳熙五年（1178年）差知南康军（治今江西星子县），次年十月重建庐山白鹿洞书院并讲学于此，令其成为全国四大书院（白鹿洞、睢阳、石鼓、岳麓）之首②。在此前后，朱熹曾多次游历江西讲学，如绍兴二十年（1150年）及淳熙三年（1176年），其曾两次回婺源省亲祭祖，并至该地钟山书院讲论道义；乾道三年（1167年），访张栻途经丰城，曾讲学于该地龙光书院，后又应门人熊世基、熊世琦兄弟之请撰《龙光书院心广堂记》；淳熙八年（1181年），知南康军任满归家途经九江，又访该地濂溪书院并讲学于兹。其间影响最大者，当推淳熙二年（1175年）五月在铅山鹅湖寺（后改建为鹅湖书院）与陆九渊、陆九龄兄弟论学，即史称"鹅湖之会"之事。此外，朱熹曾亲临讲学的江西书院还有余干县的东山书院与忠定书院、玉山县的怀玉书院与草堂书院、德兴县的银峰书院、丰城县的盛家洲书院等，而其题词留诗的书院就更多了，如德兴县的双桂书院及南昌府的隆冈书院等。③ 如此，则朱熹在江西的影响不可谓不大。朱熹之学虽多传于福建而称"闽学"，但这实际上仅是一种形式上的称呼罢了；若考福建与江西之地理关系，则会发现两者虽在行政上被划分为二，但在地域上却实为一体，其间仅隔一道武夷山脉而已。当年朱熹由福建至铅山鹅湖寺与陆九渊兄弟论学，不过是翻过一道山梁的事罢了。是故，即使朱熹在福建时，其学说对于江西的"辐射"也是足够强烈的。此外，朱

---

① 有关上述儒者在江西的活动情况，详见《宋元学案》，并可参阅徐远和《理学与元代社会》（人民出版社1992年版）。又，《逍遥山万寿宫志·艺文》曾收录了多篇上述儒者游访西山万寿宫等净明道胜迹后题留的诗文，兹不赘列。

② 周銮书：《庐山史话》，上海人民出版社1981年版，第96—111页。

③ 方彦寿：《朱熹书院门人考》，华东师范大学出版社2000年版，第1—30页。

熹大弟子黄榦曾任江西临川县令，并在此收得"北山学派"开创者何基为徒，其他朱学门人如姚燧、吴澄、虞集、揭傒斯等亦多活动于江西，这也是朱学能对净明道产生影响的有利条件。

陆九渊之学在江西的传播，更是占了近水楼台之利。陆九渊本为江西抚州金溪人，于宋孝宗乾道八年（1172年）应试中选后便名声大振，返乡候职期间，远近闻风而来从师问学的人非常之多，陆氏因此辟出家宅东堂作为授徒之地，开始了为期三年的"槐堂讲学"，"弟子属籍者至数千人"，培养出了数以千百计的"槐堂诸儒"（《净明忠孝全书》卷一《西山隐士玉真刘先生传》）。淳熙十三年（1187年），陆九渊仕后归乡闲居，门人彭世昌等商议结庐于贵溪应天山（象山），陆氏乐之，遂开始了为期五年的"象山讲学"。象山讲学期间，平日学徒常不下百人，而郡县礼乐人士也时常登山拜谒，五年中著籍于簿者超过数千人，可谓盛况空前。这些弟子，对于陆学的传播普及起着重大的作用。其传播陆学的途径大致有二：一是通过从政为官而施教一方，二是通过任教讲学而普化一地。陆九渊的门徒弟子多有登进士而为官任教者，徐纪芳《陆象山弟子研究》一书对此进行过统计，发现陆氏弟子见诸史传记载的82人中竟有42个这类人物（其中四人仅登进士而未出仕任教），且宦迹遍及全国各地，如浙江、江西、山东、四川、湖南、广东、广西等；诸为官任教的弟子多任职于江西地区，如傅梦泉曾宰宁知县都并迁清江通判、邓约礼曾任九江德化丞、利元吉曾佐邑金溪县丞、丰有俊曾任豫章太守、李肃曾任江西运使帐司、严滋曾得临川郡守礼请为学正、晁百谈曾任吉州教授、俞廷春曾除新淦令、刘尧夫曾为隆兴府通判，"甬上四先生"中的袁燮亦曾提举江西常平，舒璘则曾任江西路转运司干办，等等。① 除了为官任教外，陆氏弟子还多在民间收徒授学，如吴绍古在江西余江自创斋舍，董德修则在江西乐安隐居力学，"从之游者，多有成就"②。这些在江西境内

---

① 徐纪芳：《陆象山弟子研究》，台北文津出版社1980年版，第67—72页。
② 同上。

为官任教的陆门弟子，对陆学思想在江西的传播和影响理当会有所推动。

二 "净明"说与朱熹之学的关系

元代净明道所受朱学的影响主要表现在宇宙观方面，以下略剖析之。

净明道之宇宙观，主要表现于其有关"净明"的学说中。"净明"一词，在净明道经典中实有两层含义：一是净明道徒所采用的修行手段或实践方式，二为净明道徒所追求的理想境界或终极目标。前者如《净明忠孝全书》卷三《玉真先生语录内集》言："净明只是正心诚意，忠孝只是扶植纲常。"后者则如《净明忠孝全书》卷五《玉真先生语录别集》言："净明大教，始于忠孝立本，中于去欲正心，终于直至净明。"作为人生所追求的理想境界或终极目标之"净明"，实际上就是传统道教所谓"得道""成仙"，如《净明忠孝全书》所言"方寸净明……自然道成"（《净明忠孝全书》卷二《净明大道说》）及"死而不昧，列于仙班"（《净明忠孝全书》卷五《玉真先生语录别集》），俱属此意。对于作为净明道徒所追求的理想境界或终极目标之"净明"，元代净明道经曾借儒家理学的"无极"来解释之，如《净明忠孝全书》卷二《净明法说》言："无极而太极，无极者，净明之谓。"刘玉也说："寂然不动是无极，感而遂通是太极。无极者，净明之谓。"（《净明忠孝全书》卷五《玉真先生语录别集》）其在这里所说的"无极"，显然是从理学鼻祖周敦颐《太极图说》中"无极而太极"一语而来，具有世界的终极根源和本体之义；而将"净明"说成是"无极"，也就令"净明"同样也具有了世界终极根源和本体之义。这种做法，实与各种宗教现象的一般本质有着共通之处。宗教现象学大师伊利亚德（Mircea Eliade）在《神圣与凡俗——宗教的本质》（*The Sacred and the Profane：The Nature of Religion*）一书中，曾运用"神圣"(sacred)与"凡俗"(profane)这一组对立的概念来说明宗教人与"神圣"相遇的宗教经验,以图通过分析这两种经验模式而归纳出宗教的一般本质。伊氏认为,凡俗的存在是指一种脱离了与神圣世界接源的存在状态,而当宗教人经验到与神圣相遇或感到神圣显现(hierophany)时,其便可从凡俗的存在模式过渡到神圣的存在模式;在神圣的存在模式里,宗教人可以经验到再与万物的根源、终极的本体或神圣的世界连接与契合。① 这一看法,对于我们理解元代净明道为何将"净明"状态视为回复宇宙根源之"无极",有着很大的帮助。由此也可知,元代净明道所推崇之"无极",实具有浓厚的宗教神学意义,与宋代理学所言"无极"有着很大的区别。

虽然元代净明道所推崇之"无极"并不完全同于理学所言"无极",但其受理学的影响也是很明显的。"无极"一词,虽早在老子《道德经》中即已出现,宋初道士陈抟所传《无极图》亦曾推崇之,但其在学界之有较大影响,似应与朱熹和陆九渊关于"无极""太极"的争论有关。朱熹与陆九渊的这场争论曾经历了好几个回合,涉及的问题也很多②,但核心却只是朱熹以为周敦颐《太极图说》中"自无极而为太极"一语当为"无极而太极","太极"即作为世界本体的"理",无方所、无形状、无所不在,故需用"无极"来比况之,二者("太极"与"无极")并无差异,"不言无极,则太极同于一物而不足为万化之根;不言太极,则无极沦于空寂而不能为万化之根"③;而陆九渊则以为:"太极"即实理,从不空寂,故不必用"无极"来形容,"岂宜以'无极'加于'太

---

① 黎志添:《从神圣与凡俗论宗教经验与文化的关系——伊利亚德[Mircea Eliade]的一个宗教学观点》,"香港中文大学宗教系与北京大学宗教系第二届学术交流会议"论文(北京,1999年12月),第6页。
② 有关朱熹与陆九渊关于"无极"与"太极"的争论,请参阅张立文《走向心学之路——陆象山思想的足迹》,中华书局1992年版,第225—232页。
③ 《朱文公文集》卷三十六《答陆子美》之一,《四部丛刊初编》本,台北商务印书馆1967年版。

极'之上乎!"① 元代净明道经之采用"无极"说，显然是受到了朱熹学说的影响。这种影响，并非只是名词术语的借用，而且是思想内容的吸收，如前述刘玉"寂然不动是无极，感而遂通是太极"之言，显然是深得了朱熹"不言无极，则太极同于一物而不足为万化之根；不言太极，则无极沦于空寂而不能为万化之根"②之说的精髓。不仅如此，刘玉还言：

> 无极而太极，太极而两仪，两仪而五行，自无而之有，一本万殊也。五行一阴阳，阴阳一太极，太极本无极，自有而之无，万殊一本也。唯反身而诚，复归于一，则万物皆被于我矣。(《净明忠孝全书》卷五《玉真先生语录别集》)

这里所谓"自无而之有，一本万殊也……自有而之无，万殊一本也"之说，显然也与朱熹"分殊而理未尝不一……理一而分未尝不殊"③的思想吻合。此外，刘玉还试图以体、用来阐释"无极"与"太极"的关系，以为："无极者，即太上所谓谷神，言其体也；太极者，即玄牝，盖言其用也。"(《净明忠存全书》卷五《玉真先生语录别集》。) 这个说法，也可算大致符合朱熹的本意。当然，元代净明道之吸收朱熹的思想，其旨趣并非在于哲学思辨上，而是在于欲以之说明净明道的宗教观念，如《净明大道说》言：

> 净明者，无形大道先天之宗本，在上为无上清虚，在天为中黄八极，在人为丹元绛宫。此三者同出而异名。……无上清虚之境，谓之净明；中黄八极，天心也；丹元绛宫，人心也。(《净明忠存全书》卷五《玉真先生语录别集》。)

---

① 《陆九渊集》卷二《与朱元晦》之一，中华书局1980年版。
② 《朱子语类》卷二七，台北正中书局1962年版。
③ 同上。

这段话的意思，大概是欲说明"无上清虚"（净明）、"中黄八极"（天心）、"丹元绛宫"（人心）等净明道观念的重要性：三者既"同出而异名"，则皆当为"无极"之表现形式。后来，刘玉又进一步以"寂然不动是无极，感而遂通是太极"说补充之：

> 寂然不动是无极，感而遂通是太极。无极者净明之谓，三界上者也。然天黄太阳即天界之无极，昊天上帝为太极；地黄太阴即地界之无极，后土氏为太极；人黄丹扃即人界之无极，盘古王为太极。（《净明忠存全书》卷五《玉真先生语录别集》。）

这样，就使得整个世界通过神灵（太极或昊天上帝、后土氏、盘古王）的主宰（感而遂通）而"活"了起来。这种神学化解释，不但使"净明"成为"三界上者"的终极神圣境界，也使得元代净明道的"无极"说与儒家理学有了本质上的区别。有学者因元代净明道多吸收儒家理学的思想而认为："净明道这一整套教义，都是从理学家那儿拿来的现成的东西。"[①] 这种看法颇需商榷，因为元代净明道虽吸收了理学的一些概念来阐发自己的学说，但其却不仅将这些概念加以了神学化，且在"教义"上仍是以得道成仙作为其信仰的终极目标，这非但异于理学家们的理性做法，且与理学维护现实社会秩序的根本目的有着质的不同。

三 修行论与陆九渊之学的影响

如果说元代净明道在宇宙观上多受到了朱学影响的话，则其修行论实多是受陆学之影响。

与朱熹以为"理"乃外在于人心的"太极"不同，陆九渊主

---

① 徐西华：《净明教与理学》，《思想战线》1983年第3期。

张"心"即是理，以为"人皆有是心，心皆具是理，心即理也"（《陆九渊集》卷十一《与李宰》之二）。由这种世界观出发，陆九渊又以为"心之体甚大，若能尽我之心，便与天同"（《陆九渊集》卷三十五《语录》），并由此而得出了只须修"心"便可明"理"的修行方法论，以为："苟此心之存，则此理自明，当恻隐时自恻隐，当羞恶时自羞恶，当辞让时自辞让，是非至前，自能辨之。"（《陆九渊集》卷三十五《语录》）不仅如此，陆九渊还因此以为朱熹的"格物穷理"说乃属"支离"，而自己的修行方法则属"易简"，声称："易简工夫终久大，支离事业竟浮沈。"（《陆九渊集》卷二十五《鹅湖和教授兄韵》）这种思路，亦体现于刘玉等元代净明道领袖关于修行"工夫"的论述中，如刘玉曾详释"天心"及"人心"道：

  中天九宫之中，中黄太一之景，名曰天心，又称祖土，乃世间生化之所由，万理之所都也，其实只是混沌开辟之后积阳之气上浮盘亘，其广八十一万里，是道理之主宰。世人身心功过被此光明之所洞照，纤芥圭忝所不能逃，散在人身中，谓之丹扃，所以曰人心皆具太极。（《净明忠孝全书》卷四《玉真先生语录外集》）

由这段话，并结合上述《净明大道说》关于"无上清虚"（净明）、"中黄八极"（天心）、"丹元绛宫"（人心）的论述，我们不难得出如下推论：既然人心（丹扃）乃天心（中黄太一）之"光明"所散而成，而人心、天心与"无上清虚"（净明）三者实"同出而异名"，则欲达"无上清虚"（净明）之境，只须处理好"人心"便可。事实上，元代净明道所倡达致"净明"境界之修行方法也正是按这条思路而来的，如《净明大道说》言："要不在参禅问道、入山炼形，贵在乎忠孝立本、方寸净明；四美俱备，神渐通灵，不用修炼，自然道成。"（《净明忠孝全书》卷五《玉真先生语录别集》)而刘玉在其"语录"中所教导的方法也大致如此,即教人首重"整理性天心地工夫"而轻视其他,如其弟子曾问:"从古学道者皆言修炼二字,今净明教中于此独略,何耶?"刘玉答道:

> 净明大教是正心修身之学,非区区世俗所谓修炼精气之说也。正心修身是教世人整理性天心地工夫。(《净明忠孝全书》卷三《玉真先生语录内集》)

刘玉对"整理性天心地工夫"的重视,还体现于其他"语录"中,如他在《玉真先生语录》中开篇即言:"净明只是正心诚意,忠孝只是扶植纲常。"紧接着,又对"净明"作了进一步的解释,以为:"何谓净?不染物。何谓明?不触物。不染不触,忠孝自得。……忠者,忠于君也;心君为万神之主宰,一念欺心即不忠也。"(《净明忠孝全书》卷三《玉真先生语录内集》)这段文字,非但明确了"净明"修养的对象乃是"心君",而且,"不染不触,忠孝自得"诸字还透露出一种倾向,即:只要做到内心的"净明",自然便可表现为行为的"忠孝"。后来,刘玉弟子黄元吉又进一步解释"净明"与"忠孝"的这种关系道:"就里除去邪恶之念,外面便无不好的行检。"(《净明忠孝全书》卷六《中黄先生问答》)也就是说,内心的"净明"乃是比行为的"忠孝"更为重要和直接之求仙法门,甚至有兼摄"忠孝"行为之功。这种主张,明显受到了陆九渊"苟此心之存,则此理自明,当恻隐时自恻隐,当羞恶时自羞恶,当辞让时自辞让,是非至前,自能辨之"说法的影响。

与注重"整理性天心地"这种"易简工夫"相关,刘玉还对传统净明道的道法科仪进行了简化,如《净明忠孝全书》卷一《西山隐士玉真刘先生传》记刘玉弟子问曰:"昔何真公所传稍繁,今先生所传极简,何其不同?"由此透露了刘玉道法与传统净明道法之"繁琐"与"简约"的不同。那么,刘玉之"简约"的具体做法是怎样的呢？从《净明忠孝全书》所录来看，其主要是对传统净明道的科仪过程进行了简化，并减少了仪式中法具设置和符箓的运用，改革了其上章内容及炼度方法，如该书曾载刘玉言："每见朝醮行事太烦，及至祭享，则斋主法众诚意已怠。修斋之士可不审之。"（《净明忠孝全书》卷五《玉真先生语录别集》）又载刘玉弟子问："净明告斗之法，何为不设斗灯？何为符命绝少？"（《净明忠孝全书》卷四《玉真先生语录外集》）"道法旧用奏申文字，今只上家书，无乃太简乎？"（《净明忠孝全书》卷三《玉真先生语录内集》）还载经过刘玉改革后的净明道之"炼度"仅有"登朝天坛，露香敷奏，席地存神，置二陶器于坛上"及"书符"之事（《净明忠孝全书》卷一《西山隐士玉真刘先生传》）以上种种改革，不仅体现了刘玉对"易简"的追求，而且处处与"整理性天心地工夫"有关，详如下。

刘玉以为，"整理性天心地工夫"不仅是可令人得道成仙的易简法门，而且还是令道法科仪产生功效的基础，如《玉真先生语录内集》中有如下一套理论："净明只是正心诚意"，而"人心皆具太极"，若心性净明则可与"太极"（昊天上帝）相通，故只要能做到正心诚意，则可驱神役鬼；若不能正心诚意而欲驱神役鬼，则只会"徒增罪戾耳"。（《净明忠孝全书》卷三《玉真先生语录内集》）而《玉真先生语录外集》中则有如下一套关于减少斗灯设置和符箓运用的说法：

> 汝知星斗之所出乎？太极，一真之源也。由太极而生阴阳五行，天赋人受，谓之健顺。《五常经》云：日月五星，谓之三光，其配属者，谓之大魁七元、阳明贪狼、阴精巨门，即是日月，其余五星，即属五行。七曜大明，彰示万方者，只是天地中间二五之精，却皆属后天。返真还元，同归太极，而归无形，是为净明大道先天之宗本也。所以通真达灵，贵在得气之先。今向净明二曜九气之灯焚符所告者，昔都仙真君有旨云

"此名先天之斗"，盖指太极而言也。譬如寻流沂源、著衣举领，先天之法贵乎简者，就发端处用工，故不疾而速、不行而至。虽然，若不知自己身中中黄太乙之妙，又焉能感动天心北极也哉。若只靠存想之繁、符篆之多，吾但见其神离气散耳，一真之妙，竟复何在？（《净明忠孝全书》卷四《玉真先生语录外集》）

这段话的大意是说：无论五星还是日月，俱从"太极"而来，而太极即"先天之斗"，乃"净明大道先天之宗本"；告斗科仪之所以只须礼拜"先天之斗"即可，乃是因其能"就发端处用工"，这就像"寻流沂源、著衣举领"的道理一样，而其关键则在于知"人心"——"自己身中中黄太乙"之妙。至于符篆，刘玉以为其不过是一种形式罢了，亦不必多用，其关键乃在于运用"一真之妙"，亦即"知自己身中中黄太乙之妙"。

刘玉不仅简化了传统净明道科仪中的法具和符篆，而且还改革了其上章内容及炼度方法。所谓"上章"，即道士在科仪中向神灵上奏的写有祈请文字的章表，而"炼度"则是道教用以超度亡魂的一种仪式。传统道教用以书写祈神内容的章表多有特定格式，上章的程式也很烦冗①，但刘玉却将这种祈神的章表改为所谓"家书"②，故弟子曾问他："道法旧用奏申文字，今只上家书，无乃太简乎？"对此，刘玉答道：

古者忠臣孝子，只是一念精诚，感而遂通。近代行法之士，多不修己以求感动，只靠烧化文字，所以往往不应。盖惟德动天，无远弗届，今此大教之行，学者真个平日能惩忿窒

---

① 卿希泰主编：《中国道教》第三册，知识出版社 1994 年版，第 224—226 页。
② 这里所谓"家书"，其具体内容我们已不得而知，估计可能是表达对父母孝敬的一些文字。台湾故宫博物院编《道教文物》中曾收有封面题为"……家书"的道经照片，惜未能睹其内文。

欲，不昧心天，则一旦有求于天，举念便是。若平时恣忿纵欲，违天背理，一旦有求，便写奏申之词百十纸烧化，也济不得事。异时法子行持精熟时，但是默奏，自有感通，家书不须亦可。(《净明忠孝全书》卷三《玉真先生语录内集》)

这段话的要旨，也在于强调"惩忿窒欲，不昧心天"的"修己"功夫。此外，元代净明道的炼度方法也与传统道教有着不同，称"一阳炼度"①，明《天皇至道太清玉册》卷三"炼度法七阶"中曾将"净明一阳炼度法"列为有代表性的一家。所谓"一阳炼度"，即行法者以其禀受自先天之"道"的一点元阳来炼消亡魂之阴滓；而所谓"一阳"，按刘玉的说法，乃混沌之初、天地乍分时产生的"一点真阳"，为天地万物之"主宰"(《净明忠孝全书》卷四《玉真先生语录外集》)。刘玉以为，行法者凭此身中所禀"一阳"真气而书一道"炼度符"，即可达到诸家"百十道符"之为亡灵"完形续体"的功用，并曾以"先天之学""后天之法"喻"一阳炼度"与传统炼度法言：

每见后天之法，不曾究竟得一个大本领，搬出许多枝梢花叶，徒为已堕之魂重添许多妄想。净明先天之学，只要了得核中有个仁，仁中有一点生意，藏之土中，春气才动，根生干长，都出自然。岂曾见天公亲刻枝叶也哉！(《净明忠孝全书》卷四《玉真先生语录外集》)

需要指出的是，元代净明道炼度所凭据的人身中"一阳"之显现，实有赖于做"正心诚意"的功夫，如刘玉以为："科法中建斋行道，只是积诚。"(《净明忠孝全书》卷五《玉真先生语录别集》)

---

① 道教的炼度方法有多种，如"三光炼度""南昌炼度""灵宝炼度""紫皇炼度"等，诸法之不同不仅表现于所召请的神灵有异，而且表现于对亡魂再生形质的"构想"不同。详请参阅卿希泰主编《中国道教》第三册，知识出版社1994年版，第233—239页。

而所谓"积诚",即"正心诚意",具体内容则为"惩忿窒欲,明理不昧心天"等。窃以为,"正心诚意"之类"整理性天心地工夫"乃是元代净明道学说赖以建立的基本点,它既是元代净明道学说的出发点,也是其改革净明道法科仪的落脚点;刘玉简化净明道科仪的过程、减少法具设置和符箓运用、改革上章内容及炼度方法,实质上皆不过是为了让人能避开"枝梢花叶"而专注于做简约的"正心诚意"根本功夫。而这种思路和做法,显是受到了陆九渊"若能尽我之心,便与天同"之类"易简工夫"论的影响。

四 朱、陆学说在净明道思想体系中引起的矛盾

由上可知,元代净明道在宇宙观上实多吸取了朱熹之学,而在修行方法上则多受到了陆九渊之学的影响。其这么做,会不会因陆、朱学说的不同而引致自身思想体系的混乱或矛盾呢?

事实上,这种混乱或矛盾是存在的。由前面元代净明道关于"净明"与"忠孝"这两种修行方式之关系的说法,我们已可发现其存在着互为其"本"的矛盾,即一方面主张"以忠孝为本"(《净明忠孝全书》卷一《西山隐士玉真刘先生传》),以为忠孝乃是一切行为的基础;另一方面则又以为"不染不触,忠孝自得"(《净明忠孝全书》卷三《玉真先生语录内集》),将"净明"视为能兼摄"忠孝"之求仙法门。这种矛盾,实是由于其同时吸收了陆九渊的"易简工夫"说和朱熹的"格物穷理"说所致。朱熹和陆九渊虽然皆以"理"作为其哲学的最高范畴,并认为人皆具有合于善的天然本性,但二人对"理"的理解却不相同,在修行方法论上更是势同水火,如《宋元学案》言:

> (陆九渊)先生之学,以尊德性为宗。……紫阳(朱熹)之学,则以道学问为主。……宗朱者诋陆为狂禅,宗陆者以朱为俗学,两家之学各成门户,几如冰炭矣。(《宋元学案》卷

五十八《象山学案》）

所谓"狂禅"，乃朱门对陆学"易简工夫"的攻击；而所谓"俗学"，则是陆门对朱学"格物穷理"之"支离"的嘲讽。元代净明道同时吸收之，于是便难免出现"净明"（易简工夫）与"忠孝"（格物穷理）互为其"本"的矛盾。对于朱、陆二人的这种"矛盾"，现代新儒学大师牟宗三先生曾将其视为"本体论的直贯"（陆学）与"认识论的横列"（朱学）之别，而非同一层次上的对立，并叹惜朱、陆二人未悟此点而不能相容。① 元代净明道徒是否早已达到了牟宗三先生的思维境界？笔者以为并未如此。因为元代净明道徒在他处表述其世界观时，曾出现了与前述诸说的矛盾，如上述《净明大道说》以为"无上清虚"（净明）、"中黄八极"（天心）、"丹元绛宫"（人心）三者"同出而异名"，但后来刘玉却又言："无上是道，中黄八极是理，由道而生理，明理以报本。"（《净明忠孝全书》卷三《玉真先生语录内集》）将其变为了一种"相生"关系。而刘玉之所以采用不同的说法，乃是为了服务于其宗教实践论，如"相生"说是为了适应《净明大道说》的"报本"论，亦即所谓"天立中黄八极而报无上之本，人当忠孝而答君亲之恩"（《净明忠孝全书》卷五《玉真先生语录别集》），"同出而异名"说则是为了论证其"修心"（净明）论，进而为简化传统净明道的科仪程式服务。元代净明道的两种世界观虽然能与不同实践方法之间相互呼应，但却也显示了其思辨在整体上的混乱。也就是说，元代净明道经中所存在的思想矛盾，乃是因为其同时吸收朱、陆二人之说而又未能完全消化之所致。

(作者系云南大学历史系教授、博士生导师
原载《宗教学研究》2005 年第 2 期）

---

① 牟宗三：《从陆象山到刘蕺山》，上海古籍出版社 2001 年版，第 55—70 页。

《庄子》寓言与现代思想

韩　敬

　　《庄子》在我国文学史和哲学史上的重要地位，是大家都承认的。但在是非取舍之间，文学界和哲学界却表现出几乎截然相反的态度。文学界往往为其瑰丽无比的想象和含义深刻的寓言所折服，十分赞赏《庄子》那浓郁的浪漫主义色彩和迷人的诗情画意，从而对其文学成就给予高度的评价，并且往往在创作上深受其影响。哲学界则在承认《庄子》的文章想象丰富、语言美妙之余，更多地从哲学上对《庄子》的思想予以否定，指斥其为唯心主义、相对主义和神秘主义，批判其宿命论、诡辩论和不可知论。不能说这种批评没有道理，问题是这种批评只指出了《庄子》的缺点，却没有发掘其价值。而在对思想文化遗产的研究中，这后一点即使不比前一点更为重要，至少也与前一点有同等的重要性。但在文学界与哲学界对《庄子》看似截然相反的两种态度中，有一点却是相同的，即他们都忽视了《庄子》在想象和寓言的包裹下，其思想与现代科学和现代哲学思想有许多惊人的吻合与相通之处。而且，只要我们不拘守过去长期形成的教条式的简单化思维定式，就还可以发现，这些想象和寓言所包含的思想，甚至超出现代科学和现代哲学的成就，为其进一步发展提供了极富启发性的思路。这可以说更是《庄子》的价值所在。对《庄子》的这种价值的忽视，如果说不能苛责于文学界的话，对哲学界来说，则应该是责无旁贷的。现谨根据个人的一孔之见，就某些问题做些简要的阐述，以作引玉之砖，而求教于大方之家。如有指正，是所至盼。

自古以来，从思想家和科学家到一般的老百姓，几乎都把人类看作是超出万物之上的特殊物类，认为人类是唯一能够有智慧、懂礼义、具备社会生活的生命物质形态。在西方，从古希腊的智者普罗泰戈拉关于"人是万物的尺度"的论断，到近代人文主义者以人为中心，均作为"宇宙的精华，万物的灵长"的人进行了歌颂。在我国，则有古代哲人对"天地人三才"和"人与天地相拟而为三"的论述，也有一般老百姓关于"人为万物之灵"的信念。不论它们的具体含义及其所由以发生的条件和所针对的目标有何不同，把人类作为唯一的有智慧、懂礼义、具备社会生活因而超出其他万物之上的特殊生命物质形态，则是共同的。

这种思想甚至影响到现代，直到今天，我们的许多思想家和科学家仍然将人类这种认识主体和人类的这种认识机制标准化和唯一化，以为只有人类这种生命物质形态或类似的生命物质形态才能达到对客观世界的理性认识。即使是寻求人类以外的其他有智能的物质形态，也是以人类和人类的认识机制为标准，按照人类所处的物质层次、人类产生的条件和人类的结构与形态去寻求。这反映了我们在思想认识上的局限性。其实，认识能力不会仅仅和物质的生命形态相连，尤其不会仅仅和人类这种生命物质相连。不处于我们所在的物质层次，不是我们这种生命样式的物质形态，只要它们足够复杂，也就可以有认识外界的能力。只不过它们的结构、形态以及由此决定的认识机制肯定和处于我们所在的物质层次，如人类这种生命样式的物质形态截然不同罢了。

这里说的"足够复杂"，不是泛指物体包含有复杂的物质层次。因为，由于物质层次的无限性，不同层次上的物体所包含的层次都是无穷的，因而无法区别其简单和复杂。这里说的"足够复杂"，是说在某个物质层次上所产生的某类物质形态，其个体所包含的该物质层次的组成单位数目庞大而且具有足够复杂的结构。比如生命物质形态和人类，从本质上说，是在分子这一物质层次上所产生的一类物质形态。它们之所以能够产生生命和认识能力，其根本原因就在于它们所包含的分子数目庞大而且具有足够复杂的结构。

因此，只要我们赞成现代科学和现代哲学根据整个人类认识史总结出来的一条基本原理，即宇宙不管在空间上还是时间上，不论在数量上还是质量上，都是无限的，我们就不能认为，只有在物质的分子层次上才会产生能够达到对客观世界做理性认识的认识主体；而应该承认，在物质的其他层次上，只要有条件能够发展出具备足够复杂结构的物质形态，就同样可以形成能够达到对客观世界做理性认识的认识主体。也许在我们身体内部就存在着比已知的微观粒子还要小许多数量级的认识主体，而到目前为止，它们认识的"总星系"还没有超出一个微观粒子的范围。也许我们就处在比今天人类认识的"总星系"还要大许多数量级的一个认识主体内，而到目前为止，人类所认识的宇宙不过是它身体中极其微小的一个粒子的一部分。只要我们不把人类这种认识主体和人类的这种认识机制标准化和唯一化，就没有理由否定这种可能性。

当然，对于有些不同于人类的认识主体或较人类更高级的物质形态，或者是由于时间或空间距离的遥远，或者是由于物质层次间隔的众多，有可能人类在自己存在的整个期间内也还认识不到它们。但这并不是从人类认识能力的本质来说不可能认识它们，而是人类没有来得及认识它们。就像《庄子》说的："计人之所知，不若其所不知；其生之时，不若未生之时。"（《秋水》）所以，"朝菌不知晦朔，蟪蛄不知春秋"（《逍遥游》）。这并不能否定现代科学和现代哲学关于世界上只有尚未被认识的事物，而没有永远或绝对不可能被认识的事物这个基本观点，也不能否定这种不同于人类的认识主体或较人类更高级的物质形态存在的可能性。

用这种观点来看待《庄子》中的某些寓言和论述，就不能不让人惊讶其想象之丰富和思想之深刻。《庄子》曾多次指出并深刻论证过关于长短大小的相对性问题。比如在《齐物论》中说："天下莫大于秋毫之末，而大山为小；莫寿于殇子，而彭祖为夭。"在

《秋水》中说:"以差观之,因其所大而大之,则万物莫不大;因其所小而小之,则万物莫不小。知天地之为稊米也,知毫末之为丘山也,则差数睹矣。"过去我们往往指责这些说法是相对主义,甚至斥之为诡辩,却很少去发掘这些论述中所包含的相对性思想在人类认识发展史上的意义。这种意义不只是一般说的含有所谓合理因素,而是为进一步更深刻地认识客观世界开辟了极为广阔的思维空间。因为《庄子》深刻地指出了之所以如此的根本原因,这就是:"夫物,量无穷,时无止,分无常,终始无故。"(《秋水》)即物质在空间和时间上以及数量和质量上的无限性。

正是在这种思想方法的指导下,《庄子》的作者才可能在《则阳》中说出这样的寓言:"有国于蜗之左角者曰触氏,有国于蜗之右角者曰蛮氏,时相与争地而战,伏尸数万,逐北旬有五日而后反。"作者说这个寓言的目的虽然是向魏惠王论证征伐毫无意义,但对于处在物质的另一层次上的触氏与蛮氏,作者却并不认为是虚无缥缈的,而是实实在在的。其原因就在于"四方上下之无穷",即宇宙在空间上的无穷。这种无穷不只是在比人类更大的方向上无穷,而且也是在比人类更小的方向上无穷。作者正是要让魏惠王认识这种无穷,从对这种无穷的体会中来摆脱对自己所在的环境条件以及各种世俗追求的执着。这就是"知游心于无穷,而反在通达之国",把一切都看作"若存若亡",而无所滞碍。

人类的认识成果也就是真理的绝对性与相对性问题,自古以来就是哲学和科学中经常争论的一个问题。虽然现代科学和现代哲学已经从原则上对此做了比前人远为高明的比较符合人类实际的回答,但由于我们本身就属于人类,很难摆脱"人类中心论"的影响,所以可以说,直到现在,我们还并没有得到一个能够超出人类局限的更加符合科学要求的结论。不管是在哲学上还是在科学上,我们都还是以人类和人类的既有知识为标准来判断认识的正误及其价值。这样做的结果,就是往往把我们对客观世界及其运动的认识当作客观世界及其运动的本来状况,而忘了这些认识只是客观世界及其运动在人类头脑及感觉器官中的反映。它不仅只能反映客观世界及其运动的某个部分、某个方面或某个阶段,而且必然掺入了人类的主观因素。因为这是人类在其所在的物质层次上,通过人类的认识机制得出来的,它建立在人类所特有的大小、结构、生存期和认识机制的基础之上。对于生存在物质的其他层次上,具有不同大小、不同结构、不同生存期和不同认识机制的其他认识主体,这种认识或反映完全可能是根本不同的。因此,就不应当把我们认识的相对于人类是真理的一些自然规律绝对化,认为它们也同样适用于生存在物质的其他层次上,具有不同大小、不同结构、不同生存期和不同认识机制的其他认识主体。

一个比较典型的例子是爱因斯坦和哥本哈根学派关于量子力学的争论。表面上看来,双方的意见可以说是截然对立、完全相反的。一方认为,自然界及其运动规律,包括微观粒子个体及其运动规律,应当服从因果关系。因而,只要人们对它们的知识是完备的,对它们的描述就应当是决定论的。量子力学的几率性结果,只是人们对微观粒子的知识还有欠缺,因而对它们的描述尚不完备的结果。另外一方则认为,量子力学对微观粒子以及它们的运动规律的几率性描述,是微观粒子所固有的,因而是完备无遗的描述。微观客体的运动只能是随机的、几率性的,这并不是人们对它们的知识有所欠缺的结果。在这里,必须抛弃决定论的因果原理,我们不可能对这场涉及许多重大科学与哲学的问题,延续了几十年的著名争论作简单的评判,但有一点我们可以明确指出,即争论的双方都是站在"人类中心论"的立场上,把人类所认识的相对于人类是真理的一些自然规律作了绝对化的理解。双方都没有认识到,即使他们的结论相对于人类是正确的,但对于生存在物质的其他层次上,具有不同大小、不同结构、不同生存期和不同认识机制的其他认识主体,情况就可能完全不同。

比如,在人类看来,微观粒子的运动是随机的、几率性的。但如果有比这些微观粒子还要小许多数量级的认识主体,它们的认识机制必然和人类有根本的不同。而且这些微观粒子相对于它们就不是微观的而是宏观的。因此这些认识主体对作为其观测对象的这些微观粒子的影响几乎可以忽略不计，二者的运动也可能具有相当程度的同步性。因此，在这些认识主体看来，这些微观粒子的运动就完全可能是决定论的，而不是随机的、几率性的。再如，在人类看来，天体和宏观物体的运动是决定论的，但如果有比今天人类认识的"总星系"还要大许多数量级的认识主体，它们的认识机制也必然和人类有根本的不同。而且这些天体和宏观物体相对于它们就不是宏观的而是微观的，这些认识主体对作为其观测对象的这些天体和宏观物体的影响很可能是十分巨大而又不可能排除的，二者的运动也可能具有很大的异步性。因此，在这些认识主体看来，这些天体和宏观物体的运动就完全可能是随机的、几率性的，而不是决定论的。

在这个问题上，《庄子》同样可以给我们以极富教益性的启示。如《齐物论》中说："民湿寝则腰疾偏死，鰌然乎哉？木处则惴栗恂惧，猨猴然乎哉？三者孰知正处？民食刍豢。麋鹿食荐，蝍蛆甘带，鸱鸦耆鼠。四者孰知正味？猨猵狙以为雌，麋与鹿交，鰌与鱼游。毛嫱丽姬，人之所美也。鱼见之深入，鸟见之高飞，麋鹿见之决骤。四者孰知天下之正色哉？"今天看来，这些论述当然有其片面性。由这些现象而完全否定在人类所认识的真理中包含有客观性和绝对性的因素，当然是不正确的。但它所包含的反对"人类中心论"的认识论和真理观的相对性思想因素，却是极其宝贵的。

又如《秋水》中说："以道观之，物无贵贱；以物观之，自贵而相贱。"还说："以趣观之，因其所然而然之，则万物莫不然；因其所非而非之，则万物莫不非。"也就是说，世界上的事物本来无所谓是非贵贱。所谓是非贵贱，不过是具体的事物以自己为中心，按照自己的取舍所做出的判断罢了。特别是人类，更是以自我为中心，根据事物与自己的利害关系，按照自己的好恶，来认定事物之是非贵贱。所以《庄子》的这些思想，对我们摆脱"人类中心论"

的束缚，了解真理的相对性，从而更全面地认识真理，其重要价值和巨大启发意义，可以说至今仍闪烁着耀眼的光芒。可惜的是，过去我们在批判其相对主义的同时，却往往把这些两千多年前产生的、极其难能可贵的富有创造性的天才思想因素也一起丢掉了。

当然，我们这样说并不是要否定真理的客观性。任何真理，只要确实是真理，即使是动物认识的最简单的真理，也都包含了一定的客观性，这是不容否定的。但是，不应该将任一具体真理所包含的有限的片面的客观性夸大为无限的、全面的。因为真理既然是认识主体对客观世界的认识，就必然在包含有客观性的同时，也包含了主观性。只不过在不同的认识中，客观性与主观性的比例、内容与表现形式不同而已，虽然这种不同绝不是无关紧要的。真理的这种主观性不仅是某一个人、某个社会集团的认识所不可避免的，也是任一时代整个人类的认识所不可避免的。这是由于人类生长和生活在特定的物质层次上，有其特殊的大小、结构、生存期和认识机制所决定的局限性。这种主观性和局限性，只有在人类无限的历史发展中才能得到克服。但既然是"无限的历史发展"，就不是哪一个时代的人类所能达到的，所以人类也只能是逐渐接近这一目标而已。而且，按照任何具体事物有产生必有灭亡的发展规律，如果有一天整个人类终将消亡的话，那么这种主观性和局限性就更是不可能完全消除的了。所以，人类所认识的真理的客观性，只是人类这种特殊的能够理性认识客观世界的生命物质形态所特殊反映的客观世界的某些部分、某些方面或某些阶段的表现。

上面某些想法从通常的观点看来似乎是荒诞不经的，但是，如果我们回想一下，当几千年前古人猜测天地起源于气和想象大地是球形时，这在那时的知识看来是如何怪诞无稽，而今天这些都已经被证实时，我们也就不会对上面这些想法轻率地予以否定了。事实上，用某些有根据的猜测想象去补充对客观世界认识之不足，不仅是人类任何时候也避免不了的事实，而且是人类认识发展中不可缺少的环节。这在任何一个关于世界整体的科学理论和哲学学说中都是不可或缺的成分。没有它，这种理论和学说就不可能形成，因而人类对世界整体的认识也就无法前进，这是人类的认识史已经多次证明了的事实。古人是用猜测和想象去补充对宏观世界认识之不足的。随着科学的发展，人们对宏观世界的认识比较深入和全面了，当然就不必再过多地用猜测和想象去补充了。但现在人们对微观世界和宏观世界的认识还是极其肤浅和非常片面的，因此在这些领域中不可避免地还要用许多猜测和想象来补充认识之不足。即使将来人们对现在所谓微观世界和宏观世界的认识比较深入和全面了，不必再过多地用猜测和想象去补充了，由于宇宙在时间和空间上以及数量和质量上的无限性，人类仍然面临着无限广阔的未知世界和知之甚少的世界。对这个无限广阔的未知世界和知之甚少的世界，为了更好地逐渐认识它和把握它，人类仍然需要用某些有根据的猜测和想象去补充对其认识之不足。只要人类存在，这个过程就是没有止境的。科学发展中的假说，其实也是用猜测和想象来补充人类对客观世界认识之不足，只不过它的对象比较具体，涉及的范围比较狭窄，采取的形式比较严格罢了。

所以，上面一些想法即使由于现在还没有得到自然科学的充分证明，因而在将来可能被发现在细节上是不准确的，甚至是错误的，但在认识方向上毫无疑问是正确的。这都是在当今人类科学和哲学发展基础上必然要提出的问题，必然会做出的判断。不管今后科学和哲学的发展对这些问题会给出什么样的回答，这些问题的提出对科学和哲学发展的启示，在人类认识发展史上的作用或价值，是永远也抹杀不了的。

（作者系云南省社会科学院哲学所资深研究员
原载第八届国际中国哲学会议论文集《中国智慧透析——中国传统哲学的现代意义及未来展望》，华夏出版社1995年版）

读《庄子》悟庄子之道

唐嘉荣

读《庄子》,认识人之天性与人性,"天人一也"与"天下谐和"的双重关系,有助于我们审视人类存在与前行的意义;悟庄子之道——非物质性的精神性的道,领悟"物我对立"与"惹事端""逐名利"与"乱天下"的能动性功能关系,有助于解决人类自造而临的一系列问题。

一 读《庄子》审视人类存在与前行的意义

庄子指出精神性的道贯穿宇宙、天地、万物,构成了"一也"的世界,人,"顺其然"达"天人一也"之境,由是,天下谐和,自然顺达。然而基于人性的弱点,总能听信"虎狼"之言。犹如亚当夏娃经不住蛇的诱惑,偏要偷吃认知人性的"智慧果",欣然于拥有辨是非、知美丑的意识而具有了逐物遮丑的能力,实现了虎狼和蛇分裂人的天性与人性,使人与之同类——成为物质体的目的。但人与虎狼和蛇的区别特征在于,人具有精神体的特征和需要,因而能否保持人性与天性的合一性,物质与精神需要的平衡性,俨然成了人在地球上既能生存又能获得幸福的关键。

人类顺应自身天性与人性的承载体——精神与物质体(信仰、审美体与自然、日常体及其延伸的社会体)的特性和需要在地球上建立起满足精神与物质生活、精神与物体需要以及精神与物质性体验的方式、路径和手段，以此不但确保了人的特性、需要的完整合一和平衡性，而且顺应并达成了内在满足心灵幸福、愉悦，外在满足生理健康、身心快乐、人生自豪的精神与物质心理需求的平衡性，由是顺应并达成了人与地球谐和共生的关系，建立起了人的世界。

然而，人的世界造就的特殊群体——社会体们，欣然受制于"虎狼"的蛊惑和牵引，偷换了"幸福"的概念，由之轻而易举地置换了获取幸福的手段。基于物质体的弱点，地球人对"追逐物质需要即能兑现幸福"的蛊惑深信不疑而争先恐后地跌入了逐物怪圈——人类居然相信了手段与目的不对称的伪命题，使自己奔向了实践结果与所指目的（幸福）相悖之径。对此，雨果展示了人类社会造设的伪道德秩序分裂人的天性与人性所造就的悲惨世界；狄更斯揭示了技术革命造就的工业社会所造成的双重污染使人类陷入的悲惨境地；卡夫卡揭示了人类在自己建构的物质世界过着甲壳虫式的生活所患上的忧郁症；托尔斯泰展示了天性泯灭、人性膨胀的人类，要么追逐荣华富贵在自己创建的物欲世界中行尸走肉，要么争名逐利在自己制造的战争阴霾中恐怖、绝望地死去之苦难历程；弗洛姆解析了人性的贪婪和占有欲致使人类患上了占有症给自己和世界造成的现实危害；后现代主义哲学家们则揭示了现代科技社会破坏自然生态系统、捣毁反映道德价值的传统公共文化生活体系给人类造成的生存危机。

庄子则在"九天"之上（宇宙观的高度）向人类昭示了自身陷入虎狼之境的根源。他站在人类历史的长河之上以"天人"（整体观、天道观、宇宙时间观）的视野，直观地球人只能看到置身四季交替的地球时间而看不到"天地斗转"的宇宙时间，因而不知生死无别，更不知死为重返"巨室"——精神体享受幸福的精神家园，故而找不到回家的路径所承受的焦虑与恐惧（《庄子·至乐》）；逐物者"不知鱼之乐"——不知顺其自然享受自主自足、自由自在的生活所承受的焦躁与苦闷（《庄子·秋水》《逍遥游》）；

逐名者逆天道、违天性、逐伪道、兴伪仁（"虎狼，仁也"）、尽行虎狼之事而使天下万物遭受其"惹事端"（制造灾难）所承受的凄凉与悲苦，为此发出了庄氏悲悯、嘲讽、讥斥之言（《庄子·天运》《齐物论》）。

庄子早在公元286年前的时间点上就向人类发出了警世庄言：虎狼在人世造设伪道，误导人类逆天性而行、背天道而驰，这即是造事端、乱天下、毁万物的根源（《庄子·天运》）。然而我们既读不懂《庄子》，也悟不懂庄子之道，所以我们既不领受老庄的悲悯与讥讽，也不畏惧庄氏警言。

人具有精神与物质体的特征和需要，若单一强化物质体的需要，或与精神体决裂则必然陷入追逐物质需要——疯狂追逐物质占有——争占破坏世间万物的怪圈。难怪，无知者，总能以无畏者的姿态前行。难怪，庄子要揭而斥之：居"狼子野心"尽兴"虎狼之事"却冠以"正天下万物之名"，故总能造就并引领争名逐利者勇往前行。

仅从科学技术总是在国与国的博弈角逐对抗中伴随着战争一同发生；总能在经济社会商业世界的交易竞争中与人性的贪婪、占有欲同步升级，继而总是以培育饿狼之躯为代价的现实，已实证了庄子预言，但人类非要置身于可视的物质世界，且习得了满足社会体之需——为皇帝的新装喝彩，对"天言"装聋作哑的本领，故而总能执迷不悟地勇往直前。

二 读《庄子》直观人类自造而临的问题

历史未曾忘却，人类遭遇的最近一次世界大战，无不与希特勒、墨索里尼和日本法西斯对其统治的国民施行了精神体与物质体；自然、日常体与社会体的双重分离异化，从而完成了对人的天性与人性；自然、日常性与社会性特征的两级分裂重构，以致达成了社会体畸形膨胀，社会特性畸形扩展继而能为其争占、捐躯的所谓"国家社会体"的塑造所塑成的占有、破坏体有着直接的关系，同时无不与科技发展淋漓尽致地展现于军事领域有着直接的关联。然而社会体具有无视或忘却苦难的优点抑或成就了人类不能汲取历史经验教训的弱点，以致无论我们进入国际化时代，还是全球化时代，国家社会体的塑造工程仍在继续，虎狼相争仍然一如既往，争霸各方仍以科技为项颈，因而其高端研发也罢，其尖端发明也罢，不是在战火中亮相，就是在硝烟中登场；不是在热战、冷战中炫耀其威慑力，就是在狼烟四起的交易、竞争中彰显其经济值，即使从军事领域延伸到民用领域的科技产品，也以刺激物质体的消费为目的。时间证明，高科技与寻常百姓发生关系也不过才二三十年，但这把"双刃剑"就以迅雷不及掩耳之势，诱逼世界人民享受快捷、方便的交易、消费，爆炸式的接受知识、信息的同时，让人类饱受知识碎片化，情感能力弱化，感情反应钝化，精神性体验虚无化、物质化，美、善判断扭曲化的折磨和困扰。现实显示，高科技以高强度、高速度引领人类步入了高度物质化、极度异化的全球化时代。而时代的进步、全球的发展与人类社会前行的目的——人人享受心灵的自由、幸福，享受精神与物质的文明、富足背道而驰，以致目前地球人仍未跳出逐物不止、争斗不休的怪圈，仍未消除热战、冷战的阴霾，仍未摆脱征战不宁、狼烟不息的乱世。难怪"上帝要发笑"！庄子要悲悯！

　　人作为精神与物质体必然具有与之对应的无形和有形的形上和行下需求，但人类却仅用有形的科技形式，以引领时代潮流、重构世界秩序之名，就能牵引各路人马在逐物怪圈中畸形发展，在争战之路上高歌猛进，即使培植了狂热、依赖、强迫和焦虑症的粉丝，即使激发了人性之恶的贪欲、占有欲养成占有、破坏体，以致源源不断地为地球培植饿狼之躯也在所不惜，依然要激情豪迈地创造或挺进机器人时代。

　　人变为机器人加上人造的机器人统统成为标志着科技发展进步的"高端人物"，它们会顾及人的终极关怀以致会修复人类已经弱化了的天性吗？抑或会破坏人的精神与物质特性以致地球人的语言与思维、论理与道德统统被置换，其精神生活、需要、心理需求统统被虚无化而使精神体消失吗？谁能确定？而今仅用高新技术＋基因工程之成果即可使人长生不老，仅凭食指之力即可让地球毁于一旦已不再是科幻。那么，又由谁来决定，何人可以重生？地球何时毁灭？这些当然不再只是古老的宗教式的哲学诘问。

既然人类能为自己制造物欲陷阱让自身跌入逐物怪圈，那么人类也能解决因之而造成的争斗恶习贪占恶性，当然有能力治愈因之而诱发的占有、破坏症，纠正人类惹事端、遭毁灭之命运吧？如果人类能够警醒，当真要解决自造而临的问题，那么如何保持人之于精神与物质体及其特性的完整、合一性，精神与物质需要的平衡性就成了当下人类首先要解决的问题。而人的诗性德性之于人的美善品质与社会的健康发展；人的精神与物质体及其特性和需要的完整、合一、平衡性之于人与自然的和谐共生；之于维护世界和平、社会安定；之于人类生存环境、前途命运的关系问题，庄子早已明示并做了解析，且提供了认知和解决问题的路径和方法。若能认识并捋清人的天性与人性，精神与物质性"一也"的关系或能悟懂庄子之道，领受庄氏警言与悲悯、嘲讽与讥斥，抑或能够解决我们自造而临的系列问题。

三　读《庄子》悟庄子之道的能力要求

（一）须跨越语言本体与思维模式的界限

维特根斯坦说你的语言的界限即你认识世界的界限。古代汉语，与英语、德语/法语、希腊语比较，显现了线性式分析型感悟性诗乐性语言特质与立体式综合型理性/智性语言特质的不同；因而用其交流和思维的人，显现了线性式分析型感悟性思维模式与立体式综合型理性/智性思维模式的不同；而当代汉语与之比较，显现了线性式分析型感性声响＋声像性语言特质，因而用其交流和思维的人，显现了线性式分析型感性思维模式的不同。由是，对当代中、外读者而言，就意味着应跨越语言的界限读《庄子》，须跳出思维的局限悟庄子之道。

（二）须站在理性批判和审美判断的高度

庄子一方面站在外层空间的高度，以整体观、宇宙观的纬度，明示人类已经和必将遭遇的问题；解析人类为何会远离人本身，人类社会为何要灭天性，世界发展为何要抛弃人的精神体；人何以会成为伪人、非人；人与自然、社会谐和共生的简单关系为何会紊乱、复杂化；人的诗性德性为何被异化以致人的美、善品质何以被扭曲化的原因；揭示人性之丑陋与物质体的特征和需要的关联，人性之险恶与人被物化、社会化的关系。另一方面站在历史长河的时间点，以整体观、天道观的经度，解析人类所面临的生与死、天与人、人与人、人与社会的矛盾关系；揭示人类因循伪道所造的一系列问题以致世界沿着毁灭路径前行的逻辑关联和因果关系。而以上等等如是说及其传递的观点、学说、思想等信息，庄子又是站在"天人"说梦式的美学境界，以蕴含审美意味的寓言、故事、意象人物的对话等艺术形式，多重比喻、借代、借喻、反讽、反喻等修辞手法，用古汉语突显诗意气质形象的感悟性诗乐语言塑造的艺术形象、审美意象等予以传达的。这就意味着读《庄子》之于寓言故事、意象人物及其对话、言外之言等所蕴含的人类学寓意；悟庄子之于整体观宇宙观、时间观天道观、象外之象及其涵盖的哲学思想必须涉猎语言学、哲学、美学、心理学、思维科学等领域。换言之，一方面既要有阅读古代汉语的能力，又必须拥有对诗乐性语言的感悟能力；另一方面需具有宇宙观的高度、整体观的宽度，太空范畴的时间观的长度之哲学视野，又必须具有极高的哲学思辨和艺术审美能力，才能站在理性批判和审美判断的高度读《庄子》悟庄子之道。

(三) 须规避"植入性"和"植物性"的误读误判

除了文本、语言，悟性、思维因素之外，还有语言本体和外部语境因素可能导致我们出现"植入性"和"植物性"的误读和误判。

譬如，对庄子本人的解说至今仍然存在众说纷纭的情况。本文就古今对庄子的解说在此统而概述之。古人云："庄子蔽于天下而不知人。"(《荀子·解蔽》) 只懂得"因任自然"而不懂"治化之道"。今人评：庄子因"贫而无俱"故为"嬉笑怒骂""任性狂言"之人。又因不得为官反以"隐士"自居而称游离于"事端"之外方能"悠闲自得""逍遥游"于"天人一也""庄生梦蝶"之"物我两忘"之境，故显"仙人野鹤""不食人间烟火""独与天地往来"(《庄子·天下》) 之状、之高位，实乃游离于人与社会之外的"石头人"，有亡妻"击盆而歌"为据，所见冷血之"石头心"。庄子的反抗性也缘于其贫困生活云云。

事实上，对庄子之道的解读历来存在莫衷一是的情况，在此仅以相关研究所冠之名和所论之言列举一二，即可窥见一斑。

诸如一是冠之于"自然主义""虚无主义""神秘主义""神不灭论""唯心论思想"等；二是有专辑如是评价，庄子用一种居高临下的眼光看万事，以为万事无别，没有是非、真假、善恶、美丑可言，庄子之道大致说来，不过如此等等如是说。

综上，无论对庄子本人的解说还是对《庄子》的解读，表面上显现了众说纷纭、莫衷一是的现状，其背后是否存在某种程度上的误读和误判呢？因为无论古人云还是今人说，若出于自身局限的原因，或外在因素的影响，均会出现误读和误判。如果我们抛开这些原因和因素，还有来自语言和语境的局限和制约导致我们认识和判断可能出现偏误而造成的误读和误判。

一方面，决定于语言本体的特征，具有文言文支撑的古代汉语，显现了感悟性诗乐性语言特质；具有民间准白话文支撑的现代汉民族共同语普通话，显现了感性声响+声像性语言特质。由是就决定了无论用古代汉语，还是用现代汉语不仅只是在一般交流、传递简单信息而且在交流深邃的思想、传递复杂信息时，均伴有感悟领会或感性认知植入的可能性，于此我们生发了"仁者见仁、智者见智"的智慧去化解争论无果、争吵无益的言语困境来适应用汉语传递信息出现信息差的语境；另一方面，如上所述，由于语言与思维的关系，显现于人的思维及"感悟"能力存在差异，于此在理解、判断上也存在一定的差别，所以常常出现信息传递误差导致的人云亦云、众说纷纭；再一方面，由于语言特质与思维模式的关系，显现于使用文言或民间准白话文交流具有促使人各抒己见或争吵不休的功能；又一方面，人的天性与人性的关系，显现于人作为精神体具有信仰和审美体的特征和需要，作为物质体具有自然、日常和社会体的特征和需要，亦如亚当和夏娃偷吃了认知人类智慧的果子，成全了地球人的物质之躯。因此悟庄子之道，切忌以凡人之心度君子之腹；万不能以物质性之浅薄度精神性之深邃；切勿以自然、日常体的认知读《庄子》解庄子，以社会体的需要说庄子悟庄子之道。除此之外，如果出于某种原因或受制于某种固化因素的影响和限制，那么对《庄子》的研究自然也会出现故意误研、误析和误判。比如目前对庄子及其思想的解析判断明显呈现出时代话语、社会语境的痕迹。抑或是学界长期以来养成了诸如为适应某一时期或自身追逐社会角色的需要，以某种既定话语、既定语境去套解不同的理论、概念、思想等，最终形成既定的或同一口径的统一判断之习气和习惯。若如此就意味着，此判断可能发端于某种程度上的故意误解或误析。因此之于庄子之道，无论是悟还是论，不但要具有相应的"悟道"能力，还须具有客观"论道"的学术心胸，否则难免出现"植入性"和"植物性"的误读、误判。

基于对人的天性与人性、精神与物质性的认识并解决和规避了以上几方面的问题，有助于我们认识和领悟庄子所指的非物质性的精神性的道。

四　悟庄子之道——非物质性的精神性的道

（一）精神性的道贯穿宇宙、天地、万物构成"一也"的世界

老子所说的无形无名的天道，庄子承袭之并明确指出是非物质性的（《庄子·在宥》《知北游》）不可视又无处不在的精神性的道（《庄子·齐物论》《大宗师》），用《易经》之说即为"形上之道"的精神性的道贯穿宇宙、天地、万物构成了"一也"的世界，于此形而上的精神性（Soul and Spirit）世界与形而下的物质性（Flesh）世界合而为一，天下（人类社会）、万物（人与自然界的一切）顺其自然达成谐和共生的人类世界；人顺其自然达"天人一也"之境即为"真人"——得道之人。其可观天下而知天下而达天下——促使天下、万物谐和共生、自然顺达（《庄子·大宗师》《齐物论》）。

（二）精神与物质世界与人的精神与物质体的对应关系

人类的精神世界，对应人之于审美体享有精神生活，拥有满足审美需要获得诗性体验的路径和手段以满足其享受心灵自由高贵获得内心愉悦的精神心理需求。

人类的精神世界，对应人之于信仰体享有精神生活，拥有满足信仰需要获得德性体验的路径和手段以满足其享受灵魂自由高尚获得内心幸福的精神心理需求。

人类的物质世界，对应人之于自然、日常、社会体享有物质生活，拥有追逐吃住行玩、工作学习、社会角色等物质需要、满足其获得生理快感、身心快乐、人生自豪的物质心理需求。

人在不断满足精神需要获得涵养和体现美善品质和能量的精神

```
   灵
   魂
   肉
```

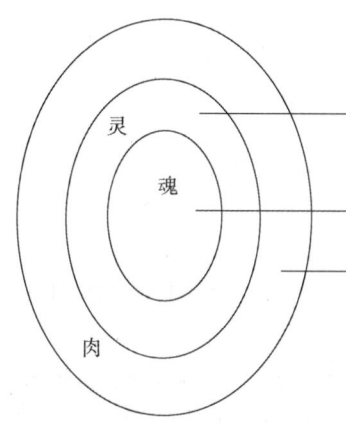

（圆圈图，从内到外：肉 → 魂 → 灵）

- 人类的精神世界，对应人之于审美体享有精神生活，拥有满足审美需要获得诗性体验的路径和手段以满足其享受心灵自由高贵获得内心愉悦的精神心理需求。
- 人类的精神世界，对应人之于信仰体享有精神生活，拥有满足信仰需要获得德性体验的路径和手段以满足其享受灵魂自由高尚获得内心幸福的精神心理需求。
- 人类的物质世界，对应人之于自然、日常、社会体享有物质生活，拥有追逐吃住行玩、工作学习、社会角色等物质需要、满足其获得生理快感、身心快乐、人生自豪的物质心理需求。

性即诗性、德性体验的过程中，促使信仰、审美体升华为主动涵养和释放美、善品质和能量的精神性主体——诗性、德性体，从而能促使天下万物谐和、顺达。

人在单一追逐物质需要满足物质心理需求的过程中，促使自然、日常、社会体不断追逐生理刺激、物质享乐、名利地位等物质性即自然、日常、社会性体验，极易养成追逐奢靡享乐、权力地位之恶习，争名逐利、贪占抢夺之恶性，由之豢养了虎狼之躯——占有、破坏体，因而必造事端、尽兴虎狼之事而乱天下毁万物。

（三）精神与物质性的道所生、所正之人的差别及现世影响

在此，以《庄子》中的寓言、故事、意象人物的对话、言论以及庄子在其中呈现的观点、思想等为线索和依据，对庄子所指的精神性的道及其所生、所达之人与物质性的道及其所正、所塑之人的特征、需要，价值取向、人生目的、外在行为表象，对天下万物造成的影响、导致的后果等进行比较所显现的具体差别，整理呈现如下。

序号 \ 比较项 差异	精神性的道 所生、所达之人	物质性的道 所正、所塑的人
一	整体	具体
1	道生宇宙、天地、万物（人以及自然界的一切）；道法自然； 天地万物自然如一，构成"一也"的世界； 道达天下，天下顺其然而顺达；道达人，人顺其然成为天人一也之真人，天性人性完整，天人合一； 天下万物达成自然平衡、和睦共处、谐和共生的关系，故能各司其职，各尽所能； 由是，天下万物顺其自然，无为而治。	道正天地、万物（人以及自然界的一切）、天下（国家、社会）；道统天下； 天地万物天下具体对立，构成矛盾对立的世界； 道正天下，统天下；道正人，得正道者成为正统者或正人君子，天性人性对立，物质体膨胀； 争夺统天下、正天下的权力、权位；社会特性畸形扩张故自赋正世间万物、天下众生的使命； 自负塑造、教化他人追随正道的责任。
2	人顺其道、顺其自然，认识道所生所达的宇宙、天地、万物天下；了悟相互间自然、和顺、谐和共生的关系； 时而悟之、思之、然之而顺之。	人追逐其道，强化社会体的可正、可塑性，认识道规定的正天下的具体教义、规则规范，学正天下的知识技术； 习打天下的技艺技巧； 学而时习之；勤学苦练、学以致用。
3	涵养诗性、德性；产生思想、信念； 培育美、善品质和能量； 无为而无不为。	掌握正天下、正他人、打天下的知识； 掌控化天下、化众生、打天下的技能； 精通正天下之技艺、精研化人事之术业。

续表

序号	比较项 / 差异	精神性的道 所生、所达之人	物质性的道 所正、所塑的人
4	悟道识道、知道而知天下，识得下道义成人；能持美、善德行而达天下。	技艺有专攻，术业有专长；悉技通术成才；既可功成名就又能改变命运。
5	目标远大、志向高远；心志开阔、精神丰厚；心灵自由——知鱼之乐。	目标具体显尺短、志向具体现寸长；心志狭窄、精神空虚；心灵不自由——不识鱼之乐。
二	顺		变
1	道生自然、道达自然，天下、人顺其自然。	学习改变自己或教化别人的知识技术、技能技巧。
2	天下、人顺其自然而顺生。	习得改变自己的命运或改变天下的术业、专长。
3	天下、人顺其自然而顺达。	以改变自己的命运为目标；或以改造天下为己任。
4	德性宽厚、德行自然顺柔；是故，不以物喜，不以物忧。	言行依世道之变而变，人性随物化而化；是故，喜怒随得失变化无常。
5	顺天性而行、顺自然而为；顺势而行，顺力而为，顺自然前行；顺其自然、水到渠成、自然天成。	为改变命运或改造天下；强行拼搏，强力而为；为争名逐利奋力拼搏，为功成名就奋勇前行；功夫不负有心人——争相斗艳、功到名成。

续表

序号	比较项 \ 差异	精神性的道 所生、所达之人	物质性的道 所正、所塑的人
三	享受		追求
1		年轻时顺其道任其然，随天性悟之、思之，享受悟而高、思而远的欣然和齐物逍遥的状态；"真人"自然天成的过程，"天人一也"的自由、愉悦、幸福之境；享受诗性德性体验积累和释放美善品质和能量。	年轻时规划、设计人生目标，挑选捷径，选择手段； 刻苦学习、努力奋斗；不进则退，只争朝夕； 追逐功名，体现社会体存在的价值； 追逐财富，体现物质体存在的价值； 追求飞黄腾达、光宗耀祖，体现人生价值。
2		中年时，享受自然天成的，已有的。	中年时，逐名争功、逐富争利，追求未有的。
3		老年时，尽人事、知天命。	老年时，活到老学到老，老当益壮。
4		生死如一、无别； 不知说生，不知恶死； 所以，生不欣喜，死不拒绝； 不求生前功，无论生后事； 不求归宿而不用心智损道，一切归于自然； 于此，既能享受生，又能找到回"巨室"——回幸福家园的路，所以能尽享心灵的恬静与幸福； 故享受其然、欣欣然——击盆而歌，不惧死。	生死对立，有别； 知夭折之苦、中寿之慰、高寿之喜，故此而拒绝死亡； 为求死后定论，必追生前功，逐名留青史； 求归宿须争功逐名得不惜择手段而用心智损道。于此，必引由是，必引争斗、惹事端，乱心性而不识归途； 为求社会体的自豪之需须尽一世之力，奋斗终生； 故求生前功以正名，求高寿成正果，顾此而贪生怕死。

续表

序号	比较项 / 差异	精神性的道 所生、所达之人	物质性的道 所正、所塑的人
5		享受人生，知足常乐； 享受人世，瓜熟蒂落。	人生苦短，只争朝夕； 生命不息、奋斗不止。
四		忘	比
		天人合一；物我合一，故能庄生梦蝶——物我两忘，所以心灵自由、逍遥自在、自主自得。	天人对立；物我对立，须比高低、比先后——比有无、比价值，故而比地位，身不由己；比财富；不由自主。
五		不争	争
		顺其自然，无为而为； 超然物外，齐物逍遥； 知足、自由、自在。	辨是非评功过、晓利害论荣辱；知高下比先后，故此得争功名、争荣耀；争地位，争财富，因此必争先恐后逐外物而争荣争宠、争权争利。
六		重内在轻外在	重外在轻内在
1		精神与物质体合一，内外合一，顺天性，精神体丰满，诗性德性健全，美善能量丰厚，德行顺内在美善品质能量的释放而自然形之，享受心灵自由、愉悦幸福——重内在而轻外在。	精神与物质体分离，内外对立，逐人愿，物质体膨胀，社会体发达，争、占能量强盛，争、占之恶性随外在功利得失形之于外，渴望功成名就——重外在而轻内在。
2		顺应天性、尊重自我、尊重差异， 做人自己而内在强大， 故能顺应环境的变化， 因而能持自我而不失己， 所以外化而内不化。	与正统标准同一，与正人型号划齐， 排斥差异，争做外在社会符号， 故内在弱小，难以适应环境的变化， 因而须跟风俱时、依势见机应变而失己， 所以内随外化而化。

序号	比较项 差异	精神性的道 所生、所达之人	物质性的道 所正、所塑的人
3		顺其自然、顺势而为，顺力而行，量力而为，内在有常随天性难变，所以内不随外化而化。	逐功名据理力争奋进而为，强力而行、竭力而为，故内在无常随外在得失而变，所以内应外而化。
七	达天下		兴事端
1		道生天下、万物；道达天下、万物，故人与人，人与天下谐和、共生、天下祥和、安宁、自然、顺达。	道统天下、万物，道正天下、万物故天下万物皆是得道者正统、正塑、正教的对象，所以天下万物皆能以正统、正教、正化之名，成为被主宰、统治、教化、占有改造的对象。
2		道达天下，天下和谐（人与社会和谐共生）；道达万物，万物生发（人与自然谐和共生）；道达人，人顺达（人与人和睦相长、和顺通达）。	兴主宰、占有、改造天下、万物之风，必大兴争战之力、占有之技、改造之术，是故，唯悉技通术成才者，方具争占天下之能，唯有此能者方可发达。
3		顺达者，天性丰满、品行高贵、德行高尚、志向高远——能持天下道义且站得高、看得远，故能观天下而知天下。	世风如是诱逼人陷入逐物怪圈诱发争斗、贪占之恶性，表面为天下培育了悉技通术型社会体，实则为天下豢养了虎狼之躯——占有、破坏体。
4		知天下者，可达天下——使天下万物自然谐和共生和顺通达（人类、社会、世界祥和安宁繁盛）。	养虎狼为患，虎狼当道，人世必陷虎狼之境——争占不宁、天下必乱，狼烟四起、万物必毁。

续表

序号	比较项 差异	精神性的道 所生、所达之人	物质性的道 所正、所塑的人
5		故精神性的道培育人的美、善品质和能量,从而能促使天下顺达(人类社会健康发展)。	故物质性的道引争名逐利之恶风养贪占之恶性必使天下兴人事、惹事端、尽行虎狼之事而遭损。

综上,庄子承袭了老子"道法自然"的思想,又创造性地提出了精神性的道,随之,解析了其与人造之物质性的道的天壤之别,揭示了精神性的道使天地、万物、天下顺生顺达,人顺其自然达成"天人一也"之"真人"而达天下的顺成性、能动性功能关系(《庄子·齐物论》《大宗师》),总体上形成了"道生自然",天下万物顺其自然而生发;"道达自然",天下万物顺其自然而发达的思想。

庄子揭示了精神性的道一是能使天下、万物皆生发;二是能使天下、万物皆顺达的双重功能。据此解析了在有道的世界,人顺其自然便可达"天人一也"之境而成为得道之"真人"以及天人一也之真人,既能通达天下又能使天下发达这一顺成性、能动性功能关系。据此告示人类,天下有道,则达人——使有道者顺达。人有道,则达天下——使天下顺达。实质上就为世界提供了"无为而治"而使人与人、自然、社会和谐共生,健康发展的社会建设范式。

但是,庄子看到的人世却反其道而行之,故而自陷自造而临的虎狼之境。基于此,庄子从根源上揭示了人类把精神与物质(Soul, Spirit, Flesh)"一也"的整体世界割裂开,抛弃人的精神体的特征和需要而单一地建立起了一个形而下的物质(Flesh)世界;又以"正"天下、万物之名,"化"自然、日常体的特征之义,强社会体建设之实而建构了一个"养虎为患"的世界和"虎狼当道"的社会这一本质原因。基于对人类的警示和悲悯,庄子完整地揭示了物质性的道诱引人追功名、逐荣华，据此诱养争名逐利之恶习，故而诱发贪占、抢夺之恶性，由之为世界豢养了虎狼之躯（占有、破坏体）则必兴事端、尽兴虎狼之事而祸天下、毁万物的逻辑关联和因果关系（《庄子·天运》）。事实上，就为人类、社会和世界提供了如何解决自造而临的一系列问题的路径和方法。

（作者系云南社会科学院哲学所研究员
云南社会科学院锡文化所常务副所长）

"不与物迁"与"物不迁"

——庄子与僧肇的物论浅析

熊馥译

"物"字早在甲骨文中就已出现，最早作 ①，即 ，也作 ，也作 ②。篆文作 ③，即成古汉语中通用字形，直到今天现代汉语中仍然沿用下来。

许慎《说文解字》中把这个字解为："万物也。牛为大物，天地之数，起于牵牛，故从牛。"④ 也就是说，"物"字之形起源于人牵牛，牛为大物，以后这个字就指天地之间的万物。王国维训"物"字为："由杂色牛之名，因之以名杂帛，更因以名万有不齐之庶物。"⑤ 也就是说，"物"的字形出自杂色牛，后来引申为杂帛，再后来用以指称形色各异的世间万有。

物字原义出自杂色牛在传世文献中也有记载，如《诗·小雅·无羊》中："三十维物，尔牲则具。"⑥ 后来引申为杂帛，如《周

---

① 此字形为甲骨文原字形，字形图片引自华东师范大学中国文字与应用中心出土文献文字库，请参阅 http://www.wenzi.cn。
② 此三个字形为整理字形，出自商承祚《阴虚文字考》，《国学丛刊》1925年10月。转引自潘玉坤主编《古文字考释提要总览》（第一册），上海人民出版社2008年版，第246页。
③ 潘玉坤主编：《古文字考释提要总览》（第一册），上海人民出版社2008年版，第246页。
④ 桂馥：《说文解字义证》，中华书局1987年版，第118页。
⑤ 王国维：《观堂集林释物》，中华书局1959年版，第287页。
⑥ 方玉润：《诗经原始》（下），中华书局1986年版，第385页。

礼·春官·司常》中有:"司常:掌九旗之物名,各有属,以待国事。日月为常,交龙为旗,通帛为旜,杂帛为物,熊虎为旗。"① 再后来引申为天地间的万物,如《易·系辞下》:"仰则观象于天,俯则观法于地……近取诸身,远取诸物,于是始作八卦。"② 也就是说,圣人仰观天象,俯察地理……近的取法自身诸相,远的取法他物,而后开始作八卦。应该注意的是,这里的"物",是"远"的。那么跟谁远呢?是与"近身"相对而言的远。这里就出现了两对概念:一是近与远,二是身与物。这两对概念蕴含着一个被隐蔽的主体,那就是作为"近身"的"内"。

所以,综合字形和字义来看,"人牵牛,牛为大物"中,"物"从"牛"引申而来,从牵牛之人与所牵之牛的相生相异,引申到"人"与"物"的相异相对。到"近取诸身,远取诸物",通过"近与远""身与物"两对概念的树立,就不仅明确了有一个与"人"相异、相对的"他物"之意,也更加明确了"物"的概念必须放在一种"关系"范畴中来理解。也就是说,"物"概念从甲骨文开始就一直是放在与"人""我"的相生相对关系中来理解的。

一 "不与物迁":《庄子·德充符》中的物论

这种体现着独特的自然观、天道论的"物"概念,或说物论,在先秦哲学中亦有体现。

《庄子》中多次谈到物的概念。在《齐物论》中,他谈到过"天地与我并生,而万物与我为一"③ 的"齐物"思想。在讲庄周梦蝶的时候还谈过"物化",说:"不知周之梦为胡蝶与?胡蝶之梦为周与?周与胡蝶则必有分矣,此之谓'物化'。"④ 庄周与蝴蝶

---

① 孙诒让:《周礼正义》(第八册),中华书局1987年版,第2200页。
② 朱熹:《周易本义》,中华书局2009年版,第246页。
③ 陈鼓应注:《庄子今注今译》(上),中华书局1983年版,第32页。
④ 同上书,第92页。

必定是有所分别的，但是在不觉两者有所分的时刻，就达到了"物化"之境。这样的境界中，是物中有人、人中有物，浑然为一、不可二分。在《山木》中讲过"物物而不物于物"①，是讲要驾驭外物，而不能受制于外物。

与《山木》中"物物而不物于物"相似，在《德充符》② 中他提出了一个"不与物迁"的观念。《德充符》开篇，讲了一个鲁国兀者王骀的寓言。王骀"立不教，坐不议"，但受教于他的人却能"虚而往，实而归"。孔子认为这个人："生死亦大矣，而不得与之变，虽天地覆坠，亦将不与之遗。审乎无假而不与物迁，命物之化而守其宗也。"③ 就是说诸如个人生死、天地崩塌这样的大事都不能影响王骀分毫。其根本原因在于他处于无所倚靠的状态，从而可以不随外物变迁而变迁，也就能够主宰外物变迁而恪守事物变化的宗旨。

庄子借寓言中孔子之口解释要做到"审乎无假而不与物迁，命物之化而守其宗"，就在于"自其异者视之，肝胆楚越也；自其同者视之，万物皆一也。夫若然者，且不知耳目之所宜，而游心乎德之和。物视其所一而不见其所丧，视丧其足犹遗土也"④。也就是说从世间万物相异的角度出发看，人的肝和胆犹如楚国和越国一般，相距甚远；但从它们相同的角度来看，世间万物是一体⑤的。如果了解到这一点，人们就不会去关心那些适宜于耳目的声色之欲，因而能够让心游弋于和谐的道德境界。把世间万物视为一体，就看不到有什么损失；如同王骀看待自己断掉的一条腿，犹如丢掉一块泥土。王骀这样的人看待物的方式是从"万物皆一"的角度出发的；同时，还蕴含了一点就是，用"万物皆一"的方式无法看待适宜于耳目的

---

① 陈鼓应注：《庄子今注今译》（中），中华书局 1983 年版，第 497 页。
② 陈鼓应注：《庄子今注今译》（上），中华书局 1983 年版，第 143 页。
③ 同上书，第 144 页。
④ 同上书，第 145 页。
⑤ 陈鼓应在此翻译作"一样的"。此处取庄子《齐物论》中"万物齐一"的理解，作"一体"的。

声色之欲，这种方式所面对的对象乃是"德之和"，可以说是与"耳目之观"、感觉之观相对的一种"心观"。

这种心观，在于"以其知得其心，以其心得其常心"①。也就是说，王骀的修持方法，在于用"其所知"来反观"其心"，再用"其心"来反观"常心"。人之所知，是非常有限的，几乎都是出自耳目之宜的声色之知。但是王骀这样的人能够脱离声色之知，而获得"德之和"，是因为他能够借声色之知而反观"自心"，然后再由"自心"反观众人之"常心"。

二 "物不迁"：《肇论》中的物论

东晋时期的僧肇，其师鸠摩罗什称他为"解空第一"。其书以其名冠于论前名为《肇论》。按照《高僧传·晋长安释僧肇》的记载，《肇论》四论的成书顺序是：《般若无知论》（405年），《不真空论》（410年）、《物不迁论》（410年）、《涅盘无名论》（413年）。② 目前通行的以《物不迁论》为四论之首的排列方法最早见于唐代元康所撰《肇论疏》。③ 对此种编排，宋代遵式认为是为方便说法，对象不同，对机而谈。④ 这样一来，《物不迁论》就居于《肇论》中破俗谈真，破执开悟，了悟般若空义的首要位置。

僧肇立论言明："生死交谢，寒暑迭迁，有物流动，人之常情。余则谓之不然。"⑤ 在他看来，说人之道有生死轮回，天之道有寒来暑往，世间万物变动不居，是人之常情，乃情有可原。但是他却并不认为"有物流动"。他所要破的第一俗就是："物"之"迁"。

---

① 陈鼓应注：《庄子今注今译》（上），中华书局1983年版，第145页。
② 释慧皎：《高僧传》，陕西人民出版社2010年版，第363页。所对应公元纪年参引僧肇著，张春波校释《肇论校释·绪论》，中华书局2010年版，第2页。
③ 《肇论疏》，《大正藏》第45卷。
④ 参引僧肇著，张春波校释《肇论校释·绪论》，中华书局2010年版，第12页。
⑤ 僧肇著，张春波校释：《肇论校释》，中华书局2010年版，第11页。

其一,"动静未始异,而惑者不同"①。也就是说,事物动和静并无不同,是未得真知者觉得不同。要获得世间万物静止的认识一定不是从其静止得知,而是从其流动得知;要获得实践万物流动的认识也一定不是从其流动得知,而是从其静止得知。因而,动、静二者是相离相即,知其一必知其二的。但是尚未觉悟者的俗见看不到动静不异的道理,从而也不能理解《放光经》所讲的"法无来去,无动转者"。但是坚持讲动静相同,必然会"谈真则逆俗,顺俗则违真"②。如果谈物之不迁的真谛,那么会悖逆万物流动的俗见、常识;但如果顺应了有物流动的俗见、常识,那么与真知南辕北辙了。其根本还是在于要切知万物之本性,而物性却似乎不可切知,正所谓:"近而不可知者,其唯物性乎。"③但若"然不能自已",硬要谈这不可谈之"物性",而得其不可知之知,那就只能"聊复寄心于动静之际,岂曰必然?"④ 还是要以物之动静来探求物之真性。正是:"即动而求静,以知物不迁。"从世间万物的动静之中来明白"不来不去"的般若中观。如《道行般若经》讲:"诸法本无所从来,去亦无所至。"《中论》讲:"观方知彼去,去者不至方。"⑤

其二,"人之所谓动者,以昔物不至今,故曰动而非静;我之所谓静者,亦以昔物不至今,故曰静而非动"⑥。俗见认为万物流动,是因为过去的事物无法保留原貌到现在。但同样根据过去的事物无法保留原貌到现在,我却认为这恰恰说明了事物的性质是静止,而非流动。"动而非静,以其不来;静而非动,

---

① 僧肇著,张春波校释:《肇论校释》,中华书局2010年版,第12页。
② 同上。
③ 同上。
④ 同上。
⑤ 同上书,第14页。
⑥ 同上书,第15页。

以其不去。然则所造未尝异,所见未尝同。"① 认为万物流动并非静止,这是言明"不来"的真谛;认为万物静止并非流动,这是言明"不去"的真谛。那么,所造并没有不同,所见却是不同的。

其三,"既知往物而不来,而谓今物而可往!往物既不来,今物何所往?"② 既然知道了过去的事物无法保持原貌到现在,那么现在的事物也就不是过去事物的样子。过去的事物既然没有到现在,那么现在的事物又怎么会有过去呢?"求向物于向,于向未尝无;责向物于今,于今未尝有。于今未尝有,以明物不来;于向未尝无,故知物不去。复而求今,今亦不往。是谓昔物自在昔,不从今以至昔;今物自在今,不从昔以至今。"③ 向过去寻求过去的事物,过去的事物并非不存在;向现在寻求过去的事物,现在的事物并非存在。知道事物在现在的不存在,那么就明白了事物的"不来";知道事物在过去的存在,那就明白了事物的"不去"。然后再用这种方法来寻求事物的现在,其实事物的现在也是不存在的。也就是说,过去的事物自在于过去,这个过去并不是从现在推演到的过去;现在的事物自在于现在,这个现在并不是,从过去流转到的现在。知道了这些道理,也就知道了"物不相往来""无物可动"④。因而就可以说:"旋岚偃岳而常静,江河竞注而不流,野马飘鼓而不动,日月历天而不周。"⑤ 在山峦中呼啸翻腾的大风是静止的,流淌不息的江河是静止的,奔腾的野马是静止的,天上交替的日月是静止的。

由此可见,物确实是静止而"不迁"。

那为何会有"物迁"之论呢?是因为佛法的修行是有层次、顺序和次第的。

---

① 僧肇著,张春波校释:《肇论校释》,中华书局2010年版,第15页。
② 同上书,第17页。
③ 同上。
④ 同上。原文是:"有何物而可动乎?"
⑤ 同上。

"声闻悟非常以成道；缘觉觉缘离以即真。"① 声闻乘以觉悟世事无常从而修成大道；缘觉乘以觉悟因缘相离从而获得真谛。事物是"若动而静，似去而留"②。所以，《成具》云："菩萨处计常之中，而演非常之教。"菩萨乘处事物有常之地，但又秉持世间无常的教化。《摩诃衍论》云："诸法不动，无去来处。"声闻、缘觉、菩萨，只因对应根机、讲法不同，但主旨一致，其主旨就是"言常而不住，称去而不迁"③。说事物有常但却不住，说事物有去但却不迁。"不迁，故虽往而常静；不住，故虽静而常往。虽静而常往，故往而弗迁；虽往而常静，故静而弗留矣。"④ 物不迁，所以虽然事物变化但又常常是静止的；物不住，所以虽然事物静止但又常常是变化的。虽然静止而又常变化，所以静止而不迁；虽然变化而又常静，所以静止而不能停驻。所以，认识到这一点就知道如"庄生之所以藏山，仲尼之所以临川"⑤ 那样，"观圣人心者，不同人之所见得也"⑥。

以圣人之心观之，就可以知道"少壮同体，百龄一质，徒知年往，不觉形随"⑦ 的道理，一个人从年少到长大，即使历经百岁仍旧是他自身。时间虽然在流逝，但这个人仍然是他自己。

以圣人之心观之，也就可以知道"如来因群情之所滞，则方言以辨惑，乘莫二之真心，吐不一之殊教"⑧。佛陀以对根应机之谈为众生解惑，是以不二的真心，开示不一的特别教法。不二就是不一，是一而二、二而一，相离相即的。"故谈真有不迁之称，导俗有流动之说。虽复千途异唱，会归同致矣。而征文者，闻不

---

① 僧肇著，张春波校释：《肇论校释》，中华书局2010年版，第19页。
② 同上书，第20页。
③ 同上。
④ 同上。
⑤ 同上。
⑥ 同上书，第23页。
⑦ 同上。
⑧ 同上书，第24页。

迁，则谓昔物不至今；聆流动者，而谓今物可至昔。"① 所以如果谈真谛，那就有物不迁的说法；如果要引导众人，那就有万物流动的说法。总是对根应机之谈，有万千说法，但是万法归宗、归于一致。以文辞会意者，听到物不迁，就以为在说过去的事物无法保持原貌到现在；听到有物流动，就以为在说现在的事物是由过去变迁而来。"既曰古今，而欲迁之者，何也？是以言往不必往，古今常存，以其不动；称去不必去，谓不从今至古，以其不来。不来，故不驰骋于古今；不动，故各性住于一世。"② 为何一谈古今之别就认为是讲事物有变化？是因为说事物的过去并没有常驻于过去而一成不变；但古和今、过去和现在作为一种真实的存在，就是"不动"。说事物的未来不会真的到达未来，是因为无法从现在返回到过去，这就是"不来"。因为物之不来，所以事物并没有在古今中驰骋；因为物之不动，所以事物的各种性相都自住于属于它们的世界中。

"是以人之所谓住，我则言其去；人之所谓去，我则言其住。"③ 所以，别人说物停驻时，我往往说物有来去；别人说物有来去的时候，我往往说物的停驻。但是要明白一个最根本的道理是："去住虽殊，其致一也。"④ 事物的停驻和来去说起来不一样，但本质上是一样的。为什么本质上一样呢？"人则求古于今，谓其不住；吾则求今于古，知其不去。今若至古，古应有今；古若至今，今应有古。今而无古，以知不来；古而无今，以知不去。若古不至今，今亦不至古，事各性住于一世，有何物而可去来？"⑤ 别人从现在来推求过去，说事物的流动；我则是从过去来推求现在，就知道事物的不去。如若现在可以推求过去，那么过去当中应包含现在；如若过去推求现在，那么现在当中应当包含

---

① 僧肇著，张春波校释：《肇论校释》，中华书局2010年版，第24页。
② 同上。
③ 同上书，第27页。
④ 同上。
⑤ 同上。

着过去。现在当中不包含过去，就知道事物的"不来"；过去当中并不包含现在，就知道事物的"不去"。如果过去无法推求现在，现在也无法推求过去，事物的性相自住在属于它们的世界中，又有什么事物可以来去呢？

最后，可以明确的是物确实是不迁的。

一方面，佛法是不迁的。"是以如来，功流万世而常存，道通百劫而弥固。"① 正是因为物不迁的道理，佛陀的功业历经万世但仍然存在，觉悟的道理历经百次成坏但仍然稳固。"功业不可朽，故虽在昔而不化。不化故不迁，不迁故，则湛然明矣。"② 这样的功业不可能朽坏，所以虽然是过去的功业但也不会变化。不会变化所以物不迁的道理就非常明显了。

另一方面，因果也是不迁的。"果不俱因，因因而果。因因而果，因不昔灭。果不俱因，因不来今。不灭不来，则不迁之致明矣。"③ 果中并不包含因，是因为有因才会有果。有因才会有果，因虽然在昔但是不会消失。果中并不包含因，是因为昔日的因并不会来到今日的果中。从因果的不灭不来可以看到物不迁的道理就非常明显了。

"复何惑于去留，踟蹰于动静之间哉？然则乾坤倒覆，无谓不静；洪流滔天，无谓其动。苟能契神于即物，斯不远而可知矣。"④ 最终要如何在对世间事物的去留和动静的疑惑和踟蹰中参透——天地乾坤、洪流滔天，皆为不动。如果能够把神思与物相即，那么离了悟佛道就不远了。

三 庄子与僧肇的物论比较

僧肇自幼喜读老庄，《肇论》中对老庄的援引可谓信手拈

---

① 僧肇著，张春波校释：《肇论校释》，中华书局2010年版，第28页。
② 同上。
③ 同上书，第29页。
④ 同上。

来，甚至就如此处笔者立论所取的"物不迁"，也是直接从《庄子》中化用而来的。《高僧传》里也记载："（僧肇）尝读老子《道德》章，乃叹曰：'美则美矣，然栖神冥累之方，尤未尽善。'后见旧《维摩经》，欢喜顶受，披寻玩味，乃'言始知所归矣'，因此出家。"① 就是说，僧肇觉得老庄思考问题的极致程度还不够尽善尽美，而读到佛经时他才明白自己最终的归属。这个说法几乎可以概括僧肇对当时中国的诸子经典与外来的佛教文化的基本立场。同时，也是庄子与僧肇的物论异同之所在。

在庄子的物论中，有两个面向：一个是物论中的认识论。他区分了两类认识：一是"所知"，一是"常心"。人之所知，限于所感；人之常心，合于天道。另一个面向，是物论中的实践论。也就是说，如果以"心观"，那么就应当不随世间事物的变化而变化（"不与物迁"），而要与世间万物同化（"物化"），乃至达到与万物齐一的境界（"齐物"）。

而僧肇的物论中，其认识论则可以分为几个相应的部分：最基本的，讲物的动静、迁与不迁之分；然后，区分了对应着"常人之知"的俗见与对应着"圣人之心"的真知；最后，区分了对应着物迁的"俗见"与对应着物不迁的"真知"。在实践论上，他基本遵循了其师鸠摩罗什在《大乘大义章卷下》的大小乘的判教②，把佛法修行的次第分为声闻、缘觉、菩萨三乘。同时，明确了以"契神即物"的修行方法来体悟——佛法不迁，因果不迁。

由此可见，在认识论上，僧肇与庄子的物论中同样区分了

---

① 释慧皎：《高僧传》，陕西人民出版社2010年版，第362页。
② 全称为：教相判释，即判别解释佛陀一生说法的相状差别，是佛教中国化过程中出现的一种中国特有的佛教文化。参见《佛光大辞典》，台湾佛光山出版社、北京图书馆出版社1989年版，第4602页。

两种认识：庄子称之为由所感而生"所知"和合于天道的"常心"；僧肇称之为"常人之知"的"俗见"和"圣人之心"的"真知"。这样一来，借着讨论物迁与物不迁，僧肇把庄子中的"圣人"与"常人"之分与佛教三论宗中的真俗之分的"二谛义"结合起来了，在认知层次上加入了一个更高的评判标准。

在实践论上，庄子通过"心观"而达到"不与物迁"的境界与僧肇通过"契神即物"而达到"物不迁"的认识是不一样的。庄子的"不与物迁""物化""齐物"，这三个词语几乎是可以通用的，是同样的一种精神境界。因而，在庄子的"不与物迁"中是没有"本体"（noumenon）的位置的。庄子的"物论"毋宁说是一种"无物"之论。而僧肇的"物不迁"最终要讲佛法不迁、因果不迁，这种物论其实包含着"本体"的位置①。所以，最后的"即物"毋宁说是一种"即真"之论。

最根本的逻辑论证上，庄子的"不与物迁"隐含了一个前提，一个主体性②的存在。这种主体性的存在可以被表述为类似于感觉③的存在，或者称为"我"的存在，或者称为"所知"等，但最终这个存在都被归结为"心"。"不与物迁"最终要表述的是"心"之"不与物迁"，是"心不迁"。庄子的物论最终是一种心论。而僧肇的"物不迁"，同样涉及对主体性存在的论证，但是这个论证的逻辑归宿是论证"事各性住于一世"④的"物不迁"。僧肇的物

---

① 在此借用西方哲学中一个概念："本体论"（Dntology），在这里是说设定了事物存在，这种存在不以感觉为据，而以其本身的存在为据。
② 这不是一个严格的说法，只是借用一下西方现代认识论的概念，但是这里的"主体性"类似于感知者的意思。
③ 同上。也是借用西方现代认识论的一个不严格的用法。
④ 僧肇著，张春波校释：《肇论校释》，中华书局2010年版，第27页。

论最终是一种本体论。①

---

① 严格说来，僧肇的"物不迁"是否一种"法相不空"的上座部说法，或者至少是"法性不空"的说法？对此问题的定性存在着很大争议。晚明时期就引发了一次大的争论，参与论法者众多，以镇澄《物不迁正量论》一派认为僧肇为小乘说法，以德清《肇论略注》一派为认为僧肇为大乘般若说法。（参见乔宇《论晚明围绕〈物不迁论〉之争辩》，《兰州学刊》2009年第4期。）

到当代仍有争议。如吕澂认为："他之主张'不迁'，乃是针对小乘执着'无常'的人而说的。"（参见《吕澂佛学论著选集 卷五》，齐鲁书社1991年版，第2593页。）这一点是很有道理的。但同时，吕澂还认为，"《物不迁论》的实际意义还在于反对小乘，特别是反对主张三世有部的说法。有部之说，法体恒有，三世恒有。……诸法之有三世的区别，并非其体有异，仅是相用不同。换言之，他们只认为现象在变，法体并不变。因此，本论根据龙叔学'不来亦不去'的理论，反对这种三世有的主张。所以论中一再提到'不从今以至昔'的话，都是针对有部的相用有异法体则一而作的破斥。"（同上书，第2594—2596页。）持这一立场的还有劳思光，他也认为："般若空义，重在缘生，故梵文中'Sunyata'一词，原表示'独立实有'之否定，本身非一本体论或形上学观念。……罗什及其门下诸人，在哲学史上之地位，亦应通过此点估定。"（参见劳思光《新编中国哲学史》第二卷，广西师范大学出版社2005年版，第204页。）

但是，就《物不迁论》本身单独一篇来看，取实体说和本体论应该没有什么问题。因为虽然如吕澂所说，僧肇确实是一再提到"不从今以至昔"，但另一方面，僧肇也不止一次提到"各性住于一世"。既然相互矛盾的话，或可作多解的话都出现多次，那么就应当从逻辑上分清孰为论据，孰为论点。从以上分析可以看出，似乎古今之辩是论据，真正的论点则是"各性住于一世"。僧肇还是在讲"法性不空"，这一点不能否认。而劳思光以整个学派所有人的思想都应统一一致作为立论，论证似乎不够充分。

所以，也有很多学者持相反的意见。如冯友兰认为僧肇的物不迁义为："凡曾有之物，虽归坏灭，然其曾有之事实，则固不可灭也。……虽现象世界，亦不可谓之为'无常'也。"（参见冯友兰《中国哲学史》下，华东师范大学出版社2000年版，第122—123页。）任继愈也认为《物不迁论》是一篇形而上学的佛学论文。（参见任继愈《〈物不迁论〉——一篇形而上学的佛学论文》，《学术月刊》1962年第2期。）而汤用彤对僧肇的总体评价是："僧肇特点在能取庄生之说，独有会心，而纯粹运用之于本体。"（参见汤用彤《汉魏两晋南北朝佛教史》，武汉大学出版社2008年版，第228页。）

当然，除了以上两种大致相对的见解之外，韦政通认为从根本上讲庄子的"不与物迁"与僧肇的"物不迁"本质上是一样的，"实是为一种修持工夫提供理论。不论是道家或佛教，基本的工夫都在求得内心的静与定……"（参见韦政通《中国哲学辞典》，吉林出版集团2009年版，第411页。）但是，通过以上文本分析可以看到，如果说庄子的"不与物迁"可以勉强归结为内心的修持工夫，那么僧肇的"物不迁"就不仅仅是一种内心的修持了，还有一种"本体论承诺"的含义在里面。所以，这一种观点恐怕很难成立。

四　结　语

相较于西方哲学中的自然论、物理论、宇宙论等物论传统，中国的物论历史也可以称之为源远流长。中国先秦哲学中的"物"概念是非常丰富的，自《易经》就不停在讨论"物"的问题；但是这个"物"概念，不能简单等同于古希腊哲学中的基础物质意义上的"本原"（arche），或者基本元素意义上的"原子"（atom）。可以说"物"概念，从一个最基本的角度揭示了中国哲学思想特殊的思维方式，就是关于"物"与"我"的关系式范畴的理解。这种理解从甲骨文就开始了，到庄子到达了一个顶点（如"吾丧我""齐物"这样的观念）。到了僧肇的理解中，加入了佛教思想中对本体（法相）的认识，为中国传统的物论融进了新的内容。但是，应当看到的是，即使到了僧肇的"物"概念，也不能简单等同于西方哲学中的"物质"（matter），或者"物体\客体"（object）。

可以说，庄子的无物心论之物论与僧肇的即真之物论，某种程度上，代表了中国传统物论的两种经典范式。再加上不大谈物论、多谈人事的儒家传统，这三者共同构成了中国哲学对物论讨论的基本底色。

（作者系中国人民大学博士研究生、云南省社会科学院副研究馆员）

儒道互补的心理结构和实践路径

刘　林

得意时信奉修身齐家治国平天下，失意时追求超越名教束缚、寄情山水、道法自然，入世的儒家和出世的道家在同一个人身上圆融地一致起来。这就是一般所谓的儒道互补的人生观了，不仅过去的士大夫常常有此种人生观，今天的人们尤其是知识分子也广泛持有此种人生观。本文既不赞扬也不贬抑此种人生观，而是探讨儒道互补的可能性，包括心理结构和实践方法。人格心理学中关于人格的心理结构和社会实践的理论及相关观点，可以被用作讨论儒道两家所追求的理想人格的修炼及社会实践的方法，这方面的交叉研究已经开始流行起来。本文首先分别讨论儒道两家的理想人格类型及其社会实践路径，然后在此基础上讨论两种世界观及人生观及其对传统文化的影响。

一　儒家的理想人格及其社会实践

"圣人崇拜促成了中国传统观念由崇神到尊圣的转变，春秋战国以前，人们崇拜的是上帝、上天，但在圣化运动之后，人们的崇拜对象转为圣人。……圣人重人伦、重道德使中国政治伦理化，思维方式上重视实践理性。圣人王化，为专制制度提供了理论上的支持，使混乱的社会秩序得到重建。……儒家认为天地之间以人为最贵，所以圣人崇拜为信仰核心。……秦汉之后'圣人'逐渐具体化，信仰方式演变为'天地君亲师'……在教化的意蕴中，如果将这种崇拜内化为个人独善其身的'内圣'修养，那么圣人就成为个人的修身榜样……和动力源泉；若将这种信仰放大至社会层面，人人追求'外王'的事功，那么圣人崇拜就起到了使共同体得凝聚的作用。"① 源于圣人崇拜，先秦儒家理想的内圣外王人格类型得以奠基。《周礼·大司徒》郑注："圣，通而先识。"《孔传》："圣者，无所不通所谓也。"巫觋文化时期的圣人似乎只是无所不知的聪明人，没有明显的道德含义。等到孔子祖述尧舜宪章文武之后，尧舜文武周公孔子，这些遵行王道或表达了王道理想的人，就成为儒士心目中的圣人了。理想的榜样树立起来了，但如何成圣并不明确。"圣人，吾不得而见之矣，得见君子者斯可矣。"（《论语·述而》）据此而言，孔子所说的"中人"之资的人追求成为君子就可以了。"孔子的圣人观主要是指能够治理天下的一种政治理想人格，它是遥不可及、高不可攀的。孔子既不轻许他人为圣人，更不自认为是圣人，其立场毋宁是祖述尧舜、宪章文武以恢复周礼的社会秩序，其曰'郁郁乎文哉！吾从周'，便是孔子对圣人之治的美好向往。"②

由此，儒家理想人格的实现只能寄托在君子身上，成为君子之道。君子是什么样的人呢？"君子而不仁者有矣夫，未有小人而仁者也。"（《论语·宪问》）仁是孔子伦理思想的核心概念。仁者为君子，不仁者为小人。但在先秦，君子小人之别还有社会地位的考虑，可能在孔子的心目中，底层的普罗大众是达不到中人的资质而无法成为仁人君子的。不过，孔子承认君子有时是可能不仁的，"虽曰君子，犹未能备。"战国以后阶级荡平，君子的含义就几乎完全着落于道德，并衍生出"人皆可以为尧舜"的观念。至于如何成

---

① 宋新雅：《圣人之教——先秦儒家道德教化范式及其现代价值》，陕西师范大学博士学位论文，2016 年，第 87 页。

② 吴震：《中国思想史上的圣人概念》，《杭州师范大学学报》2013 年第 4 期。

为君子，儒家的回答是通过道德教化和修身养性。在孟子看来，人性本善，凡人皆有四端之心，这是所有人都自然拥有的可以成为君子的本源。如果再通过后天养"浩然之气"的道德修炼，"大丈夫"式的君子就是可以期望的。《中庸》的"八纲"更是为每一个致力于成为君子的人指出了实现内圣外王的康庄大道。对于政治和社会而言，有了君子之后，若君子之道得行，那么就可"在本朝则美政，在下位美风俗"（《荀子·儒效》）。果真如此，孔子的德治和孟子的仁政自然就可以成为现实了，虽说与三代相比仍有距离，但也算是美好的了。

儒家理想人格的社会实践如何呢？朱熹曾说："千五百年之间正坐如此，所以只是架漏牵补过了时日，其间虽或不无小康，而尧、舜、三王、周公、孔子所传之道，未尝一日得行于天地之间也。"（《朱子语类·答陈同甫书之六》）圣人固然难得一见，仁人君子也凤毛麟角吗？卫道士是倾向于对此做肯定回答的。笔者认为，这个问题可以从社会契约的角度来加以理解和回答，或许更能说明问题。

在契约论者看来，儒家的君子是骄傲、孤独、特殊的。礼不下庶人，仁成为礼的灵魂之后，君子和小人在道德修养和社会规范方面是明显有别的。这是君子享有"治人"资格的前提条件。因是之故，儒家的道德伦理带有明显的不平等色彩，对君子提出了种种道德上的责任和要求，对治于人的小人则没什么要求，宋明理学的"存天理、灭人欲"也只是针对士大夫而言的。道德上的不平等赋予了承担君子之道的士大夫和履行王道的君主政治统治的合法性。但理想人格实践的困境是，君子们是一群除了进入仕途就无法在社会上出人头地甚或生存的人。被要求要舍身成仁、以己正人的君子的人，同时是身在官场掌握政治权力的人。对于理想人格的社会实践而言，此种背景下，除了要求实践中已经无德的君主和官员下台之外，其他的种种饶舌都是诡辩。可儒士有这样的勇气吗？公元前87年，睦弘认为汉朝的种种现实情况已经说明皇帝失德，上书汉昭帝要求其退位让贤，被霍光杀害。公开要求失德君主退位的，历史上只此一例。要求官员下岗的比较多，但算不上是对勇气的真正检验。后来的士大夫当然学聪明了，于是乎，儒家伦理道德的实然和应然的距离越来越大且越来越停留在应然之上。所以，始于君子小人之别的道德上的不平等，实践中除了产生伪君子的虚伪之外，并不能将君子们拔高为印度的婆罗门或欧洲中世纪的贵族领主。

君子也是孤独和特殊的。儒家的君子在修道时讲究慎独。"礼之以少为贵者，以其内心者也……故君子慎其独。"（《礼记·礼器》）"所谓诚其意者，毋自欺也，如恶恶臭，如好好色，此之谓自谦。故君子必慎其独也。……此谓诚于中，形于外，故君子必慎其独也。"（《大学》）为何要讲究慎独呢？君子是要以己正人的，君子自己先在道德修养上硬起来，然后"己所不欲，勿施于人"，"己欲立而立人，己欲达而达人"，通过推己及人、一以贯之的忠恕之道来教化他人。君子之间则是"君子矜而不争，群而不党"，"和而不同"。慎独、不党描画出了孤独的个体君子形象。在契约论者看来，儒家的伦理萌发于人的自然天性，在既不依赖宗教的神启也不依赖自然法则及柏拉图式的本体论承诺的条件下，似乎只有依靠君子集体以社会契约的方式内生出道德原则，才能保障道德的客观性，进一步才能保障合理性和普遍性的要求。或许是基于对慎独和推己及人的自信，原始儒家才提出了不党之论的，由此社会契约也就不需要了。但是，无论在理论上还是实践上，儒家的道德原则和规范显然并没有满足道德客观性、合理性及普遍性的要求。由此，君子对于实践中的道德冲突也就无能为力，观孟子对桃应的"舜为天子、皋陶为士，瞽瞍杀人，则如之何"的回答即可见一斑。这也引申出道德上特殊主义的君子形象。"爱有差等" "亲亲相匿"，儒家的这类源于宗族血缘的伦理规范意味着实践中的君子是不可能对人一视同仁的。特殊主义还有另一面向。这就是"治人"的君子本来是应该自证其德的，但又顾左右而言他或拒绝这么做，那么尸位恋栈的资格在被治者眼中就只能说是因为君子是由一类不同于普通百姓的特殊材料所造成的人。

二 道家的理想人格及其社会实践

　　道家的理想人格是通过老子的"赤子""婴儿"与庄子的"真人""至人""神人"等概念所表达出来的。"含德之厚，比于赤子。毒虫不螫，猛兽不据，攫鸟不搏。骨弱筋柔而握固。未知牝牡之合而朘作，精之至也。终日号而不嗄，和之至也。"（《老子》第五十五章）"知其雄，守其雌，为天下溪。为天下溪，常德不离，复归于婴儿。"（《老子》第十八章）"人法地，地法天，天法道，道法自然。"（《老子》第二十五章）"何谓真人？古之真人，不逆寡，不雄成，不谟士。若然者，过而弗悔，当而不自得也。若然者，登高不栗，如水不濡，入火不热。是知之能登假于道者也若此。……古之真人，其寝不梦，其觉无忧，其食不甘，其息深深。……不知说生，不知恶死。"（《庄子·大宗师》）"藐姑射之山，有神人居焉。肌肤若冰雪，绰约如处子。不食五谷，吸风饮露。乘云气，御飞龙，而游乎四海之外。……之人也，之德也，将磅礴万物以为一，世蕲乎乱，孰弊弊焉以天下为事！……之人也，物莫之伤，大浸稽天而不溺，大旱金石流土山焦而不热。"（《庄子·逍遥游》）"至人无己，神人无功，圣人无名。"（《庄子·逍遥游》）道家所向往的理想人格还可以从与儒家的论辩当中来认识，老庄对儒者所倡导的仁义礼智和圣人之治是不屑的，他们向往的是清静无为、返璞归真，全真人的自然之性。"大道废有仁义；慧智出有大伪；六亲不和有孝慈；国家昏乱有忠臣。"（《老子》第十八章）"绝圣弃智，民利百倍；绝仁弃义，民复孝慈；绝巧弃利，盗贼无有。此三者以为文不足，故令有所属。见素抱朴，少私寡欲，绝学无忧。"（《老子》第十九章）"不尚贤，使民不争；不贵难得之货，使民不为盗；不见可欲，使民心不乱。"（《老子》第三章）庄子也有相似的态度。人若"屈折于礼乐"，"呴俞于仁义"，就如"落马首，穿牛鼻，钩绳规矩而正者，是削其性也"（《庄子·秋水》）。

道家理想人格的实践是个什么样子？"庄子认为，人之生死存亡、穷达富贵、贤不肖，是事之变、命之行也。一切自然社会现象都是由命来主宰的，人力无法改变。如果人力积极有为，不听天由命，则又是损性、伤性，是恶了。所以，他要求人们在精神上消除个人的要求、欲望，放弃个人的主观能动作用，而返归自然，把自身看作是客观世界的一部分，消除杂念，虚一而静。不计较事物之间的各种区别、利害、是非、毁誉，超越于世俗事物之外，与天地万物融为一体。这样，就不会与外界产生矛盾，人性也不会遭到扭曲，这样才能达到人性的完美。"①"庄子的哲学，总而言之，只是一个出世主义。因为他虽然与世人往来，却不问世上的是非、善恶、得失、祸福、生死、喜怒、贫富……一切只是达观……他虽在人世，却和不在人世一样，眼光见地处处要超出世俗之上，都要超出形骸之外。……庄子是知道进化的道理，但他不幸把进化看做天道的自然，以为人力全无助进的效能……实在是守旧党的祖师……社会进步和学术进步的大阻力。"② 以保全自然之性为宗旨，对俗世的一切都不在乎的庄子人生观所形塑的道家理想人格，其社会实践是难以估量的。一方面，绝大多数人都不可能真正达观超然如真人、神人；另一方面，既然"物无非彼，物无非是"，那么真正追求理想的真人神人境界之人与口头上声称达观超然而行动上麻木、因循、苟且、贪生的蝼蚁之辈，也是无法区分的。以魏晋时期的名士而言，同样是仰天长啸、嗜酒如命、玄谈清议的任情放诞，陶渊明、阮籍与嵇康或许是真人、神人，而向司马氏输诚的山涛和宦海中几经沉浮却出将入相的王戎恐怕算是后一类人了。老庄哲学崇尚自然，人生观上有境界而无幸福，此种哲学绝不可能引申出杜威所说的以行动改造世界的人生观和方法论。对于充满七情六欲斤斤计

---

① 曾红：《传统人格的结构转换和现代延伸》，南京师范大学博士学位论文，2002年，第32页。

② 胡适：《中国哲学史大纲》，商务印书馆2011年版，第223—224页。

较利弊得失的芸芸众生而言，如果要求俗世的幸福，便与老庄绝缘；如果他们也知道些老庄的名言警句，便可将各种不如意声称为不在乎了。

三　儒道互补的心理及社会通道

子学产生于礼崩乐坏、从分裂到大一统演变的时代背景当中，各家面临的共同问题是，在秩序板荡风俗浇薄的社会环境中个人如何安身立命。对此，通过理想人格范型的刻画，儒道两家给予了不同的回答。儒家的理想人格是内圣外王，取乎于下，也应该争取成为仁人君子。道家的理想人格是赤子、真人、神人，通过少私寡欲、静虚无为，返璞归真到道所赋予的天命之性。理想人格的不同，人生观和方法论自然也不同，但何以儒道又圆融汇通构成一互补的心理结构呢？

"周监于二代，郁郁乎文载，吾从周。""正由于把观念、情感和仪式引导和满足在日常生活的伦理—心理系统之中，其心理原则又是具有自然基础的正常人的一般情感，这使仁学一开始避免了摒斥情欲的宗教禁欲主义。……也就避免了、抵制了舍弃或轻视现实人生态度的悲观主义和宗教出世观念。孔学和儒家积极的入世人生态度与它的这个心理原则是不可分割的。……孔子用仁解礼，本来是为了复礼，然而其结果却使手段高于目的……反而成了更本质的东西。"[①] 复礼永远地失败了，后世接受儒家的当然是那套仁义伦理而非周礼。由此，我们很容易地发现，无论在先秦还是在此之后，都存在着价值和制度之间的张力。价值是制度的灵魂，制度是价值的现实化。在先秦周礼因为无法有效回应社会趋势而令仁义道德找不到躯壳，秦后出发点和落脚点都在周礼上的仁义道德因无法成为儒表法里的专制政治的灵魂而被真诚地信仰。这种张力所导致的结

---

① 李泽厚：《中国古代思想史论》，安徽文艺出版社1994年版，第26—27页。

果就只能是真君子的悲剧与伪君子的干禄及恋栈。

"富与贵是人之所欲也，不以其道得之；不处也，贫与贱是人之所恶也，不以其道得之，不去也。"（《论语·里仁》）道与欲的矛盾——也就是儒士的理想与现实的矛盾的解决，以事后诸葛来看，在先秦，不是行仁复礼，而是以仁为价值构建出一套不同于周礼的能回应当时社会需求的政治社会制度；在秦后，则要么抛弃道义屈从欲望，要么明确反对专制。这二者当然都没有成为现实，原因在于先秦创造性不足，秦后勇气不足。如要继续追问不足的原因，则要回到儒家的理想人格建构问题上。前文说过君子是骄傲、孤独和特殊的一类人。君子是骄傲的，引出君子小人道德上的不平等，仁和礼不及于小人，这使得君子缺乏与小人的互动，这使得君子的社会化不足，肇始了两千年来士大夫脱离群众的传统。君子是伦理上的特殊主义者，本于自然天性的道德在推己及人时不同君子对同一对象会产生不同的道德观点，诚如孟子和告子在"他人之弟"上爱与不爱的对立。由此，对于一个人是合理的道德观点对另一个人则未必合理，这严重伤害了儒家伦理的普遍性和客观性。受伤的不只是道德，还有信仰儒道的君子。缺乏普遍性和客观性的伦理使得君子之间的沟通互动和凝聚力会出现致命伤，君子因而成为一个个孤独的原子。根据美国社会心理学家米德的理论，自我的创造性源于自我人格中主我以行动对客我的不确定的特殊回应——持有同一目的的两个人的行动过程及结果不可能完全相同；自我的勇气来源于客我中组织化社会态度的确定性。对于勇气的需要而言，为了确定性的社会态度的存在，要么要求儒家的伦理道德犹如宗教的神启，要么要求俗世中的伦理道德是君子之间以社会契约的方式内生出来的。不幸的是，儒家的伦理是世俗的，君子孤独的。对于创造性的禀赋而言，缺乏勇气的君子尽管其实践行为仍然是特殊的，但主我对客我回应不足的条件下行动的盲目程度大大增加，行动后主我经验的反身性也空洞起来。因此，我们可以大胆地说，对于君子之道的实践而言，缺乏勇气就一定缺乏创造性。

既缺乏勇气又创造性不足的君子，就成为钟摆人，在儒家伦理道德的应然和实然两端不停摇摆，中庸之道难矣。先秦时因为创造性不足，没有建构出替代周礼的规章制度，摆向了实然，知其不可而为之；秦后勇气不足，摆向了应然，偏要在专制政治的尸身上创造王道的还魂奇迹。君子人格中的摇摆性打开了与道家理想人格的沟通通道并得以从后者那里补充原料。道家的理想人格是赤子、至人、真人、神人，是追求超越俗世的一切而全生葆真的旷达逍遥的一类人，无论先秦还是秦后，因为儒家的伦理道德与政治社会制度的价值和制度的张力始终存在，同时君子人格中又有应然和实然之间的摇摆性，所以对于君子来说，如果弘道还有人听，自己还可建言献策，那么是可以自矜勇气的，于此就将儒家伦理本身的不足完全抛诸脑后了；如果处处碰壁，那么本该是要拿出舍身证道的勇气来的，但这个问题复杂化了。在先秦儒士还有养浩然之气的社会环境，因而不乏弘毅之士；在秦后则随着社会环境的变化使得此类君子寥若晨星，因此秦后王道实践中遭遇困境又缺乏勇气的君子们就天然地需要寂静无为的道家说辞以自况。于此，又有对道家信仰的真诚与否，果真，就退出官场归隐林泉；若假，就一边当官一边大隐隐于朝。

四　传统价值现代化视域下的儒道互补

儒道互补的心理及社会通道的形成对于中国传统文化意味着什么？传统文化得以丰富和发展，还是一种不幸呢？

1993年8月在美国芝加哥召开的全球宗教会议通过了《走向全球伦理宣言》，其中将孔子的"己所不欲，勿施于人"转换为肯定性的语句表述为"你希望人怎样对待你，你也要怎样对待人"，并认为这一规则应当成为在所有生活领域中"不可取消的和无条件的规则"。消息传来，可想而知的是，对于国学尤其是儒学研究者们是何等的一针兴奋剂。但也有头脑冷静的人。"在当今时代，孔子提出的'己所不欲，勿施于人'的命题已经被公认为全球伦理的黄金律令。然而，我们认为，这个命题就其否定的意义而言，是利己主义的；就其肯定的意义而言，又体现为权力意志，因而根本不适宜成为全球伦理的黄金律令。"① 俞吾金的反驳和论证在康德的《道德形而上学原理》所表述的思路之内，认为孔子的这条黄金法则并没有把人本身当作目的，缺乏责任的基础而不能成为奠基性的伦理原则，同时也不是一条普遍性的规律，也容易成为罪犯不负责任的借口。当然，也有不少人不同意俞氏的观点而要与之"商榷"。笔者没有能力介入这里的争论，我所感兴趣的是传统价值的现代化这一主题。时至今日，国学研究中关涉儒学和老庄的学者中有相当一部分感兴趣的并非这一主题，或者说没有严肃对待这一主题，他们皓首穷经，念兹在心的是传统价值本身。这其中，对于传统价值的研究又有不少人脱离社会背景而仅在经义上进行微言大义的寻章摘句。最等而下之的则是这样一类人。对于某一当今社会问题的研究首先从问题导向出发，接着从儒学和老庄中摘录一些名言警句，最后得出大体上是只要重视古人智慧和人心复古就可完满解决之类的结论。这类人当中并不缺乏伦理学研究专家的身影。之所以说这类研究最等而下之，是因为社会问题的解决即使是伦理意义上的解决也在方法论上过度简单化了。照这种思路，所有的社会问题，只要人心返璞归真，都将不再是问题了。至于人心不古的原因和挽救的办法这类学者似乎是不屑于分析研究的。正是这种不屑，使得国学研究者当中有不少人津津乐道儒道中的传统价值，而对于传统价值现代化的可能及路径不置一词。这些人心目中的传统价值是存在于圣人之言、经典文本之中的，可所谓的传统价值大多连圣人生活的时代或经典形成时代的社会实践价值都可能算不上。只有对传统价值应然和实然的鸿沟心安理得地熟视无睹，才能得出只要人心复古就一切美好的观点。

---

① 俞吾金：《黄金律令，还是权力意志》，《道德与文明》2012年第5期。

传统价值如何才能现代化？尽管这是一个宏大的主题，但致力于这一领域研究的学者们还是给出了各自的分析和答案。根据姚新中的观点，中国哲学界中关于传统和现代二者的关系经历了短现代化视野下的断裂—对抗、长现代化视野下的演化—演进和当前的传统和现代相互影响及作用的循环三种理论范式，姚氏认为第三种范式更可取。"再现代化的儒家价值提倡传统与现代、部分与整体的全方位融合，强调不同之中的和合。不同国度学者开展的全球价值观调查都发现全球化的成功与否取决于我们是否能够重建把不同价值观融合在一起的价值体系。为了实现这一点，我们不能完全无视特定的文化价值观，相反，我们应该保留和转化中国的'固有价值观'……在现代化过程中重新树立中国人的核心价值观，就意味着一方面要使得儒家传统作为中华民族的文化基因遗传结构继续发挥作用，同时还要使得中国的价值观与全球价值观相互影响，相互融合。"① 这里不能继续介入不同学者关于传统价值现代化这一主题。就本文的需要而言，只须指出儒道互补的传统社会精英的心理结构和实践路径形成以后圣人和经典所倡导的传统价值在实践中遭遇的尴尬就够了。尴尬的事实早已被朱熹直言不讳地说出来了。正视这一点的重要性在于，传统价值在传统社会中也是长期遭遇困境的，并非仅在社会变迁的当今社会遭遇困境，这是被不少学者所忽视的。就社会变迁而言，如果使用国家和社会的二分法模式，那么可以肯定地说中国社会相比于传统社会发生了巨大的变迁。如果使用经济、社会和国家的三分法模式，那么可以说相比于传统，中国的政治经济发生了巨大的变迁，而社会却还非常传统。正因如此，儒道哲学所建构的理想人格及互补之后的社会实践无论在过去还是在当下都因为在原子化的社会结构中无法获得价值的制度躯壳而遭遇了困境。因此，传统价值现代化的关键不在于传统价值以现代哲学话语解构和重构之后的扬弃——尽管也非常重要，而在于原子化的

---

① 姚新中：《传统与现代化的再思考》，《北京大学学报》2015 年第 5 期。

社会结构的改造和现代公民社会的成长。

儒家和道家的理想人格以及儒道互补之后的传统精英的人格心理结构的形成，在古代既无助于社会的发展，也无助于政治的发展。反而在人格独立和意志自由的意义上蔚然成风为精英的犬儒化和大众因循苟且的乌龟哲学。在一个原子化社会中，个人在社会实践中遭遇风险和不确定性时心理上会经验到什么、反思什么，在反身性的意义上对社会又输出了什么？就儒家的理想人格而言，君子践道的社会实践如果要严格符合圣人的要求，那么君子就不能生活在一个不党不群的原子化社会中，因为在这样一个社会中既不能在元伦理学意义上解决道德准则的普遍性、客观性和合理性，也不能为个体道德实践中的君子提供无条件的精神激励。秦后大一统的专制政治与儒家的王道政治理想是不兼容的。生活在此种价值信念和制度实践张力不断背景中的仁人君子如果不是勇于批评和反抗，剩下的就只能是沉默，等而下之的就是干禄了。就社会实践而言，勇气不只来自圣人的教导和理想的鼓舞，更重要的更常态的支持应当来自同志之间的同声相气。睦弘之后，君子缺乏勇气成为普遍现象，沉默者和干禄者，尤其是后者就特别需要一种说辞来为自己的道德理想和实践的不一致张目，老庄的教导就被这类人顺手拾起来自慰了。从社会契约的角度看，只有在一个有机团结的共同体意识浓郁的社会中，人们才能在不断的社会变迁中从解决问题的需要出发，在某种"自然状态"中达成人人都同意的社会契约，并从中产生出大家都认为应该遵守的正义的规则及程序。这样的规则及程序才能满足普遍性、客观性和合理性的要求。以此观之，儒道两家清醒地认识到社会问题和痼疾的有识之士是很多的，但在实践上都是单打独斗的方法论个人主义者，从来没有朝着与同志一起以集体行动的方式改良社会和道德的方向发展。这一特点不幸在当今的社会实践中也同样存在。当今不满医疗教育房地产政策及其实践的人相当多，但在实践上往往出现的是个体通过自己的努力来解决其实属于普遍性的问题。就此而言，在当今中国现代价值的现代化都成问题，传统价值的现代化就更是奢谈。

以传统价值现代化的视域来审视儒道互补的心理结构和实践路径，儒道传统文化中所阐发的价值现代化的关键就在于三分法模式中中国社会结构的变革和公民社会的成长及壮大。在公民社会缺位的背景下，无论是传统价值，还是现代价值，都面临着理论和实践、知与行、价值和制度等的张力。无论是过去还是现代，国人说一套和做一套的问题都是一个令所有价值都遭遇尴尬的事实。究其实，根子就在于在一个人们相互之间处于离散的原子化的社会中，集体行动和集体意识的不足导致所有类型的社会规范的普遍性、客观性和合理性成为难以解决的问题。古代士大夫在理想和现实、儒家和道家之间的不停摇摆，今天人们在理论和实践、个人和社会、个体和集体之间的晃荡，都同样根源于原子化社会中规范的强度和密度的不足。从现代性的角度看，如果单纯从话语表达上来看，儒道二者的传统价值很容易是现代化的，且在全球化背景中也不乏普世性。但自家的问题自家知道，两千多年来，我们能在多大程度上说国人是认真理性信仰并严格践行的？

（作者系云南省社会科学院哲学所助理研究员、哲学博士）

其他

王阳明良知之学大意

王　颢

一　良知解

良知就是"赤子之心",即今所谓婴儿意识。孟子曰:"人之所不学而能者,其良能也;所不虑而知者,其良知也。"① 这良知、良能是一体两面的。若究其根本,是不可说,不可思维的;因为它是一切语言、思想得以现起的基础,它优先于语言和思想。在婴儿那里,这个良知是完完全全的,但语言和思想还没有出现。语言和思想是在良知的基础上,透过眼睛、耳朵、鼻子、舌头、皮肤等的经验,以及在头脑中对这些经验印象的提炼、再现和重构,而逐步发展出来的。

当我们说一个人出生了,实质上是什么出生了?一般我们很容易认为是身体出生了,但这是不正确的。为什么?因为有一些婴儿的身体出生了,但是没有意识出现在那个婴儿的身体里,那么,那个死的身体就不可能经验到它出生了,我们也不说是某个人出生了;因为构成人的核心要素并没有出现在那里。所以,当我们说出生,指的是一个婴儿意识的"出生"(意识和婴儿身体的结合)、一个良知的出现。当这个作为婴儿意识的良知出现以后,各种各样的经验就在其中持续不断地发生。

---

①　朱熹:《四书章句集注》,中华书局1983年版,第297、360页。

在最初，这些经验并不是二元的经验，并不是区分性的经验，而是一体的经验；即，无论婴儿感知到什么，都是把那个现象作为在意识中浮现的所有现象来感知。一切现象，包括婴儿的身体和外面世界中的人事物，都是平等的、无差别的浮现。婴儿不知道"我"和"你"的区别，它还是整体的一部分。尽管显现给我们的，似乎它是一个小小的身体，但是在它里面并没有"我就是这个身体、这个局部"的感受。它的感受是，无论它看到什么、听到什么、闻到什么、触到什么、尝到什么，它就是那个被看到的、被听到的、被闻到的、被触到的和被尝到的，它就是那个形色、那个声音、那个气味、那个感觉和那个滋味。但是随着婴儿身体不断被周围环境刺激——主要是与母亲互动，这些刺激反复地传递和强化给它一种作为中心的感觉，即我是这个身体的感觉。这种我是这个身体的感觉就像一道墙，把本来无限广大的意识，或称良知，囚禁在了身体之内，于是自我开始慢慢成长。这个过程被心理学家描述为"在某个阶段开始分割宇宙"，佛家叫作"一识二分"。

自我的发展以身体感觉的出现为第一步，然后要经历很多阶段才走向它的成熟，在这整个过程里，个体性感受不断加强。随着个体感受的不断强化，恐惧也不断加强，自我防卫的要求也不断增长，竞争和挣扎等痛苦在所难免。

在某个人那里，在某个阶段，由于某种机缘，一种对这整个生命现象的质疑和探寻的渴望渐渐出现，出现了寻求一种非二元性的平和、永恒与喜乐的渴求，想要再次回到那个他曾经所在过的，那个婴儿、赤子的状态。古人所说的大人，就是能够发现和常保那个平静的、无差别的赤子之心的人，就是一直活在他的良知里面的人。相反，如果处在以身体间隔和差别来区分"你和我"的状态里，那么就被称为小人。大人是"以天地万物为一体"，了悟到良知全体、心之本体的人。而小人是尚未了悟到自己的本质，仍然以某个个别的身体与身份为"我"，因而纠结在无法避免的竞争和挣扎里的人。① 《中庸》所谓"修道之谓教",就是阳明所说的"大人之学"。所谓小人和大人,不涉及丝毫的道德善恶评判。小人修道,可以成为大人。或者更确当地说,小人通过修道,了悟本来只有大人,了悟万物一体,而个体性的小人只是一个幻觉。良知全体始终现成,从来都没有失去过,只须体认。当我们了了分明地看清楚,身体感觉的产生过程及自我的产生过程,那么我们就会清楚,实际上这个小人仅仅是因为我们的自性良知被遗忘,错认身体为"我"的产物。一旦放下"我是这个身体"的错误观念,那么作为自性良知的我,原来无始无终,无所欠缺,喜乐无边。这也就是《易经》所谓"先天而天弗违,后天而奉天时"②。也就是孟子所说的,"万物皆备于我矣,反身而诚,乐莫大焉"③。

那么,如何达成这种状态,可谓无数圣贤垂教、无数经典、无数道路的根本目的。因为语言、文化、风俗、政治、经济、时代、因缘等的差别,曾经出现过,以及出现着和将会出现,无数的道路。但所有的道路基本上,在本质上,没有多大的差别。问题是:在抵达那个基本的、那个本质的了解之前,我们只有语言和文字的媒介,所以形形色色的差别,以及鱼目混珠的现象都不可能消除。而一旦契入离言的、无言的、绝言的那个本身,那么所有的语言和文字,即经典、道路、教导等,都变得平等一味,都显得相互和谐;同时,它们也变得毫无意义。但无论如何,在我们体达那个最终的真理、那个"大人之心"、那个"何思何虑""何物不有"之前,适当地学习圣贤经典,很可能会产生裨益。

二 致良知解

修道道路的描述和语言密切相关。语言也是一切问题产生的原

---

① 王守仁:《王阳明全集》,上海古籍出版社1992年版,第968页。
② 王弼:《周易注》,中华书局2011年版,第7页。
③ 朱熹:《四书章句集注》,中华书局1983年版,第357页。

因，是一切显现的原因、二元的原因；即语言是头脑的本质，是一切分割、一切判断的基础。我们如此依赖语言，所以尤其对于修道的起始阶段，语言的描述非常重要，不同的语言产生出不同的道路。阳明使用一种非常直截了当的语言，他把一切道路、一切方法的精髓浓缩在"致良知"三个字里面。在这三个字里面，几乎蕴藏了一切圣贤探索真理的全部秘密。因此，在人类的灵性传统中，以及未来人们求道的道路中和砥砺、加持人们向道决心的觉者中，阳明不应该被遗忘，致良知不应该被遗忘。不但不应该被遗忘，而且需要被正确地理解，正确地实践，正确地教导。

  本来，致良知是最简单、最自然的一种方法，或者说是最直接的方法，而任何其他的方法基本上都可以化约到这个方法，或者上升到这个方法。这个方法就是不断地记起和回到我们意识的底层，即不断地回到无思无虑的婴儿意识状态，并且尽可能地保持安住在那个状态。"致"有到达、安处的意思。那么首先是回到这个状态。而这个状态是任何时候都存在的状态，即"我存在"的状态。任何时候只要一回神，就可以记起我此刻是在的；因为我在，所以其他五种感官的经验在；因为五种感官经验印象的累积，所以思想在。当我能够恒常地锻炼这种能力，不断回到这个当下"在着的状态"，那么渐渐地，我就会发现，我是这个良知本体。良知，字面意思就是本来的知，即能知的性体，同时也是无知的本体。尽管这个良知是看不见、摸不着的，没有大小、形状、气味、声色等任何属性，但是一切有属性的现象要发生，都离不开这个良知的先在。这个良知又叫作灵明。久而久之，我们证悟，"我就是这段灵明"。其实真实存在的仅仅是我这段灵明，而别的经验都是借助我这段灵明才被"照亮"，才显得活生生；实际上，它们并不存在，存在的只是作为灵明的我。这个灵明是一个虚灵，因此超出空间和时间范畴，不来也不去。它没有个体性，一切显现都被涵摄在它里面。在一开始，我们只是不断回到、不断记住、保持安住于，只有身体感觉在，主要是听觉和触觉在，而没有思想在的状态里。久而久之，身体感觉将会不断地降低，相应地，"在"的感觉，即良知的感觉会加强。于时时处处，记起这个良知的、灵明的、在的感觉，在事事物物中都直觉到、直观到"良知的在"——这即阳明所谓"致吾心之良知于事事物物"。最终了悟，实际上除了良知，别无一物，即所谓"心外无物"。①

三　工夫次序

致良知是最自然、最简单的方法。但因为我们知见太重，头脑里面累积的各种资讯太多，情绪和情感层面太过污染，所以刚开始没有办法停留在，乃至体验到，这个本来的良知的感觉。覆盖在良知之上的思想与情绪的阴云太厚，对良知的无限虚空没有信任、没有渴望、没有经验，所以"记住用功"很难得力。相对而言，古人的心灵纯净得多，尚且要求"刊落声华"，"念念去人欲，存天理"，有些人要先"静坐、息思虑"②，日久天长，才能慢慢相应。在致良知上用工夫，都是终生行之。但尽凡心，别无圣解，知见剥尽，良知自然显露，放大光明，应事接物，自然而然。若是急于求成，不顾个人实际状况和时节因缘，妄求神通，终究会信心丧失，或沦为口头三昧，揣摩影响，误己惑人，无有是处。因此，以现在人们普遍的心理状态，需要了解：致良知本身需要大恳切、大信心、大恭敬方能契入。再则，如果是处在修道的初期，或者是难以和这种微妙的法门相应，那么就需要在人格层面，乃至心理层面做必要的自我完善，然后方能渐次悟入良知之学。为了易于揭示这个方面，首先我们有必要了解生命的三种状态。

生命的第一种状态是以失望和痛苦为背景，在这个灰色的背景上偶然浮现短暂快乐的状态；但为了那些点滴的快乐和满足，人们还要付出更多的、以痛苦为觉受的代价。我们知道，苦和乐是互相

---

① 王守仁：《王阳明全集》，上海古籍出版社1992年版，第45、24页。
② 同上书，第144、13、16页。

显示对方的。没有比较就不知道什么是苦，什么是乐。但苦和乐的比重是以苦为主，而且是压倒性地为主。就全世界而言，各个家庭、学校、社会普遍塑造出来的人生或人格，一定是让人处在第一种状态。即人们的生命是以不被接受、感受不到爱、无聊、痛苦、绝望、孤独、恐惧、嫉妒、怨恨、奋斗，等等，作为背景的，那是一种负面的生命状态。在生命的第一种状态里，人们总是觉得委屈，感到生命欺骗了他。人生是一个累赘，是一个包袱，是一个诅咒。面对死亡，人们感到万分无奈，觉得不公正。虽然感到生命中也没有什么具体美好的东西值得留恋，但是无数的欲望都在燃烧，在这种绝望的状态下面对死亡，死亡又被视为一切的终结，进入黑暗里。这样的人生是从一个失望到另外一个失望，而最终绝望的、冗长折磨的过程。所以他们不会感恩任何东西，相反，他们诅咒一切，反对一切，对自己苛刻，也苛求别人。甚至，假使别人对他们好一些，他们也完全不接受。他们以怀疑为心理基础，既不信任别人，也不认为自己值得拥有任何健康和喜乐，于是他们一直在潜意识里招徕那些对他们进一步损害的人和事。总之，在负面的生命状态里，一切都是负面的。人们的心理基础决定了他们的生命经验，他们的生命经验反过来强化了他们的负面思想和感受。偶然的快乐只是起到烘托痛苦程度的作用。人们在这种情况下会感到，越是追求快乐，就变得越不快乐。短暂的快乐，其作用只不过是加强那些冗长痛苦的感受。偶然的与人融洽，之后会令他们感到更加深重的孤独感、冷漠感、对自己的厌恶感。

敏感的人会很快感受到一种窒息，想要改变、逃避；但实际上不可能摆脱这个状态。除非一个人足够敏感，否则并不会意识到自己就处在这个状态——尽管在社会环境下，一个人只可能处在这个状态。就这一点而言，人类是平等的。人类也是绝望的，很难见到一个真正意义上乐观的人。所以，当人们处在负面的状态，首先需要了解的是：这不是我一个人的厄运。只不过是我比较敏感、敏锐，对这个状况的觉知较多一点罢了。实际上，其他人也都完全没有幸福和快乐可言，差别只不过是比我迟钝一些罢了。但是迟早，每个人都会了解到这人生的苦涩和无聊。现在我要说，除非一个人很早就有了这种了解，并且开始去致力探索生命的更深层次，否则，短短的人生就在匆忙、痛苦和绝望中逝去了。那就是为什么老年人普遍感到绝望、痛苦，因为等他们了解到自己的状况时，已经是风烛残年，已没有探索真理的精力和时间。即使是年轻时就开始探索，也只有很少人得到正确的见解和方法。于是，一些敏感者由于对这个负面生命状态的自我意识过强，所以陷入条件反射式的对抗，并最后陷入相同的麻木状态，这是令人惋惜的事情。但如果能够朝着正确的方向用功，那么这些很早就意识到负面生命状态的人，将成为世界上的幸运儿。他们的生命就像蝴蝶出茧一样，将发生蜕变，来到第二种生命状态。

第二种生命状态和第一种截然相反。他们生命的背景、底色是明快的、快乐的、健康的、积极的、开心的、敞开的、包容的，具有爱心，并且能够接受爱、能够接受被爱，也具有创造力和生存能力。这种状态没有天生的。在人类社会和家庭里，无论什么时代、什么地方带大的小孩，都不可能不费力气地到达这种状态。最终得以处在这种状态的人，都从第一种状态蜕变而来。并且，这个努力是个体的，是他自己决定要的，是有意识努力的结果。在这个状态的人，也并非绝对没有烦恼，而是偶然也会有些不如意、不快乐的情绪，或者遇上糟糕的事情。但是，因为他的生命基调是喜悦，是平和，是放松，所以那些不如意的状况、不快乐的情绪和不正确的思想，无法停留，很快就烟消云散，无法抓住他们的心。即使遇到在常人看来非常糟糕的事情，他也因为看待事物的角度不同——总是能够看到阳光的一面、积极的一面、更长远的一面，于是能够更加自信、自如地应对。于是在这些表面糟糕的事情发生之时，他有能力静静地等待，在这个不好的表象背后，存在真正将要给他的祝福。很多生命中极富价值、意义非凡的成功，或者感情和了悟的深邃部分，都以一个不好的表象为开端。但处在第二种生命状态，即正向生命状态的人，他们不会被表面所欺骗，不会抗争和逃避。这样的人全然地信任生命。过去的记忆和未来的焦虑在他们的生命里无法长期掌控。即便偶然也会陷入对过去的纠结和对未来的忧虑，但即使那个时候，他们的信任仍然在。他们已经知道生命的本质是喜乐的，背景是阳光的，烦恼只不过是一个过客、一点浮尘罢了，所以他们不担心。

很多探索者在到达这个层面以后，会认为自己已经达成了生命所可能的全部。因为，为了到达这里，已经花费了很多年，付出过艰辛的努力，在同行者中能够最后到达这里，已经是难能可贵了，所以他们决定就此享受人生。当他们变老的时候，也不会陷入一般老人那样的困苦。他们的心仍旧是年轻的，即使是面对死亡，也有一分从容。在死的时候，他们可能会说：我已经经历了生命的美好，享受了人生的丰富。这个世界没有欺骗我，它给了我想要得到的一切，乃至每天不断地把奇迹一般的新事物恩典给我，让我自发地只知道感恩，无尽的感恩。生命已经如此美好，那么死亡是什么，我虽然不知道，但是我相信它同样是存在的礼物。当生命的一个乐章已经经历了它的每一个节拍，经历了高潮跌宕和无限之美，最终圆满之后，这个乐章将要谢幕的时候，难道不值得庆祝吗？这是一个完全正向生命的状态，接受生命、活出生命、即将超越的生命状态。

不过，在这些人中还有非常稀少的人，他们并不认为这些就是探索的全部，他们来到一个点，在那里他们只想了悟：这整个生命的最终真理是什么，我和世界的本质是什么。他们只想要达成那个真理，乃至对于"什么是真的，什么是假的"都已经不再关心。我把这样的人称为真正的探索者。与蜕变的旅程不同的是，这个探索在表面上没有任何意义。如果要说有什么意义的话，最多可以说，他们是要满足他们内心最深处的、灵魂的渴求。

这个探索基本上是不可能的，在这个旅程中没有人能够成功。但是极其幸运的、被上天所祝福的、最终被神明所占据的那个人，他将会抵达生命的第三个状态——也就是绝对状态,可以叫作空的状态,或者无的状态,或者自性证悟的状态、圣人的状态、大人的状态、神明的状态、天理流行的状态,等等。在那个状态里,苦和乐都不存在,生和死都不存在。也有的人把它描述为极乐的状态、永恒的状态。无论如何,这些都只不过是词语,而那是一个无法被思维的状态,没有语言可以触及它,它是绝对的状态。去体悟"心之本体""大人一体"的这个致良知方法,是准备给那些最炽烈的探索者去孤注一掷、一厢情愿、永不回头地实践,最终使意识上升到究竟层面的无上法门。

四 立志用功

如何帮助人们从第一种状态到第二种状态,阳明也给出了很多的教导,但那些并不是他教导的核心。作为他教导核心的致良知法门,可以包罗一切的致良知法门,是为了把人从第二种状态带到第三种状态。这个诀窍"真个是灵丹一粒,点铁成金"[①]。

现在我们知道了生命的三种状态,那么人生可谓一个漫长的探索旅程。有志于这个探索的人,必须树立长远的决心。没有这个决心,不付出一切代价,不去亲自体悟的话,仅仅知道一些道理也是毫无用处的。一旦树立信心,那么对于快乐的理解就发生了变化——我们不再盲目追求观念性的快乐,而是致力于脚踏实地地转化我们的生命状态、能量和理解力。我看到、听到,每个人都在追求快乐,追求幸福。但是,绝大多数人是在追求自己的幻觉,在追求一些抽象的观念,在和别人比较,在迎合潮流。这些追求不但不能带来快乐和幸福,相反,这些追求是让人们变得更加悲惨的元凶。现在对于许多人,从负向的生命来到正向的生命,是首要的事情。要完成这个事情,在阳明看来,主要在于"立志"。

---

① 王守仁:《王阳明全集》,上海古籍出版社1992年版,第93页。

什么是"立志"？这么来看，立志就是树立彻底转变负面心态、负面情绪和负面能量的伟大志向。我们不再在一个继续维持负面心态的大背景下，追求个别的幸福或快乐。我们之所以不快乐，并不是因为当下眼前的处境不值得快乐，而是因为我们生命的基调是痛苦，基础是不快乐、自我批判和自我否定。那么在这个基础上，在这个基调上，即使有一些看似快乐的东西，其本质也是痛苦，这是显而易见的道理。那么，我们现在就不去追求个别的快乐或舒适，乃至要停下这些无意义的投资。因为这种负面人生背景里面的快乐，其本质只不过是些刺激反应活动，以及刺激上瘾活动而已。除了增加麻木和无聊感，以及浪费宝贵精力以外，实在没有多少积极意义。那么什么是有意义的、建设性的呢？那就是要致力于总体上，在基础上，改变生命的基调。不是修修补补的改变，而是彻底蜕变。不是对思想加以修正，而是在根本上转化其无意识的性质。听到这个，恐怕很多人就要畏缩不前了。但又能如何，我可以说这件事情并不难，但我绝对不能说这是轻而易举的事情。最多可以说，对一个有志气的人，这是不难的。

那么，这个蜕变负面生命状态的工作具体要怎么做呢？能做的第一步是培养自己正向的生活态度，正向地看事情，正向地感受事物，接受自己的父母，接受自己本然的样子。学习一点帮助生命正向或蜕变的方法，并每天都练习它。为了产生真正的理解，我们还要知道我们的潜意识是如何形成的。简单来说，是由于我们人生的早期经验决定的，或者说是早期关系提供的。在这里面最主要是理顺和父母亲的关系，通过重新面对那些隐藏在各种心理防卫模式背后的童年的痛苦经验，理解和放下那些不再实用的人格面具。要接受和面对所有记忆，把自己的早期经验全部加以转化，乃至置换。就是说把我们生命里的印象基础拆掉，把负面的背景拆掉，再重新建立正向的。这里面有很多方法，传统的和现代的，直接的和间接的，速效的和慢效的，每一种都要专门传授和学习，以及每天练习。但无论如何，总体上，这是一个漫长的旅程，是一个缓慢的过程。在这个工作基本完成以后，还有青春期以后的男女情感方面的负面经验需要转化，乃至有些是较大的创伤，则需要通过特别的疗愈来转化。再就是学习两性相处之道。此外还要在人格结晶上努力，整合自我，充分肯定自己，正面地看待和感受自己与周围的一切。所有这些都靠严格训练来进行，同时还要不断地加强理解，才能事半功倍。在绝大多数情况下，一个人还需要得到不止一位老师的指引和帮助，乃至需要朋友的协助，因为在这个阶段，单独工作的效率最低。正向生命建设的粗略情况大抵如此，而这种理论性的概括只能帮助人们打开视野。现实中每个个体的机缘际遇无法提供太多选择，只能是按照可能的条件，一个人须付出十年、二十年，乃至更长时间，用生命实践，去生活，去探险。没有固定的模式可以遵循，更没有任何保证，一切都靠自己去感受、权衡和决定。

至于在这个向度上成长的人，如果能够始终记得致良知，最终将有能力提出关乎生命最根本的问题：我是谁？我是什么？生从何来，死往何处？在较好地实现了正向生命的状态以后，这个致良知的法门，将会引导他朝向第三个层面，即自性探索的层面。那么，也许有一天，自性觉醒的现象将会发生。那一天，所有的迷惑、所有的痛苦，就永远结束了。须知致良知的工夫，不但是令生命完满绽放的入世之学，同时也是超越生死幻象的出世之学。阳明说："人于生死念头，本从生身命根上带来，故不易去。若于此处见得破，透得过，此心全体方是流行无碍，方是尽性至命之学。"①

五 总 结

总而言之，良知就是"婴儿意识"，是能知的性体或无知的本体。一切知识和经验都是在良知的基础上发生的现象，所以良知是优先于一切、涵摄一切的绝对真理。能够直接契入和体悟良知全体

---

① 王守仁：《王阳明全集》，上海古籍出版社1992年版，第108页。

的人，被称为大人；而通过致良知来发明本心的过程，被称为修道；修道的基础是把负向的生命态度，蜕变为正向的生命态度。

（作者系中国人民大学孔子研究院研究员、
云南省道德研究院特约研究员）

《文心雕龙》"神思"义发覆

杨 园

《文心雕龙》之《神思》篇是中国古代文论的经典篇章，所论为文运思之"神思"也是中国古代文论的重要范畴。此观念今人阐发甚众，似已题无胜义，但考诸《文心雕龙》原文，刘勰论"神思"，实有一层古注向来为人忽略，此义不明，前后文难免扞格不通，妙解新见难免不为空中楼阁。因此笔者不揣浅陋，试抉发隐微，揭橥"神思"之古说，期为"神思"义溯本寻源。

一

《神思》为《文心雕龙》下篇之首，首谈文术，主要论作文时的构思想象。有关《神思》篇之"神思"出典的注解，向来皆引《庄子·让王》，然而笔者覆案再三，以为刘勰论"神思"，其典故含义非本于《庄子》字面，实本于《吕氏春秋》《淮南子》高诱、许慎注之别说。据此可进一步断定，"神思"所喻说的心理状态，非向来所认为的心身彼此二分，而是心身内外二分。以下试为论证。

《文心雕龙·神思》云：

> 古人云：形在江海之上，心存魏阙之下。神思之谓也。文之思也，其神远矣，故寂然凝虑，思接千载；悄焉动容，视通

万里；吟咏之间，吐纳珠玉之声；眉睫之前，卷舒风云之色：其思理之致乎。故思理为妙，神与物游。神居胸臆，而志气统其关键；物沿耳目，而辞令管其枢机。①

此即刘勰对"神思"的基本阐述。他解释何谓"神思"，是以"形在江海之上，心存魏阙之下"为喻，而此典出处非一，自清代黄叔琳开始，历来注家皆引《庄子·让王》为之解：

中山公子牟谓瞻子曰："身在江海之上，心居魏阙之下，奈何？"瞻子曰："重生。重生则利轻。"中山公子牟曰："虽知之，未能自胜也。"瞻子曰："不能自胜则从，神无恶乎？不能自胜，而强不从者，此之谓重伤。重伤之人，无寿类矣。"②

范文澜《文心雕龙注》云："案公子牟此语，谓身在草莽，而心怀好爵，故瞻子对以重生则轻利。彦和引之，以示人心之无远不届，与原文本义无关。"③范文澜认为刘勰引《庄子》，而《庄子》原意与其所谓"神思"的含义并无关系，后之学者也多持此论。但如此解释殊为可疑。试想刘勰本篇发明"神思"一义，开篇即引此语解释何谓"神思"，但他征引《庄子》不过说明人心之无远不届，其实际含义竟与本篇论旨无关，岂不空费笔墨，有文无实？退而言之，刘勰也绝无可能引《庄子》此意。正如范文澜所言，此话在《庄子》原文中是指"身在草莽，而心怀好爵"，但这种隐遁与荣利、出世与入世两兼的心态正为刘勰所反对。《文心雕龙·情采》有云：

---

① 范文澜：《文心雕龙注》，人民文学出版社1958年版，第493页。
② 刘文典：《庄子补正》卷九，载《刘文典全集》第二册，安徽大学出版社、云南大学出版社1999年版，第784页。
③ 范文澜：《文心雕龙注》，人民文学出版社1958年版，第496页。

故有志深轩冕，而汎咏皋壤，心缠几务，而虚述人外：真宰弗存，翱其反矣。①

刘勰讥讽心在庙堂之上而又好为方外之想，说这是"真宰弗存"，即心无定见，没有主心骨。可见刘勰绝不会用《庄子》字面上这种带有贬义的比喻解说人心之无远不届，更不会据此意阐述其所特标之"神思"。因此有必要重新检视这一解释和出处。

按刘文典《庄子补正》"身在江海之上，心居乎魏阙之下"句下有案语，谓此语别见《淮南子·道应篇》《吕氏春秋·审为篇》《文子·下德篇》。②中山公子牟此语不独见《庄子·让王》，单据《庄子》字面为之训解殊为武断。何况《庄子·让王》属《庄子》杂篇，杂篇本经庄子后学及汉人整理，非庄子亲撰，较之《吕氏春秋》《淮南子》，中山公子牟语未必即源出《庄子》。《吕氏春秋》和《淮南子》皆有汉人古注，而《庄子》现存最早注本不过晋时郭象注，且《庄子·让王》郭注绝少，故欲探讨中山公子牟所云为何，不妨根据汉代古注重新审视之。

试将此典的另三个出处及其汉人注解排比罗列，分析其义。《淮南子·道应训》云："中山公子牟谓詹子曰：'身处江海之上，心在魏阙之下。为之奈何？'"许慎注：

江海之上，言志在于己身。心之魏阙也，言内守。③

《淮南子·俶真训》云："是故身处江海之上，而神游魏阙之

---

① 范文澜：《文心雕龙注》，人民文学出版社1958年版，第538页。
② 刘文典：《庄子补正》卷九，载《刘文典全集》第二册，安徽大学出版社、云南大学出版社1999年版，第784页。按中山公子牟即战国时魏公子牟，《文心雕龙·诸子》也提及魏牟，《汉书·艺文志》道家类著录有其书《公子牟》四篇。据钱穆先生考证，魏牟与公孙龙子同时，年辈晚于庄子，见《先秦诸子系年》"魏牟考"条，商务印书馆2001年版，第514页。
③ 刘文典：《淮南鸿烈集解》卷十二，载《刘文典全集》第一册，安徽大学出版社、云南大学出版社1999年版，第396页。刘文典于《道应训》题解下有按语云此篇乃许慎注本。

下。"高诱注：

> 魏阙，王者门外阙，所以悬教象之书于象魏也。巍巍高大，故曰魏阙。言真人虽在远方，心存王也。一曰：心下巨阙，神内守也。①

《吕氏春秋·审为篇》云："中山公子牟谓詹子曰：'身在江海之上，心居乎魏阙之下，奈何？'"高诱注：

> 身在江海之上，言志放也。魏阙，心下巨阙也。心下巨阙，言神内守也。一说：魏阙，象魏也。悬教象之法，浃日而收之，魏魏高大，故曰魏阙。言身虽在江海之上，心存王室，故在天子门阙下也。②

按许慎和高诱皆东汉人，高诱晚于许慎，主要生活于汉魏之际。以上注文以《吕氏春秋》高诱注较为具体，其注提出两种解释，后一说即身在江海之上而心存王室之意，此说易解，《庄子·让王》字面意同于此。不易理解的是前一种"心下巨阙，神内守"之说。《淮南子·俶真训》高诱注的后一解"一曰"所云与之略同，《淮南子·道应训》许慎注基本也属此说，故刘文典《三余札记·淮南子校录拾遗》谓许慎此注与高诱注略同。③ 尤可注意者，"神内守"讲到"神"，《淮南子·俶真训》原文径为"神游魏阙之下"，而《文心雕龙》"神思"义分明论"神"，二者很可能存在联系，但这一解释似乎向来为学者忽略了。所以欲明刘勰何以用"形在江海之上，心存魏阙之下"解释"神思"，关键须弄清《吕氏春

---

① 刘文典：《淮南鸿烈集解》卷二，载《刘文典全集》第一册，安徽大学出版社、云南大学出版社1999年版，第52页。
② 陈奇猷：《吕氏春秋校释》卷二一，学林出版社1984年版，第1460页。
③ 刘文典：《三余札记》，载《刘文典全集》第三册，安徽大学出版社、云南大学出版社1999年版，第567页。

秋》高诱注前一说究为何意。

二

《吕氏春秋》高诱注前一说将"魏阙"释为"心下巨阙",何谓"心下巨阙"？按《三国志·魏书·方技传》载华佗弟子樊阿事有云：

> 阿善针术。凡医咸言背及胸藏之间不可妄针,针之不过四分,而阿针背入一二寸,巨阙胸藏针下五六寸,而病辄皆疗。①

根据这段话前后文意,可知"巨阙"是人体胸腔部位的一个穴位,这是汉魏以来中医学上的术语。魏晋时期的脉络针灸典籍已清楚记载了该穴所在。魏晋时王叔和所撰《脉经》论心之脉象有云："心俞在背第五椎,募在巨阙。"② 另晋时皇甫谧编撰之《针灸甲乙经》载云："巨阙,心募也,在鸠尾下一寸,任脉气所发。"③ 由此可知,"巨阙"穴是在人体左右肋骨相交处下方约一寸的地方（如下图所示）。

巨阙穴自有医术典籍记载以来,其位置名称从未发生改变,今之中医仍以"巨阙"称呼此穴。该穴位之所以称为"巨阙",大概是以宫城为喻。清代汪中《释阙》有云："天子、诸侯宫城,皆四周辟其南为门,城至此而阙,故谓之阙。……阙,巍然而高,故谓之巍阙。"④ 宫城四周有城墙,城墙至城门处则空阙,故云。魏阙之"魏"训为"巍然而高",则魏阙即"巨阙"也。人之胸腔亦类于此。心在胸腔如同君主之居于宫城,胸腔即如宫城,而胸腔左右肋

---

① （晋）陈寿撰,（南朝宋）裴松之注：《三国志》卷二九,中华书局2006年版,第479页。
② 沈炎南等：《脉经校注》,人民卫生出版社2013年版,第56页。
③ （晋）皇甫谧：《针灸甲乙经》,人民卫生出版社2006年版,第78页。
④ （清）汪中：《述学》,辽宁教育出版社2000年版,第1—2页。

巨阙穴

左右肋骨相交处
再往下二指宽

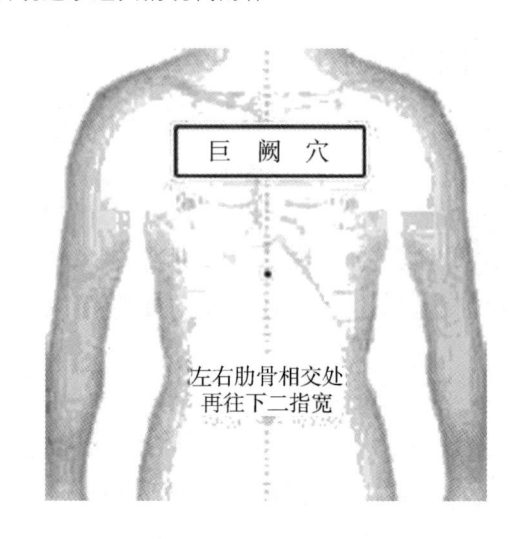

骨之交会处下方，亦如城墙之空阙处，故此穴称为"巨阙"。"巨阙"穴位于心脏下方，自古中医认为其为控引心脏之"心募"，所以高诱称"巨阙"穴为"心下巨阙"。据此，则高诱以"心下巨阙"释"魏阙"，实即就人身心胸而言，所谓"心居乎魏阙之下"，其实就是说心守在胸中。

高诱注《吕氏春秋》和《淮南子》，讲"心下巨阙"，都用"神内守"一说释之，由以上所证心胸关系观之，"神内守"无疑当从身神关系理解。"神内守"应指人身所具之神守于身内。守神于身的思想学说汉代以来甚为流行，《淮南子》及《老子道德经河上公章句》二书可为代表。《淮南子·精神训》一章重在阐发人之精神内守而不外散的道理，如其云：

夫孔窍者，精神之户牖也；而志气者，五藏之使候也。耳目淫于声色之乐，则五藏摇动而不定矣。五藏摇动而不定，则血气滔荡而不休矣。血气滔荡而不休，则精神驰骋于外而不守矣。精神驰骋于外而不守，则祸福之至，虽如丘山，无由识之矣。使耳目精明玄达而无诱慕，气志虚静恬愉而省嗜欲，五藏定宁充盈而不泄，精神内守形骸而不外越，则望于往世之前，而视于来事之后，岂直祸福之间哉！故曰："其出弥远者，其知弥少。"以言夫精神之不可使外淫也。①

按此所谓"五藏"即五脏六腑之"五脏"。《淮南子》引申老子"其出弥远者,其知弥少"之谈,认为人的精神受外物诱惑影响,则不能明辨祸福,洞明事理,甚至不能安心保命,是以人应虚静少欲。高诱注《精神训》尤能发挥此意,如"精神驰骋于外而不守矣"句下注云:"多情欲,故神不内守。"②另如其后"治其内不识其外"句注:"治其内,守精神也。"③又如"若然者,正肝胆,遗耳目"句注:"言精神内守也。"④再如"是故其寝不梦,其智不萌;其魄不抑,其魂不腾"句注:"其寝不梦,神内守也。其智不萌,无思念也。"⑤根据《淮南子·精神训》及其高诱注,不难理解本书《俶真训》及《吕氏春秋·审为篇》高诱注所谓"心下巨阙,神内守也"之意。"神内守"即谓精神守在身体之中,不向外散佚,不受外物诱惑影响。

守神于身的思想在汉代所传《老子》重要注本《老子道德经河上公章句》中也有集中体现。如《老子道德经河上公章句·虚用第五章》注云:

人能除情欲,节滋味,清五藏,则神明居之也。⑥

又如《成象第六章》"谷神不死"句注云:

谷,养也。人能养神则不死,神谓五藏之神:肝藏魂,肺

---

① 刘文典:《淮南鸿烈集解》卷七,载《刘文典全集》第一册,安徽大学出版社、云南大学出版社1999年版,第222页。

② 同上。
③ 同上书,第227页。
④ 同上。
⑤ 同上书,第229页。
⑥ 王卡点校:《老子道德经河上公章句》卷一,中华书局1993年版,第18页。

藏魄，心藏神，肾藏精，脾藏志。五藏尽伤，则五神去矣。①

又如《无用第十一章》注云：

治身者当除情去欲，使五藏空虚，神乃归之。②

《老子道德经河上公章句》谈到人身之神居于人身五脏，欲使神居身中，须去除情欲，使五脏空虚清净，否则神便离身而去，命不能保。《老子道德经河上公章句》是汉魏六朝时期流行的《老子》注本之一，影响甚广。其所阐发的身神思想和道教也有密切关系，如产生于东汉的道教《太平经》及六朝时期的道教经典《黄庭经》等，都有关于身中神的大量论述，兹不赘说。

高诱谓"心下巨阙，言神内守也"，以上既分别释明"心下巨阙"和"神内守"二义，则高诱此注可合而观之。上引《老子道德经河上公章句·成象第六章》注讲到"心藏神"，此神非泛称，而是与"魂""魄"等相对等的"神"。又《老子道德经河上公章句·爱己第七十二章》"无狭其所居"句注云：

谓心居神，当宽柔，不当急狭也。③

由此可知，神藏守于心胸是《老子道德经河上公章句》所持的一个基本观念，也当是汉魏以来的惯常认识。据此来看，高诱以"心下巨阙，言神内守"解释"心居乎魏阙之下"，"魏阙"为"心下巨阙"，"心居乎魏阙之下"即谓心在胸中，心在胸中即比喻神守于心内而不受外界影响。

综合以上考释，可全面理解《吕氏春秋》高诱注前一说对

---

① 王卡点校：《老子道德经河上公章句》卷一，中华书局1993年版，第21页。
② 同上书，第41页。
③ 王卡点校：《老子道德经河上公章句》卷四，中华书局1993年版，第279页。

"身在江海之上，心居乎魏阙之下"整句话的解释。其云："身在江海之上，言志放也。魏阙，心下巨阙也。心下巨阙，言神内守也。""身在江海之上"是说身形本求放逸；而"心居乎魏阙之下"则是说神守藏于胸中，别有所思，与身外之江海相隔绝。同理，《淮南子》许慎注云："江海之上，言志在于己身。心之魏阙也，言内守。"也是说虽有重身爱命的隐遁志趣，无奈心守胸中，别有他想，不随其身而动。

这一解释最重要的特点是将"心"与"身"内外二分。高诱注以"神内守"释"心存魏阙"，引入神居于心的观念，"心"因"神"居住其中，就可解释作为脏器的"心"能思考想象的问题。如此则"神"与身形相分离，就可以是神"内守"于心中，与身外相隔离。所以，形神相离未必意味身中之神向外离开身体，游于他处，如果神与身外相隔绝，转向身内而"内守"于心，在心中思考想象，同样是身中之神与身形相分离。因而身处江海之上，心中对此一无所感，心中所想完全是另外的事。试比较高诱注的后一说，即可看出此说心身内外二分的特征。其云："言身虽在江海之上，心存王室，故在天子门阙下也。"这一解释虽也是将"心""身"二分，但却是说"身"在此而"心"在彼，换言之，后一说的意思是"心""身"彼此分离开，而非内外相隔。同样是心身二分，两种解释之间却有如此差别。而且，心身内外二分之说较之心身彼此二分于理更为恰切。心本脏器，与身不能分，说心"在天子门阙下"，则与江海之身相远离，可见所喻未允，于理有亏。所以高诱注后一说实不及前一说"神内守"说法严谨。由此看来，与其说"身在江海之上，心居乎魏阙之下"是指心在他处，不如说心是在自己想象的世界中。

汉代以来，这种心身内外相分离的观念还可引他书作为参证。如《楚辞章句》王逸注王褒《九怀》"思君兮无聊，身去兮意存"一句云：

> 体远情近，在胸臆也。①

"身去兮意存"从字面看，似乎是说身虽远离君王，情意却系之。但王逸说"体远情近，在胸臆也"，意谓情在自己心胸中，这与情系于君的意思似乎不合。其实应注意，王逸正是以心身内外二分的观念释之，据此应解为身虽远离君王，心却时常思念，因而君王也近在自己心中，此即"在胸臆也"。若以心身彼此二分的观念释之，就是说我身虽在此而心却在君王处，这就无法理解王逸注了。又如魏晋时傅玄《傅子·正心》云：

> 心者，神明之主，万理之统也。……若乃身坐廊庙之内，意驰云梦之野，情系曲房之娱，临朝宰事，心与体离，情与志乖，形神且不相保，孰左右之正乎！②

"身坐廊庙之内，意驰云梦之野"与"身在江海之上，心居魏阙之下"意思一样，都是身心分离的表现，所以傅玄说这是"心与体离，情与志乖，形神且不相保"。但"心与体离"并不意味心离开身体，真去到所想的地方，而是指沉浸于心中念想，似已脱离开自身实际所处的环境。心之所想与身之所处各为两地，这就是心身内外二分的表现。再如陆机《吊魏武帝文》所云"魏阙"，亦当作如是解。《吊魏武帝文》论曹操有云：

> 夫以回天倒日之力，而不能振形骸之内，济世夷难之智，而受困魏阙之下。已而格乎上下者，藏于区区之木，光于四表者，翳乎蕞尔之土，雄心摧于弱情，壮图终于哀志。

---

① （汉）王逸注，（宋）洪兴祖补注：《楚辞补注》，中华书局1983年版，第276页。
② （魏）傅玄：《傅子》，上海古籍出版社1990年影印本，第3页。

陆机读到曹操留下的遗令，讥讽曹操建立如此丰功伟业，而临死时也仍不免有生死戚戚之感。李善注"魏阙"云："许慎《淮南子》注曰：'魏阙，王之阙也。'"① 但这样解释"魏阙"，与上下文意无关，也难从曹操生平得到说明。陆机用"魏阙"一词，应该也是本于高诱"心下巨阙，神内守"之意。细绎原文"魏阙"一句，前后实为对文。"济世夷难之智"与"回天倒日之力"相对而言，此是形容曹操之功业，"受困魏阙之下"也当与"不能振形骸之内"相对读。"不能振形骸之内"即谓身外建立如此功业，形骸之内的心却不能振起。同理，"受困魏阙之下"无非是说身外济平天下，而心胸却如此窘困，竟与雄图壮志这般隔阂，所以下文概言之为"雄心摧于弱情，壮图终于哀志"。这也是心身内外分离的表现。由此看来，以"魏阙"指代"心胸""内心"，本是汉魏六朝时惯用的比喻，但李善时已不甚明了。

三

上依故训，证明《文心雕龙》"形在江海之上，心存魏阙之下"一说出典自汉魏以来素有心身内外二分之义，今试依此意解释《神思》上下文，观其是否与文意融通，进而与心身彼此二分义相较，评骘二说优劣。

《神思》篇首先以"形在江海之上，心存魏阙之下"释"神思"，即借此喻说创作时心身内外分离的状态。刘勰如此界定"神思"，当与下文紧密联系。随后其云："文之思也，其神远矣，故寂然凝虑，思接千载；悄焉动容，视通万里"，"文之思也"与"其神远矣"二句合说一意，意谓为文构思时心神可以想到很远之事，相较其身实际所处，其所想象者离得很远。这种心理状态

---

① （梁）萧统编，（唐）李善注：《文选》卷六十，中华书局1977年影印本，第833页。

好像是与身体隔断了联系，完全沉浸于自己的想象思考中，所以刘勰形容为"寂然凝虑""悄焉动容"。接下总括之以"故思理为妙，神与物游"，意谓构思时心理状态之奇妙，好似"神"与各种意象、人事相接通。但这样的状态实际是"神"内守心中，沉思冥想，不与身外相接通。所以下文紧接着就说"神居胸臆"。之所以讲"神居胸臆"，就是因为"心存魏阙之下"是喻说神内守于心胸，"神居胸臆"与"心存魏阙"正相照应。可见刘勰释论"神思"，上下文之间是紧密联系的，若释为身在此处而心在他处，"神居胸臆"一说便无着落，"心存魏阙之下"则成无关紧要的比喻，所以范文澜误以为其说与原文本义无关。若将"其神远矣""神与物游"释为神与外物相交接，则"神"如何"思接千载"？莫非今人所谓"时间穿越"？殊为谬矣。由此看来，以心身彼此二分义释《神思》，上下文难免扞格不入，而以心身内外二分义解释《神思》，文意完全清楚明白，诸多疑问自涣然冰释。由此可以证明，刘勰所云"形在江海之上，心存魏阙之下"，当是取高诱"心下巨阙，神内守"之释义，喻说心身内外二分。但向来论者皆未深究汉人此注，率以心身彼此二分释之，遂使《神思》文义不通而歧解纷出。

刘勰以"形在江海之上，心存魏阙之下"喻说"神思"，即以心身内外二分释之，所喻虽妙，而义非独见。依心身内外二分义论文学构思，首见于陆机《文赋》。《文赋》描述人文学构思的状态，有云：

    其始也，皆收视反听，耽思旁讯，精骛八极，心游万仞。其致也，情瞳昽而弥鲜，物昭晰而互进。

李善注云：

收视反听，言不视听也。耽思旁讯，静思而求之也。①

"收视反听"谓不听不看，即隔断内心与身外的联系，使自己安静沉浸于想象中，如此方能"精骛八极，心游万仞"。此段论人开始文学构思时的心理状态，正是心身内外二分，所以刘勰论"神思"云"寂然凝虑，思接千载；悄焉动容，视通万里"，与其说何其相似。既已"收视反听"，陆机所云"物昭晰而互进"之"物"，无疑在此即谓"物象""意象"，亦即人想象之物，而非实际之外物。然而，《神思》篇所谓"神与物游"之"物"，自黄侃《文心雕龙札记》开始，便释为"外境""外物"。其云："此云内心与外境相接也。内心与外境，非能一往相符会，当其窒塞，则耳目之近，神有不周；及其怡怿，则八极之外，理无不浃。"②"神与物游"之"物"既释为外境，则"形在江海之上，心存魏阙之下"自可理解为心与外物相交接，心身彼此二分之说遂成应有之义。后之学者殆受其影响，率以心身彼此二分论说"神思"，大都认为"神思"有心身二分的特点，皆以为心神可以离开形体。其实《神思》意本谓心神转向身内，进入想象中，隔断与身外的联系。向来注家唯有詹锳《文心雕龙义证》释《神思》引及《吕氏春秋》高诱注一段，然其下断语云："郭象《庄子》注与高注'一说'同，可见'心下巨阙'之说不足据。"③后人视此成说为理所当然，汉人古注也难免被忽略。考《神思》篇之论"神思"，前言"独照之匠，窥意象而运斤"，末云"神用象通"④，"神与物游"之"物"分明就"意象""物象"而言，由《文赋》观之，刘勰所论甚明。黄侃于此古注尚有失考，何况今人则更难留心。

---

① （梁）萧统编，（唐）李善注：《文选》卷十七，中华书局1977年影印本，第240页。
② 黄侃：《文心雕龙札记》，上海古籍出版社2000年版，第93页。
③ 詹锳：《文心雕龙义证》，上海古籍出版社1989年版，第975—976页。
④ 范文澜：《文心雕龙注》，人民文学出版社1958年版，第493页。

四

以上既明"形在江海之上,心存魏阙之下"一说,由此更可深入理解《神思》下文。《神思》自"神居胸臆"以下,集中于身内而论"虚静":

> 神居胸臆,而志气统其关键;物沿耳目,而辞令管其枢机。枢机方通,则物无隐貌;关键将塞,则神有遁心。是以陶钧文思,贵在虚静,疏瀹五藏,澡雪精神,积学以储宝,酌理以富才,研阅以穷照,驯致以怿辞;然后使玄解之宰,寻声律而定墨;独照之匠,窥意象而运斤:此盖驭文之首术,谋篇之大端。①

此段是在前文解释"神思"基础上讲"陶钧文思,贵在虚静"。因为"神居胸臆"即神内守于心,若身心不安,则"神有遁心"。"神"不安处身内,便不能思维想象,所以刘勰提出文学构思须讲求"虚静"。此说之学理依据无非是汉代以来道家守神于身的常谈,前引《淮南子·精神训》可为其注脚。但刘勰"虚静"之论语出《庄子》,今人见《神思》前后两处皆语出《庄子》,多以为《庄子》学说为《神思》所本。笔者认为,语本《庄子》不过是刘勰引经据典的论述方式,其内涵其实是汉代以来道家、道教所倡导的养生思想。道家注重养生保命,自汉代以来已将《老子》《庄子》《淮南子》等思想学说融入其中。讲求守神于身,是道家养生学说的重要观点。所以探讨《神思》虚静说,不可囿于一家一说,应根据思想史实际做出合理解释。

刘勰讲"虚静"应做到"疏瀹五藏,澡雪精神",其说出自

---

① 范文澜:《文心雕龙注》,人民文学出版社1958年版,第493页。

《庄子·知北游》：

> 老聃曰："汝斋戒，疏瀹而心，澡雪而精神，掊击而知。"①

刘勰所说和《庄子》原文有个细微差别。《庄子》所讲是"疏瀹而心"，刘勰则谓"疏瀹五藏"。有学者认为这不过是刘勰对《庄子》原文稍作修辞而已，但笔者认为，此文字上的变动，正体现出刘勰"虚静"说的养生思想特征。

"疏瀹五藏"之说自汉代以来早已成为论养生的习语套话。如魏晋时嵇康《答难养生论》云：

> （肴馔旨酒）初虽甘香，入身臭处，竭辱精神，染污六府。郁秽气蒸，自生灾蠹。饕淫所阶，百疾所附。味之者口爽，服之者短祚。岂若流泉甘醴，琼蕊玉英。金丹石菌，紫芝黄精。皆众灵含英，独发奇生。贞香难歇，和气充盈。澡雪五脏，疏澈开明。吮之者体轻，又练骸易气，染骨柔筋。涤垢泽秽，志凌青云。若此以往，何五谷之养哉？②

嵇康于《养生论》和《答难养生论》谈到养生而长寿成仙，他反对食用肴馔旨酒，主张服食金丹灵芝等，由此可以"澡雪五脏，疏澈开明"。其所谓"澡雪五脏"，就是使五脏洁净，精神澄澈。此说还可参看嵇康的游仙诗《五言诗》（其三）：

> 沧水澡五藏，变化忽若神，姮娥进妙药，毛羽翕光新，

---

① 刘文典：《庄子补正》卷九，载《刘文典全集》第二册，安徽大学出版社、云南大学出版社1999年版，第596页。

② 戴明扬：《嵇康集校注》，人民文学出版社1962年版，第184—185页。

一纵发开阳，俯视当路人，哀哉世间人，何足久托身。①

"沧水澡五藏"也是说洁净五脏而成仙。化《庄子》"疏瀹""澡雪"句式入文，还可举汉末仲长统《昌言》所云：

疏瀹胸臆，澡雪腹心，使之芬香皓洁、白不可污也。②

由以上诸说可知，《庄子》的这一说法汉魏以来早已成为谈论养生的习语。所以刘勰讲"疏瀹五藏，澡雪精神"，其实是根据道家养生思想讲为文构思时如何调养身心。"疏瀹五藏，澡雪精神"虽典出《庄子》，但自汉魏以来，其说所蕴含的养生意味甚为突出，而此意单据《庄子》未必能明了。

道家养生向来讲求虚静，此为老生常谈，而养生重虚静，则与养身中之神密切相关，前引《淮南子·精神训》及《老子道德经河上公章句》皆有所论，即汉代道家所谓"守神"。"守神"的修炼方式后为道教吸收并发展，大都认为人身虚静不受外间诱惑影响，才能使身神长驻其中，如此便能神清气爽，延命长生。此意汉魏人已常道及，如《后汉书·李固传》载李固奏书云：

臣闻气之清者为神，人之清者为贤。养身者以练神为宝，安国者以积贤为道。③

又如荀悦《申鉴·俗嫌》云：

或问曰："有养性乎？"曰："养性秉中和，守之以生而

---

① 戴明扬：《嵇康集校注》，人民文学出版社1962年版，第80页。
② （清）严可均辑：《全后汉文》卷八九，商务印书馆1999年版，第900页。
③ （宋）范晔等撰，（唐）李贤等注：《后汉书》卷六三，中华书局1965年版，第2080页。

已。爱亲爱德，爱力爱神之谓啬，否则不宣，过则不澹，故君子节宣其气，勿使有所雍闭滞底。昏乱百度则生疾，故喜怒哀乐思虑，必得其中，所以养神也。"①

又如嵇康《养生论》云：

是以君子知形恃神以立，神须形以存，悟生理之易失，知一过之害生，故修性以保神，安心以全身，爱憎不栖于情，忧喜不留于意，泊然无感，而体气和平，又呼吸吐纳，服食养身，使形神相亲，表里俱齐也。②

养生使身体安定虚静，才能保"神"养"神"。刘勰即据此阐发其"神思"义，正因保"神"养"神"，使"神"内守于身心之中，不受外界诱惑影响，自能为文有"神思"。正如前引《淮南子·精神训》所云："使耳目精明玄达而无诱慕，气志虚静恬愉而省嗜欲，五藏定宁充盈而不泄，精神内守形骸而不外越，则望于往世之前，而视于来事之后，岂直祸福之间哉！"

综上所述，《神思》篇先释"神思"，阐明"神思"是"神"转向身内，与身外相隔绝，在心中思考想象，而后论说"陶钧文思，贵在虚静"，前后文完全是依据道家的养生守神思想立论。刘勰讲为文创作应该"疏瀹五藏，澡雪精神"，是因为养生主张五藏清静才能养"神"。而讲"关键将塞，则神有遁心"，则是因为"神居胸臆"，如果"神"在身内，身中气血壅滞，五藏不清，神就要遁去。若神不外散而内守于心，逐渐进入自己的想象世界，此时心身内外二分，便能够达到"神与物游"。这就是刘勰"神思"

---

① （汉）荀悦：《申鉴》卷三，上海古籍出版社1990年影印本，第21页。
② （梁）萧统编，（唐）李善注：《文选》卷五三，中华书局1977年影印本，第727—728页。

义的要旨。

(作者系云南大学文学院讲师,文学博士
原文 2015 年 9 月发表于
《思想战线》,收入本书有所改动)

在帝王家训中追寻治理之道

——《帝范》及其现代价值

张 升

唐太宗李世民,"以弱冠之年,怀慷慨之志,思靖大难以济苍生。躬擐甲胄,亲当矢石。夕对鱼丽之阵,朝临鹤翼之围……剪长鲸而清四海,扫欃枪而廓八纮"①,于公元626年继承其父李渊的基业,登上帝位。他在位期间励精图治,政治上,选贤任能,善于纳谏;经济上,轻徭薄赋,敬守农时。经过其治国能力的充分施展,使得当时的国家社会和谐稳定,经济繁荣发展,其都城长安成为世界性的大都市,各国使臣朝拜如云。由此开创了闻名于史的"贞观之治",他的努力也为后来的"开元盛世"奠定了雄厚的基础。唐太宗在位二十三年,深知治国之艰辛,他既担心太子李治没有接受最好的教育,缺少理政的经验,无法承担起储君的重任;又担心其没有足够的威望,来让那些官员臣服,从而不能守住祖宗留下的基业。所以他"披镜前踪,博采史籍,聚齐要言"②,在晚年御笔写下这篇包含其一生执政经验的帝王家训,目的就是希望太子李治能够学会这其中的为君之道以及治国之要,从而确保李氏江山万年永固。

《帝范》全文共十二篇,分别为《君体篇》《建亲篇》《求贤

---

① 李世民:《帝范》,载李孝国、董立平译注《帝范庭训格言》,安徽师范大学出版社2015年版,第18—20页。
② 同上书,第11页。

篇》《审官篇》《纳谏篇》《去谗篇》《戒盈篇》《崇俭篇》《赏罚篇》《务农篇》《阅武篇》《崇文篇》。在此书中，唐太宗对执政者的个人修养、对官员的选拔与任用，以及国家的经济、政治、民生、教育、军事等方面都表达自己独到的见解。唐太宗指出："此十二条者，帝王之大纲也，安危兴废，咸在兹焉。"①《帝范》作为帝王家训的代表，它史无前例地将帝王对子女的教育梳理得严谨而系统，将其变为一本实实在在的帝王教科书，从而也把帝王教育推上了一个新的台阶。《帝范》的问世，得到后世学者的广泛好评。有"庐陵四忠"之一称号的南宋文学家周必大在其《文忠集》中评价《帝范》为"政治之大端，安危之名戒"②；日本学者市川匡也认为："《帝范》十二条，规模宏远，嘉言孔彰。自典谟而降，有裨益于读者，亦唯斯编之为优。"③《帝范》不仅被李氏后代作为私家秘典，代代相传，而且唐代以后的帝王对其也相当重视。据史料记载，北宋仁宗嘉祐五年（1060），诏辅臣于崇政殿西庑观侍学士宋绶等读唐书。④"绶兼勾当三班院，因请解所兼，专事劝讲。皇太后命择前代文字可资孝养、补政治者以备帝览，遂录进唐谢偃《惟皇诫德赋》，又录《孝经》《论语》要言及唐太宗所撰《帝范》二卷、明皇朝臣僚所献《圣典》三卷、《君臣政理论》三卷上之。"（李焘：《续资治通鉴长编》卷一百四。）元泰定元年，江浙行省左丞赵简请老师来教太子以及大臣们的子弟学习《帝范》《资治通鉴》《贞观治要》等书。元代的帝王为了更好地学习《帝范》，曾将其翻译成了蒙古文。明代的明太祖以及明成祖都对《帝范》相当重视，曾把它赐给子孙后代学习，明成祖朱棣高度评价《帝范》："虽未能底于精一执中之蕴，要皆切实著明，使其子孙能守而行之，亦可以为治，终无闺门、藩镇、阉寺之祸。"毛泽东也十分赞赏唐

---

① 李世民：《帝范》，载李孝国、董立平译注《帝范庭训格言》，安徽师范大学出版社2015年版，第139页。
② （宋）周必大：《文忠集》卷一百五十七，文渊阁四库全书本。
③ ［日］市川鹤鸣：《帝范国字解》，早稻田大学出版社昭和二年（1926）版，第1页。
④ 王双怀、梁克敏、田乙：《帝范臣轨校释》，陕西人民出版社2016年版，第5页。

太宗的工作方法，并对他的执政能力做出了极高的评价。《帝范》作为帝王家训的巅峰之作，它不仅有着提高个人修为的深刻见解，也有着丰富的政治经验的理论总结，对后世的政治有着可资借鉴的意义。①

二

不管是文人学者，还是历代帝王都对《帝范》较为重视，所以此书得到了历朝历代的传承，在传承的过程中也形成了不同的版本。从已有的文献来看，其最早记录在《旧唐书·经籍志》和《新唐书·艺文志》之中，皆称本书有四卷，贾行注。而在《旧唐书·敬宗本纪》中载："宝历二年，秘书省著作郎韦公肃注太宗所撰《帝范》十二篇进，特赐锦彩百匹。"②《册府元龟》卷六〇一载："韦公肃为秘书著作郎，注太宗《帝范》一十二篇上献。德宗有诏付集贤，仍令别写一本进内，赐公肃锦彩一百疋。"③ 可知早在唐时已有贾行与韦公肃二注，这两个注本可谓最接近原本，也是最早的版本，可惜均佚。

宋朝时《帝范》正文已丢失大半。宋仁宗命大臣编纂的《崇文总目》中记载"《帝范》一卷"，南宋陈骙等编的《中兴馆阁数目》中言"《帝范》二卷"。南宋晁公武在其《读书志》中称"右唐太宗撰。凡十二篇，今存者六篇。"④ 陈振孙的《直斋书录解题》中称"《帝范》一卷"。元代学者吴莱在其《渊颖集》中说："五代丧乱，书有录而遂阙籍，今上征云南，僰夷始出以献，

---

① 刘强：《圣王之道：帝训论略》，载谢青松主编《中国传统家风家训与当代道德建设》，中国社会科学出版社2017年版，第146页。
② 刘昫等：《旧唐书》，中华书局1975年版，第520页。
③ 王双怀、梁克敏、田乙：《帝范臣轨校释》，陕西人民出版社2016年版，第5页。
④ （宋）晁公武撰，孙猛校正：《郡斋读书志校正》，上海古籍出版社1990年版，第446页。

而旧十有二篇复完。"① 可知，元代时《帝范》才始得完书。但是元末政治家脱脱在其《宋史·艺文志》中称《帝范》仅有二卷。

根据《四库全书总目》载："《帝范》四卷（永乐大典本）。"（《四库全书总目提要》卷九十一子部）可知明朝的《永乐大典》编入了这部经典作品。清乾隆年间，四库馆臣又将其辑出，录入《四库全书》之中，并以"武英殿聚珍版"刊行。由于四库馆臣在编纂《四库全书》时，择善本而录之，并秉行"应抄、应刻、应存"的编纂理念。可见《永乐大典》中所载的《帝范》已为当时最善本。四库馆臣将《帝范》以前的各家注文进行重新整理，不断完善，其注文也超过了以往任何一家，可谓贡献巨大。由此可知，自唐代以后，《帝范》在我国共出现一卷本、二卷本、四卷本这三种版本。

《四库全书总目提要》中载："《帝范》十二篇，唐太宗贞观二十二年撰，以赐太子。新、旧《唐书》皆云'四卷'，晁公武《读书志》仅载六篇，陈振孙《书录解题》亦题曰'一卷'，元吴莱征云南僰夷时始得完书。考其事，在泰定二年。盖此书宋佚其半，元乃复完也。《唐书·艺文志》载有贾行注，而《旧唐书·敬宗本纪》称：'宝历二年，秘书省著作郎韦公肃注是书以进。'是唐时已有二注。今本注无姓名，观其体裁，似唐人注经之式。而其中时称杨万里、吕祖谦之言，盖元人因旧注而补之。其词虽不免冗赘，而援引颇为详洽，足资参考。惟传写多所脱误，谨旁考诸书，一一厘订，各附案语于下方。仍依旧史，厘为四卷，以复其旧焉。"（《四库全书总目提要》卷九十一子部）可知，所论《帝范》的版本大致与史书记载一致。

《帝范》问世以后，也曾经流传到海外，其中跟我国相邻的日本对此书产生了相当大的兴趣。据史料记载，在平安时代，日本曾派使臣来唐，将《帝范》带回其国，立即引起了当时日本执

---

① （元）吴莱：《渊颖集》卷十《读唐太宗思凡》，四部丛刊景元至正本。

政者的高度重视。江户时代后，日本天皇分别在不同的年份多次请儒臣来为他们和将军以及地方官员讲解《帝范》。可见《帝范》对邻国产生了一定的影响。日本《帝范》的版本也颇多，自传进以后其版本大致有庆长年间汉学家清原秀贤题签的版本；宽文八年京都书肆白林泉以旧抄本作为底本的刊本；天明八年市川鹤鸣撰写的《帝范国字解》版本；文政十三年对清朝武英殿聚珍版《帝范》的官方覆刻版；大正四年细川润次郎对宽文本《帝范》的重新校订版本。20 世纪以来，日本学者对《帝范》的研究依然重视，并发表了一些有影响的文章，如大冢伴鹿的《关于帝范的传本及其注者》以及阿布隆的《帝范臣轨源流考附校勘记》等。从这些便可以看出日本对《帝范》的重视。

值得一提的是，清朝时，日本宽文本的《帝范》正文传入我国，其正文与永乐大典的辑本差异较大，但此版本逻辑更加合理，被公认为最善本。中国近代教育学家罗振玉先生曾以日本传本为基础重新校订了《帝范》。粤雅堂丛书也将日本传本在国内刊刻出版。今天，由安徽师范大学出版社编辑出版的《帝范》其正文便是以清原秀贤题签的日本抄本为基础，同时参校日本宽文本和永乐大典本。其注文也采用公认最完善的四库全书本。这版《帝范》可以说是迄今最权威和完善的版本。

三

作为一部"亡治乱世之伟业，安邦定国之鸿谟，不仅为帝王之法式，于今人亦多有借鉴"的著作。《帝范》文辞华丽而有力，内容生动而且丰富，它不仅具有独特的文学价值，而且深含着唐太宗对修养哲学、教育读书、求贤审官、治国理政的丰富智慧，迄今仍具有不可忽略的借鉴价值。

其一，在修身哲学方面提倡俭以养性，静以修身；反躬求己，自省自察。

中国古人历来重视修身。且修身也一直是儒家思想的核心内容。在《大学》中便早有"身修而后家齐,家齐而后国治,国治而后天下平"① 的重要论述,可见立德修身不仅是自身处世之本,更是治国安邦之道。② 在《帝范》中记载着大量关于修身的论述。首先,唐太宗提倡修身应"俭以养性,静以修身"。《帝范·诫盈篇》中言:"夫君者,俭以养性,静以修身。俭则民不劳,静则下不扰。"③ 其意便是对君主来说,奉行节俭可以涵养品性,淡泊宁静则可以修身。君主如能做到以淡泊行检示天下④,百姓则可免除骚扰,减少劳民伤财。在《帝范·崇俭篇》中还提到:"故知骄出于志,不节则志倾;欲生于身,不遏则身丧。肆情而祸结,约己而福延。"⑤ 即修身还应约束自己,克制欲望。从历代帝王家训中可看出古代圣明君主也大都推崇"俭以养性,静以修身"。如周公旦在《诫伯禽书》中戒子:"德行广大而守以恭者荣,土地博裕而守以俭者安。"⑥ 康熙皇帝在《庭训格言》中也讲道:"若简约不贪,则可以养福,亦可以致寿。"⑦ 其次,唐太宗认为立德修身还须做到"反躬求己,自省自察"。其实《帝范》的核心并不是治臣,而是如何反躬求己,自省自察。正如唐太宗在《帝范·序》中言:"战战兢兢,若临深而御朽;日慎一日,思善始而令终。"⑧ 可见其在位期间始终不忘自己肩负的责任,对治理国家也丝毫不敢掉以轻心,日日反躬

---

① (宋)朱熹:《四书章句集注》,中华书局2016年版,第4页。

② 谢青松:《在历史镜鉴中追寻治理之道——〈群书治要〉及其现代价值》,《云南社会科学》2017年第3期。

③ 李世民:《帝范》,载李孝国、董立平译注《帝范庭训格言》,安徽师范大学出版社2015年版,第87页。

④ 刘强:《圣王之道:帝训论略》,载谢青松主编《中国传统家风家训与当代道德建设》,中国社会科学出版社2017年版,第150页。

⑤ 李世民:《帝范》,载李孝国、董立平译注《帝范庭训格言》,安徽师范大学出版社2015年版,第102页。

⑥ 周公旦:《诫伯禽书》,载李孝国、董立平译注《教子铭文十六篇》,安徽师范大学出版社2015年版,第12页。

⑦ 爱新觉罗·胤禛:《庭训格言》,载李孝国、董立平译注《帝范庭训格言》,安徽师范大学出版社2015年版,第243页。

⑧ 李世民:《帝范》,载李孝国、董立平译注《帝范庭训格言》,安徽师范大学出版社2015年版,第9—10页。

求己，自省自察，不断认识到自己的错误，并及时改正。这也是当时国家能够社会安定、政治清明的重要原因。

《帝范》虽为唐太宗专门写给太子李治的一部治国典籍，在当时其阅读对象主要为执政者。但置于当代，该书中有关修身的论述，对现代党员干部个人修养以及官德建设仍具有重要的借鉴价值。党的十八大以来，我国坚持全面从严治党以及进行反腐败斗争。从查处的案件来看，大部分落马官员都是由于其自身修养降低，官德沦丧而被查处。不得不说改革开放四十年来，我国的经济与人民生活水平发生了翻天覆地的变化。在面对这些改变与诱惑的同时，一部分党员干部不仅不提升自己的个人修养，反而不断放纵自己的欲望，在生活上放弃了原来的朴素节俭，开始利用自己的职务便利追求享受与奢侈消费，从而导致严重腐败。在工作上，为了自己的政绩盲目大拆大建，毫不考虑百姓方便与否。同时，一些党员干部严重忽视党内监督，不去听别人的批评与建议，而只喜欢听一些阿谀奉承，从而阻断他人之诚，更做不到反躬求己，自省自察，给自己以及党组织都造成了严重的后果。可见，加强党员干部个人修养以及官德建设已经迫在眉睫。《帝范》中记载的修养哲学，即俭以养性，静以修身；反躬求己，自省自察的方法无疑为现代党员干部的个人修养以及官德建设提供了重要的启示。

其二，在教育读书方面倡导崇尚文术，重视教育；取法于上，以哲为师。

唐太宗在位期间，多次强调武以定国，文以安邦。二者应"递为国用"[1]。在战乱频发、国家生死存亡之际，"则贵干戈"[2]；当国家安定，四海升平之时，"则轻甲胄，而重《诗》《书》"[3]。当时国家稳定，社会祥和。他提倡应崇尚文术，重视教育，从而使礼教兴

---

[1] 李世民：《帝范》，载李孝国、董立平译注《帝范庭训格言》，安徽师范大学出版社2015年版，第134页。
[2] 同上。
[3] 同上书，第135页。

起，民智提升。唐太宗向来尊崇儒学，《帝范·崇文篇》中载："夫功成设乐，治定制礼。礼乐之兴，以儒为本。"① 他认为礼仪和雅乐的兴起，应该以儒家的规范为根本。其深知"弘风导俗，莫尚于文，敷教训人，莫善于学"② 的道理，于是便提出必须"建明堂，立辟雍，博览百家，精研六艺"③。由此可见其对文化与教育的重视。在治学读书方面，唐太宗常常担心太子李治没有接受最好的知识与教育，所以告诫其应"择哲王以为师焉，无以吾为前鉴。自非上德，不可效焉"④。在读书求学时更应谨记"取法于上，仅得为中；取法于中，故为其下"⑤ 的深刻道理。要求李治求学应以圣君明主为师，读书应以精读原典为主。

贞观初年，唐太宗授意魏徵、萧德言等人编纂《群书治要》。其内容无不取材于古书典籍，其编纂的初衷就是为唐太宗提供可以"取鉴乎哲人"⑥ 的治国之道。编纂完成后，他日夜读之，手不释卷。可见唐太宗一生始终奉行"取法于上，以哲为师"的治学理念。其御写的《帝范》也自然深刻体现着这一点。《帝范》中关于教育治学的论述无疑给了当代舍本逐末、心浮气躁的青年人一记醒堂木。随着科技进步，人们生活节奏加快，传统的阅读学习方式逐渐被当代大多数青年所摒弃。他们舍弃了对经典原著的仔细研读，取而代之的是碎片化的知识获取。从而导致其对知识的理解如盲人摸象；对问题的思考缺乏深度。更有一些青年人抱着功利化的学习态度，急于求成，忙于应付各种评比晋升，这种治学态度对自身以及社会都危害极大。青年智则国智，青年强则国强。当代青年唯有戒浮戒躁，注重研读经典，方能夯实智慧之基。唯有树立崇高的治学理想，才

---

① 李世民：《帝范》，载李孝国、董立平译注《帝范庭训格言》，安徽师范大学出版社2015年版，第134页。
② 同上书，第132页。
③ 同上书，第133—134页。
④ 同上书，第140页。
⑤ 同上。
⑥ （唐）魏徵：《〈群书治要〉·序》，中华书局2015年版，第1页。

能为中华民族伟大复兴中国梦的实现献智献策。

其三，在求贤审官方面主张重视人才，礼贤下士；知人善任，各尽其才。

《周书·阴符》中载："凡治国有三常：一曰君以举贤为常；二曰官以任贤为常；三曰士以敬贤为常。夫然，虽百代可知也。"古代圣明君主大都重视求贤用人，将其作为治国理政的首要任务。故孟子曰："尧、舜之仁，不遍爱人，急亲贤也。"①唐太宗特别重视人才。他用"尧命四岳，舜举八元"②来告诫太子李治求贤的重要性。他指出："士之居代，莫不戢翼隐鳞，俟风云之运；怀奇蕴异，思会遇之秋。"③要求太子李治要想尽一切办法网罗天下德高望重、才智超群的治世英才，就算其身处"仄陋"，也要想方设法寻找出来。唐太宗告诫太子李治还须礼贤下士，要做到"不以卑而不用，不以辱而不尊"④。求贤要不辞辛苦，一旦拥有了能干的人才，便可一劳永逸。在官员的任用上唐太宗主张知人善任。《帝范·审官篇》中第一句"夫设官分职，所以阐化宣风"即道出君主知人善任的重要性。唐太宗认为："明王之任人，如巧匠之制木。"⑤直的就让它做车辕，曲的就让它做车轮，长的就把它用作桥梁，短的就做斗拱、榱子。总之让其各有所施。同理，任用人才也要"智者取其谋，愚者取其力，勇者取其威，怯者取其慎，无愚、智、勇、怯，兼而用之"⑥。如此方可真正实现人尽其才。在官员的具体任命中唐太宗强调还须做到"大小相适，轻重相宜"，即根据臣子能力的大小选择相应的职位，其所处的职位

---

① （宋）朱熹：《四书章句集注》，中华书局2016年版，第371页。
② 李世民：《帝范》，载李孝国、董立平译注《帝范庭训格言》，安徽师范大学出版社2015年版，第40页。
③ 同上书，第41页。
④ 同上书，第42页。
⑤ 同上书，第53页。
⑥ 同上书，第54页。

不得超出他的能力，这样才能把国家治理得安定妥当。

人才是一个国家宝贵的财富，是第一资源。挖掘人才潜力是实现资源优化不可或缺的途径，进入新时代，选好干部用好干部同样不容小觑。《帝范》中关于求贤审官的论述或许可为今天我国党员干部的选拔与任用提供重要的借鉴价值。为政之要，莫先于用人，选什么样的人才，用什么样的干部，如何让他们做到人尽其职，这是保持当前国家干部队伍工作积极性以及战斗力的关键。首先，这就需要党和国家在选用干部人才的时候应广纳英贤，大胆重用。经过改革开放四十年来的努力，我国正从一个人口大国向人才大国迈进，应届大学毕业生与研究生逐年递增，海外留学生回国人数也呈上升趋势，这其中不乏大量高质量的人才，需要不断地挖掘、任用。其次，任用的过程中更应坚持有才有位、重实干重实际的用人导向。在中办日前印发的《关于进一步激励广大干部新时代新担当新作为的意见》中便指出："大力选拔敢于负责、勇于担当、善于作为、实绩突出的干部。"① 最后，便是要知人善任、各尽其职。在干部的选拔与任用中要根据每个干部人才的特殊性给予其最合适的岗位，扬其所长，避其所短，充分发挥其积极性与创造性，正像《意见》中所说："让广大干部聪明才智充分涌流，让各类人才创造活力竞相迸发，形成锐意改革、攻坚克难的良好社会风尚。"② 只有这样才能使当代的干部队伍更具积极性与战斗力。

其四，在治国安邦方面强调关心民生，注重民意；以史为鉴，居安思危。

国家之本，在于人民。唐太宗在《帝范·君体篇》第一句便指

---

① 中办印发:《关于进一步激励广大干部新时代新担当新作为的意见》,《人民日报》2018年5月20日第1版。

② 同上。

出:"民者,国之先。"① 就是要太子李治明白百姓在国家中的重要地位。唐太宗在位期间特别关心民生。《帝范·务农篇》中载:"仓廪实而知礼节,衣食乏则忘廉耻。故躬耕东郊,敬授民时。"② 可见其生怕百姓生活穷苦,从而道德素质降低,引起国家混乱。所以他时时关注百姓生活,并亲自在东郊耕种籍田,颁布节气时令,引导百姓合理进行农业活动,从而保证百姓衣食充足,安居乐业。唐太宗强调治国也须广泛听取民意,善于纳谏。《帝范·纳谏篇》中言:"夫王者高居深视,亏聪阻明。"③ 唐太宗自知自己久处宫中,与民隔绝,对百姓诉求听闻不多,对百姓疾苦看到甚少。唯恐自己有过失却不知道,有缺失不能及时补救。正所谓言路不通,少则政失,大则国亡。④ 所以他特别重视民意,希望百姓大臣积极谏言。做到"言之而是,虽在仆隶刍荛,犹不可弃;言之而非,虽在王侯卿相,未必可容。其议可观,不责其辩;其理可用,不责其文"⑤。从而广纳谏言,使国家治理更顺应民心,符合民意。

唐太宗御写《帝范》之初衷便是要在前代帝王执政历史中寻求治国安邦之道,从而将这些经验传给太子李治。在《帝范》中他引用了大量前代帝王的执政事迹。这其中既包括圣明君主科学的执政方法,又包括昏庸帝王败政亡国的惨痛教训。可见《帝范》其本身就体现着"以史为鉴,居安思危"的治国安邦理念。唐太宗目睹了隋王朝的覆灭,他最知"水能载舟,亦能覆舟"⑥ 的深刻道理。所以其一生兢兢业业,虽天下太平,社会永治,但丝毫不敢松懈,时刻提醒子女应以民为本,以史为鉴,居安思危。进入新时代,习近

---

① 李世民:《帝范》:载李孝国、董立平译注《帝范庭训格言》,安徽师范大学出版社2015年版,第18页。
② 同上书,第134页。
③ 同上书,第62页。
④ 刘强:《圣王之道:帝训论略》,载谢青松主编《中国传统家风家训与当代道德建设》,中国社会科学出版社2017年版,第152页。
⑤ 李世民:《帝范》:载李孝国、董立平译注《帝范庭训格言》,安徽师范大学出版社2015年版,第63页。
⑥ (唐)吴兢:《贞观政要·政体第二》,上海古籍出版社1978年版,第36页。

平总书记在讲话中反复强调：要治理好今天的中国，需要对我国历史和传统文化有深入了解，也需要对我国古代治国理政的探索和智慧进行积极总结。[①] 实际上，《帝范》中唐太宗关于治国安邦的论述为当代我国共产党执政理念的完善以及执政能力的提高具有重要的启示作用。

作为帝王家训中的典范，《帝范》汇集了唐太宗李世民一生执政经验之精华，它集中体现了中华民族关于治国安邦的智慧。改革开放四十年来，经过党和人民的不断努力，中国特色社会主义进入了新的时代。站在新的历史起点，面对新的时代问题，"重视历史、研究历史、借鉴历史，可以给人类带来很多了解昨天、把握今天、开创明天的智慧"[②]，这就特别需要对我们对《帝范》这部饱含治国安邦思想的经典著作进行仔细品读，以从中引申当代治国之良方、执政之智慧。

（作者系云南大学马克思主义学院硕士研究生）

[①] 习近平：《习近平信贺：欢迎真知灼见》，《人民日报》（海外版）2015年8月24日第1版。

[②] 同上。

张英家训思想渊源探析

李 雪

明末清初，中国封建社会进入晚期，中国传统文化也随之进入了批判总结性阶段，应该引起注意的是，中华传统文化、中国古代哲学的发展是在儒道佛三者长期的斗争及相互影响过程中推进的，三者的合流、交融互补是该阶段思想文化的特色，这深刻地影响着中华传统文化及传统文人的人生选择。清初名臣张英，文学成就斐然，一生勤谨恭慎，待人谦和友善、治家讲求节俭、为官忠正廉洁、处世圆融得体，被后人视为道德修养的楷模，在他身上鲜明地体现出以儒为主，以道佛补儒的鲜明的文化交融印记。

一 张英其人

张英（1637—1708），字敦复，号乐圃，安徽桐城人，文学家，清代名臣，官至文华殿大学士，兼任礼部尚书。康熙十六年（1677），入值上书房后，每日侍从康熙帝左右以备顾问或征召，获赏赐宅第于西安门内，成为清代首位赐居紫禁城内的词臣；协助处理平三藩事宜，勤奋供职，熟知世情民生，大获康熙帝赏识，迁为翰林院学士兼礼部侍郎，康熙二十五年（1686）张英授兵部侍郎，摄刑部事。康熙二十八年（1689）身历三职，为工部尚书，兼翰林院掌院学士，后又调任礼部尚书。康熙二十九年（1690），因负责一等功佟国章祭文时失察，文章有悖谬之处，被罢黜了尚书之职，直至康熙三十一年（1692）才官复原职，同年，先后任《一统志》《国史馆方略》《渊鉴类函》《评定硕漠方略》《政治典训》等总裁管，康熙三十三（1694）年，因为教授庶吉士不严格，被降三级留任。康熙三十六年（1697），任会试正考官，康熙三十八年（1699），张英拜相任文华殿大学士，兼任礼部尚书。康熙四十年（1701），以老病乞休获准，辞任之际，康熙旨曰："卿才品优长，宣力已久。及任机务，恪勤益励，眷倚方殷。"① 康熙四十四年（1705），康熙帝第五次南巡，张英奉旨接驾，康熙四十六年（1707），皇帝再次南巡，张英迎驾清江浦。康熙四十七年（1708），张英卒于家中，享年七十二岁，康熙皇帝评价："张英久侍讲幄，简任机密，老成敬慎，始终不渝。"② 并赐祭葬加等，谥号"文端"，赠太子太傅。

  张英文学修养很高，强调文以载道，文风质朴淡雅；有诗集传世，其诗风温柔敦厚，诗作中很多歌颂升平、歌颂盛世之作，诗歌风格兼有台阁与山林二体的特点。张英一生著述丰厚，有《易经衷论》《书经衷论》《笃素堂文集》《笃素堂诗集》《存诚堂诗集》等文集。收录在《笃素堂文集》中的《聪训斋语》分上下两卷，卷一写于康熙三十六年（1697），卷二写于辞官返乡之后，内容涉及读书、治家、养身、立品、处世等多个方面；《恒产琐言》一卷，主要讲述的是如何务本力田方面的经济伦理思想。张英以其多年为官处世方面的亲身经历和切身体会，结合古圣先贤的言行事例，采用言传与身教相结合的方式谆谆教导子孙，内容丰富、文风朴实、言辞恳切、说理透彻，其中蕴含着博大精深的中国哲学智慧，他在写《聪训斋语》卷一时要求长子张廷瓒朝夕览诵，传示子孙，望他们道心自生，这也是其写家训的目的所在了。

---

① （清）张英撰，江小角、杨怀志点校：《张英全书》（上册），安徽大学出版社2013年版，第3页。

② （清）张英、张廷玉著，张舒、丛伟注：《父子宰相家训——聪训斋语 澄怀园语》，新星出版社2015年版，第219页。

二 儒家文化的影响

儒家文化以"仁爱"为核心价值，强调"推己及人"与"忠恕之道"，提倡以"克己复礼"的方式实现对亲亲、尊尊的等级秩序的维护。张英作为著名的词臣，对儒家经典可谓烂熟于心，对儒家文化推崇备至，他在《聪训斋语》中专门谈及对《四书》的认识：《论语》语言简朴古雅，说理透彻深刻，《大学》《中庸》则包罗万象又精深微妙，《孟子》的文笔雄伟而富于变化，都是经典之作，他告诫子孙要想领悟到文章的精妙就必须认真读文、细细体察。另外，他在其他论述中也经常引用《尚书》《论语》《中庸》《大学》《易经》等经典中的语句，可见张英对儒学经典的熟悉程度和推崇。

张英的家训思想受宋明理学的影响。理学家们提出了"天命之性"与"气质之性"的人性结构二重说，所谓"天命之性"就是指天人"一理"，也就是说"理""性""命"是同一的，也正由于"性"即"理"，是天之所赋，所以"天命之性"是合乎天理的至善，也即所有封建道德的总和；而"气质之性"是人出生后因所禀之气不同而形成的特殊之性，气有清浊之分，不同的人所禀之气自然就有了偏全之异，所以人也就有了善与不善之别，换而言之，这就意味着人之命天注定。"道心"产生于"天命之性"，而"人心"生于气质，是对物质欲望的觉知，"气质之性"是"人心惟危"的根源。

那么，何以养道心？中国传统文化发展的历史长河中，"书"不仅是记录传播知识的工具，更是"道"的载体，"文以载道"的观念经唐代古文运动中韩愈、柳宗元等人对"文以明道"的倡导和践行，至宋明理学家们的阐释得以推向极致，朱熹甚至主张文统一于道，认为"文"乃是传"道"的工具。在此我们不做"文""道"之辩，而是想说明在中国传统文化中读书与得道的关系，即人通过读书可以探求宇宙人生的大道，这一点显然也是为张英所认可的，在他看来，读书是入仕进阶的前提，是光耀门楣的途径，更是得道养心之径。《聪训斋语》开篇即语："人心惟危，道心惟微"①，唯"书卷乃养心第一妙物"②。张英认为不读书之人往往心神不宁、患得患失、惶惑而无所安驻，若能常以书为伴，则能从中增长见识、开阔胸襟，不拘泥于自身的点滴得失，于古圣先贤面对人生逆境的旷达淡然中、于富贵鼎盛转眼成空的一声叹息中领悟深透的人生智慧，以增道心，通过读书，乃知此消彼长、盈虚更替是天道。张英在《聪训斋语》中引用先贤们的论断来阐释自己对于"道"的认识：董仲舒说："予之齿者，去其角，傅之翼者，两其足。"③ 朱熹言："不知命，则见利必趋，见害必避，而无以为君子矣。"④ 如此便能明白世间定有不必追逐的名利，必有不须躲避的灾殃，便不会为了妄念无止尽地追名逐利、无下限地隐遁逃逸而有悖伦常，行不道之事，如此便能守住为国尽忠、在家尽孝、廉洁自律、敦厚谦逊的大道，行有所必至，则能明理守分，以为君子；《易经》说："复，其见天地之心乎！"⑤ 天体至圆，世间万物皆遵循此理，四时的循环往复、寒暑之交相更替、生死之相承相因都说明人身与天时一体，天地有春夏秋冬，人生亦有生壮衰老，家庭之兴衰、草木之荣枯都依此理，这才是造化之机。

　　所以，循理方能知命。但是张英并不主张在命运面前任由安排，而认为应该通过读书明理来实现对至灵至动之人心的规约、对物质欲望的节制。张英在其著述中多次谈到"知命"的问题，在《不知命无以为君子论》中他明确谈及对于"知命"的认识："圣人告之以知命，所以静其心，澹其虑，一其聪明，夺其智巧，而后

---

① （清）张英、张廷玉撰，江小角、陈玉莲点注：《父子宰相家训》，安徽大学出版社2015年版，第3页。
② 同上。
③ 同上书，第73页。
④ 同上。
⑤ 同上书，第23页。

其为之也纯诚敦一，可以历万变而不渝其正，入万物而不易其识，其进德也坚，其修业也勤，其奉职也专，其循分也恪。"① 既然"知命"，便应该要促成人对于自身处境的觉知，以及在此基础上以儒家价值标准来确认、实践的应尽之分，他强调道德主体的"为"，应以"坚""勤""专""恪"的态度来达到对"分"的履行，而不应该做激切甚至是失德的挣扎；知有不可趋之利与不能避之害，不以荣辱、得失、安危等扰乱心志，使自己的言行举止合于度，安于分，"人生第一件事，莫如安分。'分'者，我所得于天多寡之数也"②，做到敦伦尽分，便是对"天命"的敬畏与尊重，便是"知行合一"境界的实现。所以，知命方能安分，安分方能为君子，这个促进君子人格实现的过程也就是"道心"养成的过程。

二 道家文化的影响

道家文化作为中国的本土文化，是中国古代哲学思想的一笔宝贵财富，它体现出中国古代哲学对自然法则的敬重和遵从，其"道法自然"的宗旨表达了道家反对现实道德规范对人们行为的约束，试图规避世俗礼法及一切矛盾，寻求现实社会关系外的人之"素朴"本性的道德诉求，主张通过体自然而行的方式寻求自然与人的和谐共生乃至天人合一的境界。在养身和处世两个方面，道家文化彰显出对中国传统文人士大夫的深刻影响。

重人贵生是道家的基本思想，认为个体的生命价值大于社会价值，当二者发生冲突时，道家选择将个体生命价值放在第一位，这一思想深刻地影响着道家的养生观，提倡把努力养护和延续生命作为人生的重要任务。在"天人相应"的宇宙观统辖下，老子主张：

---

① （清）张英撰，江小角、杨怀志点校：《张英全书》（上册），安徽大学出版社2013年版，第364页。

② （清）张英、张廷玉撰，江小角、陈玉莲点注：《父子宰相家训》，安徽大学出版社2015年版，第73页。

"人法地，地法天，天法道，道法自然。"① 体自然而行，效法、顺应自然的变化，保持人与自然的和谐才可实现颐养天年的目的。庄子提倡通过"齐物""无己"摆脱俗世的纠缠，以最终求得个体身心的保全。道家养生的方式极其多样，而宗其要旨则是顺应自然规律，静以修身，强调恬淡寡欲，追求宁静致远的精神境界。张英对养生的重视，对养身之道颇有心得，他总结说："养身之道，一在谨嗜欲，一在慎饮食，一在慎忿怒，一在慎寒暑，一在慎思索，一在慎烦劳。"② 也就是在说，养身之事须从谨慎始，少私寡欲，行止有度，才是养生的大道所在。他在"食"和"眠"方面遵循着严格的生活规律，能够根据季节时历变换而相应调整入睡时间，夜则眠，晨则起，不晚睡也不贪睡，与天地日月的运行规律相适应，这正是循道而行的具体体现。

道家还注重修德行善，认为自身肉体的修炼与心灵的完善是统一的，欲修仙道必先修人道，即德行上的扬善抑恶。张英提出致寿之道的四个法门：慈、俭、和、静，其实就是要寻求一种人与人之间、人与物之间、人与自然之间的和谐统一，"天人合一"境界的实现也就成就了道德的飞升，"《道德经》五千言，其要旨不外于此"③。张英秉持并在家训中教导子孙所遵循的慈、俭、和、静的养生之理，他以恬淡之情居身，以一种平和的心态来面对世间一切忧惶、劳顿、悲喜、恐惧，使人能够在面对世事的叨扰之时保持"不以物喜，不以己悲"的从容淡定，从而维护身心的康宁。

"顺天安命"也是道家所秉持的处世方法，道家并不以社会价值的实现为人生的目的，而是以"道法自然"为终极追求，"道"乃是天地间至高无上的准则，是一切存在的根源，然而"道可道，

---

① 陈鼓应：《老子今注今译》，商务印书馆2003年版，第169页。
② （清）张英、张廷玉撰，江小角、陈玉莲点注：《父子宰相家训》，安徽大学出版社2015年版，第41页。
③ 同上书，第17页。

非常道；名可名，非常名"①，"道"是不可言说的、是无形的、是无限的，同时又是不停地运动着的，也正是由于"道"的运动才产生了天地万物，天地万物的盈虚消长就是循"道"而行的过程。"命"作为一种不可抗拒的规律主宰着人生的轨迹，庄子说："自事其心者，哀乐不易施乎前，知其不可奈何而安之若命，德之至也。"(《庄子·人间世》)在这个意义上，"顺天安命"就意味着循道，按照自然之法则处之待之，便是"德"之所至，明白了这一点便能以一种超然的心态观照俗世的种种纷扰，获得精神的自由，全性葆真。如何实现"顺天安命"呢？道家认为上德者的品性应该如水一般，善利万物而不争，去别人不愿意去的地方，做别人不愿意做的事情，润泽万物而从不争名逐利，这是道家理想人格的标准，在这样的道德价值观指引下，老子认为人要修德应该"道法自然"，谦下不争。《道德经》第八十一章说："圣人不积，既以为人己愈有，既以与人己愈多。天之道，利而不害；人之道，为而不争。"②强调的是要顺应自然的情状去发挥人的能动性，以无为求有为，有为的目的就是"天下莫能与之争"③，从而获得保全自身的效果。张英终身奉行谦让之道，在《聪训斋语》中，专门论述了自己对于"谦道"的认识："古云'终身让路，不失尺寸'，言'让'之有益无损也。世俗瞽谈，妄谓'让人则人欺之'，甚至有尊长教其卑幼无所让。此极为乱道。"④尽管仕途得意、位高权重，但张英处世始终敦厚谦谨，一首著名的"让墙诗"彰显了当朝宰相的豁达胸襟，更展现出他的处世智慧，礼让"三尺"成就了"六尺巷"的美名；晚年居住在家乡龙眠山中的"双溪草堂"，从不以宰相自居，山间遇老翁选择主动退避让道，以布衣之身与民同乐，有容人之量、持谦逊之心，看似吃亏其实是平息了众怒，奉行谦道才能得善终。

---

① 陈鼓应：《老子今注今译》，商务印书馆 2003 年版，第 73 页。
② 同上书，第 349 页。
③ 同上书，第 308 页。
④ （清）张英、张廷玉撰，江小角、陈玉莲点注：《父子宰相家训》，安徽大学出版社 2015 年版，第 69 页。

谦下不争还包括了虚而不盈的内在逻辑，在"福祸相依"、相互转化的经验中，老子总结出了"持满之戒"的处世方法；《易经》和《尚书》中，也有关于盈虚之辩证关系的论述，皆认为应该循天道，守中道，戒盈戒满，收敛锋芒，功成则身退，具体到实践当中就是要能节欲俭用，"知止""知足"。张英显然深谙此理，在用度方面，他戒豪奢、需从简；还多次苦口婆心地告诫家人作为富贵人家子孙已然较一般人享有了很多便宜，要懂得惜福知足，切不可与寒士一体争锱铢之得失，反而要比他们更注重提升自己的道德修养，保持重沉静的品性、清心寡欲，这样才能守得住自己的福命。

三　佛家文化的影响

佛教传入中原经历了漫长的历史演进后，逐渐在与儒道两种文化的斗争交流过程中中国化，成为中国文化的一部分。佛家在其众生皆平等的平等观和以"顺益"为立场的善恶观的引领下，弘扬好生、慈悲、自律之德，教义中对施、慈、惠等心理动机及行动的倡导，对清净心境的追求等要求对于柔化人心、稳定社会秩序是很有帮助的，这符合儒家对维护封建统治及社会安定局面的需求，也正因为如此，佛教在中国得到了迅速的发展，并在与儒道文化融合的过程中成为影响中国传统文人士大夫的又一股力量。

贪、嗔、痴被佛教称为"三毒"。所谓贪，就是世俗之人不懂得佛教的"无相空性"的道理，受到现实世界中种种现象的迷惑，无止境地追求私欲的满足和精神的享受；一旦求之不得便心生怨怒、仇恨，甚至于爆发矛盾、冲突、战争，嗔恨之心就这样引起了无穷祸患；而愚昧之人不能领会佛教的真谛止恶潜修，痴迷于俗世无止境的纠葛轮回之中。针对这三毒，佛家提出了施、慈、慧三种善根，要求人们能够认清欲望的虚妄本质，自觉抵制欲望的侵蚀，能够放下"我执"，不执迷于"我的"的幻象；要求人们能够接受所遇到的各种烦恼苦楚，止怒止恨，保持心灵的平和与宁静，参悟到佛教"涅盘寂静"的教义，以利于宗教修行。

张英之母、之妻皆信奉佛教，其妻因为多行善事，世人送其"老佛"之称谓，张英本人在其父祖敦厚宽和、博施济众的家风影响下，也是多有善行，不仅在其家训中教导家人要"一言一事皆须有益于人"①，更是在生活中践行了"节欲""博施济众"的理念，并深刻地影响着家人。张英倡导勤俭持家之道，在自己的吃穿用度上极尽俭省，不着锦缎、不食人参、不好珍奇，居家用度也是按需开支，能省则省；但同时又怀揣一颗悲悯之心博施济众，对自己"吝啬"，对贫弱者却慷慨解囊。其夫人姚氏毕生礼佛，她用设宴请戏班的钱买布制衣接济穷人的建议得到张英的欣然应允，在面对权力的诱惑时他也能做到不用公家的钱行贿取悦上官，还将皇帝的赏赐用来赈灾济困、修桥筑路，造福一方。在为人处世方面，张英秉持待人宽厚，多行隐德的理念，为官多年从不仗势欺人，从未借自己权势将一个人送去见官，也不曾拷打责问过一个人；注重对有识之士的甄别培护，对忠正有才学之人大加提拔，他所推荐的人才都能勤慎为公，是一群性情恬淡、注重涵养、不志钻营的饱读之士。张英的举荐皆在于为朝廷输送人才，以利国家，却从不向人言说自己的功劳，很多受惠之人终身不知。

作为朝廷要员，张英恪尽职守地为国尽忠，但同时心中又一直存有山林之思，向往着湖光山色之中的淡泊与宁静。在《聪训斋语》中不吝笔墨地多次倾诉对回归山水间的憧憬，"予拟一联，将来悬草堂中：'富贵贫贱，总难称意，知足即为称意；山水花竹，

---

① （清）张英、张廷玉撰，江小角、陈玉莲点注：《父子宰相家训》，安徽大学出版社2015年版，第58页。

无恒主人,得闲便是主人。'"① 张英并不只流连于山色花木之风姿,而是于自然万物中体悟宇宙人生,他借用陆游之诗以抒心志:"游山如读书,浅深在所得。"② 面对古松发出"如对高人逸士,不敢亵玩"③的感慨,细味琴音时感悟到陆放翁"琴到无人听处工"的高妙,只有心境清明时,曲调才能从心底走上琴弦、流向空灵,达到物我合一、无物无我的境界。面对不可避免的世事纷扰,张英为自己筑了一座心城,城门紧闭且时加防守,为的就是能抵御俗世的侵扰,以盼辞官归隐之日的空潭碧落、朗朗惺惺。

四 结 语

儒释道三种文化的相互影响直至合流贯穿于中华文明漫长多彩的发展史中,一方面是儒学的兴盛与演进;另一方面是佛道在理论上不断向儒学的靠拢,总体上呈现出以儒为主,佛道为补的文化特征。三者已经在长期的交流碰撞中互相吸收、互相包容,形成了你中有我,我中有你的圆融境地,无论是在宇宙观、认识论,还是人性论等方面都体现出很多一致性,比如在"节欲""谦让""慈爱""向内求"方面的共识等,甚至在有的方面不能简单将一种价值取向划归为某种文化所独有,只能说它表现出更倾向于该种文化的一些特征。张英身为词臣、位及宰相,为国尽忠、在家尽孝、与人为善,在其家训中谆谆教导子孙们要勤学善思、谦谨节欲,要宽以待人、严于律己,要读书进业以图兼济天下、修身养性以期独善其身,这些文化基因的集中体现再一次印证了中华文明兼容并蓄、在以儒释道三家为主的文化塑造下成型发展的特征。

(作者系云南省社会科学院哲学所助理研究员)

---

① (清)张英、张廷玉撰,江小角、陈玉莲点注:《父子宰相家训》,安徽大学出版社2015年版,第7页。

② 同上书,第14页。

③ 同上书,第55页。

"天人合一"中探寻生态与生存智慧

姚天祥

"天人合一"是中国古代最高的生存理想和生存境界。其最初起源于先秦孟子提出的"天人相通"思想,其间经过汉代董仲舒"天人相类""天人感应"和"天人和德"思想的补充,最后由宋代张载综合概括为"天人合一"说。围绕天人合一的探讨与践行,中国古代的生态思想萌芽、形成和发展起来。梳理天人合一所涉及的内容,虽不能直接解决当前人类社会存在的生态问题,但却可展现中国古代的生态与生存智慧,探寻天人合一思想与可持续发展相结合的可能,进而为当代人类战胜日益加剧的生态环境危机提供独特的思想资源。

一 "万物一体""天地为尊"

在洪荒远古时代,由于社会生产力水平极为低下,一切活动和行动都祈求于上苍,人们在大自然面前总是战战兢兢,诚惶诚恐。正如马克思和恩格斯在《德意志意识形态》一书中指出的:"自然界起初是作为一种完全异己的、有无限威力的和不可制服的力量与人对立的,人们同它的关系完全像动物同它的关系一样,人们就像牲畜一样服从它的权力。"[①] 在这种情况下,自然界中不能预见的作

---

① 《马克思恩格斯选集》第一卷,人民出版社1972年版,第35页。

用、不可控制的力量非常多，因而在很多时候，自然一直是人恐怖和敬畏的对象。另一方面，古代传统观念认为，人处于天地之间，为天地所生所养，人的一切都是天地自然赋予的，人与天地自然是一个整体，不可分离。天地自然是人的生命之源、价值之源。因而人对天地自然是心存感激之心，充满敬畏之情，乾坤父母之称即为明证。由此，"天地为尊"就是自然而然、顺理成章的事。

在具体的理论阐释中，道家比较系统地论述了天人关系。他们认为天地万物是一个和谐发展的有机体，人是自然界的组成部分。老子的宇宙观首先看到的就是天地万物是一个整体，天和地是由"道"化生而来的。"道"在这里是作为道家思想体系的最高范畴和核心概念出现的，具有统摄万物的效力。道"先天地生"，"为天地母"。而且，"道生一，一生二，二生三，三生万物"（《道德经》第四十二章）。这种人与天地万物同源于"道"的思想，在先秦时期著名的道家著作《庄子》一书中得到了进一步的概括。庄子说"万物一体"，又说"天地与我并生，而万物与我同一"（《齐物论》）。人与天地万物相同一的整体观念，表达了远古先民对人类、社会和自然之间关系的一种深刻理解，为协调天地自然和人的发展奠定了理论基础。老庄的"天人合一"后来得到了继承和进一步发挥，《太平经》强调"道"是万物的根本，"道"通过"元气"化生万物。其曰："元气恍惚自然，共凝成一，名为天也；分而生阴，而成地，名为二也；因为上天下地，阴阳相合施生人，名为三也。三统共生，长养凡物。"这就在始源意义上完成了天地人万物合一的理论建构。

其次，道家认为天地万物的变化发展是有规律的，人类的行为必须符合自然规律。前面我们看到，天地人和世界万事万物的出现和变化发展都离不开"道"，都与"道"密切相关，"道"是始作俑者。在道家眼中，"道"就是支配世界上万事万物包括人类社会运动变化发展的总规律。故而老子强调"天地万物是有则"的！并谓之"天道"。既然天与人合一，人是自然的一部分，人就应该服从天道。人遵守大自然的法则就是"天人合一"。"人法地,地法天,天法道,道法自然。"(《道德经》第二十五章)人以地为法则,地以天为法则,天以道为法则,道的法则就是遵从自然。实际上这也从天、地、人最终都效法于"道",效法于自然的意义上实现了天人合一。"是以圣人无为故无败。"(《道德经》第六十四章)由于圣人不违反自然,只是按照天地的自然之道辅助万物使其自然生长和发展,而不敢随意妄为,因而圣人不会失败。而要不随意妄为,必须认识自然规律,认识自然规律就是认识"道"。"知常曰明。不知常,妄作凶。"(《道德经》第十六章)认识天地万物的变化规律才叫作明智;不认识规律,又要乱作妄为,必然会陷入困境,甚至招致灾祸。

  儒家文化在对待人与自然的关系上其态度是与道家一致的。他们也认为人是自然的一部分,人与自然万物同类,人对自然万物应采取顺从、友善的态度,以求人与自然的和谐。但在对待自然的具体态度上,儒家的天人合一思想是明显有别于道家的。其核心概念是"仁"和"义"。儒家主张把人类社会的生存发展放到"天"这个宇宙的最高实体的大背景中去认识和考察。将有机整体思想从家庭伦理的日常运用之中,提升运用到人与自然的层面,用伦理的态度去看待和处理人与自然万物的关系。从普遍的有机生命共同体意义上说,人与万物都是天地所孕育,人也是万物中的一物,是自然界的成员,应当遵循自然界的规律和生命法则,应当敬畏天命,从而最终解决人与自然的关系问题,实现人与自然的合一。总之,道家的致思理路是返璞归真,向天地万物学习;儒家则不同,认为人为万物之灵,可以发挥主动性和积极性,"制天命而用之",与万物和谐相处。

  需要指出的是,在作为中国主流文化的儒道释三家中,佛教虽然没有"天人合一""万物一体"的概念,但却有关于人与自然和谐关系的"人境无碍"的主张。

二 "仁者以天地万物为一体" "仁民爱物"

美国当代著名环境伦理学家罗尔斯顿从传统的价值论伦理学出发，依据生态规律，论证了生态系统具有内在的客观价值。确立自然价值的客观性的意义不是要将人类从大自然中驱逐出去，而是要改变人类对大自然的非道德意识，寻求人与自然的和谐之道。在"天人合一"思想中，"天"确实是一种至高和神圣的存在，这种神圣感在唤起人们关于"人之所来和人之所往"的终极思考的同时，实际上也赋予人以更加现实的使命感，这就是热爱和保护自然万物，把存在于人世间的爱推广至天地万物。把自然万物作为道德关怀的对象，意在重新对人类在世界中的生存进行定位，从而有利于人们对保护生态与环境形成自觉的行动。仁爱思想的应运而生，透射着人类与自然共生共存共荣的生态与生存智慧，其根源在于人与自然万物是息息相关的有机统一体。

在"天人合一"理念下的仁爱思想，不同的思想家和流派有着各自不同的表述。道家的仁爱思想的直接表现是"慈"。老子所言的"三宝"中，"慈"就位列其中，"一曰慈，二曰俭，三曰不敢为天下先"（《道德经》第六十七章）。老子虽然没有直接说"慈于心物"，但已经讲到"圣人常善救人，故无弃人；常善救物，故无弃物"（《道德经》第二十七章）。所以，老子"三宝"中的"慈"，既是对人而言的，也是对物而言的。进一步，从后期的道家典籍中可以看到，"慈于心物"的"物"，就自然物而言，既包括动物和植物等有生命的物，也包括大地和山川等非生命的物；因此，"慈于心物"不仅要慈善地对待有生命之物，而且也要慈善地对待自然界中的非生命之物。道家认为，自然万物为天地所生养，人顺天道，就应当保护自然万物。《太平经》说："上君子乃与天地相似，故天乃好生不伤也，故称君称父。地以好养万物，故称良臣称母也。人者当用心仁而爱育似于天地，故称仁也。此三者善也。故得共治万物，为其师长也。"也就是说，人应当效法天地"好生不伤"之道，仁爱自然万物。

儒家思想以"仁"为核心。孔子主张"仁者"爱人，并把它具体化为"忠恕"之道，所谓"己欲立而立人，己欲达而达人"（《论语·雍也》），"己所不欲，勿施于人"（《论语·颜渊》）。在这里仁爱思想所涉及的只是人与人之间的关系领域。然而，"仁"除了讲"爱"，还要进一步推广出去，讲"爱物"。《论语·述而》讲孔子"钓而不纲，弋不射宿"。孟子则明确提出："亲亲而仁民，仁民而爱物。"（《孟子·尽心上》）"仁爱"思想在战国时期的思想家惠施那里得到了进一步推广。惠施主张"天人一体""泛爱万物"。墨子主张"兼爱"，认为要兼爱万物，尊重自然。儒家认为，"仁者以天地万物为一体"，一荣俱荣，一损俱损。尊重自然就是尊重人自己。早在儒家六经之首的《周易》中，就把"生生"，即尊重生命、长养生命、维护生命作为人的大德，"天地之大德曰生"（《周易·系辞》）。荀子就认为："万物各得其和而生，各得其养而成。"主张对自然万物施之以"仁"。汉朝的董仲舒则更明确地主张把儒家的"仁"从"爱人"向爱物扩展。"质于爱民，以下至鸟兽昆虫莫不爱。不爱，奚足以谓仁？"（《春秋繁露·仁义法》）宋代思想家张载提出"民胞物与"的思想。张载写道："乾称父，坤称母；予兹藐焉，乃混然中处。故天地之塞，吾其体；天地之帅，吾其性。民，吾同胞；物，吾与也。大君者，吾父母宗子；其大臣，宗子之家相也。尊高年，所以长其长；慈孤弱，所以幼吾幼。圣，合其德；贤，其秀也。凡天下疲癃、残疾、惸独、鳏寡，皆吾兄弟之颠连而无告者也。于时保之，子之翼也；乐且不忧，纯乎孝者也。……富贵福泽，将厚吾之生也；贫贱忧戚，庸玉女于成也。存，吾顺事。没，吾宁也。"（《正蒙·乾称》）这就是说，人是由气构成的，这构成人的气也就是构成宇宙万物的气。天地就是我的父母，民众即我的同胞兄弟，万物都是我的朋友伴侣，所以天地万物与我之间是一种"吾体""吾性""吾同胞"和"吾与"的关系。对天地尽孝道，对万物施仁爱，是个人应当尽的道德义务。宇宙的一切无不与自己相联系，也就是"天下无一物非我"，达到了这种境界，也就是"天人合一"的境界。真正打破仁与物的界限的，是程颢的"天地万物一体说"，他提出仁者"浑然与物同体""以天地万物为一体"，被视为对人类生存发展最富远见的贡献之一。由此，对万物施仁爱，成为中国古代重要的生态思想。

三　"禁贪欲""过节俭的生活"

保护生态环境和关心其他存在物，是人自我确证、自我完善的一种方式，是人的一种有价值、有尊严的存在方式。在中国古代，"礼"的作用就在于"养情"而"节欲"，其要旨是提升人们的存在方式，教会人学会诗意地栖息在地球上。自然欲望是人的本性，具有天然合理性，对此，古代思想家都是承认和认可的。所谓"食色，性也"即是明证。问题关键在于这种自然本性不能无限制地扩张，毕竟人与动物是不同的，是有区别的。人之所以为人，从根本上说是因为人有理性，人类社会之所以为人类社会，从根本上说也是因为有一种含有道德意义的社会理性，从而可以把各种非理性的欲望限制在合理的范围内。

在"天人合一"的意义上讲，禁贪欲就是对人的超出本性的和自然资源承载力的欲望和要求的限制。也就是说，对万物的利用也要按照人类生命的自然需要，采取合理的态度，要"知足常足"，"知止不殆"，"见素抱朴，少私欲"，"去甚、去奢、去泰"，反对"益生"而导致灾祸的愚蠢行为，反对过分追求色、声、味和难得之货的贪欲。进而言之，禁贪欲还表现在对自然资源的开发和利用要做到有时、有节。用儒家的话来说就是"以时禁发，以时养发"。春秋时期，齐相管仲就十分注意山林川泽的管理和生物资源的保护，提出了"以时禁发"的原则。他说："山林虽广，草木虽美，禁发必有时；国虽充盈，金玉虽多，宫室必有度；江海虽广，池泽虽博，鱼鳖虽多，网罟必有正，船网不可一财而成也。非私草木而爱鱼鳖也，恶废民于生谷也。"（《管子·八观》）要求人们在开发利用自然资源时，要按照规定的时节进行。后来的孟子、荀子则进一步继承和发展了管子"以时禁发"的思想。孟子主张对生物资源要取之有时，用之有节。"不违农时，谷不可胜食也；数罟不入洿池，鱼鳖不可胜食也，斧斤以时入山林，林木不可胜用也。"（《孟子·梁惠王》）孟子认为如能认真保护生物资源，生物资源就会丰富起来，反之，就会枯竭。"故苟得其养，无物不养；苟失其养，无物不消。"（《孟子·告子上》）荀子则明确指出："草木荣华滋硕之时，则斧斤不入山林，不夭其生，不绝其长也；鼋、鼍、鱼、鳖、鳅、鳝孕别之时，罔罟毒药不入泽，不夭其生，不绝其长也；春耕、夏耘、秋收、冬藏，四者不失时，故五谷不绝，而百姓有余食也；污池渊沼川泽，谨其时禁，故鱼鳖尤多，而百姓有余用也；斩伐养长不失其时，故山林不童，而百姓有余材也。"（《荀子·王制》）

　　道家认为必须认清事物固有的限度，不能随心所欲、为所欲为、贪得无厌。老子对那些追求名利、贪图财利的极端奢侈行为，提出了忠告："名与身孰亲？身与货孰多？得与亡孰病？是故甚爱必大费，多藏必厚亡。知足不辱，知止不殆，可以长久。"（《道德经》第四十四章）名誉与生命相比，哪个更亲近？生命与财产相比，哪个更重要？获得与丧失相比，哪个更有害？所以，贪得无厌必然招致更大的破费，过多的储藏必然会招致更多的损失。知道满足就不会受到屈辱，知道适可而止就不会带来危险，这样就可以长久。实际上，据先秦古籍记载，早在夏朝便有这样的规定："春三月，山林不斧，以成草木之长；夏三月，川泽不入网罟，以成鱼鳖之长。"（《逸周书·大聚解》）这即禹之禁。而在西周时期，这些行为则更为具体，更加完备，形成了"山林非时不斧"，"无伐不成林"，"川泽非时不入网罟"，"不麛不卵，不杀胎，不殀夭，不覆巢"的规定。这些规定以及形成的传统，在保护自然资源方面起了积极的作用。在古代中国把"威辱五行""杀鸡取卵""竭泽而渔"等对自然肆无忌惮的破坏行为，都看作贪得无厌的行为，应该加以谴责的恶行。

四 "节物用""可持续发展"

众所周知，人类的生态环境特别是适宜于人生活的生态环境是有限的，远古时代的战争，基本上就是围绕着选择和争夺资源和生态环境的战争，即使到了当今的文明社会，世界的纷争很大程度上也都呈现出资源和环境争夺的特点。尽管科学技术发展迅猛，但在不同时代不同科技水平下，资源和环境都是有限的。因而，人类不能不以资源的有限性来约束自己的发展。实际上，我们今天所讲的"可持续发展"，就体现了这种约束性。勤俭节约的目的是要使自然生态系统对人和人类社会的支撑承载作用长久地持续下去。

节物用的思想早在黄帝时期就已经提出，并作为人们的行为规范。据《大戴记》记载，一次弟子宰我问孔子："请问黄帝者才耶？何以至三百年？"孔子回答说："劳勤心力耳目，节用水火财物，生而民物其利百年，死而民畏其神百年，亡而民用其教百年，故曰三百年。"孔子的回答颂扬了黄帝的"节用水火财物"的自然保护思想，指出人民深受其利和他在人民中的深远影响，这使得在其死后仍为人民所奉行。

在道家看来，人不仅要认识和把握自然规律，而且还要合理有节制地开发利用自然资源。老子说："我有三宝，持而保之，一曰慈，二曰俭，三曰不敢为天下先。"（《道德经》第六十七章）其中的"俭"，就是人生活中要节约的意思。知足知止，爱护资源，是确保资源用之不竭的长久之道。老子提出："甚爱必大费，多藏必厚亡，故知足不辱，知止不殆，可以长久。"（《道德经》第四十四章）认为过多的爱好必定会造成大量的耗费，过多的收藏必定会酿成严重的损失。只有满足才不会受到侮辱，知道适可而止才不会有危险，这样才可以保持资源的长久不衰。具体来讲，就是要树立适度发展的观念。要"知足不辱""知止不殆"。前者是要求人有一个正确的荣辱观，对物质利益的追求不能过分，要充分考虑到自然资源供给限度和可持续性；后者是说人的行为和欲望必须有一个合理的限度，在追求发展的过程中，不违背客观规律，适可而止。换言之，就是强调人在发展中要充分考虑生态环境的承受限度，防止对资源的过度开发。对那些破坏生态平衡的发展要自我约束，不能为所欲为。否则，如果人只为了自身的需要的满足而无限制地向自然索取，必然会使有限的资源趋于枯竭，一些生物种群濒临灭绝，人类赖以生存和发展的环境将不复存在。节物用，可以从根本上解决人与自然关系的恶化，实现人与自然的协调发展。

"节用"是墨家的主要思想之一。他们关于合理地利用自然资源，不要过度地剥夺自然的思想，是通过尚俭节用反对浪费的主张反映出来的。墨子还认为节约顺乎天理，合乎人情，是保持人与自然协调与和谐的必然要求。即所谓"夫妇节而天地和，风雨节而五谷熟，衣服节而肌肤和"（《墨子·辞过》）。而"节俭则昌，淫逸则亡"（《墨子·辞过》），则是对统治阶层的将可能破坏人与自然和谐协调关系的价值取向提出的警告。

儒家强调人类在利用万物时，要遵从自然万物生长发育的规律，对万物加以合理的、保护性的、节约的利用。"大人者，有容物，无去物，有爱物，无殉物，天之道然。天以直养万物，代天而理物者，曲成而不害其直，斯尽道矣。"（张载《正蒙·至当》）但在更多的时候，儒家注重经世济国，把节约人、财、物上升到国策的高度，作为治国安邦之道。提出"取用有节，物尽其用"的思想。当年齐景公向孔子问政时，孔子就直接指出："政在节财。"（《史记·孔子世家第十七》）

节物用的思想在中国历代思想家那里都有所发挥。战国时期的荀子进一步发展了这一思想，提出了强本节用的主张，崇尚节俭，反对奢靡浪费成为中国古代生态思想的基本内容之一，它与禁贪欲是相辅相成的。中国唐代名相陆贽说过："地力之生物有大数，人力之成物有大限。取之有度，用之有节，则常足；取之无度，用之无节，则常不足。生物之丰败由天；用物之多少由人。是以圣王量入以为出。"（陆贽《翰苑集》）儒家提出"政在节财"的主张，主要是从政治和经济的角度来考虑问题的。但它客观上具有保护自然的意义。

五 "贵生""养生""忌杀生"

自然界中有不同层次的生命，每一种生命都具有价值，人类应当对它们心怀尊重和敬畏。它们为世界增加了活力增添了色彩，爱护自然界的生命，不仅是看到了人与万物之间的生命联系，而且也是践行"天人合一"的题中应有之义。

对生命的尊崇和热爱是中国古代的传统思想。道家重视人的生命，《太平经》说："要当重生，生不第一。"司马承祯的《坐忘论》讲："人之所贵者，生。"认为人应当效法天地"恶杀而好生"。《太平经》说："夫天道恶杀而好生，蠕动之属皆有知，无轻杀伤有之也；有可贼伤方化，须以成事，不得已，乃后用之也。故万物芸芸，命系天，根在地，用而安之者在人。得天意者寿，失天意者亡。凡物与天地为常，人为其王，为人王长者，不可不审且详也。""恶杀而好生"落实到行动上就是"戒杀放生"。《周易·系辞》说"天地之大德曰生"，所以先秦的许多思想家提出了"贵生说""养生说"，其中战国时期还形成了"放生"活动的民俗。对于这种民俗当时也有许多思想家进行过讨论，其中《列子·说考》中所载的一段对话最具代表性。"邯郸之民，以正月三日献鸠于简子，简子大悦，厚偿之。客问其故，简子曰：'正月放生，示有恩也。'客曰：'民知君之，欲放之，竞而捕之死者众矣。君如欲生之，不若禁民勿捕。捕而放之，恩过不相补矣。'简子曰：'然'。"可见，当时已经有人意识到放生活动主观动机虽好，但客观效果往往相反。对保护生物资源的消极作用很大，主张采取禁止的态度。认为用禁止捕捉生物代替放生，能取得更好的效果。

实际上，在中国传统文化中，有关尊重生命的思想表述最完整的是佛教禅学，典型的有万物平等的生命意识、普度众生的慈悲情怀和不杀生的道德戒律。首先，就万物平等的生命观而言。在佛学中，人与自然之间是没有明显界限的。佛教中的众生有广义和狭义之分。狭义指人，广义指生物。生命与环境是不可分割的一个整体。在佛的面前，人与其他所有的生物都是平等的。其次，就普度众生的慈悲观来看，佛教从非人类中心主义和万物平等的立场出发，主张善待万物和尊重生命。在佛法上，"与乐"叫作慈，"拔苦"叫作悲。佛教教导人们要对所有生命大慈大悲。"大慈与一切众生乐，大悲拔一切众生苦。"（《大智慧论》）关爱众生，把所有生命的痛苦当作自己的痛苦去体验，把所有生命生存的不幸环境当成自己的生存环境去感受，使"爱"或"慈悲"所关注的对象不局限于自己的子孙、妻子或兄弟姐妹，而是要遍及所有的人和所有的生物。这种慈悲情怀，突破了对人类自身的关注。第三，就不杀生的道德观考察，佛教的善恶观，具体反映在它的戒律中。戒是佛教徒终身应遵守的基本道德信条，"不杀生"一直被佛教列为戒律之首。杀生不仅意味着对人生命的伤害，而且也包括对所有生物的伤害。杀生意味着剥夺生命存在的权利，会给生命造成痛苦与不幸。当然，佛教的"不杀生"并非基于生态学意义上的生物保护，而是一种宗教信仰，仅靠这种信仰是无法解决人类对生物的保护问题的。但其中表现出来的尊重生命、善待自然的思想，是有价值的。

生态智慧是正确认识和处理人类社会与自然环境系统相互关系的理念、态度及生活方式。生态兴则文明兴，生态衰则文明衰。天人合一既是中国古代生态思想的理论前提和哲学基础，也是一种生态智慧，更是一种生存的大智慧！其本质是人与自然的和谐共生。践行天人合一就是要尊重自然、顺应自然、保护自然。这不仅直接决定了人们对待自然的态度与行为方式，还间接地为生态保护、绿色发展以及绿色生活提供了价值引领。事实上，从生态维度和生存智慧解读天人合一就会发现，其所涉及的内容是符合生态规律的，一定程度上体现了可持续发展的思想。这些沉睡千年的文化基因一旦被有效激活，就将成为我们应对现实生态环境问题的特有动力和精神文化支撑。其时代价值和现实意义不言而喻！同时，从更广大的意义上说，天人合一这一来自东方古老文明的智慧之光对西方世界因理性力量所引发的生态环境问题的解决，无疑提供了全新的思路和值得借鉴的价值定位，可以说是贡献了中国智慧和中国方案。

（作者系云南省社会科学院哲学所研究员）

后 记

在当下中国，随着社会结构的急剧转型、价值观念的日趋多元，不少学术工作者逐渐抛弃了传统知识分子"为天地立心，为生民立命，为往圣继绝学，为万世开太平"的学术传统，热衷于纯粹技术性质的学术研究，习惯于将知识当作智慧，将学术当作思想，习惯于以查找资料取代阅读，把经典中的只言片语当作经典本身。毋庸避讳，今天的学者普遍心浮气躁、急功近利，读书贪多求快、浅尝辄止成为常态，很少有人能够真正踏踏实实地通读一两部经典，更遑论向古人那样虚心涵泳、读书百遍了。不过，我还是近乎固执地怀念、向往古人细嚼慢咀、云淡风轻的读书生活。老子尝言"少则得，多则惑"，孔子也说"欲速则不达"，前者尚少，后者尚慢，与现代人的贪多求快迥然有别。我始终坚信，学者唯有守住本分，沉下心来，放慢读书步伐，注重精读原典，反复咀嚼、仔细玩味，方能真正领会经典中的微言大义，进而抓住根本、立乎其大者。

云南省社会科学院哲学所历来有"读经典、推精品"的优良传统。韩敬先生的《法言注》，苗启明先生的马克思经典文本研究，在国内学术界均独树一帜、影响深远。哲学所年轻一代的学者也注重经典研读，自2009年起，哲学所便倡议发起了社科院读书活动，吸引了各大高校及机关单位领导和学者的参与，后来成为"云南智库论坛"的重要板块之一，曾邀请过不少知名学者来做专题讲座，在社会上产生了积极的影响。2016年，在此前的学术活动基础上，哲学所举办了"哲学经典与现代生活"系列读书活动，共同研读《道德经》，大约每两周举办一次，逐字逐句研读《道德经》。随后的两年，又继续研读《庄子》。后来，我们索性考虑将读书心得付诸文字，推出一部读书活动的专题文集。于是，就有了这部专题论文集《中国传统道家经典的现代阐释》。

  本书收录的近三十篇文章，集中于对道家及道教经典的解读，对道家思想及其现代价值的阐发，其中不少作者，如韩敬研究员、张国庆教授、李广良教授、谢增虎研究员、王颢博士等，都曾应邀在读书活动作过专题讲座。马超副研究员长期组织并主持哲学所的读书活动，同时完成了这部文集的收稿和前期编辑工作，付出了诸多心血。在策划和约稿过程中，得到了不少国内相关领域学有专长的知名学者的大力支持，对此，我们心存感念。

  在此，衷心感谢本文集的所有作者和编辑，这部文集是我们跨专业、跨地域开展学术合作的成果结晶，同时也承载了师生、同事、朋友之间的深厚情谊。当然，作为哲学所读书活动的一个阶段性总结，这部文集更是见证了全所同仁这几年在一起读书喝茶、闲聊斗嘴的美好时光。

谢青松

2018 年 7 月 16 日